Das Einsteigerseminar

Delphi 3

Oliver Müller

Das Einsteigerseminar Delphi 3

bhv

Die Informationen im vorliegenden Buch werden ohne Rücksicht auf einen eventuellen Patentschutz veröffentlicht.

Warennamen werden ohne Gewährleistung der freien Verwendbarkeit benutzt.

Bei der Zusammenstellung von Texten und Abbildungen wurde mit größter Sorgfalt vorgegangen. Trotzdem können Fehler nicht vollständig ausgeschlossen werden. Verlag, Herausgeber und Autoren können für fehlerhafte Angaben und deren Folgen weder eine juristische Verantwortung noch irgendeine Haftung übernehmen.

Für Verbesserungsvorschläge und Hinweise auf Fehler sind Verleger und Herausgeber dankbar.

Dieses Buch wurde der Umwelt zuliebe auf chlorfrei gebleichtem Papier gedruckt.

Gesamtherstellung: Media-Print Informationstechnologie GmbH, Paderborn

Bürohandels- und Verlagsgesellschaft mbH
Novesiastraße 60
41564 Kaarst
Germany
Telefon: (0 21 31) 765 – 01
Telefax: (0 21 31) 765 – 101
Internet-Adresse: http://www.bhv.net

01 00 99 98 97

10 9 8 7 6 5 4 3 2 1

1. Auflage

ISBN 3-89360-258-5

Printed in Germany

Inhalt

Einleitung

Früher galt die Entwicklung von professionellen Windows-Anwendungen als Domäne von Profis, die mit C oder C++ umgehen konnten und das API (Application Programming Interface = Schnittstelle für Anwendungsprogrammierung) von Windows beherrschten.

Mit der Einführung von Delphi hat sich dies schnell geändert. Das Zauberwort ist *visuelle Software-Entwicklung*. Schon nach kurzer Einarbeitungszeit ist der Programmierer in der Lage, durch wenige Mausklicks hochwertige Anwendungen zu erstellen. – Die passende Antwort auf die kurzlebige, von immer kürzeren Produktzyklen geprägte Computerwelt von heute (und morgen).

Delphi ist der Nachfolger des erfolgreichen Turbo Pascal, das sich Mitte der 80er zum Standard-Pascal-Dialekt auf dem PC entwickelte. Turbo Pascal war eine Sprache, die sich durch einfache Erlernbarkeit einerseits und hohe Leistungsfähigkeit andererseits auszeichnete. Diese Vorteile wurden in Delphi noch erweitert und führten zu einem sehr leistungsfähigen, aber leicht zu handhabenden Programmiersystem.

Ziel dieses Buches soll es sein, Sie in dieses Programmiersystem einzuführen. Sie werden einen soliden Grundstock an Basiswissen erhalten, den Sie dann Ihren Ambitionen und Interessen entsprechend ausbauen können. Die Einsatzgebiete von Delphi sind so vielfältig, daß Sie sicherlich ein oder mehrere Gebiete finden werden, die Sie besonders reizen.

Im Rahmen dieses Buches werden Sie allgemein in die Anwendungsentwicklung eingeführt. Durch die beiden letzten Kapitel werden Sie allerdings auch einen Blick in die speziellen Welten der Grafik- und Datenbankprogrammierung werfen können. Außerdem werden Sie mit der immer wichtiger werdenden objektorientierten Programmierung vertraut gemacht.

Die dargelegten Grundlagen werden jedoch nicht nur reine Theorie bleiben, sondern Sie werden im Zuge dieses Buches einige Beispielapplikationen programmieren. Ein Texteditor findet sich hier ebenso wie eine Adreßverwaltung und ein Programm zum Umrechnen von Währungen.

Sie werden im Laufe des Buches nicht nur mit der reinen Programmiersprache konfrontiert werden, sondern nebenher auch Verfahren für die effiziente Programmentwicklung kennenlernen. Sie werden lernen, wie Sie ein Problem analysieren und die programmtechnische Lösung finden.

Selbstverständlich werden Sie hierbei auch mit dem Vokabular der Software-Entwicklung vertraut gemacht. Begriffe wie Algorithmus, Objekt oder Modularisierung werden für Sie selbstverständlich werden.

Ich hoffe, daß Sie beim Durcharbeiten dieses Buches und beim Programmieren sehr viel Spaß haben werden.

Oliver Müller
Kempten, im Herbst 1997

1 Einführung in Windows 95

Windows 95 ist ein 32-Bit-System, welches im Vergleich zu seinen Vorgängerversionen mit einer völlig überarbeiteten Benutzeroberfläche aufwartet. Diese Oberfläche ist zwar beispielsweise einfacher als die von Windows 3.11 zu bedienen, aber, wie bei jedem neuen System, muß man sich erst damit vertraut machen. Bevor wir also in die Tiefen der Programmierung in Delphi hinabgleiten, sollten Sie sich mit der Oberfläche von Windows 95 vertraut machen.

1.1 Die Tastatur

Das traditionelle Eingabegerät eines Computer stellt auch in den 90er Jahren noch die Tastatur dar. Da die Spracherkennung und die Erkennung von Handschriften durch den Computer immer noch in den Kinderschuhen stecken, müssen wir uns auch heute noch mit den über hundert Tasten einer modernen Tastatur begnügen.

Neben der Eingabe von Daten, zum Beispiel Texten, kann die Tastatur auch zum Auslösen von Funktionen mittels Tastenkombinationen benutzt werden. Hierfür existieren zum einen die Funktionstasten [F1] bis [F12] in der oberen Tastenreihe und zum anderen spezielle Umschalttasten, die es bei der Schreibmaschine nicht gibt ([Alt] und [Strg]).

Wenn Sie im Verlauf der Lektüre des Buches auf die Angabe von Tastenkürzeln wie [Strg]+[S] stoßen, bedeutet dies, daß Sie die Taste [Strg] gedrückt halten und [S] zusätzlich drücken müssen.

Taste	Funktion
Esc	Die *Escape*-Taste bricht den aktuellen Arbeitsvorgang ab.
↵	Die Eingabetaste dient zum Bestätigen des Arbeitsschrittes beziehungsweise zur Eingabe eines Zeilenvorschubs (neue Zeile, Wagenrücklauf bei der Schreibmaschine).
F1 bis F12	Dies sind die Funktionstasten, die je nach gestarteter Anwendung mit unterschiedlichen Funktionen belegt sind.
⇧	Dies ist die Umschalttaste, die sich auch auf der Schreibmaschine findet. Sie ermöglicht die Eingabe von Großbuchstaben und der Sonderzeichen über den Zifferntasten. Halten Sie diese Taste gedrückt, und schlagen Sie den gewünschten Buchstaben an.
Strg	Die *Steuerungs-* oder *Control*-Taste ist eine spezielle Umschalttaste, die zur Eingabe von Tastenkürzeln benutzt wird.
Alt	Die *Alternate-* oder *Alt*-Taste ist ebenfalls eine spezielle Umschalttaste, die zum einen zur Eingabe von Tastenkürzeln und zum anderen zur Aktivierung des Menüs einer Anwendung benutzt wird. In der Menüzeile von Anwendungen oder auch in Schaltflächen finden Sie unterstrichene Buchstaben. Wenn Sie Alt gedrückt halten und diesen unterstrichenen Buchstaben drücken, hat dies den gleichen Effekt, als ob Sie dieses Element mit der Maus angeklickt hätten.

Taste	Funktion
AltGr	Ist eine spezielle Variante von Alt und findet sich nur auf deutschen Tastaturen. Sie dient zur Eingabe von Sonderzeichen. Wenn Sie beispielsweise einen Backslash \, eine eckige [ ] oder geschweifte Klammer { } eingeben wollen, benötigen Sie diese Taste.
⇐	Die *Rückschritt-* oder *Backspace*-Taste dient zum Löschen des Zeichens links neben der Schreibmarke.
Entf	Die *Entfernen-* oder *Delete*-Taste dient zum Löschen des Zeichens, auf welchem sich die Schreibmarke befindet, beziehungsweise des Zeichens rechts davon.
↑, ↓, →, ←	Mit Hilfe der Pfeiltasten kann die Schreibmarke im Fenster bewegt werden.
Pos1	Setzt die Schreibmarke an den Zeilenanfang.
Ende	Setzt die Schreibmarke an das Zeilenende.
Bild↑, Bild↓	Diese Tasten setzen die Schreibmarke eine Seite weiter hoch beziehungsweise runter.
⇩	Durch diese Taste kann die Funktion der ⇧-Taste festgestellt werden, also auf Daueraktivierung geschaltet werden. Die Feststellung wird durch einen Druck auf ⇧ ausgeschaltet.
Num	Durch diese Taste können Sie im numerischen Ziffernblock am rechten Rand der Tastatur zwischen Zifferneingabe und Schreibmarkensteuerung umschalten.
⇆	Mit der Tabulatortaste können Sie die Schreibmarke auf die nächste Tabulatorposition setzen.

1.2 Die Maus

Ohne die Maus wäre Windows nicht das, was es ist. Die Maus ist ein kleines Eingabegerät, das über Sensoren die Bewegung einer Kugel, welche auf der Unterseite der Maus herausschaut, auswertet. Diese Sensorendaten werden an den Rechner übermittelt, der diese in Bewegungen des Mauszeigers auf dem Bildschirm umsetzt.

Eine Maus besitzt im PC-Bereich meist zwei oder drei Tasten. Unter Windows 95 sind jedoch, abgesehen von wenigen speziellen Funktionen in ebenso speziellen Anwendungen, nur die linke und die rechte Taste von Bedeutung.

Die Operationen, die von der Maus ausgeführt werden können, heißen:

Operation	**Funktion**
Zeigen	Den Mauszeiger auf ein Objekt setzen.
(An)Klicken	Eine der Maustasten kurz drücken.
Doppelklicken	Die linke Maustaste zweimal kurz hintereinander drücken.
Markieren	Auf ein Objekt zeigen und es anklicken.
Ziehen	Bei gedrückter Maustaste die Maus bewegen.
Drag & Drop	Ein markiertes Objekt bei gedrückter Maustaste in einen anderen Bereich des Bildschirms ziehen und die Maustaste loslassen.

1.3 Die Oberfläche von Windows 95

Windows 95 besitzt eine einfach zu bedienende Oberfläche. Das Prinzip dieser Benutzerschnittstelle läßt sich unter dem Ausspruch »viele Wege führen zum gewünschten Resultat« zusammenfassen.

Die Entwickler in Redmond (Hauptsitz von Microsoft, dem Hersteller von Windows 95) machten es möglich, verschiedene Funktionen über mehrere Wege zu erreichen. Somit kann sich jeder Anwender seinen bevorzugten Weg aussuchen.

Die Start-Schaltfläche

Beginnen wir, wo in Windows 95 alles beginnt, bei der Schaltfläche *Start* in der Task-Leiste. Wenn Sie auf diese Schaltfläche klicken, öffnet sich ein Menü, über welches Sie Zugriff auf alle installierten Anwendungen haben. Mit Hilfe dieses Menüs können Sie Programme starten, Dokumente öffnen und Einstellungen treffen sowie Windows 95 beenden.

Die Einträge in diesem Startmenü können in zwei Kategorien eingeteilt werden; zum einen in *Menübefehle*, die Programme starten, und zum anderen in *Untermenüs*, die Programme zu Gruppen zusammenfassen. Untermenüs sind an einem kleinen Dreieck am rechten Rand des Menüeintrages zu erkennen. Wenn Sie auf einen solchen Menüeintrag zeigen, öffnet sich automatisch ein Menü mit weiteren Einträgen. Ein solches Untermenü ist beispielsweise der Eintrag *Programme*.

Wenn Sie hingegen auf Menübefehle klicken, startet dies eine Anwendung. Hierzu ein Beispiel: Um den Texteditor von Windows 95 zu starten, müßten Sie die folgende Reihe von Aktionen ausführen:

- Klicken Sie auf *Start*, so daß sich das Startmenü öffnet.
- Zeigen Sie auf *Programme*.

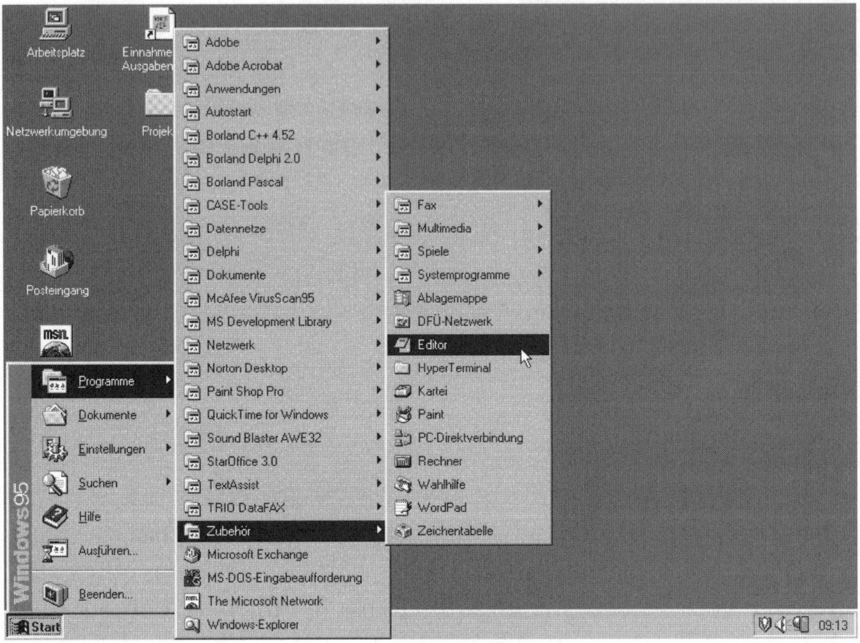

Abb. 1.1: Starten des Texteditors mit Hilfe der *Start*-Schaltfläche

- Im sich nun öffnenden Untermenü zeigen Sie auf *Zubehör*. In diesem Untermenü finden Sie diverse Zubehörprogramme von Windows 95.
- Dort klicken Sie auf *Editor*.

Hinweis: Das Untermenü *Dokumente* der *Start*-Schaltfläche beinhaltet immer die zuletzt bearbeiteten Dokumente. Durch einen Klick auf einen dieser Einträge können Sie diese Dokumente erneut zur Bearbeitung öffnen.

Task-Leiste

Windows 95 ist ein Multitasking-System, das heißt, es ermöglicht, mehrere Programme gleichzeitig auszuführen. Deshalb ist ein Mechanismus notwendig, der es erlaubt, zwischen den einzelnen Anwendungen umzuschalten. Diese Aufgabe übernimmt in Windows 95 die Task-Leiste.

Nach dem Start des Editors finden Sie in der Task-Leiste eine Schaltfläche, welche die geladene Anwendung repräsentiert. Wenn mehrere Anwendungen geladen sind, können Sie bequem zwischen diesen Programmen durch einfaches Klicken auf die jeweilige Schaltfläche in der Task-Leiste umschalten.

Die Fensterelemente

Die Fenster unter Windows 95, in welchen die Anwendungen ablaufen, besitzen einige charakteristische Bedienelemente, über die die Fenster gesteuert werden können. Die Bezeichnungen dieser Kontrollelemente werden in Abbildung 1.2 anhand des Texteditors von Windows 95 verdeutlicht.

Hinweis: Je nach Programmtyp können einige der nachfolgend aufgeführten Elemente fehlen.

Die *Schließen*-Schaltfläche des Fensters schließt dieses, wenn darauf geklickt wird. Ist dieses Fenster das Hauptfenster der Anwendung, so wird nicht nur das Fenster geschlossen, sondern auch das Programm beendet. Im Menü *Datei* finden Sie bei den meisten Windows-Programmen den Befehl *Beenden*, der dieselbe Funktion ausführt.

Durch einen Klick auf die *Maximieren*-Schaltfläche wird das Fenster auf volle Größe ausgedehnt, das heißt, es nimmt den gesamten Desktop ein. Ein weiterer Klick auf diesen Schalter bringt das Fenster wieder auf seine ursprüngliche Größe zurück.

Wenn Sie auf die *Minimieren*-Schaltfläche klicken, verschwindet das Fenster vom Desktop und wird nur noch durch die Schaltfläche in der Task-Leiste vertreten. Ein Klick auf diese Schaltfläche in der Task-Leiste bringt das Fenster wieder zurück auf die vorhergehende Größe.

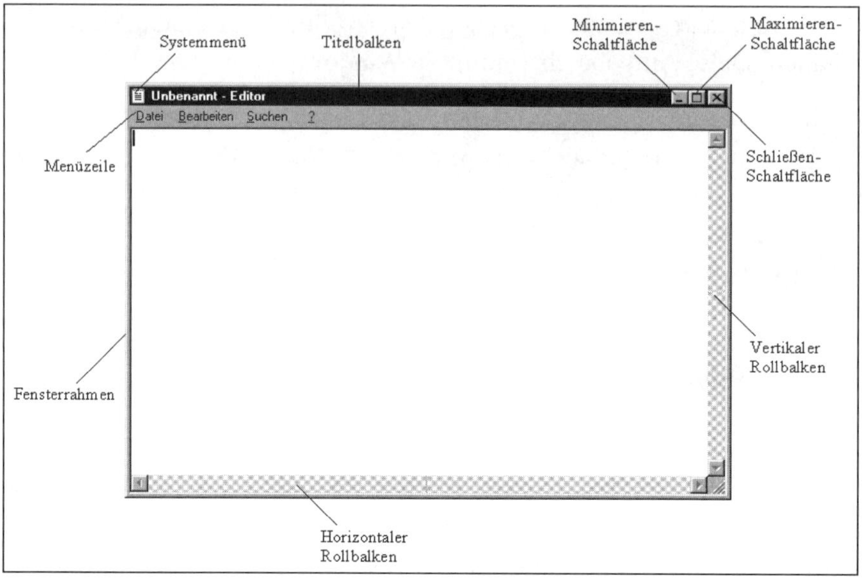

Abb. 1.2: Die Bedienelemente der Fenster

Durch die beiden Rollbalken kann durch den Inhalt des Fensters, der außerhalb des sichtbaren Bereichs liegt, *geblättert* werden. Hierzu können die Pfeil-Schaltflächen, aber auch die Fläche der Rollbalken verwendet werden.

Wenn Sie mit der Maus auf den Fensterrahmen zeigen, so daß sich der Mauszeiger in einen in zwei Richtungen weisenden, schwarzen Pfeil verwandelt, können Sie durch einen Klick und anschließendes Ziehen bei gedrückter Maustaste die Größe des Fensters verändern.

Die Menüzeile dient zur Eingabe bestimmter Befehle an die Anwendung und wird entweder durch einen Klick mit der linken Maustaste oder durch Betätigen der Taste [F10] oder durch Eingabe einer Tastenkombination mittels der Taste [Alt] in Zusammenhang mit einem der unterstrichenen Zeichen geöffnet. Wenn Sie demnach [Alt]+[D] drücken, öffnet sich beispielsweise im Texteditor das Dateimenü.

Der recht unscheinbar anmutende Titelbalken stellt gleich drei Funktionen zur Verfügung. Wenn Sie auf ihn klicken und ziehen, können Sie das Fenster verschieben, das heißt, dessen Position auf dem Desktop ändern. Klicken Sie hingegen doppelt auf den Titelbalken, hat dies den gleichen Effekt wie ein Klick auf die Maximieren-Schaltfläche; das Fenster wird auf volle Größe ausgedehnt.

Wenn Sie mit der rechten Maustaste auf den Titelbalken klicken, erscheint das sogenannte Kontextmenü, über welches Sie die Funktionen der anderen Elemente des Fensters ebenfalls erreichen (Abb. 1.3). Dieses Kontextmenü können Sie auch durch einen Klick mit der rechten Maustaste auf die Schaltfläche einer Anwendung in der Task-Leiste anzeigen. Denselben Effekt hat auch ein Klick mit der linken Maustaste auf das Symbol am linken Rand des Titelbalkens. Dieses Symbol öffnet das Systemmenü, das aus Windows 3.x bekannt ist.

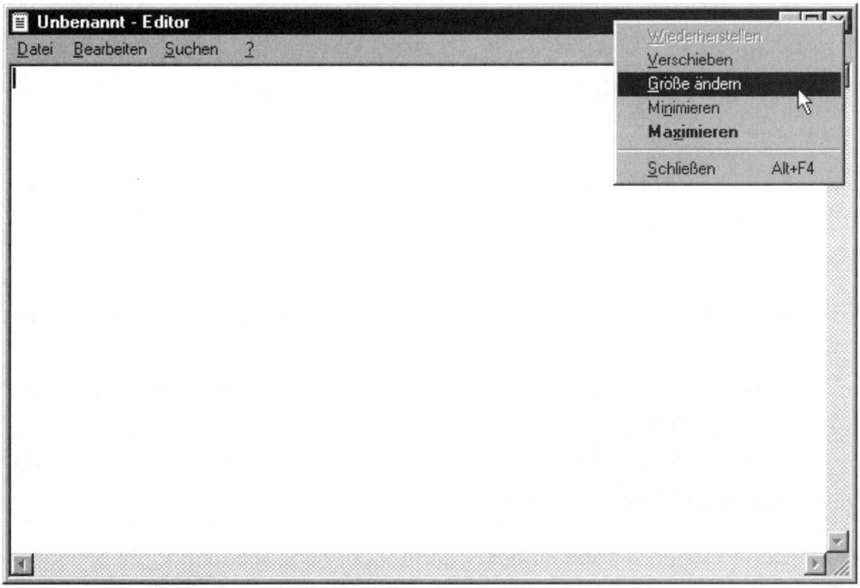

Abb. 1.3: Das Kontextmenü

Hinweis: Wenn Sie einmal ein Menü, gleichgültig welcher Art (Start-, Kontext- oder Fenstermenü), irrtümlich geöffnet haben, genügt ein Klick auf einen beliebigen freien Bereich außerhalb des Menüs, um dieses wieder zu schließen. Hierbei sollten Sie unbedingt beachten, daß dieser freie Bereich keine Schaltfläche (oder ein ähnliches Element) ist, da diese sonst aktiviert wird! Alternativ kann die [Esc]-Taste betätigt werden.

Tip: Alle Windows-Programme können Sie durch die Tastenkombination [Alt]+[F4] beenden.

Objekte auf dem Desktop ablegen

Ein neues mit Windows 95 in die Microsoft-Welt Einzug haltendes Feature ist die Möglichkeit, Objekte, das heißt Programme, Dokumente und Ordner, auf dem Desktop abzulegen. Was Sie auf Ihrem Desktop bisher im einzelnen vorfinden, hängt von Ihrem Rechner und dem Installationsumfang Ihres Windows 95 ab.

Diese Objekte können gestartet werden. Ein Doppelklick auf sie hat dieselbe Wirkung, als ob sie im Startmenü eingetragen und dort angeklickt worden wären.

Nun können Sie zu diesen Symbolen auch noch weitere hinzufügen. Auf dem Desktop sollten Sie prinzipiell nur Programme, Dokumente und Ordner ablegen, die Sie sehr häufig benutzen. Ein sehr häufig benötigtes Programm ist der Windows-Explorer, den Sie etwas später kennenlernen werden, denn dieses Programm ermöglicht es, recht komfortabel alle Dateioperationen durchzuführen.

Prinzipiell existieren zwei Möglichkeiten, ein Programm auf den Desktop abzulegen. Entweder Sie kopieren es direkt dort hin, oder Sie stellen eine

Verknüpfung her. In den allermeisten Fällen ist der zuletzt genannte Weg der sicherste und sinnvollste.

Um eine Verknüpfung für den Windows-Explorer herzustellen, gehen Sie wie folgt vor:

- Klicken Sie mit der rechten Maustaste auf einen freien Bereich des Desktops.
- Zeigen Sie im erscheinenden Menü auf den Eintrag *Neu.*
- Klicken Sie in dem sich öffnenden Untermenü auf *Verknüpfung.*
- Im nun auf dem Bildschirm erscheinenden Dialogfeld werden Sie aufgefordert, die Befehlszeile des Programms einzugeben. Geben Sie hier C:\WINDOWS\EXPLORER.EXE ein. (Falls Ihr Windows 95 nicht in C:\WINDOWS installiert sein sollte, geben Sie hier bitte Ihren Pfad an. In den allermeisten Fällen dürfte sich Windows 95 jedoch in diesem Pfad befinden!)
- Klicken Sie auf die Schaltfläche *Weiter.*
- Geben Sie nun einen sinnvollen Namen wie EXPLORER ein, oder akzeptieren Sie die Vorgabe.
- Klicken Sie wieder auf *Weiter.*

Nach dieser Prozedur sehen Sie nun ein neues Symbol auf dem Desktop, welches bei einem Doppelklick darauf den Explorer öffnet.

Wenn Sie dieses Symbol wieder entfernen wollen, klicken Sie dieses einfach an, ziehen Sie es auf das Papierkorbsymbol, und es verschwindet.

1.4 Der Explorer von Windows 95

Der Explorer ersetzt in Windows 95 den Dateimanager von Windows 3.x. Hierbei basiert dieser auf einem völlig neuen Konzept. Er kapselt nicht nur die Dateioperationen, sondern bietet Zugriff auf alle Komponenten des lokalen PCs und des Netzwerkes, also Datenträger, Drucker und sonstige Hardware. Sämtliche Einstellungen des Systems können aus dem Explorer heraus vorgenommen werden. Damit ist der Explorer die Schaltzentrale für Windows 95.

Starten können Sie den Explorer durch die Verknüpfung, die Sie zuvor angelegt haben, oder durch die *Start*-Schaltfläche. Dort finden Sie im Untermenü *Programme* den Eintrag *Windows-Explorer*. Ein Klick auf diesen Eintrag startet den Explorer.

Etwas schneller geht es, wenn Sie mit der rechten Maustaste auf die *Start*-Schaltfläche klicken. In diesem Fall erscheint der Eintrag *Explorer* sofort.

Der Explorer präsentiert sich als zweigeteiltes Fenster. In der linken Hälfte finden Sie die Laufwerke und Ordner. Rechts sehen Sie den Inhalt des aktuell ausgewählten Ordners bzw. Laufwerks.

Ein Pluszeichen links neben einem Ordner beziehungsweise Laufwerk gibt an, daß sich dieser/dieses in weitere Ordner untergliedert. Durch einen Klick auf dieses Pluszeichen läßt sich die weitere Ordnerstruktur ausklappen. Daraufhin wandelt sich das Plus- in ein Minuszeichen. Klicken Sie anschließend auf dieses Minuszeichen, werden die Unterordner wieder eingeklappt, und das Pluszeichen erscheint erneut.

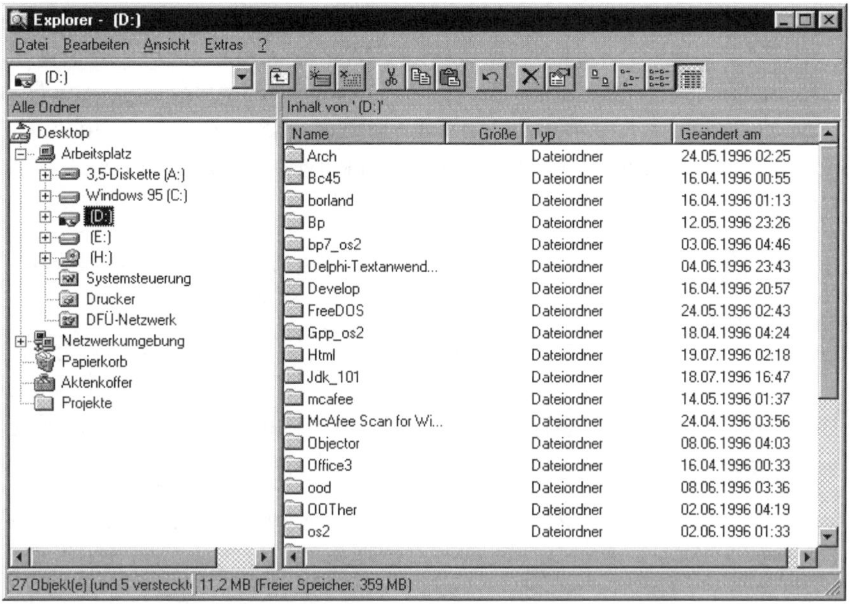

Abb. 1.4: Der Explorer von Windows 95

Kopieren, verschieben und verknüpfen

Um eine oder mehrere Dateien zu kopieren, zu verschieben oder eine Verknüpfung auf diese Datei(en) zu erstellen, müssen Sie diese zuerst markieren. Im linken Teil des Explorer-Fensters können Sie immer nur ein Objekt durch einen einfachen Mausklick markieren. Im rechten Teil hingegen können Sie mehrere Objekte gleichzeitig markieren.

Wenn Sie mit der linken Maustaste bei gedrückter [Strg]-Taste nacheinander auf mehrere Einträge in der rechten Fensterhälfte klicken, so werden alle diese Einträge markiert. Durch einen Klick auf einen markierten Eintrag läßt sich diese Markierung wieder aufheben.

Klicken Sie hingegen bei gedrückter [⇧]-Taste auf einen Eintrag, so werden alle Einträge zwischen dem aktuellen und dem Eintrag, auf den Sie geklickt haben, ausgewählt, das heißt, der Bereich zwischen diesen Einträgen wird markiert. Den aktuellen Eintrag erkennen Sie an einem mit gepunkteten Linien gezeichneten Rechteck, welches den Namen der Datei beziehungsweise des Ordners umgibt.

Tip: Durch die Kombination von [Strg]+[⇧] lassen sich auch mehrere Bereichsmarkierungen erreichen.

Um diese Dateien und Ordner zu kopieren, zu verschieben oder eine Verknüpfung auf diese zu erstellen, klicken Sie auf einen der ausgewählten Einträge und halten die Maustaste gedrückt. Durch Ziehen auf den gewünschten Ordner können Sie das Ziel der Operation festlegen.

Wenn Sie während des Ziehens die [⇧]-Taste gedrückt halten, werden die Dateien und Ordner in das Ziel verschoben. Bei Ziehen mit gedrückter [Strg]-Taste erscheint im Mauszeiger ein kleines Pluszeichen, welches andeutet, daß kopiert wird. Wenn beide Tasten, also [⇧]+[Strg], beim Ziehen gedrückt gehalten werden, erscheint im Mauszeiger ein kleiner Pfeil. Dieser Pfeil bedeutet, daß auf dem Ziel Verknüpfungen erstellt werden.

Hinweis: Wenn als Ziel ein anderes Laufwerk als das, auf welchem sich die Quelldateien befinden, gewählt und keine Taste gedrückt wird, erfolgt ein Kopiervorgang. Ist hingegen das Ziellaufwerk mit dem Quellaufwerk identisch, wird verschoben.

Tip: Recht komfortabel gestaltet sich das Ziehen bei gedrückter rechter Maustaste. Nachdem Sie die Maustaste über dem Ziel losgelassen haben, erscheint ein kleines Menü, über welches Sie angegeben können, wie mit den Dateien und Ordnern verfahren werden soll.

Außerdem ist es auch möglich, durch diese Drag&Drop-Methode Dateien in einen zweiten Explorer oder ein ähnliches Programm zu ziehen und damit dorthin zu kopieren.

Umbenennen

Um einer Datei einen neuen Namen zu geben, markieren Sie diese zunächst durch einen einfachen Mausklick. Nun gibt es drei Möglichkeiten:

- Sie klicken erneut auf den markierten Eintrag.
- Sie verwenden den Menübefehl *Datei / Umbenennen.*
- Sie verwenden das Kontextmenü, welches Sie durch einen Klick mit der rechten Maustaste auf den selektierten Eintrag erhalten. In diesem Menü finden Sie ebenfalls den Befehl *Umbenennen.*

Nachdem Sie eine der drei Varianten ausgeführt haben, können Sie den Namenseintrag ändern. Bestätigen Sie die Eingabe anschließend mit [↵].

Löschen

Um markierte Dateien zu löschen, ziehen Sie diese statt auf einen Zielordner auf den Papierkorb. Hierbei können Sie das Papierkorbsymbol auf dem Desktop oder den Papierkorb in der linken Fensterhälfte des Explorers verwenden.

Tip: Sie können zum Löschen der markierten Dateien und Ordner auch die Taste [Entf] drücken.

Statt per Drag & Drop die markierten Einträge zu verarbeiten, können Sie auch den Menübefehl *Datei / Löschen* verwenden.

Hinweis: Dieses Dateimenü können Sie auch durch einen Klick mit der rechten Maustaste auf die markierten Einträge öffnen. In diesem Fall erscheint es lediglich als Kontextmenü.

Dateien öffnen und Programme starten

Ein Programm läßt sich durch einen Doppelklick auf den Eintrag im Explorer starten. Programme werden hierbei durch die Angabe *Anwendung* in der Spalte *Typ* im rechten Fensterteil ausgewiesen.

Windows 95 ermöglicht es jedoch, nicht nur Programme zu starten, sondern auch Dokumente zu öffnen, ohne daß die entsprechende Anwendung zuvor gestartet wurde. Das liegt daran, daß die meisten Anwendungen unter Windows 95 entsprechende Verbindungen zwischen den Dateien und dem Programm herstellen.

Wenn Sie also doppelt auf eine Datei klicken, wird das jeweilige Anwendungsprogramm gestartet und das Dokument automatisch geöffnet.

Hinweis: Wenn Sie auf eine Datei ohne Verbindung zu einer Anwendung doppelklicken, erscheint ein Dialogfeld, in dem Sie angeben können, mit welchem Programm Sie diese Datei öffnen wollen.

Tip: Dieses Dialogfeld können Sie auch für jede Datei mit Verbindung zu einer Anwendung anzeigen. Klicken Sie hierzu bei gedrückter [⇧]-Taste mit der rechten Maustaste auf diese Datei, und wählen Sie im erscheinenden Kontextmenü den Befehl *Öffnen* mit der Taste [↵] aus.

1.5 Vorinstallierte Objekte auf dem Desktop

Hier sollen nun zwei vorinstallierte Objekte, welche sich auf jedem Desktop wiederfinden sollten, kurz betrachtet werden. Dies sind der *Arbeitsplatz* und der *Papierkorb*.

Der Arbeitsplatz

Das Symbol *Arbeitsplatz* auf dem Desktop stellt im wesentlichen dieselben Funktionen wie der gleichnamige Eintrag in der linken Hälfte des Explorers zur Verfügung. Dieses Symbol repräsentiert den PC, vor dem Sie sitzen.

Abb. 1.5: Der Arbeitsplatz

Sie sehen im Fenster des Arbeitsplatzes die einzelnen Laufwerke und zusätzliche Ordner für Drucker und sonstige Zusatzeinrichtungen, wie beispielsweise die Systemsteuerung, über welche Sie verschiedene Einstellungen des Systems verändern können.

Wenn Sie beispielsweise auf ein Laufwerkssymbol doppelklicken, wird ein separates Fenster mit dem Inhalt des entsprechenden Laufwerks geöffnet. Auf dieses Fenster können dieselben Operationen wie auf der rechten Fensterhälfte des Explorers angewendet werden.

Tip: Zwischen den Einzelfenstern des Arbeitsplatzes untereinander und dem Explorer können Dateien und Ordner ebenfalls per Drag & Drop kopiert, verschoben und verknüpft werden.

Durch Doppelklicken auf die Symbole in diesen Einzelfenstern können die jeweiligen Ordner wiederum in separaten Fenstern geöffnet werden. Außerdem können durch einen Doppelklick Dateien geöffnet und Programme gestartet werden.

Der Papierkorb

Wenn Sie den *Papierkorb* durch einen Doppelklick öffnen, sehen Sie alle zuletzt gelöschten Dateien. Diese gelöschten Dateien können Sie wieder herstellen, indem Sie sie einfach per Drag & Drop in ein Ordnerfenster des Arbeitsplatzes oder in den Explorer ziehen.

Falls Sie eine oder mehrere Dateien an der ursprünglichen Position wiederherstellen wollen, markieren Sie diese im Papierkorb und wählen im Menü *Datei / Wiederherstellen*. Danach finden Sie die Datei(en) wieder an ihrer alten Position.

Damit stellen versehentlich gelöschte Dateien keinen Weltuntergang mehr dar, da diese wieder aus dem Papierkorb herausgefischt werden können.

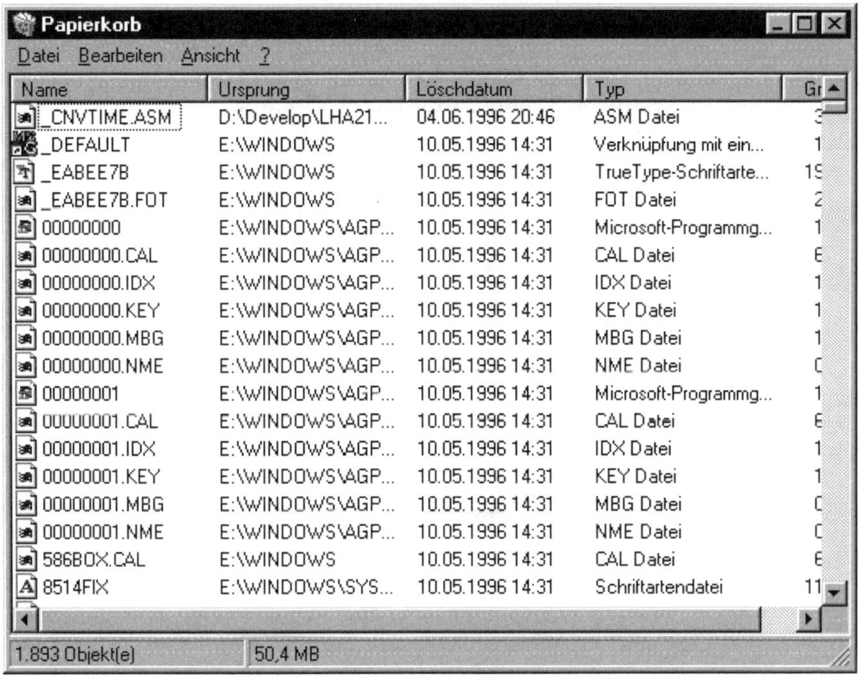

Abb. 1.6: Der Papierkorb

Achtung: Wenn Sie Dateien und Ordner in einer DOS-Box, also der MS-DOS-Eingabeaufforderung oder einer DOS-Anwendung, löschen, können Sie diese Daten nicht mehr durch den Papierkorb herstellen! Sie sind für immer verloren!

Durch den Menübefehl *Datei / Papierkorb entleeren* können Sie die Dateien endgültig löschen. Sie können danach nicht wiederhergestellt werden. Einzelne Dateien können aber auch durch *Datei / Löschen* endgültig entfernt werden.

1.6 Disketten formatieren

Zwar sind Disketten heutzutage meist vorformatiert, allerdings bestätigen Ausnahmen die Regel. Außerdem werden Sie hin und wieder alte Disketten löschen wollen. Deshalb ist es garantiert kein Fehler, sich mit dem Formatieren von Disketten zu befassen.

Achtung: Beim Formatieren gehen alle Daten, die sich eventuell schon auf dem Datenträger befinden, unwiederbringlich verloren!

Abb. 1.7: Das Dialogfeld zum Formatieren einer Diskette

Um eine Diskette zu formatieren, gehen Sie wie folgt vor:

- Legen Sie die zu formatierende Diskette ins Laufwerk A: (oder B:) ein.

- Klicken Sie im Explorer oder im Arbeitsplatz mit der rechten Maustaste auf das Symbol für Laufwerk A: (oder B:), und wählen Sie im Kontextmenü *Formatieren* aus.

  Alternativ können Sie auch *Datei / Formatieren* verwenden.

- Im Feld *Speicherkapazität* wählen Sie das Format der Diskette aus. (In den meisten Fällen ist dies der von Windows vorgegebene Wert.)
- Wählen Sie im Feld *Art der Formatierung* aus, ob Sie die Diskette neu formatieren wollen, was bei einer unformatierten Diskette unbedingt erforderlich ist, oder ob Sie die Diskette mit QuickFormat formatieren, also nur die vorhandenen Daten löschen wollen.
- Nun können Sie im Feld *Bezeichnung* dem Datenträger einen Namen geben. Dieser Name wird im Explorer und im Arbeitsplatz angezeigt, wenn die entsprechende Diskette im Laufwerk liegt.
- Klicken Sie auf *Start*, um den Formatiervorgang zu starten.

Nach einigem Rattern auf dem Diskettenlaufwerk erscheint ein Dialogfeld mit den Formatierergebnissen. Bestätigen Sie dieses Dialogfeld durch einen Klick auf *OK*. Danach können Sie auch das Dialogfeld zum Formatieren schließen, sofern Sie nicht noch weitere Disketten formatieren wollen.

Achtung: Verwenden Sie niemals die Formatierroutine für ein Festplattenlaufwerk (es sei denn, Sie haben es gerade eben erst eingebaut ...). Die Daten gehen hierbei unwiederbringlich verloren!

1.7 Windows 95 beenden

Bevor Sie den Rechner nach der Arbeit ausschalten, müssen Sie unbedingt Windows beenden, damit das System Aufräumarbeiten erledigen kann und es zu keinen Datenverlusten, zum Beispiel durch nicht gespeicherte Daten, kommt.

Klicken Sie hierzu auf die *Start*-Schaltfläche in der Task-Leiste und wählen Sie *Beenden*. Im folgenden Dialogfeld können Sie unter drei oder vier Möglichkeiten die Art des Beendens wählen (Abb. 1.8).

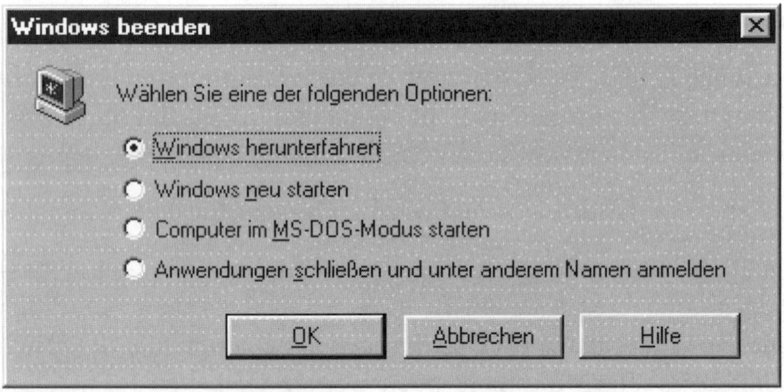

Abb. 1.8: Das Dialogfeld zum Beenden von Windows 95

Wenn Sie den Computer ausschalten wollen, belassen Sie es bei der Voreinstellung *Windows herunterfahren*, und klicken Sie auf *OK*. Warten Sie anschließend, bis eine Meldung auf dem Bildschirm erscheint, daß Sie den Computer jetzt ausschalten können, und tun Sie dies dann.

Durch *Windows neu starten* können Sie den Computer neu hochfahren, das heißt, neu booten.

Die dritte Möglichkeit gestattet es Ihnen, den Computer mit einem reinen MS-DOS 7 zu starten. Alle Vorteile von Windows 95 verschwinden. Dieser DOS-Modus ist sinnvoll, wenn Sie alte DOS-Programme starten wollen, die unter Windows 95 Probleme verursachen. Wenn Sie auf dem DOS-Prompt nach der Arbeit *exit* eingeben, wird der Computer neu gestartet.

Falls Sie in einer Netzwerkumgebung arbeiten, existiert noch eine vierte Wahlmöglichkeit. Wenn Sie diese Einstellung nutzen, können Sie sich unter einem anderen Benutzernamen erneut in das Netzwerk einloggen.

Wenn Sie Ihre Wahl getroffen haben, klicken Sie auf *OK*, und die von Ihnen gewünschte Funktion wird ausgeführt. Falls Sie Windows 95 doch nicht beenden wollen, klicken Sie auf *Abbrechen*, und der Beendigungsprozeß wird unterbrochen.

1.8 Zusammenfassung und Fragen

Zusammenfassung

- Die installierten Programme werden in Windows 95 über die *Start*-Schaltfläche gestartet.
- Durch das Untermenü *Dokumente* der Schaltfläche *Start* können die zuletzt bearbeiteten Dateien durch die damit verbundene Anwendung erneut geöffnet werden.
- Alle geladenen, das heißt gerade ausgeführten Anwendungen finden sich als Schaltfläche in der Task-Leiste. Durch einfaches Klicken auf die jeweilige Schaltfläche kann ein Programm in den Vordergrund geholt werden.
- In Windows 95 können Sie häufig benötigte Programme und Dateien auf dem Desktop ablegen.
- Der Explorer ist die Schaltzentrale von Windows 95. Über ihn können Sie die Dateien und Ordner sowie die Ressourcen des

PCs verwalten. Hierbei können (fast) alle Operationen durch einfaches Drag&Drop realisiert werden.

- Der Arbeitsplatz ermöglicht es, ähnliche Operationen wie mit dem Explorer auszuführen.
- Durch den Papierkorb können gelöschte Dateien wiederhergestellt werden.
- Disketten müssen, sofern sie nicht vorformatiert sind, vor dem Speichern formatiert werden. Auch der Inhalt von Disketten mit nicht mehr benötigten Daten kann durch das Formatieren gelöscht werden.
- Nach der Arbeit muß vor dem Ausschalten des Computers Windows 95 beendet beziehungsweise heruntergefahren werden.

Fragen

1. Was bewirkt die Tastenkombination [Alt]+[F4]?
2. Starten Sie das Zubehörprogramm *Rechner*.
3. Welche Wege gibt es, um diese Programme wieder zu beenden?

2 Die Entwicklungsumgebung von Delphi

Bevor Sie in die Tiefen der Windows-Programmierung einsteigen, sollten Sie sich mit der Entwicklungsumgebung, dem »Regiezentrum«, von Delphi 3 vertraut machen.

2.1 Delphi starten

Der Start von Delphi erfolgt wie bei allen unter Windows 95 installierten Anwendungen über die *Start*-Schaltfläche. Hierzu sind folgende Schritte notwendig:

- Klicken Sie mit der linken Maustaste auf die *Start*-Schaltfläche von Windows 95.
- In dem sich nun öffnenden Menü bewegen Sie den Mauszeiger auf den Punkt *Programme*, um das Untermenü mit den Programmgruppen zu öffnen.
- Zeigen Sie nun, wie zuvor im Menü *Programme*, auf die Gruppe *Borland Delphi 3* beziehungsweise auf die Gruppe, die Sie während des Installationsvorganges angegeben haben.
- Im daraufhin erscheinenden Menü wählen Sie *Delphi 3* aus und klikken mit der linken Maustaste auf diesen Eintrag.

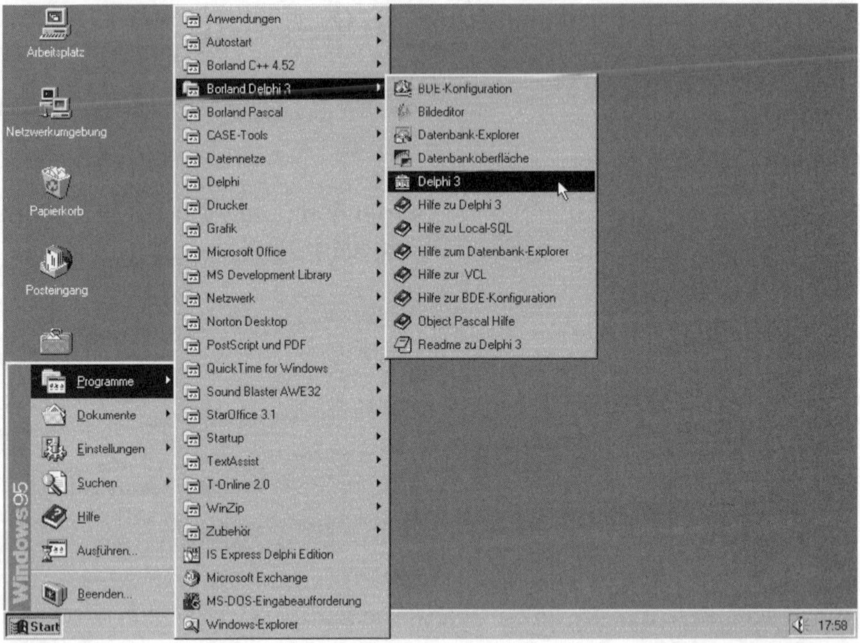

Abb. 2.1: Starten von Delphi 3

2.2 Der Aufbau der Entwicklungsumgebung

Borlands Delphi präsentiert sich wie viele andere moderne Programmierumgebungen in einer sogenannten *IDE* (= Integrated Development Environment), d. h. in einer *Entwicklungsumgebung*. In diesem Rahmenprogramm sind alle Anwendungen integriert, die zur Erstellung von zeitgemäßer Software nötig sind.

Die Entwicklungsumgebung von Delphi setzt sich aus frei schwebenden Einzelfenstern zusammen. Dies ist zwar gewöhnungsbedürftig, falls Sie schon mit anderen Anwendungen unter Windows wie Word, Excel oder StarWriter gearbeitet haben, bringt aber in der Software-Entwicklung einige Vorteile mit sich, die Sie später nicht mehr missen wollen.

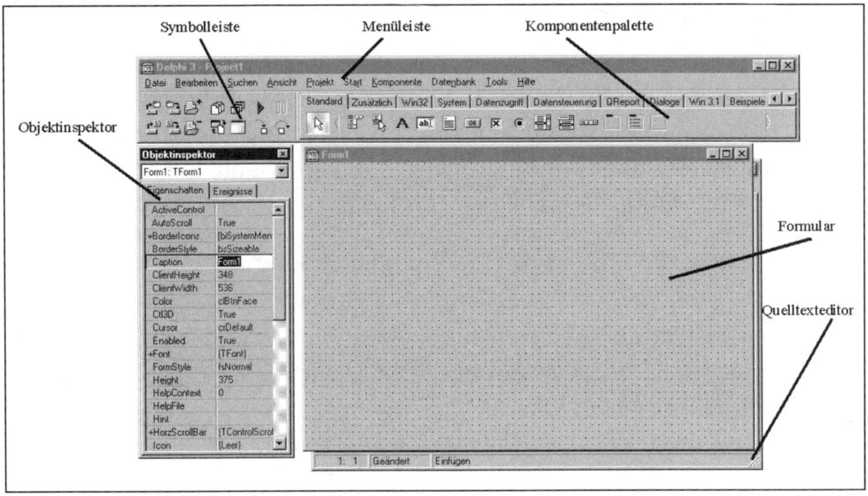

Abb. 2.2: Die IDE von Delphi 3

2.3 Das erste Programm

Um Sie nicht noch unnötig auf die Folter zu spannen, stürzen wir uns hier gleich ins Getümmel. Das erste Programm soll hier das obligatorische *Hallo Welt!* sein. Anhand der Entwicklung dieses Software-Zwerges werden Sie sich mit den Möglichkeiten der Entwicklungsumgebung vertraut machen. Dieses Beispielprogramm ist für ein Einsteigerbuch fast schon Pflicht. Bei den alten zeichenorientierten Anwendungen beschränkte es sich darauf, die namensgebende Zeichenkette *Hallo Welt!* auf dem Bildschirm auszugeben. Da Delphi jedoch in Windows agiert, sieht unsere Variante etwas moderner aus.

Das Ziel dieses Kapitel soll es sein, ein Programm zu entwerfen und zu programmieren, das bei Betätigung einer Schaltfläche die Zeichenkette *Hallo Welt!* in einem Fenster ausgibt. Hierbei lernen Sie mit Projekten und deren Bestandteilen umzugehen.

Entwerfen des Formulars

Zunächst ist im Formular eine Schaltfläche zu plazieren. Das *Formular* ist das Fenster, welches dem Benutzer erscheint und über das er die Eingaben abwickelt. Über Formulare wird demzufolge die Benutzerschnittstelle des Programms organisiert.

Alle Elemente, die Sie in Formulare einbauen können, finden Sie in der *Komponentenpalette*. Um nun besagte Schaltfläche zu positionieren, muß diese zunächst in der Komponentenpalette ausgewählt werden. Hierzu muß das Register *Standard* aufgeschlagen sein. Die Register wechseln Sie schlicht durch Anklicken des jeweiligen Eintrages am oberen Rand.

Klicken Sie diesen Schalter an, und die Schaltfläche kann nun ins Formular eingesetzt werden. Im Register *Standard* findet sich das Symbol für die Schaltfläche. Wenn Sie den Mauszeiger über die einzelnen Symbole bewegen und jeweils eine Weile ruhen lassen, erscheint ein gelbes Schildchen, das den Namen bzw. die Funktion angibt. Im Falle der benötigten Schaltfläche gibt das Schildchen *Button* den Komponentennamen der Schaltfläche an.

Setzen Sie den Mauszeiger in das Formular, und drücken Sie die linke Maustaste. Sie können, wenn Sie die Maustaste gedrückt halten, den Schalter auf die gewünschte Größe ziehen. Lassen Sie hingegen den Schalter los, ohne zu ziehen, wird eine Standardgröße definiert.

Wenn Sie die Größe des Schalters nachträglich ändern wollen, so bewegen Sie den Mauszeiger auf eines der kleinen schwarzen Würfelchen am Rand, drücken die linke Maustaste, und ziehen den Schalter bei gedrückter Maustaste auf die gewünschte Größe. Dieser Vorgang ist analog zur Größenänderung von Fenstern in Windows. Auch wenn Sie schon mit einem vektororientierten Grafikprogramm wie Corel DRAW! oder Designer gearbeitet haben, wird Ihnen diese Technik nicht unbekannt vorkommen.

Falls um Ihren Schalter keine Würfelchen zu sehen sind, klicken Sie einfach in die Schaltfläche hinein und wählen diese damit aus. Auf diese Weise können Sie später auch bei mehreren Komponenten in einem Formular zwischen diesen umschalten.

Wünschen Sie nun auch noch die Position des Schalters zu verändern, klicken Sie mit der linken Maustaste in die graue Fläche des Schalters (nicht auf einen der Würfel!) und verschieben diesen bei festgehaltener Maustaste.

Die zweite Komponente in diesem Beispiel ist ein Textelement, das schließlich die Zeichenkette *Hallo Welt!* aufnehmen soll. Diese Komponente finden Sie ebenfalls im Register *Standard* vor.

Wählen Sie also mittels eines Klicks der linken Maustaste die Schaltfläche, die sich zusätzlich durch das gelbe Schildchen *Label* zu erkennen gibt, aus.

Positionieren Sie das Textelement nach dem gleichen Verfahren wie die Schaltfläche im Formular. Daraus sollte sich eine Situation ähnlich der in Abb. 2.3 ergeben.

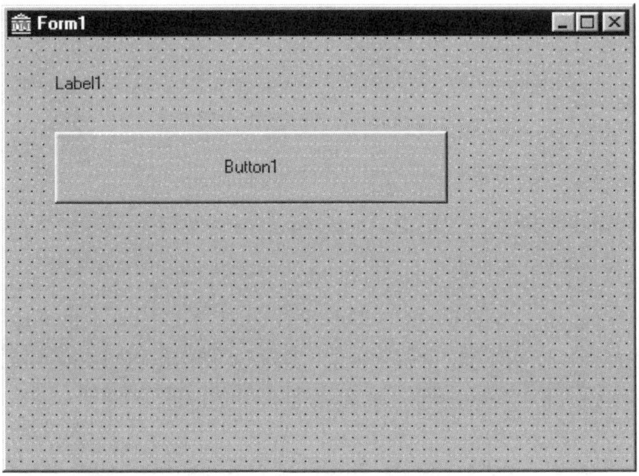

Abb. 2.3: Schaltfläche und Textkomponente sind im Formular plaziert

Nun sind alle benötigten Komponenten im Formular plaziert und somit die Benutzeroberfläche des Programms definiert. Jetzt gilt es, den Programmablauf zu regeln. Dies geschieht mittels Anweisungen, abgefaßt in der Programmiersprache *Object-Pascal*, die sich in sogenannten Units, also Einheiten, Modulen, befinden.

Wenn die Schaltfläche betätigt wird, soll die Textkomponente den Text *Hallo Welt!* beinhalten bzw. anzeigen. Hierzu klicken Sie doppelt auf die Schaltfläche im Formular. Daraufhin zeigt sich der Quelltexteditor mit der geladenen *Unit1*, in den Sie die Zeile

```
Label1.Caption := ,Hallo Welt!';
```

zwischen *begin* und *end* eingeben. Hierdurch weisen Sie *Label1* (der Textkomponente) den entsprechenden Text zu. *Caption* ist eine Eigenschaft, die in fast jeder Delphi-Komponente vorkommt. *Caption* ist beispielsweise bei einem Formular der Fenstertitel, bei einer Schaltfläche der Schaltertitel und bei einer Textkomponente schlicht deren anzuzeigende Zeichenfolge.

Lassen Sie sich durch die obere Quelltextzeile nicht allzusehr verwirren! An dieser Stelle soll Ihnen genügen, daß der Text von *Label1* geändert wird. In den nächsten Kapiteln werden die Unklarheiten mit Sicherheit verschwinden.

Projekt speichern

Unser kleines Programm ist damit fertig. Doch bevor Sie es starten, sollten Sie es abspeichern. Gerade bei größeren Projekten sollten Sie immer wieder zwischenspeichern, um etwaigen Datenverlusten durch Systemabsturz etc. vorzubeugen. In Delphi werden das Speichern, Laden, Drukken usw. wie in jeder anderen Windows-Applikation über das Menü *Datei* gesteuert. Allerdings ist das Delphi-Dateimenü etwas anders aufgebaut als das einer Textverarbeitung oder Tabellenkalkulation, da mehrere Dateitypen verwaltet werden müssen.

In Delphi werden alle zu einem Programm gehörenden Dateien in einem *Projekt* organisiert. Dieses Projekt besteht schließlich aus Formularen, Object-Pascal-Quelltexten (Units) und verschiedenen Konfigurations- und Objektcode-Dateien. Im Menü *Datei* finden sich demzufolge auch mehrere Befehle zum Speichern und Öffnen. Hier eine kurze Übersicht über die wichtigsten Befehle des Dateimenüs:

Delphi	**Funktion**
Neu	Assistent zum Anlegen neuer Projekte und Projektteile (Dialoge, Units etc.)
Neue Anwendung	Öffnet ein neues (leeres) Projekt
Neues Formular	Öffnet ein leeres Formular zur Bearbeitung
Öffnen	Öffnet ein bestehendes Projekt, Formular oder eine Unit
Speichern	Speichert das aktuelle Formular und/oder den gerade bearbeiteten Quelltext
Speichern unter	Speichert ein Formular und/oder Quelltext unter neuem Namen
Projekt speichern unter	Speichert das Projekt unter neuem Namen
Alles speichern	Speichert alle Dateien (das gesamte Projekt) unter aktuellem Namen
Alle schließen	Schließt alle Dateien, also das gesamte Projekt
Schließen	Schließt das aktuell ausgewählte Formular und/oder den entsprechenden Quelltext

Delphi	Funktion
Dem Projekt hinzufügen	Fügt dem Projekt eine Datei (Formular, Unit,...) hinzu
Aus dem Projekt entfernen	Entfernt eine Datei (Formular, Unit,...) aus dem Projekt
Drucken	Druckt das aktuell bearbeitete Formular bzw. eine Unit aus
Beenden	Beendet Delphi

Um nun das Projekt mit all seinen Bestandteilen zu speichern, muß *Datei / Alles speichern* im Menü gewählt werden.

Alternativ kann auch der entsprechende Schalter der Symbolleiste benutzt werden.

Delphi erwartet danach, daß Sie einen Dateinamen für *Unit1* eingeben; dies ist der Part, der den eigentlichen Code enthält und sich im Quelltexteditor befindet.

Legen Sie zuerst im Feld *Speichern in* fest, in welchem Ordner das Projekt abgelegt werden soll. Sinnvoll wäre es, die Programme, welche Sie im Zuge dieses Seminars erarbeiten, in einem gesonderten Ordner abzulegen. In diesem Zusammenhang kommt wieder ein Vorteil von Windows 95 zum Tragen. Denn wenn Sie innerhalb einer Anwendung bemerken, daß Sie einen neuen Ordner benötigen, so können Sie diesen direkt im Speichern- bzw. im Öffnen-Dialog anlegen.

Ein guter Platz für den Ordner wäre im Wurzelverzeichnis Ihrer Festplatte C:. Nachdem Sie durch das Feld *Speichern in* zum Laufwerk C: gewechselt haben, betätigen Sie die Schaltfläche *Neuen Ordner erstellen.* Nun können Sie dem Ordner einen beliebigen Namen geben und diesen durch [↵] bestätigen.

Anschließend können Sie durch Doppelklick auf den neu angelegten Ordner in diesen wechseln. Allerdings können Sie auch das Feld *Speichern in* verwenden.

Nun können Sie im Feld *Dateiname* einen beliebigen Namen für Ihre Unit, z. B. HALLO, vergeben. Allerdings sollten Sie hierbei beachten, daß der Dateiname den *Pascal-Konventionen für Bezeichner* entspricht, da dieser auch den Unit-Namen intern in Object-Pascal repräsentiert. Hinter diesem Fachwortungetüm verbirgt sich nichts anderes, als daß das erste Zeichen des Dateinamens ein _ oder ein Buchstabe und jedes weitere Zeichen ein _, ein Buchstabe oder eine Ziffer sein muß. Leerzeichen und Sonderzeichen, wie sie unter Windows 95 möglich sind, können hier also nicht verwendet werden. Außerdem muß beachtet werden, daß Object-Pascal und damit Delphi in Bezeichnern als Buchstabe nur die im englischen Alphabet üblichen akzeptiert. Also A bis Z und a bis z – kein ß und keine Umlaute!

Nachdem Delphi die Unit abgespeichert hat, wird nach dem Dateinamen für das Projekt gefragt. Hier können Sie ebenfalls einen beliebigen Namen vergeben, allerdings wieder den oben genannten Konventionen folgend. Außerdem weigert sich Delphi vehement gegen die Eingabe desselben Namens, d. h. wenn Sie also Ihrer Unit den Namen HALLO gegeben haben, dürfen Sie diesen nicht für das Gesamtprojekt vergeben! Ein Vorschlag wäre HALLOWELT. Dieser Name wird dann auch für die ausführbare EXE-Datei verwendet, über die Sie später das Programm beispielsweise aus dem Explorer starten können.

Für das Formular werden Sie nicht explizit aufgefordert, einen Dateinamen anzugeben. Da die Formulardefinition untrennbar mit der Unit verknüpft ist, erhält diese automatisch denselben Namen (nur mit einer anderen Erweiterung, versteht sich).

Starten des Programms

Nachdem das Programm bzw. das Projekt gespeichert ist, steht einem Testlauf nichts mehr im Wege. Hierzu findet sich im Menü *Start* der Befehl *Start*.

Auch diese Schaltfläche der Symbolleiste führt zum Ziel. Falls Ihnen Delphi eine Fehlermeldung im unteren Teil des Quelltexteditors liefern sollte, vergleichen Sie die von Ihnen eingegebene Zeile mit der oben angegebenen und berichtigen Sie diese entsprechend.

Speichern Sie danach die Unit erneut durch Drücken dieser Schaltfläche in der Symbolleiste. Alternativ können Sie aber auch die Tastenkombination Strg+S oder den Befehl *Datei / Speichern* verwenden.

Starten Sie jetzt erneut.

Nach einigem Rattern auf der Festplatte öffnet sich das Formular. Wenn Sie nun die Schaltfläche *Button1* betätigen, ändert sich der Schriftzug von *Label1* in *Hallo Welt!*.

Beenden können Sie diese kleine Anwendung durch eine der unter Windows üblichen Möglichkeiten.

2.4 Die Projektverwaltung

Das Speichern eines gesamten Projekts und einer einzelnen Unit haben Sie bereits kennengelernt. Jedoch hat die Projektverwaltung von Delphi noch einiges mehr zu bieten.

Um ein neues Projekt zu öffnen, gibt es zwei Wege. Der schnellere der beiden ist über *Datei / Neue Anwendung* ein leeres Projekt zu generieren. Ein solches Projekt enthält lediglich ein leeres Formular und die damit verbundene *Unit1*.

Der langsamere und von der Funktionalität fast schon erschöpfende Weg ist der über *Datei / Neu*. Hier können Sie mehr als nur ein neues Projekt öffnen.

Anwendung

Über die Symbole im Register *Neu* können Sie, wenn Sie das erste Symbol *Anwendung* selektieren und auf *OK* klicken beziehungsweise doppelt auf *Anwendung* klikken, ein neues Projekt öffnen.

Allerdings können Sie über diesen Dialog auch ein neues Projekt für eine *Dynamische Link-Bibliothek* erzeugen oder neue Formulare, Units und vieles mehr in ein bestehendes Projekt einbinden, wobei über die anderen Register viele Optionen möglich sind und Ihnen in der späteren Praxis einiges an Programmierarbeit abgenommen wird. Doch hierzu später mehr. Sie werden im Moment nur einige dieser Symbole brauchen, aber Sie sollten diesen Dialog besonders im späteren Programmieralltag nicht aus dem Sinn verlieren. Hier ist einiges an Automatisierungpotential für Routinearbeiten enthalten!

Ein neues Formular erzeugen Sie durch *Datei / Neues Formular*. Aber auch der Weg über *Datei / Neu* führt zum Erfolg.

Formular

Durch Selektieren des Symbols *Formular* und anschließenden Klick auf *OK* oder durch Doppelklick auf das Symbol wird dem Projekt ein neues Formular hinzugefügt.

Unit

Über dieses Symbol erreichen Sie, daß zum Projekt eine Unit aufgenommen wird. Auch wenn Sie noch nicht wissen, was man genau unter einer Unit versteht, sollten Sie diesen Weg im Auge behalten, um ihn in späteren Kapiteln verwenden zu können.

Über den Menübefehl *Datei / Öffnen* können Sie Dateien verschiedenen Typs öffnen. In der Symbolleiste finden sich stellvertretend für diesen

Befehl gleich zwei Symbole. Dies mag auf den ersten Blick für den Einsteiger verwirrend sein.

Wenn der Weg über die Menüleiste gegangen wird, so paßt sich Delphi dem Dateityp entsprechend an. Wird beispielsweise eine Unit geöffnet, so wird diese im Quelltexteditor dargestellt, das aktuelle Projekt bleibt aber in der Entwicklungsumgebung geöffnet. Wird dagegen eine Projektdatei ausgewählt, so wird das aktuell bearbeitete Projekt geschlossen und statt dessen das gewählte Projekt geöffnet.

Beim Öffnen einer Datei auf diesem Wege ist im Dialogfeld *Öffnen* das Feld *Dateityp* von Bedeutung. Hierüber können Sie beeinflussen, welche Dateitypen im Listenfeld aufgelistet werden sollen.

Wenn Sie hingegen durch Betätigen dieser Schaltfläche der Symbolleiste eine Datei öffnen wollen, wird die von Ihnen selektierte Datei grundsätzlich als Projekt betrachtet. Dies bedeutet, selbst wenn Sie nur eine Formulardatei öffnen, wird das aktuelle Projekt geschlossen! Öffnen Sie durch diesen Schalter also nur Projekte.

Durch diese Schaltfläche wird alles zusätzlich zum Projekt geöffnet. Öffnen Sie durch diesen Schalter nur Teile eines Projekts, wie Formulare und Units.

Das Projekt in der Übersicht

Bei größeren Projekten, die aus mehreren Formularen und Units bestehen, ist es nicht gerade Luxus, daß Delphi eine übersichtliche Zentrale für die Projektverwaltung bietet. Über *Ansicht / Projektverwaltung* gelangen Sie in diese Projektzentrale.

Abb. 2.4: Das Projektfenster zur übersichtlichen Verwaltung

In dieser Darstellung finden Sie alle Units und Formulare aufgelistet.

Durch diese Schaltfläche können Sie dem Projekt weitere Dateien – Units, Formulare etc. – hinzufügen. Auf diese Weise können Sie zusätzlich erworbene Bibliotheken oder auch selbst entwickelte Komponenten und Units einbinden.

Dies ist das Gegenstück zum vorhergehenden Symbol. Hiermit können Sie Teile aus dem Projekt wieder entfernen.

Alternativ zu den vorangegangenen Symbolen können Sie auch die ähnlich gestalteten Symbole der Symbolleiste verwenden. Auch die Befehle *Datei / Dem Projekt hinzufügen* und *Projekt / Zum Projekt hinzufügen* respektive *Datei / Aus dem Projekt entfernen* und *Projekt / Aus dem Projekt entfernen* führen zum Erfolg. In Delphi führen eben alle Wege zum Projekt.

Einen ausgewählten Eintrag des Listenfeldes können Sie durch die folgenden beiden Schaltflächen zum Bearbeiten öffnen.

Diese Schaltfläche schaltet in den Quelltexteditor und lädt, sofern nicht schon geschehen, die entsprechende Unit zur Bearbeitung.

Durch diese Schaltfläche wird das selektierte Formular geöffnet und kann anschließend verändert werden.

Die letzte Schaltfläche ist nur interessant, falls Sie einmal den Projekt-Quellcode, welchen Sie durch *Ansicht / Projekt-Quelltext* erreichen, ändern müssen. Mit Hilfe dieses Schalters können Sie die Projektinformationen auf den neuesten Stand bringen.

Achtung: Die Änderung des Projekt-Quelltextes sollte nur in Erwägung gezogen werden, wenn keine andere Möglichkeit mehr besteht, und sollte Experten vorbehalten bleiben. Für Standardanwendungen ist diese Prozedur ohnehin nicht notwendig!

Durch diese Schaltfläche gelangen Sie in ein Dialogfeld, in dem Sie einige Einstellungen für Ihr Programm vornehmen können. Allerdings können Sie statt dieser Schaltfläche auch den Menübefehl *Projekt / Optionen* verwenden.

Die Projektoptionen

Das Dialogfeld *Projektoptionen* ist, ganz der Philosophie von Windows 95 getreu, in mehrere Seiten aufgeteilt. Diese können durch Register am oberen Rand des Fensters umgeblättert werden.

Über das erste Register *Formular* kann, wie der Name schon erahnen läßt, die Handhabung der Formulare innerhalb der Anwendung beeinflußt werden.

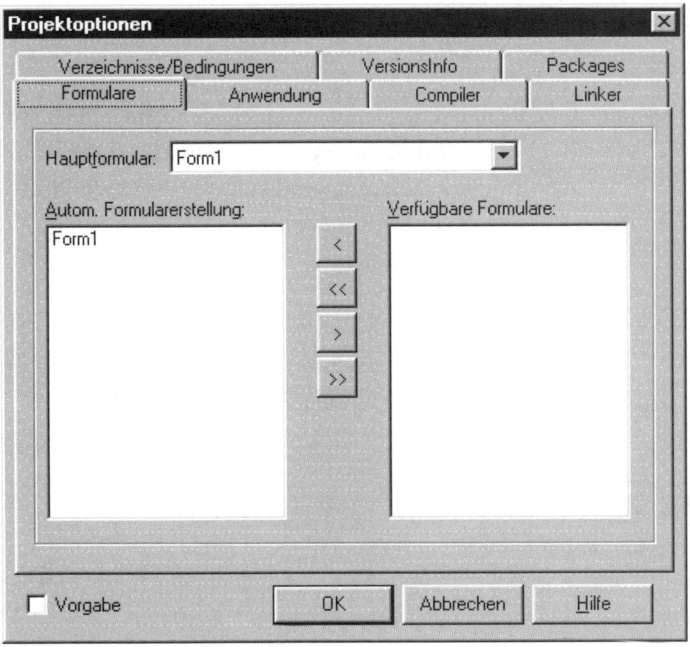

Abb. 2.5: Das Register *Formulare*

Im Feld *Hauptformular* kann das Formular angegeben werden, das das Hauptfenster der Applikation bilden soll. In der Entwicklungsumgebung von Delphi ist dies das Fenster am oberen Rand des Bildschirms. Wenn dieses Fenster geschlossen wird, wird auch automatisch das Programm beendet. In unserem kleinen Programm ist dies automatisch *Form1*.

Im linken Listenfeld sind die Fenster angegeben, die zur Laufzeit des Programms automatisch geöffnet werden. Diese bilden sozusagen das Gesicht der Anwendung, da diese sich beim Programmstart gleich auf dem Bildschirm präsentieren.

Die Reihenfolge, in der die Formulare in diesem Listenfeld angegeben sind, ist auch zugleich die Erstellungsreihenfolge der Fenster beim Start der Anwendung. Mit anderen Worten: Das Formular, das ganz oben im Listenfeld steht, wird als erstes geöffnet, das unterste zuletzt.

Durch einfaches Drag & Drop der Einträge im Listenfeld kann die Reihenfolge verändert werden.

Die Angaben im rechten Listenfeld sind die Fenster, die prinzipiell im Programm verfügbar sind. Diese können durch entsprechende Anweisungen bei Bedarf geöffnet werden. Als Beispiel sei das in jeder Anwendung existierende Dialogfeld *Über* genannt. Erst wenn der Benutzer *Hilfe / Über* anklickt, wird dieses Dialogfeld geöffnet.

Durch die vier Pfeilschalter zwischen den Listenfeldern kann man Formulare nach Belieben hin- und herschieben. Wobei die einfachen Pfeile für das Übertragen der selektierten Formulare zuständig sind und die Doppelpfeile sich auf alle Formulare in einem Listenfeld beziehen.

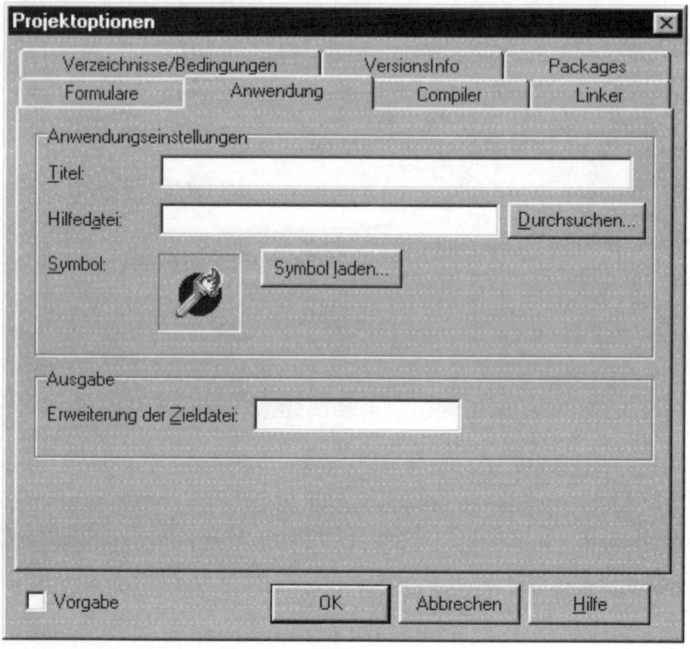

Abb. 2.6: Das Register *Anwendung*

Das nächste Register bietet Ihnen die Möglichkeit, einige Details für Ihre Anwendung einzustellen.

Wenn Sie das Beispielprogramm starten, so zeigt die Schaltfläche in der Task-Leiste den Titel *Hallowelt*. Dies ist, abgesehen von der grammatikalischen Unrichtigkeit, kein besonders schöner Titel. *Hallowelt* ist schlicht der Name der ausführbaren EXE-Datei, abgeleitet vom Projektnamen *HalloWelt*.

In der Eingabezeile *Titel* können Sie der Anwendung einen Titel Ihres Geschmacks geben. Sinnvoll wäre beispielsweise *Hallo Welt!*, da dies der Titel aus der Problembeschreibung von oben ist.

Nach der Eingabe eines Titels klicken Sie auf *OK* und starten das Programm. In der Task-Leiste findet sich anschließend der von Ihnen eingegebene Text wieder.

Zurück zum Register *Anwendung*. Im Eingabefeld *Hilfedatei* können Sie eine Hilfedatei spezifizieren, die von Ihrer Anwendung verwendet werden soll.

Die Schaltfläche *Durchsuchen* bietet Ihnen die Möglichkeit, durch das bekannte Dialogfeld zum Öffnen/Speichern von Dateien eine HLP-Datei anzugeben.

Des weiteren verfügt diese Seite des Dialogfeldes noch über eine Befehlsschaltfläche *Symbol laden*. Damit können Sie, ähnlich wie beim Durchsuchen nach einer Hilfedatei, ein Symbol angeben, welches das Programm in der Task-Leiste und im Explorer repräsentieren soll. Außerdem wird dieses Symbol für das Systemmenü des Hauptfensters verwendet.

Last but not least können Sie im Feld *Erweiterung der Zieldatei* eine Dateiextension angeben, die an die Zieldatei angehängt wird. Dies ist jedoch nur sinnvoll, falls Sie keine »herkömmliche« Anwendung programmieren, z. B. ein ActiveX-Control oder eine *Dynamische Link-Bibliothek*.

In diesem Fall können Sie hier andere Erweiterungen wie .OCX beziehungsweise .DLL angeben. In unserem Fall, das heißt im Zuge dieses Buches, werden Sie dieses Feld nicht benötigen.

Die folgenden zwei Registereinträge *Compiler* und *Linker* sind für fortgeschrittene Programmierer und Profis gedacht. Hier können Optimierungen und Einstellungen für die Zusammenarbeit mit anderen Programmiersprachen (zum Beispiel C++) und externen Entwicklungswerkzeugen (z. B. Turbo Debugger) vorgenommen werden.

Hinweis: Ändern Sie hier also keine Einstellung, wenn Sie nicht genau wissen, was sie bewirkt!

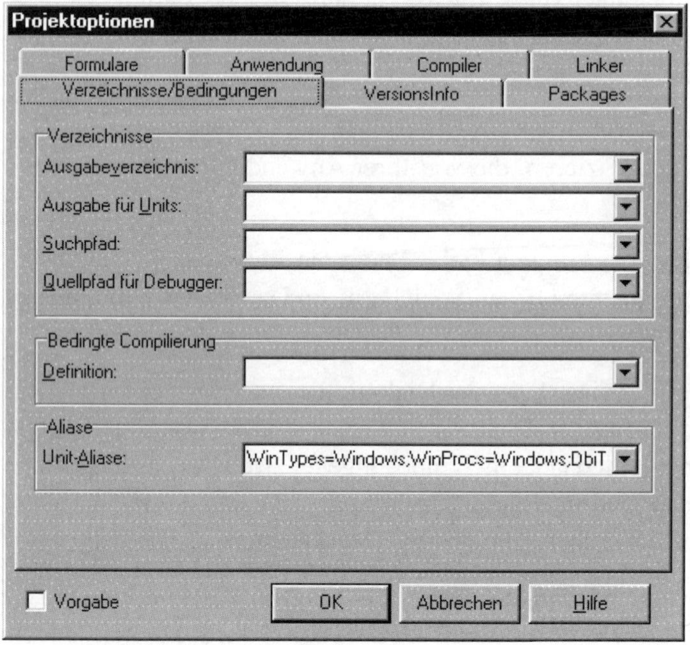

Abb. 2.7: Das Register *Verzeichnisse/Bedingungen*

Das Register *Verzeichnisse/Bedingungen* ist sinnvoll für die Organisation von großen Projekten und für die Verarbeitung von älteren Quelltexten (z. B. von Delphi 1.x oder Borland Pascal).

Im Abschnitt *Verzeichnisse* können Sie im Feld *Ausgabeverzeichnis* einen Ordner angeben, in den die erzeugten DLLs, ausführbare EXE-Dateien, etc. gespeichert werden sollen. Über das Feld *Ausgabe für Units* kann ein Ordner für die sogenannten DCU-Dateien (kompilierte Units) angegeben werden.

Auf diese Weise kann man die Quelltexte von den kompilierten Dateien trennen und so die Übersichtlichkeit im Dateiendschungel großer Projekte erhöhen.

Der Text im Eingabefeld *Suchpfad* gibt an, wo Ihre Quelldateien liegen. Mehrere Pfade können Sie durch Semikola trennen.

Über *Quellpfad für Debugger* können Sie einen Pfad angeben, in dem der Debugger (Programm zur Fehlersuche) entsprechende Informationen findet. Dies ist jedoch nur wichtig, falls Sie die Verzeichnisstruktur Ihres Projektes verändern.

Das Feld *Definitionen* im Abschnitt *Bedingte Kompilierung* ermöglicht es Ihnen, bestimmte Symbole zu definieren, über die Sie die Kompilierung Ihres Quelltextes steuern können.

Das Eingabefeld *Unit-Aliase* ist für die Verarbeitung älterer Quelltexte gedacht und bildet Bezeichner alter Units auf die neuen von Delphi ab. Für Umsteiger von Turbo/Borland Pascal dürfte diese Option recht interessant sein. Die Syntax ist recht einfach <alte Unit>=<neue Unit>. Die einzelnen Angaben werden durch Strichpunkte getrennt.

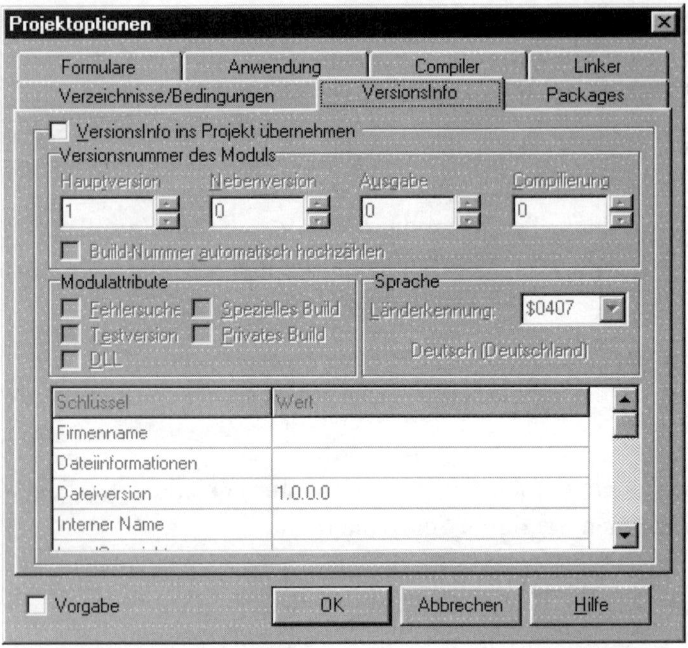

Abb. 2.8: Das Register *VersionsInfo*

Das Register *VersionsInfo* ist ein Novum in Delphi. Hiermit steht Ihnen erstmals die komfortable Verwaltung von Versions- und Copyright-Informationen zur Verfügung.

Wenn Sie das Feld *VersionsInfo ins Projekt übernehmen* aktivieren, können Sie in den folgenden Feldern Ihre Versions- und Copyright-Daten eintragen.

Im Feld *Versionsnummer des Moduls* können Sie die Dateiversion festlegen. Ist die Option *Build-Nummer automatisch hochzählen* aktiviert, wird nach jeder Kompilierung des Projektes der Wert in *Compilierung* automatisch hochgezählt.

Das Feld *Modulattribute* gibt nähere Auskunft über die Datei:

Attribut	Beschreibung
Fehlersuche	Das Projekt wurde im Debug-Modus kompiliert, enthält also Informationen zur Fehlersuche.
Testversion	Die Version ist keine kommerziell veröffentlichte Produktversion. Es ist eine Beta-Version.
Spezielles Build	Die Version ist eine Variante der Standardversion.
Privates Build	Die Version wurde nicht mit den Prozeduren der Standardversion erstellt.
DLL	Das Projekt enthält eine DLL.

In *Sprache* können Sie eine Kennummer angeben, die Auskunft darüber gibt, in welcher Sprache die Anwendung angezeigt wird. Die Nummern können Sie der Online-Hilfe entnehmen.

In der folgenden Tabelle können Sie nun die entsprechenden Informationen zu Ihrem Projekt eingeben.

Nun fragt sich, wozu dieser Aufwand? Wann, wo und wie sind diese Daten abrufbar? Wenn Sie derartige Versionsinfomarionen in Ihr Projekt aufnehmen und es über *Projekt / Projekt neu compilieren* neu erstellen, können Sie z. B. im Explorer über das Kontext- oder Datei-Menü zur EXE-Datei Ihres Projektes die Eigenschaften anzeigen (Abb. 2.9). Im Eigenschaftsdialogfeld existiert das Register *Version*, in dem Sie die obigen Daten finden (Abb. 2.10).

Über das letzte Register im Dialogfeld *Projektoptionen Packages* können Sie die verwendeten Pakete Ihres Projektes kontrollieren. Dieses Register wird Ihnen später als fortgeschrittener Programmierer von Nutzen sein. Es ist beispielsweise nicht nötig, die Komponenten von QuickReport einzubinden, wenn Ihre Anwendung gar keine Reports verwendet.

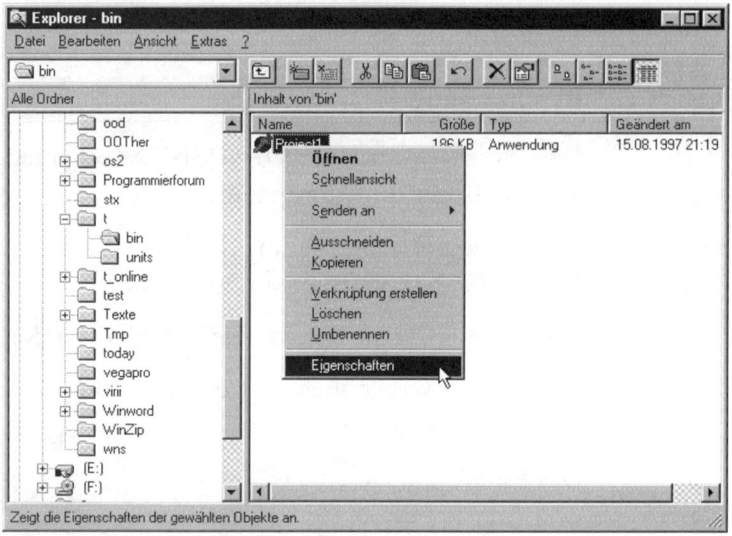

Abb. 2.9: Eigenschaften einer Datei abrufen

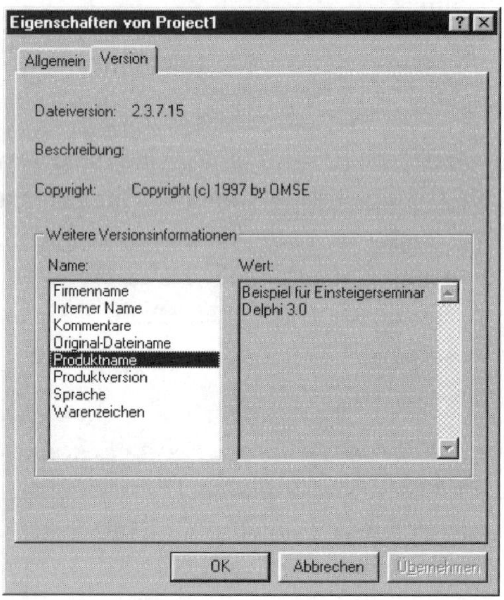

Abb. 2.10: Die Versionsinformationen einer EXE-Datei

Im Zuge dieses Buches beachten Sie am besten diese Einstellungen vorerst nicht, d. h. behalten Sie die Voreinstellungen bei.

Mit Hilfe des Feldes *Vorgabe* am unteren Rand des Dialogfeldes können Sie die von Ihnen angegebenen Einstellungen zum Standard erklären. Das heißt: Wenn Sie *Vorgabe* auswählen und auf *OK* klicken, werden diese Einstellungen für jedes neue Projekt als Vorgaben genommen. Dies sollten Sie aber nur verwenden, wenn Sie später routiniert mit Delphi arbeiten. Dies ist zum Beispiel sinnvoll, wenn Sie vorhaben, die Benutzeroberflächen Ihrer Programme mit Delphi zu erstellen, und die Intelligenz der Software aus Portabilitätsgründen in C++ realisieren. Hier bietet es sich dann an, alle Einstellungen für die bestmögliche Zusammenarbeit mit C++ einmal zu treffen und als Vorgabe zu definieren.

2.5 Der Quelltexteditor

Selbst im Zeitalter der visuellen Software-Entwicklung bleibt es dem Programmierer nicht erspart, Anweisungen, abgefaßt in einer entsprechenden Sprache, einzugeben.

Der Quelltexteditor der Delphi-Entwicklungsumgebung ist wie viele Dialogfelder in mehrere Seiten aufgeteilt. Für jede geladene Datei findet sich dort ein entsprechender Registereintrag.

Durch einfaches Anklicken eines Registers können Sie die jeweilige Datei zur Bearbeitung in den Vordergrund holen.

In der Statuszeile – dies ist die Zeile am unteren Rand des Quelltexteditors – finden Sie einige Angaben über den aktuellen Status der bearbeiteten Datei.

Im linken Feld findet sich die gegenwärtige Position der Schreibmarke in der Form Zeile:Spalte.

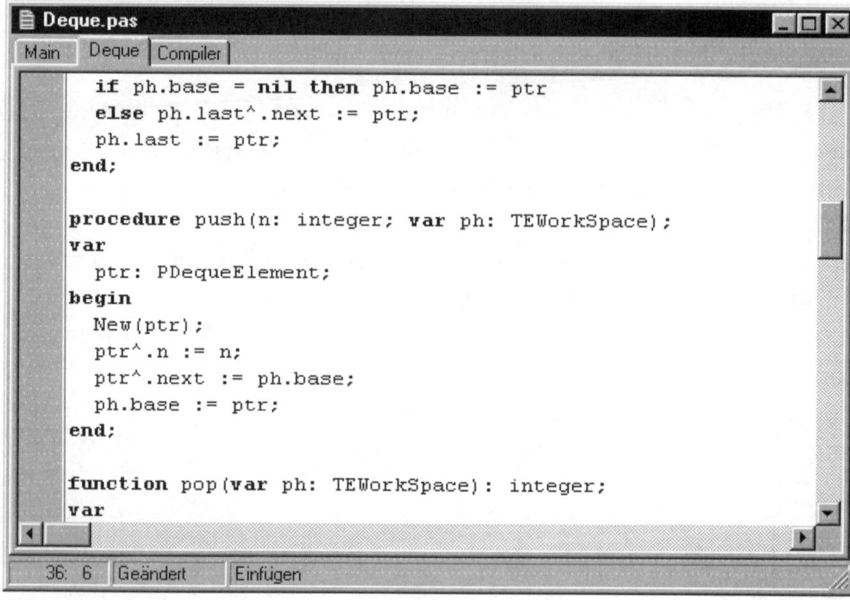

Abb. 2.11: Der Quelltexteditor mit drei geladenen Dateien

Das mittlere Feld gibt an, ob die Datei geändert und noch nicht gespeichert wurde.

Zu guter Letzt findet sich im rechten Abschnitt der Schreibmodus. Dieser kann entweder Einfügen oder Überschreiben annehmen. Mit Hilfe der Taste [Einfg] können Sie zwischen den Modi umschalten.

Bewegen innerhalb des Textes

Innerhalb des Textes können Sie sich wie in jeder Windows-Applikation mit Hilfe der Tasten [→], [←], [↑] und [↓] sowie [Bild↑] und [Bild↓] bewegen. Einige Tastenkombinationen finden Sie in der folgenden Tabelle.

Tastenkombination	Funktion
[Strg]+[→] bzw. [Strg]+[←]	Schreibmarke von Wort zu Wort bewegen
[Strg]+[Pos1]	Textanfang
[Strg]+[Ende]	Textende
[Strg]+[Bild↑]	Erste Zeile im Fenster
[Strg]+[Bild↓]	Letzte Zeile im Fenster
[Pos1]	Zeilenanfang
[Ende]	Zeilenende

Arbeiten mit markiertem Text

Um Text zu markieren, gibt es prinzipiell zwei Möglichkeiten in Windows. Zum einen kann dies durch die Maus geschehen: Zeigen Sie dazu mit der Maus in den Text, drücken Sie die linke Maustaste und halten Sie diese gedrückt, während Sie durch Bewegen der Maus den gewünschten Text markieren. Zum anderen können Sie den Text mit der Tastatur markieren. Bewegen Sie die Schreibmarke bei gedrückter [→]-Taste durch den Text, und markieren Sie ihn auf diese Weise.

In diesem Zusammenhang ist interessant, daß auch die oben genannten Tastenkombinationen wie beispielsweise [Strg]+[→] funktionieren. Um zum Beispiel einen Text bis zum Anfang des nächsten Wortes zu markieren, drücken Sie [→]+[Strg]+[→].

Hinweis: Diesen markierten Text können Sie nun mittels der Befehle des Menüs *Bearbeiten* verarbeiten. Die Funktionen dieses Menüs für die Verarbeitung des markierten Textes finden Sie in der folgenden Tabelle zusammengestellt.

Befehl	Funktion
Bearbeiten / Ausschneiden	Markierten Text in die Zwischenablage kopieren und aus dem Quelltexteditor entfernen.
Bearbeiten / Kopieren	Markierten Text in die Zwischenablage kopieren.
Bearbeiten / Einfügen	Text aus der Zwischenablage an der aktuellen Schreibmarkenposition einfügen.
Bearbeiten / Löschen	Markierten Text entfernen.
Bearbeiten / Alles markieren	Markiert den gesamten Text des Quelltexteditors.

Durch den Menübefehl *Bearbeiten / Rückgängig* können Sie Eingaben bis zu einem gewissen Grad rückgängig machen.

Das Gegenstück dazu bildet *Bearbeiten / Widerrufen*. Hiermit können Sie rückgängig gemachte Eingaben wieder herstellen.

Suchen

Wie auch in jeder Textverarbeitung üblich, verfügt der Quelltexteditor von Delphi ebenfalls über eine Suchen- und Ersetzen-Funktion.

Über den Menübefehl *Suchen / Suchen* gelangen Sie in das Dialogfeld *Text suchen*. Dieses besteht aus zwei Registern. Das erste *Suchen* bezieht sich prinzipiell auf die aktuell bearbeitete Datei. Das zweite Register *In Dateien suchen*, welches Sie auch über den gleichnamigen Befehl im Suchen-Menü erreichen, ermöglicht es, mehrere Dateien nach einem Begriff zu durchsuchen. Im folgenden wollen wir jedoch nur das erste Register des Suchen-Dialogfeldes betrachten.

Abb. 2.12: Das Dialogfeld *Text suchen*

Im Eingabefeld *Suchen nach* geben Sie zunächst den Text ein, nach dem gesucht werden soll. Durch den nach unten weisenden Pfeil neben dem Eingabefeld können Texte vorheriger Suchvorgänge zurück in das Eingabefeld geholt werden.

Im Bereich *Optionen* finden sich recht interessante Einstellmöglichkeiten.

Wenn das Feld *Groß-/Kleinschreibung* angekreuzt wird, erfolgt die Suche unter Berücksichtigung von Groß- und Kleinschreibung. Somit wird der Text genau so gesucht, wie er eingegeben wurde. Im anderen Fall spielt die Schreibweise keine Rolle.

Nur ganze Wörter weist die Suchroutine an, nur nach Wörtern zu suchen. Zum Beispiel würde eine Suche nach Tee bei Teekessel keinen Erfolg melden.

Das Feld *Reguläre Ausdrücke* bietet einen ganz besonderen Komfort. Falls Sie schon mit Unix gearbeitet haben, wird Ihnen der Begriff des regulären Ausducks oder *regular expression* nicht fremd sein.

Anstatt nach einem unflexiblen Text zu suchen, wird hier nur ein Muster – eine Beschreibung des zu findenden Textes gegeben. Zum Beispiel alle Wörter, die mit A beginnen und mit l enden. Das Suchergebnis wäre Angel, Ampel oder Amsel.

Um das oben genannte Beispiel zu realisieren, muß im Feld *Suchen nach* die Definition A.*l eingegeben werden. Dies bedeutet, es muß ein A gefunden werden, dann beliebig viele Zeichen unbestimmter Art (auch kein Vorkommen möglich: Al) und abschließend ein l.

Hier die Metazeichen im Überblick:

Regulärer Ausdruck	**Beschreibung**
^	Paßt als erstes Zeichen des Musters auf den Zeilenanfang.
^	Text deckt Text am Anfang der Zeile ab.
$	Paßt am Ende des Musters auf das Zeilenende. Beispiel: Text$ deckt Text am Ende der Zeile ab.
.	Deckt ein beliebiges Zeichen ab.
r*	Stimmt mit beliebig vielen (auch kein) Vorkommen des Ausdrucks r überein. Beispiel: a*b ist eine beliebige Reihe von a gefolgt von einem b. Deckt b, ab, aab usw. ab.
r+	Stimmt mit einem oder beliebig vielen Vorkommen von r überein. Beispiel: a+b ist eine beliebige Folge von a, abgeschlossen durch ein b. Deckt ab, aab, aaab usw. ab (nicht b!).

Regulärer Ausdruck	Beschreibung
[...]	Das Zeichen der Fundstelle muß mit einem der Zeichen innerhalb der eckigen Klammern übereinstimmen. Beispiel: [abc] paßt auf a, b oder c.
[^...]	Das Zeichen der Fundstelle darf nicht mit einem Zeichen innerhalb der eckigen Klammern übereinstimmen. Beispiel: [^abc] paßt auf jedes Zeichen, außer auf a, b und c.
[a-b]	Deckt ein Zeichen zwischen a und b ab. Beispiel: [0-9] paßt auf eine Ziffer, [^a-z] paßt auf keinen Kleinbuchstaben.
{...}	Gruppierung von Ausdrücken. Bis zu zehn innerhalb eines Muster möglich. Zum Beispiel: {ab}* paßt auf beliebig oft vorkommende ab, z. B. ababab oder abab.
\c	Aufheben der Sonderbedeutung von c. Beispiel: \. paßt auf . und nicht auf jedes beliebige Zeichen. Um den \ abzudecken, muß (!) im Suchmuster \\ eingegeben werden!

Im Bereich *Richtung* kann angegeben werden, ob vorwärts (in Richtung Textende) oder rückwärts (in Richtung Textanfang) gesucht werden soll.

In *Bereich* können Sie der Suchroutine mitteilen, ob Sie den gesamten oder nur den markierten Text durchstöbern wollen.

Schließlich kann im Bereich *Beginn* angegeben werden, ob von der aktuellen Position der Schreibmarke (Cursor) oder vom Textbeginn an gesucht werden soll.

Wenn Sie alle Angaben gemacht haben, bestätigen Sie durch einen Klick auf den Schalter *OK*, und der Suchvorgang beginnt.

Nach dem Auffinden einer Textstelle können Sie durch *Suchen / Suche wiederholen* respektive durch Drücken der Taste [F3] die Suche nach weiteren Textstellen fortsetzen.

Ersetzen

Der Ersetzungsvorgang gestaltet sich ähnlich dem des Suchens. Durch *Suchen / Ersetzen* öffnet sich das Dialogfeld *Text ersetzen.*

Abb. 2.13: Text ersetzen

Bei diesem Dialogfeld handelt es sich im Prinzip um einen erweiterten Suchendialog.

Unter dem Feld *Suchen* nach findet sich das Eingabefeld *Ersetzen* durch. Wie die Namen schon andeuten, wird nach der einen Zeichenkette gesucht und die gefundene Textstelle durch die andere ersetzt. Die Eingabemöglichkeiten sind identisch mit denen des Suchen-Dialogfeldes.

Die Optionen werden beim Ersetzen um das Feld *Mit Bestätigung* erweitert. Wenn dieses ausgewählt ist, wird bei jeder Fundstelle nachgefragt, ob diese ersetzt werden soll. Diese Einstellung ist zu empfehlen, wenn Sie sich nicht ganz sicher sind, daß alle Vorkommen ersetzt werden sollen oder nicht genau wissen, auf welche Textgebiete der Ersetzungsvorgang sich auswirkt. Im Zweifelsfall einschalten!

Als sehr effektiv erweist sich die Schaltfläche *Alles ersetzen*. Hierbei handelt es sich um eine Automatisierungsfunktion. Wenn Sie nach einer Textstelle suchen und diese ersetzen, müßten Sie, um die nächste Stelle zu suchen, [F3] drücken oder *Suchen / Suche wiederholen* verwenden. Da dies bei größeren Quelltexten leicht zur Qual werden kann, hat Borland die Möglichkeit vorgesehen, den Dialog statt durch *OK* durch *Alles ersetzen* zu verlassen. Wenn Sie dies machen, wird automatisch nach jedem Suchen/Ersetzenvorgang die nächste Suche gestartet ohne nervenaufreibende Tastenakrobatik!

Hinweis: Beim Suchen und Ersetzen von regulären Ausdrücken, kann man leider nicht dem Kontext entsprechend ersetzen. Wenn Sie also beispielsweise nach A.*l suchen, können Sie keine regulären Ausdrücke im Ersetzungstext angeben. B.*l ersetzt also nicht alle einleitenden A der Fundstellen durch B, sondern substituiert alle Fundstellen exakt mit B.*l!

2.6 Die Online-Hilfe

Delphi bietet, wie jede größere und professionelle Windows-Applikation, ein Online-Hilfe-System. Im Menü *Hilfe* findet sich der Eintrag *Inhalt*, durch den Sie zu bestimmten Themen Unterstützung bekommen können.

Egal, wo Sie sich gerade in der Entwicklungsumgebung von Delphi befinden, d. h., gleichgültig welches Fenster gerade aktiv ist, wann immer Sie [F1] drücken, erhalten Sie dem Kontext entsprechend Hilfestellung.

Hinweis: Leider ist nicht alles Gold, was glänzt, und so kommt es bisweilen vor, daß ein Hilfethema doch nicht existiert, obwohl zuvor angepriesen. Doch lassen Sie sich davon nicht verwirren, denn über den Index findet sich eventuell das Thema dennoch unter anderem Namen.

Es bleibt nur zu hoffen, daß Borland diese kleinen Schönheitsfehler bald behebt und Sie sich vielleicht schon während der Lektüre dieses Buches über diesen Hinweis wundern, da bei Ihrem Delphi schon alles fehlerfrei funktioniert.

2.7 Zusammenfassung und Fragen

Zusammenfassung

- Delphi starten Sie, indem Sie auf die Schaltfläche *Start* klikken, auf *Programme* und danach auf *Borland Delphi 3* zeigen sowie *Delphi 3* anklicken.
- Über Formulare wird die Benutzerschnittstelle des Programms definiert.
- Alle Komponenten, die in Formularen plaziert werden können, finden sich in der Komponentenpalette in Registern geordnet.
- Der eigentliche Code liegt in sogenannten Units, die über den Quelltexteditor eingegeben werden.
- Alle Dateioperationen wie Speichern, Öffnen und Drucken finden sich im Menü *Datei*. Dabei kann zwischen verschiedenen Dateitypen unterschieden werden.

- ➛ Der Weg über *Datei / Neu* bietet die Möglichkeit, neue Dateien verschiedenen Typs zu öffnen.
- ➛ Über *Ansicht / Projektverwaltung* kann man sich einen Überblick über das aktuelle Projekt verschaffen.
- ➛ Bearbeitungsroutinen für den Quelltexteditor erreicht man über das Menü *Bearbeiten.*
- ➛ In der Suchen- und Ersetzenfunktion von Delphi ist auch die Suche nach regulären Ausdrücken möglich.

Aufgaben

1. Öffnen Sie das Beispielprojekt erneut.
2. Verändern Sie die Position und Größe der Komponenten Schaltfläche und Textelement.
3. Speichern Sie das Projekt erneut, und starten Sie HALLO WELT!
4. Starten Sie HALLO WELT! über den Explorer von Windows 95.
5. Geben Sie die regulären Ausdrücke für die folgenden Suchmuster an:
    a. Alle Wörter, die mit einem Großbuchstaben beginnen und dem dann mindestens ein Kleinbuchstabe folgt.
    b. Alle Zahlen, die dreistellig sind.
    c. Artikelcodes des Aufbaus: Drei Großbuchstaben im Bereich von A bis Z, ein Bindestrich und ein Buchstabe a, b, c, d oder X, sowie ein Punkt und ein beliebiges Zeichen.

3 Einführung in die Programmierung mit Delphi

Ziel dieses Kapitels ist es, Ihnen die Prinzipien der Programmierung zu vermitteln. Dabei werden wir das Beispiel des vorangegangenen Kapitels schrittweise erweitern und die Arbeitsweise genauer betrachten.

3.1 Das EVA-Prinzip

Jedes Programm, und im Grunde jedes DV-System an sich, gehorcht einem simplen Grundsatz. EVA ist schlicht die Abkürzung für Eingabe, Verarbeitung und Ausgabe. Dieses Gesetz ist in der Informatik als *EVA-Prinzip* bekannt.

Das Hallo Welt!-Programm basiert ebenfalls auf diesem Prinzip. Erfolgt die Eingabe durch Drücken der Schaltfläche *Button1*, so wird dieses Ereignis verarbeitet, und die Ausgabe der Zeichenfolge Hallo Welt! erfolgt.

Die Verarbeitung ist hier nicht auf den ersten Blick offensichtlich. Hierzu muß man sich die Arbeitsweise von Windows vor Augen führen.

In Windows wird, wie in jedem modernen Multitasking-System übrigens, der Großteil der Abläufe über Ereignisse gesteuert. Wenn der Schalter gedrückt wird, wird ein Ereignis ausgelöst und eine Botschaft an die Ereignisverwaltung der Anwendung bzw. des Formulars gesendet, daß eben diese Schaltfläche gedrückt wurde. Die Ereignisverwaltung erkennt dies und ruft das zuständige Unterprogramm auf, welches die Verarbeitung übernimmt.

Dieses Unterprogramm haben Sie im übrigen schon gesehen und sogar schon bearbeitet. Als Sie im vorherigen Kapitel die Zeile für die Zuweisung der Zeichenkette Hallo Welt! an *Label1* eingegeben haben, befanden Sie sich mitten in dieser Routine.

```
procedure TForm1.Button1Click(Sender: TObject);
begin
    Label1.Caption := 'Hallo Welt!';
end;
```

Die erste Zeile ist der Kopf der Routine, der Sie jedoch an dieser Stelle nicht weiter zu interessieren braucht. Die Anweisungen des Unterprogramms sind in dem Block zwischen *begin* und *end* eingeschlossen. In diesem einfachen Fall handelt es sich lediglich um eine Anweisung.

Label1 ist, wie Sie schon zuvor erfahren haben, das Textelement. Die Eigenschaft, die hier geändert wird, ist *Caption*; eine Variable, die Zeichenfolgen (*Strings*) aufnehmen kann. Variablen sind Bezeichner für Bereiche des Arbeitsspeichers, deren Inhalt geändert werden kann.

In diesem Fall wird *Caption* der String 'Hallo Welt!' zugewiesen. Dies erfolgt durch den *Zuweisungsoperator :=*.

Daß Sie die Eigenschaft *Caption* von *Label1* und nicht etwa des Formulars ändern wollen, bringen Sie durch das Anheften von *Label1* mittels des Punktes zum Ausdruck. Auf diese Weise wird in Delphi so manche Zuständigkeit geklärt beziehungsweise so mancher Gültigkeitsbereich definiert.

'Hallo Welt!' ist eine String-Konstante. String-Konstanten sind in Hochkommata eingeschlossen und dürfen beliebige Zeichen enthalten. Falls Sie einmal wünschen sollten, das Zeichen ' in einer String-Konstanten zu verwenden, müssen Sie es zweimal hintereinander eingeben. Wollen Sie beispielsweise die Zeichenfolge Is' doch toll! durch eine String-Konstante ausdrücken, müssen Sie 'Is'' doch toll!' eingeben.

Als Übung können Sie die String-Konstante beliebig abändern.

3.2 Ändern von Eigenschaften mit dem Objektinspektor

Alle Komponenten und das Formular haben Eigenschaften. Diese können zur Laufzeit durch entsprechende Anweisungen geändert werden, aber einige können auch schon zur Entwurfszeit modifiziert werden. Diese Eigenschaften erscheinen im Register *Eigenschaften* des Objektinspektors.

Hinweis: In der *Laufzeit* befindet sich ein Programm, wenn es ausgeführt wird. Die *Entwurfszeit* ist die Zeit, in der das Programm entworfen und programmiert wird.

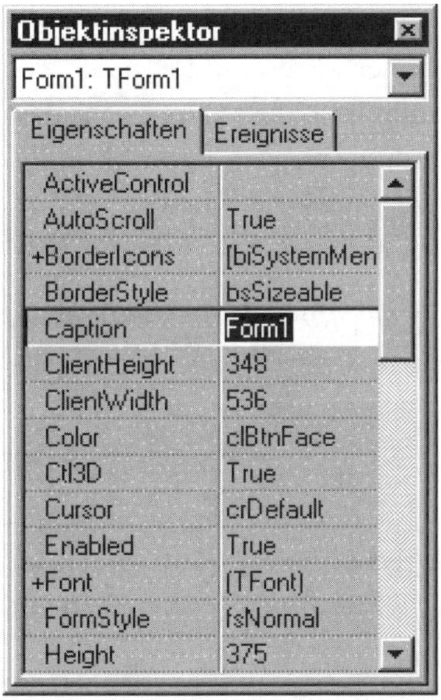

Abb. 3.1: Das Register *Eigenschaften* im Objektinspektor

Wenn Sie eine Komponente oder das Formular auswählen, sehen Sie, wie sich die Eigenschaften im Objektinspektor dem entsprechenden Objekt anpassen.

Hinweis: Sie können, wie bereits in Kapitel 2 besprochen, einzelne Komponenten oder auch das Formular durch einfaches Anklicken auswählen. Im Objektinspektor existiert am oberen Rand des Fensters ein Auswahlfeld, durch welches Sie die entsprechenden Objekte ebenfalls selektieren können. Das Format der Einträge ist <Name>:<Komponententyp>, z. B. für das Formular Form1:TForm oder für das Textelement Label1:TLabel.

Wählen Sie nun das Formular *Form1* aus. Hier finden Sie verschiedene Eigenschaften, die beliebig verändert werden können.

Das Formular präsentierte sich bislang mit dem Titel Form1, welcher nicht sehr aussagekräftig ist. Der Titel des Formulars ist, wie schon zuvor angedeutet, in der Caption-Eigenschaft gespeichert. Sie könnten diese zur Laufzeit ähnlich wie den Text von *Label1* abändern, aber dies ist für den Titel des Hauptfensters einer kleinen Anwendung wie dieser wohl unnötig, da dieser sich nicht mehr ändert. Insofern ist es geschickt, den Titel schon zur Entwurfszeit zu bestimmen.

Suchen Sie im Objektinspektor den Eintrag *Caption* bei ausgewähltem Form1. Die Einträge sind so aufgebaut, daß links der Name der Eigenschaft und rechts deren Wert ersichtlich ist. Bei der Eigenschaft *Caption* ist dies Form1.

Wählen Sie, sofern dies nicht schon der Fall ist, *Caption* durch einfachen Klick mit der linken Maustaste im Objektinspektor aus. Der Hintergrund der Zelle mit dem Wert muß weiß erscheinen. Geben Sie nun einen Titel wie beispielsweise

```
Hallo Welt!
```

ein.

Während Sie den neuen Titel eingeben, sehen Sie schon im Formular, wie sich der Fenstertitel entsprechend ändert.

Verschachtelte Eigenschaften

Es existieren im Objektinspektor zwei Arten von Eigenschaften: Solche, die aus einem Element bestehen wie *Caption*, und solche, die weiter untergliedert sind wie zum Beispiel *BorderIcons*.

Eigenschaften, die sich in weitere Teile aufspalten lassen, sind durch ein + vor dem Namen der Eigenschaft zu erkennen. Klicken Sie doppelt auf den Namen (linke Spalte) einer solchen Eigenschaft, so klappen die Teileigenschaften auf. Klicken Sie erneut doppelt auf den Eintrag (jetzt durch ein Minus eingeleitet), so wird wieder eingeklappt.

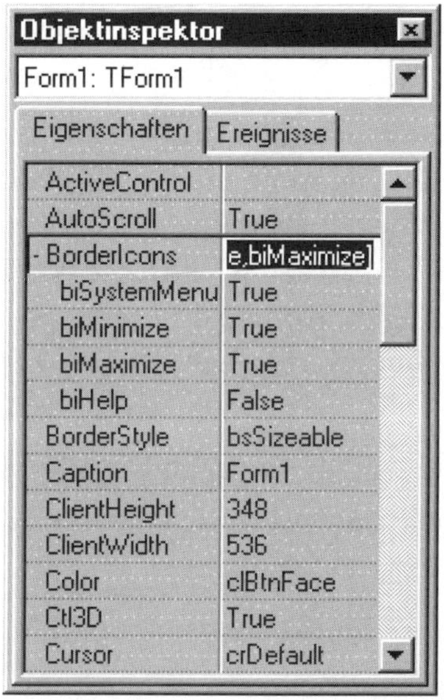

Abb. 3.2: Die aufgespaltenen Eigenschaften von BorderIcons

Über *BorderIcons* wählen Sie die Schaltflächen, welche im Titelbalken des Formulars erscheinen sollen. Bei dieser Anwendung ist es nicht besonders sinnvoll, die Maximierenschaltfläche anzuzeigen und deren Funktion zu ermöglichen. *HalloWelt* gibt ohnehin nur einen String aus, und ein auf volle Größe gebrachtes Hauptfenster bietet hier keine Vorteile. Deshalb sollten Sie dies abändern.

Der Wert von *biMaximize* ist *True*. Hierbei handelt es sich um einen *booleschen Wert*. Dies bedeutet, daß es zwei logische Zustände für *biMaximize* gibt – ein oder aus, wahr oder falsch, true oder false.

Es gibt mehrere Wege, den Wert von *True* auf *False* zu setzen:

- Sie klicken doppelt auf den Wert *True*.
- Sie klicken auf den nach unten weisenden Pfeil rechts neben dem Wert *True* und wählen anschließend im sich öffnenden Menü den Wert *False* aus.
- Sie geben schlicht *False* ein.

Im Zusammenhang mit *BorderIcons* ist Ihnen sicherlich aufgefallen, daß sich die Schaltflächen im Formular nicht ändern, wenn Sie die Schalterkonfiguration ändern. Dies liegt daran, daß Sie das Formular immer noch bearbeiten können, und dies wäre durch das Fehlen der Schaltflächen oder des Kontextmenüs eingeschränkt. Mit anderen Worten: Einstellungen, welche die Steuerung des Formulars betreffen, werden erst zur Laufzeit wirksam.

Speichern Sie nun das Formular, und starten Sie das Beispiel. Sie stellen fest, daß der Titel sich in Hallo Welt! geändert hat und der Schalter für das Maximieren deaktiviert (grau) ist.

Weitere Eigenschaften

Falls Sie etwas mit Hallo Welt! zur Laufzeit experimentiert haben, ist Ihnen sicherlich aufgefallen, daß sich die Größe des Fensters durch Ziehen bei gedrückter Maustaste noch ändern läßt. Die Schaltfläche *Maximieren* ist zwar deaktiviert, das hat aber keinen Einfluß auf die Eigenschaft zur Größenänderung.

Da es sich hierbei um Rahmeneigenschaften des Formulars handelt, muß auch die Eigenschaft, welche die Größenänderung des Fenster beeinflußt, in irgendeiner Form als Teil des Namens den Begriff *Border* (engl. Rahmen, Einfassung) beinhalten.

Unter *BorderIcons* findet sich *BorderStyle* (=Rahmenstil), was sich überaus vielversprechend anhört. Über *BorderStyle* können die Eigenschaften des Fensters verändert werden. Mit ein wenig Englischkenntnissen und Fingerspitzengefühl können Sie so recht schnell die gesuchte Eigenschaft (oder auch jeden anderen Sprachteil von Delphi respektive Object-Pascal) finden.

Aber zurück zum Thema. *BorderStyle* ist per Standard auf *bsSizeable* (=größenänderbar) gesetzt.

Wert	**Bedeutung**
bsDialog	Größe nicht änderbar; nur *Schließen*-Schaltfläche und abgespecktes Kontextmenü; Standardrahmen für Dialogfenster
bsSingle	Größe nicht änderbar; einfache Rahmenlinie
bsNone	Größe nicht änderbar; keine sichtbare Rahmenlinie, keine Schaltfläche *Minimieren* und *Maximieren*, kein System- bzw. Kontextmenü
bsSizeable	Größe änderbar; Standardrahmen
bsToolWindow	wie *bsSingle*, allerdings mit kleinem Fenstertitel
bsSizeToolWin	wie *bsSizeable*, aber mit kleinem Fenstertitel

Aus der Tabelle oben ist zu entnehmen, daß *bsSingle* der perfekte Rahmenstil für das kleine Beispiel ist.

Um den Stil zu ändern, gibt es wieder drei Wege:

- Sie klicken so lange doppelt auf die Wertzelle, bis diese den gewünschten Wert *bsSingle* annimmt.
- Sie klicken auf den kleinen Pfeil neben der Wertangabe und wählen im Menü *bsSingle* aus.
- Sie tippen *bsSingle* ein.

Wenn Sie nun die Anwendung starten, werden Sie feststellen, daß die Größe des Fensters nicht mehr verändert werden kann.

Zur Entwurfszeit bleibt, wie oben schon angedeutet, die Möglichkeit, die Größe des Formulars zu verändern. Schließlich wollen Sie unter Umständen das Erscheinungsbild des Formulars – und hierzu gehört auch die Größe – noch anders gestalten.

Es gibt, wie Sie im Objektinspektor sehen, noch viele andere Eigenschaften, die im Rahmen dieses Buches nicht behandelt werden können.

Sie können sich jedoch über die einzelnen Eigenschaften über die Online-Hilfe sehr schnell informieren. Wählen Sie den Eintrag im Objektinspektor an, über den Sie Informationen wünschen, und drücken Sie [F1].

3.3 Oberfläche für ein interaktives Hallo Welt!

Das kleine Programm ist nicht besonders attraktiv. Sämtliche Interaktionen beschränken sich darauf, eine Schaltfläche zu drücken, die dann einen für den Benutzer unverständlichen Text Label1 in Hallo Welt! ändert.

Deswegen soll die neue Problemstellung folgende sein: Es ist ein Programm zu entwickeln, das nach der Eingabe eines Namens und des Gemütszustandes des Benutzer via Radioschaltfläche einen Gruß ausgibt.

Zunächst benötigen Sie zum Aufbau dieses neuen Programms ein neues Anwendungsprojekt. Erzeugen Sie mittels *Datei / Neue Anwendung* ein leeres Projekt.

Entwurf der Oberfläche

Verkleinern Sie das Formular, und plazieren Sie die Textkomponenten *Label1* und *Label2* sowie die Schaltfläche *Button1* ähnlich wie in Abbildung 3.3.

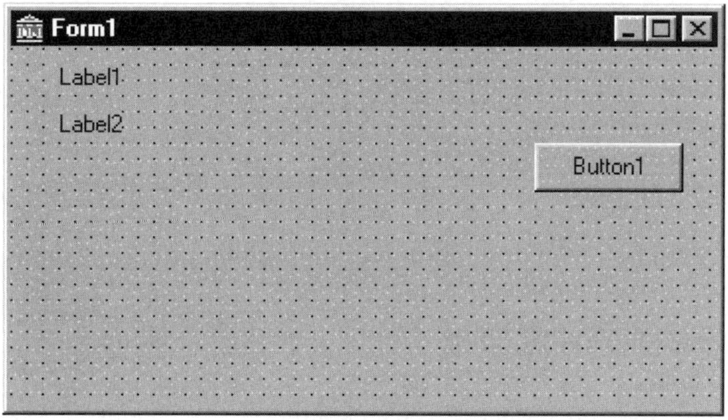

Abb. 3.3: Die Lage der Textkomponenten und der Schaltfläche

Label1 soll eine kleine Arbeitsanweisung wie »Geben Sie Ihren Namen und Ihren Gemütszustand an.« enthalten. *Label2* gibt an, daß im folgenden Eingabefeld der Name einzugeben ist. *Button1* soll schließlich den Begrüßungsvorgang starten.

Zur Eingabe des Namens wird ein Eingabefeld benötigt. Im Register *Standard* der Komponentenpalette findet sich die Schaltfläche für ein Eingabefeld. Dieses Feld macht durch ein gelbes Schildchen mit der Aufschrift *Edit* zusätzlich auf sich aufmerksam. Wählen Sie diese Schaltfläche aus, und positionieren Sie *Edit1* wie in Abbildung 3.4 ersichtlich.

Abb. 3.4: Die Lage des Eingabefeldes

Arbeiten mit Radioschaltflächen

Zur Auswahl des Gemütszustandes sollen sogenannte Radioschaltflächen verwandt werden. Diese Art der Schaltflächen haben ihren Namen durch die Ähnlichkeit mit den bei sehr alten Radio- und Fernsehgeräten verwendeten Schaltern, bei welchen immer nur einer auf einmal gedrückt sein darf. Immer wenn der Sender beim alten Fernseher umgeschaltet wurde und hierzu ein Schalter gedrückt wurde, sprang der zuvor gewählte wieder heraus. Nach diesem Prinzip arbeiten auch die »digitalisierten« Radioschalter – immer nur einer innerhalb einer Gruppe kann gedrückt sein.

Um eine Radioschaltergruppe zu definieren, wählen Sie die Komponente *RadioGroup* im Register *Standard* aus, und plazieren Sie diese nach Abbildung 3.5.

Jeder Radioknopf soll einen Zustand repräsentieren – gute bzw. schlechte Laune. Nun wird auch deutlich, warum hier der Einsatz des Radioschalters sinnvoll ist: Es kann keiner Person gut und schlecht zugleich gehen!

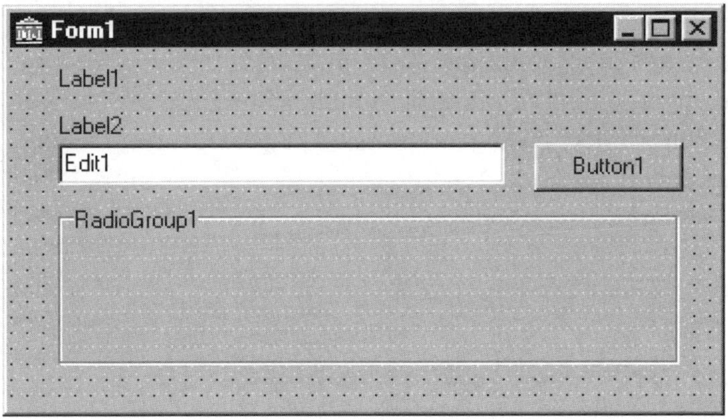

Abb. 3.5: Die Lage der Radioschaltergruppe

Als erstes sollte der Titel dieser Gruppe abgeändert werden, denn *RadioGroup1* ist nicht gerade aussagekräftig, geschweige denn benutzerfreundlich! Das Aussehen soll sich so gestalten, daß der Titel mit einem Satzfragment »Ihnen geht's heute ... « beginnt und die Titel der Radioschaltflächen dieses durch » ... gut« bzw. » ... schlecht« ergänzen.

Ändern Sie also die Caption-Eigenschaft von *RadioGroup1* in

```
&Ihnen geht's heute ...
```

Das *&* vor dem *I* bedeutet, daß sich die Radiogruppe zur Laufzeit durch [Alt]+[I] selektieren läßt. Das *I* wird anschließend auch unterstrichen dargestellt.

Tip: Wollen Sie einmal das Zeichen & selbst in einem Titel verwenden, so geben Sie es schlicht zweimal hintereinander ein. Durch dieses Vorgehen wird das Unterstreichen aufgehoben.

Jetzt müssen die Radioschaltflächen sichtbar gemacht werden. Anstatt jeden Schalter einzeln in das Formular einzubauen, bietet Delphi durch die Komponente *RadioGroup* die Möglichkeit, durch einfache String-Eingabe die Schaltflächen zu bestimmen.

Wenn Sie die Eigenschaften von *RadioGroup1* ansehen, finden Sie die Eigenschaft *Items* mit dem ominösen Wert *(TStrings)*. Dieser in Klammern gefaßte Ausdruck gibt an, daß die Schalter durch eine Liste von Strings beschrieben werden. Also werden Zeichenketten an Delphi übergeben, und für jeden dieser Strings wird anschließend ein Radioschalter generiert.

Es gibt nun zwei Möglichkeiten, wie Sie zur Eingabe dieser Zeichenketten gelangen:

- Sie klicken doppelt in die Wertzelle mit (TStrings).
- Sie klicken auf die Schaltfläche (Erweiterungsschalter) rechts neben (TStrings).

Es öffnet sich der Stringlisten-Editor. In diesen geben Sie die Zeilen

```
... &gut
... &schlecht
```

ein. Dies definiert für jede Zeile je einen Radioschalter mit der entsprechenden Aufschrift. Die &-Zeichen geben wieder das folgende Zeichen als Tastaturkürzel an.

Falls Sie die Bearbeitung der Strings lieber im Quelltexteditor vornehmen, können Sie auf die Schaltfläche *Quelltext-Editor* klicken. Sie können dann wie mit einem regulären Quelltext arbeiten, d. h., Sie können mit der Zwischenablage arbeiten, den Text abspeichern etc.

Auch im Stringlisten-Editor existiert die Möglichkeit, den eingegeben Text in einer Datei zu speichern bzw. den Text aus einer Datei in den Editor zu laden. Klicken Sie hierzu einfach mit der rechten Maustaste auf eine leere Fläche im Stringlisten-Editor. Im folgenden Kontextmenü finden Sie dann Befehle zum Speichern und Laden.

Wenn Sie Ihre Arbeit beendet haben, können Sie im Stringlisten-Editor auf *OK* klicken, um die Änderungen zu bestätigen und zu speichern, oder auf *Abbruch*, wenn Sie die Modifikationen verwerfen wollen.

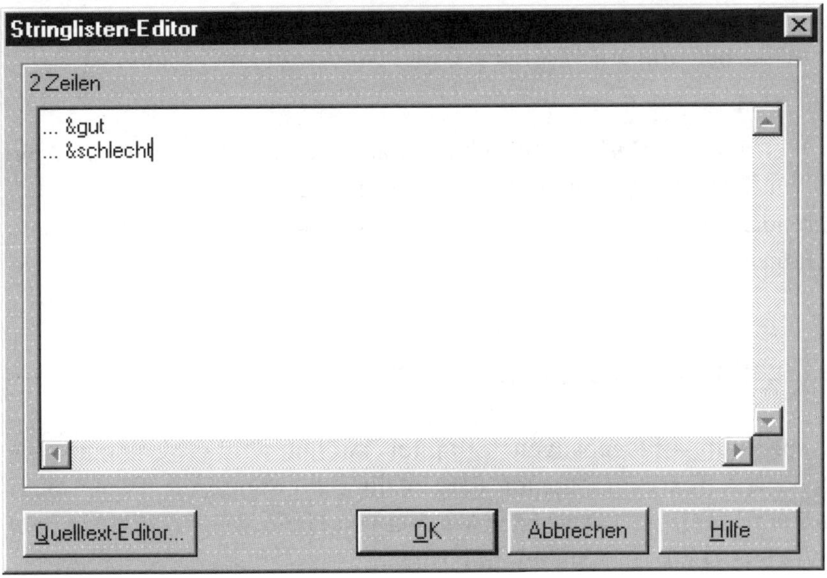

Abb. 3.6: Der Stringlisten-Editor

Eine alternative Vorgehensweise bietet der Quelltexteditor. Hier verwenden Sie stattdessen *Datei / Schließen* bzw. Sie klicken mit der rechten Maustaste in das Editorfenster und wählen im erscheinenden Kontextmenü den Punkt *Seite schließen*.

Wenn Sie zum Formular zurückgekehrt sind, sehen Sie bereits die neuen Radioschaltflächen. Wie Sie jedoch feststellen, ist noch keine gedrückt. Dies kann später zu Problemen im Programmlauf führen, denn wenn der Benutzer keinen Knopf drückt, ist auch kein Zustand definiert!

Über dem Eintrag *Items* der Eigenschaften von *RadioGroup1* finden Sie den Punkt *ItemIndex*. Diese Eigenschaft legt fest, welche Schaltfläche geschaltet ist. Derzeit ist dort -1 zu lesen, was so viel heißt wie keine.

Ein Wert 0 steht für die erste (oberste) Radioschaltfläche, 1 für die zweite und so fort. Im Fall von *RadioGroup1* sind hier also 0 oder 1 sinnvoll.

Für welche Sie sich entscheiden, ist nicht weiter wichtig. Es ist jedoch optimistischer, von einer Vorgabe 0 und damit von guter Laune auszugehen.

Der Wert von *ItemIndex* paßt sich zur Laufzeit der entsprechenden Auswahl an. Demzufolge kann diese Eigenschaft auch benutzt werden, um während des Programmlaufs zu bestimmen, welche Gemütslage herrscht. Doch hierzu später mehr.

Die Eigenschaften Caption und Text

Wie schon im vorangegangenen Kapitel erwähnt, wird die Zeichenkette, welche von Textkomponenten dargestellt wird, durch die Eigenschaft *Caption* festgelegt. In der ersten Version von Hallo Welt! wurde *Caption* des Textelements zur Laufzeit modifiziert.

Die Inhalte von *Label1* und *Label2* in dieser Version sollen nun zur Entwurfszeit festgelegt und zur Laufzeit nicht mehr verändert werden. Hierzu wählen Sie die jeweilige Textkomponente aus und schreiben den entsprechenden Text in die Wertzelle von *Caption*.

Für *Label1* schreiben Sie etwa

```
Bitte geben Sie Ihren Namen und Ihren Gemütszustand an.
```

Für *Label2*

```
Ihr &Name:
```

Das *&N* von Name soll es später ermöglichen, das Eingabefeld durch [Alt]+[N] zu selektieren, d. h. den Fokus darauf zu setzen, um Eingaben zu tätigen.

Die Beschriftung von *Button1* wird auf die gleiche Weise in *&Fertig* geändert. Ebenso der Titel des Formulars etwa in *Erweitertes Hallo Welt!*

Im Eingabefeld ist der Text *Edit1* vorgegeben. Da es nicht sinnvoll ist, einen bestimmten Namen (und schon gar nicht Edit1!) vorzugeben, sollen Sie den Vorgabetext auf einen leeren String setzen.

Diese Eigenschaft von *Edit1* ist allerdings nicht *Caption*, denn es handelt sich nicht einmal entfernt (wie bei Textelementen) um einen Titel. Der Wert, den Sie ändern müssen, heißt *Text*. Suchen Sie diese Eigenschaft im Objektinspektor bei ausgewähltem *Edit1*, und löschen Sie alle Zeichen in der Wertzelle.

Somit müßte sich eine ähnliche Situation wie in Abb. 3.7 ergeben.

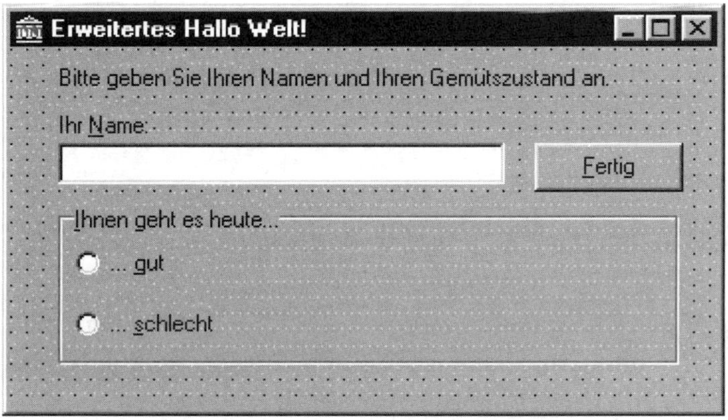

Abb. 3.7: Die Oberfläche des erweiterten *Hallo Welt!*-Beispiels

Das einzige was noch fehlt, bevor die eigentliche Programmierarbeit beginnen kann, ist die Fokuskontrolle für *Edit1* über *Label2*. *Edit1* soll auch die Möglichkeit bieten, die Schreibmarke zugewiesen zu bekommen, wenn [Alt]+[N] gedrückt wird.

Diese Eigenschaft befindet sich allerdings nicht in *Edit1*. Sie haben das Tastaturkürzel in *Label2* angegeben (&N). Wenn jetzt also der Benutzer zur Laufzeit diese Tasten drückt, wird dieses Ereignis an *Label2* geleitet, und *Label2* fokussiert dann schließlich *Edit1*. Ergo: Die Eigenschaft muß sich in *Label2* finden.

Sie finden in den Eigenschaften zu *Label2* den Eintrag *FocusControl*. Der Wert hierzu ist noch leer. Um nun *Edit1* einzutragen, gibt es wieder die bekannten Wege:

- Klicken Sie doppelt auf die Wertzelle.
- Klicken Sie auf den Pfeil rechts, und wählen Sie im Menü *Edit1* aus.
- Geben Sie *Edit1* ein.

Damit ist die Oberfläche definiert und kann sogar schon gestartet werden. Es sind jedoch noch keine großartigen Operationen möglich, da deren Programmierung erst im nächsten Abschnitt erläutert wird.

Speichern Sie das Projekt vor dem Starten mit der gleichen Vorgehensweise wie die erste Version. Als Namen für die Unit wäre diesmal *Hallo2* und für das Projekt *HalloWelt2* denkbar.

3.4 Programmierung der Operationen

Um die Verwaltung des Eingabefeldes und der Radioschaltflächen müssen Sie sich nicht kümmern; dies erledigt Windows beziehungsweise Delphi für Sie. Das einzige, was übrigbleibt, ist die Aktion, welche ausgeführt werden muß, wenn die Schaltfläche *Fertig* (*Button1*) betätigt wird.

Da die meisten Operationen unter Windows Ereignisse darstellen, muß die Anwendung respektive die Ereignisverwaltung des Formulars *Form1* auf ein Ereignis wie *Button1 wurde gedrückt* reagieren. Hierfür existiert im Objektinspektor das Register *Ereignisse*.

In diesem Register sind alle Ereignisse zu dem jeweiligen Objekt (Komponente/Formular) ähnlich wie die Eigenschaften aufgeführt. In der Wertzelle befindet sich statt dessen allerdings der Name des entsprechenden Unterprogramms bzw. der Prozedur.

Wenn Sie *Button1* selektieren und sich das Ereignis-Register hierzu im Objektinspektor ansehen, finden Sie eine ganze Reihe von Ereignissen, auf die reagiert werden kann. Das erste Ereignis, *OnClick*, führt die angegebene Prozedur aus, wenn auf das Objekt geklickt wird. Das ist das gesuchte Ereignis.

Sie können bei der Angabe einer ereignisverarbeitenden Prozedur wieder wie bei der Angabe von Eigenschaften vorgehen. Durch die Auswahl im Menü können Sie schon definierte Routinen verwenden. Dies ist zum Beispiel sinnvoll, wenn eine Routine durch einen Menübefehl und durch eine Schaltfläche in der Werkzeugleiste aufgerufen werden soll. Denken Sie hierbei an das Speichern oder Öffnen von Dateien.

Beim Doppelklick auf die weiß hervorgehobene Wertzelle schalten Sie aber nicht zwischen einzelnen Werten um, sondern Delphi aktiviert den Quelltexteditor und setzt die Schreibmarke auf den Anfang der Prozedur.

Wenn Sie einen Namen eingeben und diesen durch [↵] abschließen, landen Sie ebenfalls im Quelltexteditor und können die Routine sofort bearbeiten. Bei der Eingabe eines Namens ist jedoch darauf zu achten, daß er den Pascal-Konventionen für Bezeichner entspricht, die Sie schon im vorangegangenen Kapitel kennengelernt haben.

Zur Erinnerung: Erstes Zeichen _ oder Buchstabe zwischen A und Z (bzw. a und z), folgende Zeichen _, Buchstabe (A-Z,a-z) oder Ziffer.

Im Folgenden soll grundsätzlich diese Konvention gelten, wenn von *Bezeichnern* die Rede ist.

Im vorherigen Kapitel haben Sie jedoch die Ereignisroutine anders angegeben. Durch Doppelklick auf die Schaltfläche wurde von Delphi automatisch ein Unterprogramm mit Namen *Button1Click* generiert.

Die Prozedur zur Ereignisverarbeitung

Wie Sie nun die Prozedur erzeugen, bleibt Ihnen überlassen. Im weiteren Verlauf wird dieses Unterprogramm *Gruss* heißen. Wenn Sie also einen anderen Namen vergeben oder die automatische Variante von Delphi gewählt haben, lassen Sie sich durch die Namensunterschiede nicht verwirren.

Die Problemstellung war, daß nach der Eingabe des Namens und des Gemütszustandes sich eine dem Kontext entsprechende Begrüßung starten läßt. Es soll eine Meldung der Form »Hallo xy! Tut mir leid, daß es Ihnen schlecht geht!« bzw. »Hallo xy! Das freut mich, daß es Ihnen gut geht!« erscheinen. Der Code hierzu sieht folgendermaßen aus:

```
procedure TForm1.Gruss(Sender: TObject);
const
    endl = #13 + #10;
var
    GrussText: String;
begin
    GrussText := 'Hallo ' + Edit1.Text + '!' + endl;
    If RadioGroup1.ItemIndex = 0 Then
        GrussText := GrussText +
            'Das freut mich, daß es Ihnen gut geht!'
    Else
        GrussText := GrussText +
            'Tut mir leid, daß es Ihnen schlecht geht!';
    MessageDlg(GrussText,mtInformation,[mbOK],0);
end;
```

Deklaration von Konstanten und Variablen

Das Erste, was gegenüber dem von Delphi erzeugten Rahmencode auffällt, sind die zwischen dem Prozedurkopf und dem *begin* eingeschobenen Zeilen. Diese Zeilen dienen der Deklaration von *Konstanten* und *Variablen*.

Konstanten

Das Schlüsselwort *const* leitet die Konstantendeklaration ein. Die Syntax für die Deklaration der einzelnen Konstanten ist <Bezeichner> = <Wert>. Abgeschlossen wird jede Deklaration durch ein Semikolon.

Im folgenden Quelltext werden diese Konstanten betrachtet wie ihre Werte. Wenn Sie also durch

```
const
    zwei = 2;
```

den Bezeichner *zwei* mit dem Wert 2 belegen, wird im folgenden beispielsweise der Ausdruck *zwei+zwei* wie 2+2 gehandhabt.

Sie können sich diese Vorgehensweise auch wie das Benennen von Konstanten vorstellen. Der konstante Wert 2 erhält den Namen *zwei*.

Konstanten sind sinnvoll, wenn man sich lange Werte abkürzen will, oder weil es sich um Konstanten handelt, die sich eventuell in einer neuen Version des Programms ändern.

Denken Sie in diesem Zusammenhang an die Versionsnummer des Programms. Diese ändert sich von Version zu Version. Wenn Sie jedesmal alle Stellen suchen sollten, wo diese Nummer auftaucht, so wäre dies nicht sehr produktiv. Hier ist es angebracht, diese Nummer als Konstante zu deklarieren und statt dessen im Quelltext den entsprechenden Bezeichner zu verwenden.

Ändert sich nun in der nächsten Produktversion diese Nummer, so muß lediglich der Wert dieser Konstanten abgeändert werden.

Konstanten müssen allerdings nicht unbedingt Zahlen als Werte beinhalten. String-Konstanten sind ebenfalls denkbar.

Beispiele für Konstanten verschiedener Art sind:

Pi = 3.1415;	Pi ist eine Fließkommakonstante, d. h., sie beinhaltet Stellen nach dem Komma.
ProgrammName = 'Erweitertes Hallo Welt!';	ProgrammName ist eine String-Konstante.
ListenMax = 100;	ListenMax ist eine sogenannte Integer-Konstante. Dies bedeutet, daß sie im Gegensatz zur Fließkommakonstante nur ganze Zahlen beinhaltet.

Im Beispiel findet sich die Deklaration der Konstanten *endl*, eine der Sprache C++ angelehnte Konstante. Der Name bedeutet soviel wie *end of line*, also *Ende der Zeile*.

Diese Konstante ist, auch wenn man es nicht vermuten mag, eine String-Konstante. #13 und #10 sind Zeichen, beschrieben durch ihre ASCII-Werte. Daß es sich hierbei um ASCII-Werte handelt, zeigt das Zeichen # vor den Werten an.

Das ASCII-Zeichen Nr. 13 nennt sich *Carriage Return*, kurz *CR* genannt. Dieses Byte steht für den Wagenrücklauf; eine Bezeichnung, die noch aus der Zeit stammt, als Computer mit einer Art Fernschreiber bedient wurden. Dieser hatte einen sogenannten Wagen. Da es jedoch auf dem Bildschirm keinen Wagen gibt, bedeutet dies schlicht, daß der Cursor zum Anfang der Zeile zurückläuft, wenn dieses Zeichen auf dem Bildschirm ausgegeben wird. Das Zeichen mit dem ASCII-Wert 10 heißt *Line Feed*, abgekürzt durch *LF*, was so viel bedeutet wie Zeilenvorschub. Dieses Byte befördert den Cursor in die nächste Zeile.

Bei diesen Zeichen handelt es sich um sogenannte *Steuerzeichen*, die kein Zeichen wie etwa einen Buchstaben oder eine Ziffer, sondern eine Aktion beinhalten. Zu diesen Zeichen gehören alle mit einem ASCII-Wert zwischen 0 und 31.

Wenn nun diese beiden Zeichen miteinander verbunden werden, entsteht ein vollständiger Zeilenwechsel – zum Anfang der Zeile und in die nächste Zeile. Diese Verbindung wird durch das Pluszeichen gewährleistet. Die Konstante *endl* besteht somit aus einer Folge von zwei Bytes #13 und #10.

Variablen

Nach der Konstantendeklaration folgt die Deklaration der Variablen, eingeleitet durch das Schlüsselwort *var*. Variablen können im Gegensatz zu Konstanten ihren Wert ändern.

Die Variablendeklaration besteht aus zwei Teilen, die durch einen Doppelpunkt getrennt sind: <Bezeichner durch Kommata getrennt> : <Typ>. Die Deklaration wird wie jede Anweisung in Delphi respektive Pascal durch ein Semikolon abgeschlossen.

Variablen sind Verweise auf Teile des Arbeitsspeichers. In ihnen kann man Werte speichern. Delphi verlangt, wie jede auf Pascal basierende Sprache, daß Variablen bestimmte Typen zugewiesen werden. Das bedeutet, daß nicht in jeder Variable alles gespeichert werden kann. Wenn eine Variable als Integer-Variable deklariert wurde, kann sie nur ganze Zahlen aufnehmen – keine Brüche, keine Zeichenketten!

Die Variable, die in der Prozedur *Gruss* deklariert wird, nennt sich *GrussText* und ist vom Typ *String*. Diese Variable kann also einen String aufnehmen.

GrussText soll im folgenden die Zeichenkette aufnehmen, welche die Reaktion ausdrücken soll – sprich den Gruß.

Beispiele für gültige Variablendeklarationen sind:

n, m: Integer;	Die Variablen n und m sind als Integer deklariert, d. h. daß sie ganze Zahlen aufnehmen können.
Str: String;	Str ist eine String-Variable wie GrussText.

Kapital, Zinsen: Real;	Kapital und Zinsen sind Fließkommavariablen. Dies bedeutet, daß sie auch Nachkommastellen enthalten dürfen.

Die Variablen und Konstanten wurden zwischen dem Prozedurkopf und dem begin-end-Block der Prozedur deklariert. Dies bedeutet, daß sich der Gültigkeitsbereich dieser Variablen und Konstanten lediglich auf den begin-end-Block und damit auf den Code der Prozedur erstreckt. Damit ist nichts anderes gemeint, als daß Sie diese Variablen und Konstanten nur innerhalb dieser Prozedur verwenden können. Im Fachjargon werden sie als *lokal* bezeichnet, im Gegensatz zu solchen, die *global* deklariert werden und somit allen Prozeduren und Funktionen zur Verfügung stehen.

Der Algorithmus

Der eigentliche Programmcode der Prozedur findet sich zwischen *begin* und *end* eingeschlossen. Die Abarbeitungsfolge, nach der die Prozedur arbeitet, nennt man *Algorithmus*.

Ein Algorithmus ist eine endliche Menge von eindeutig festgelegten Regeln zur Lösung eines Problems durch eine endliche Menge von Einzelschritten. Soweit zumindest die fachlich korrekte Definition. Etwas vereinfacht ausgedrückt ist ein Algorithmus eine von der verwendeten Hardware relativ unabhängige Reihe von Arbeitsschritten, die zur Lösung eines bestimmten Problems auszuführen sind.

Beispiel

Betrachten wir beispielsweise ein Problem aus dem Alltag: Telefonieren. Die Schritte, die ausgeführt werden müssen, um zu telefonieren sind:

- Hörer abnehmen
- Nummer des gewünschten Teilnehmers wählen

- Auf die Verbindung warten
- Gespräch führen
- Hörer wieder auflegen

Diese Reihe von fünf Arbeitsschritten kann man als Telefonieren-Algorithmus bezeichnen; dies ist der Algorithmus zum Ausführen der Operation Telefonieren.

Einen Algorithmus kann man vielseitig darstellen: Mit Hilfe von speziellen Diagrammen, durch stichpunktartiges Aufzählen der Einzelschritte oder durch Verfassen in einer Programmiersprache.

In Delphi sind Algorithmen schlicht die Anweisungen, die im begin-end-Block eines Unterprogamms stehen.

Zurück zum Beispiel. Die erste Anweisung in der Prozedur *Gruss* ist eine Zuweisung, wie Sie sie schon in ähnlicher Form in der ersten Version von Hallo Welt! kennengelernt haben. Dort wurde ein String *Label1.Caption* zugewiesen.

GrussText wird in diesem Fall der Ausdruck

```
'Hallo ' + Edit1.Text + '!' + endl
```

zugewiesen. 'Hallo ' und '!' sind einfache String-Konstanten. Das letzte Element in diesem Ausdruck ist *endl*, welches die deklarierte Konstante #13+#10 darstellt.

Edit1.Text ist die Text-Eigenschaft von *Edit1*. Diese Eigenschaft ist Ihnen schon zu Beginn im Objektinspektor begegnet. Im Objektinspektor haben Sie diese Eigenschaft auf einen Leer-String gesetzt, indem Sie die vorgegebene Zeichenkette Edit1 einfach gelöscht haben.

Wenn der Benutzer einen Namen eingegeben hat, so setzt Delphi die Eigenschaft Text auf den Eingabe-String. Dieser Wert kann nun in der Prozedur *Gruss* durch *Edit1.Text* abgefragt werden. Durch diese Verbindung von *Edit1* und *Text* durch einen Punkt teilen Sie Delphi wie schon in der ersten Version (*Label1.Caption*) mit, daß die Text-Eigenschaft von *Edit1* gemeint ist.

In dieser Anweisung sind die einzelnen String-Konstanten untereinander und mit *Edit1.Text* mit Pluszeichen verbunden. Strings lassen sich in Delphi durch diese Operation aneinanderketten. Das Resultat ist demnach ein String der Form 'Hallo xy!' zuzüglich dem »neue Zeile«-Konstrukt. Damit ist der erste Teil, welcher unabhängig vom Gemütszustand ist, fertig. Dieser Part ist in beiden Reaktionen (gut oder schlecht) vorhanden, denn gegrüßt werden soll immer!

Bedingte Verzweigung mit If-Then-Else

Der zweite Teil des Grußtextes ist von der ausgewählten Radioschaltfläche abhängig. Hierzu ist zwangsläufig eine Verzweigung im Programmlauf nötig: Wenn gut ausgewählt ist, dann... andernfalls...

Delphi bietet verschiedene Möglichkeiten der *bedingten Verzweigung* an. Die bekannteste Methode ist das If-Then-Else-Konstrukt, weil es auch in vielen anderen Hochsprachen wie etwa BASIC, C oder FORTRAN in ähnlicher Form vorkommt. If-Then-Else bedeutet nichts anderes als Wenn-Dann-Sonst, und exakt dies ist hier nötig.

Der Index der gewählten Schaltfläche ist Ihnen ebenfalls schon im Objektinspektor begegnet. Die gesuchte Eigenschaft ist *ItemIndex*. Diese Eigenschaft setzten Sie während des Formularentwurfs entweder auf 0 oder 1. Um diese Eigenschaft abzufragen, müssen Sie diese durch ein vorangestelltes *RadioGroup1* und einen Punkt explizit *RadioGroup1* zuordnen.

ItemIndex kann, wie zuvor angedeutet, lediglich den Wert 0 oder 1 annehmen. Also genügt es abzuklären, ob *RadioGroup1.ItemIndex* den Wert 0 hat, denn ist dies nicht der Fall, hat es den Wert 1.

Die Anweisung

```
If RadioGroup1.ItemIndex = 0 then
```

bedeutet: Wenn *ItemIndex* von *RadioGroup1* den Wert 0 hat, dann soll die Anweisung

```
GrussText := GrussText +
'Das freut mich, daß es Ihnen gut geht!'
```

ausgeführt werden.

Hierbei handelt es sich wieder um eine Zuweisung. Diesmal soll *GrussText* die Verkcttung seines eigenen Inhalts mit der String-Konstante erhalten. Das Ergebnis der Verkettung von *GrussText* und der String-Konstante wird *GrussText* zugewiesen. Mit anderen Worten: An *GrussText* wird dieser String angehängt.

Wenn *RadioGroup1.ItemIndex* nicht den Wert 0 hat, soll die Anweisung

```
GrussText := GrussText +
'Tut mir leid, daß es Ihnen schlecht geht!';
```

ausgeführt werden. Dies wird durch das Schlüsselwort *else* angegeben. Die Anweisung, die sich nach dem *else* findet, wird immer ausgeführt, wenn die bei *if* angegebene Bedingung nicht zutrifft – den logischen Wert falsch, false, hat. In diesem Fall ist die Bedingung nicht erfüllt, wenn *RadioGroup1.ItemIndex* einen Wert ungleich 0 hat. Da aber *RadioGroup1.ItemIndex* nur Werte zwischen 0 und 1 annehmen kann, muß (!) *RadioGroup1.ItemIndex* im else-Block den Wert 1 haben! Somit entfällt eine zweite Abfrage, da eben nur zwei Zustände definiert sind.

Die Anweisung, die hier ausgeführt werden soll, ist ähnlich wie die für die erfüllte Bedingung beschaffen. An *GrussText* wird hier lediglich ein anderer String angehängt; einer, der zum zweiten Radioschalter paßt.

Ihnen ist sicherlich schon aufgefallen, daß die Anweisung, welche bei erfüllter Bedingung (*RadioGroup1.ItemIndex = 1*) ausgeführt werden soll, nicht mit einem Semikolon abgeschlossen ist. Zuvor wurde aber schon erwähnt, daß alle Anweisungen durch einen Strichpunkt abgeschlossen werden müssen. Weshalb also hier nicht?

Der Fall liegt hier etwas anders. Als Anweisung ist hier der gesamte If-Then-Else-Block zu betrachten, also darf nach dem If-Then-Teil kein Semikolon folgen, da sonst der Else-Block abgetrennt wird. Delphi würde den If-Then-Teil und den Else-Teil jeweils als einzelne Anweisung betrachten, was zwangsläufig zu einer Fehlermeldung führen würde, da ein *else* ohne vorangehende (unter Umständen nicht erfüllte) Bedingung sinnlos wäre.

Das nach der Zuweisung im Else-Teil folgende Semikolon schließt demnach auch nicht nur diese Anweisung ab, sondern den gesamten If-Then-Else-Block.

Der allgemeine Aufbau der If-Anweisung sieht folgendermaßen aus:

```
If Bedingung Then
    Anweisung(en)
Else
    Anweisung(en)
```

Wenn Sie mehrere Anweisungen angeben wollen, müssen Sie diese zwischen *begin* und *end* einschließen. Innerhalb dieses Begin-End-Blockes müssen Sie dann die einzelnen Anweisungen jeweils durch ein Semikolon abschließen.

Der Else-Punkt kann natürlich auch weggelassen werden. In diesem Fall spricht man dann nicht mehr von einer bedingten Verzweigung, sondern von einem *alternativen Block*.

Innerhalb der Bedingung sind die folgenden Vergleichsoperatoren zulässig:

Operation	Bedeutung
A = B	Prüfung, ob A gleich B ist
A > B	Prüfung, ob A größer B ist
A < B	Prüfung, ob A kleiner B ist
A >= B	Prüfung, ob A größer oder gleich B ist
A <= B	Prüfung, ob A kleiner oder gleich B ist
A <> B	Prüfung, ob A nicht gleich B ist

Hinweis: Verwechseln Sie bitte nicht die Operatoren := und =. Das einfache = dient dem Vergleich von zwei Werten, wohingegen := der Zuweisung von Werten dient. A = B vergleicht, ob A gleich B ist. A := B setzt A gleich B!

Zur besseren Verdeutlichung einige Beispiele:

```
If a > b Then
Begin
    c := a;
    a := b;
    b := c;
End
Else
    c := b;
```

Dieses kleine Beispiel tauscht lediglich den Inhalt der Variablen *a* und *b* aus, wenn *a* größer als *b* ist. Wobei sich in der Hilfsvariablen *c* nach dem If-Block auf jeden Fall der größere der beiden Werte befindet.

An dieser Stelle soll nicht verschwiegen werden, daß If-Then-Else-Anweisungen auch ineinander geschachtelt werden können. Hierdurch ist es recht komfortabel, mehrere Bedingungen nacheinander abzufragen. Der allgemeine Aufbau für dieses Konstrukt wäre:

```
If Bedingung1 Then
    Anweisung(en)
Else If Bedingung2 Then
    Anweisung(en)
Else If Bedingung3 Then
    Anweisung(en)
    ...
Else If BedingungN Then
    Anweisung(en)
Else
    Anweisung(en)
```

Durch diese Verschachtelung können Sie beispielsweise durch weiteres Hinzufügen von Radioschaltflächen noch weitere Gemütszustände berücksichtigen.

Aufruf von vordefinierten Routinen

Die letzte Anweisung in der Prozedur *Gruss* ist der Aufruf der vordefinierten Funktion *MessageDlg*. Diese Funktion werden Sie häufiger in Ihren Anwendungen verwenden.

Bei der Arbeit mit Windows begegnen Ihnen häufiger Meldungsfenster. Diese bestehen aus einem Meldungstext, einem Symbol in der linken oberen Ecke und einer oder mehreren Schaltflächen.

Durch die Funktion *MessageDlg* können Sie in Delphi ein solches Fenster anzeigen.

Im erweiterten Hallo Welt! wollen wir damit den Grußtext, also den Inhalt der Variablen *GrussText* ausgeben.

Der Aufruf einer Funktion oder einer Prozedur geschieht in Delphi über deren Namen, optional gefolgt von in Klammern gefaßten Parametern, welche durch Kommata getrennt sind.

MessageDlg erwartet vier Parameter:

- Als erstes den Meldungstext,
- dann die Art der Meldung – ob Fehler, Information etc.,
- anschließend die Schaltflächen und
- noch einen Index für das Hilfesystem.

Der Meldungstext ist in diesem Fall schlicht *GrussText*, da schließlich das Ziel des Aufrufs von *MessageDlg* die Ausgabe dieser Zeichenkette ist.

Als Art der Meldung sind bestimmte Konstanten in Delphi definiert, die Sie der folgenden Tabelle entnehmen können.

Konstante	**Bedeutung**
mtWarning	Titel des Meldungsfensters ist *Warnung*; das Symbol links oben ist ein gelbes Ausrufungszeichen.
mtError	Titel des Meldungsfenster ist *Fehler*; das Symbol ist ein rotes Stoppschild.
mtInformation	Titel des Meldungsfenster ist *Information*; das Symbol ist ein weißes i in einem blauen Kreis.
mtConfirmation	Titel ist *Bestätigung*; das Symbol ist ein grünes Fragezeichen.
mtCustom	Der Titel des Meldungsfensters ist der Name der Programmdatei der Anwendung; kein Symbol.

Im Beispielquelltext ist *mtInformation* angegeben; das können Sie allerdings beliebig ändern, indem Sie diesen Wert durch einen aus der Tabelle ersetzen.

Die Angabe der Schaltflächen ist eine Menge, in diesem Fall sogar eine Mengenkonstante. Die Schaltflächen werden durch Konstanten angegeben, die durch Kommata getrennt in eckige Klammern gefaßt sind.

Die folgende Tabelle gibt an, welche Konstanten für Schaltflächen zulässig sind.

Konstante	**Bedeutung**
mbYes	Schaltfläche mit der Beschriftung *Ja*
mbNo	Schaltfläche mit der Beschriftung *Nein*
mbOK	Schaltfläche mit der Beschriftung *OK*
mbCancel	Schaltfläche mit der Beschriftung *Abbruch* (soll mit mbOK, mbYes oder mbNo verwendet werden)
mbHelp	Schaltfläche mit der Beschriftung *Hilfe*
mbAbort	Ein Schalter mit der Beschriftung *Abbruch* (soll mit mbRetry oder mbIgnore verwendet werden)
mbRetry	Eine Schaltfläche mit dem Titel *Wiederholen*
mbIgnore	Eine Schaltfläche mit dem Titel *Ignorieren*
mbAll	Ein Schalter mit dem Text *Alle*

Durch diese Konstanten könnte man beispielsweise durch *[mbYes, mbNo, mbCancel]* ein Meldungsfenster erzeugen, das die Schaltflächen *Ja*, *Nein* und *Abbruch* enthält.

In unserem kleinen Beispiel genügt die Schaltfläche *OK*, welche durch die Menge *[mbOK]* beschrieben wird.

Der letzte Parameter ist nur interessant, wenn ein Hilfeschalter im Meldungsfenster und ein Hilfesystem im Projekt existiert. Da beides nicht zutrifft, wird er kurzerhand auf 0 gesetzt.

Dieser Wert würde bei existierendem Hilfeschalter und -system den Index angeben, unter welchem das betreffende Thema im Hilfesystem zu finden ist. Bei Drücken des Hilfeschalters würde dieser Wert dann an die Hilfe von Windows übergeben.

Im Beispiel wird die Funktion *MessageDlg* wie eine Prozedur verwendet. Der gravierende Unterschied zwischen einer Funktion und einer Prozedur ist der, daß eine Funktion einen Ergebniswert zurückgeben kann. Da allerdings der Rückgabewert von *MessageDlg* hier nicht ausgewertet wird, spricht man *MessageDlg* wie eine Prozedur an.

Sie haben sich vielleicht schon gefragt, wie man abfragen kann, welcher Schalter gedrückt wurde. Hierzu ein kleines Beispiel:

```
If MessageDlg('Wollen Sie die Datei speichern?',
    mtConfirmation, [mbYes, mbNo], 0) = mrYes Then
        Save;
```

Diese Anweisung bewirkt, daß zunächst ein Meldungsfenster mit je einer Schaltfläche für *Ja* und *Nein* dargestellt wird. Wenn nun *Ja* gedrückt wird, gibt *MessageDlg* den Wert *mrYes* zurück, und das Unterprogramm *Save* wird aufgerufen. Falls jedoch *Nein* gewählt wurde, gibt *MessageDlg mrNo* zurück, so daß die Bedingung nicht erfüllt ist und *Save* nicht aufgerufen wird.

Als Rückgabewerte sind definiert:

Wert	**Bedeutung**
mrNone	Kein Schalter gedrückt
mrOk	Schaltfläche *OK* wurde gewählt
mrCancel	Schaltfläche *Abbruch* wurde gewählt
mrAbort	Schalter *Abbruch* wurde gedrückt
mrRetry	Schaltfläche *Wiederholen* wurde gewählt

Wert	Bedeutung
mrIgnore	Schaltfläche *Ignorieren* wurde gedrückt
mrYes	Schaltfläche *Ja* wurde gewählt
mrNo	Schalter *Nein* wurde gedrückt
mrAll	Schalter *Alle* wurde gewählt

Diese Rückgabewerte können Sie allerdings durch eine Zuweisung auch in einer Variablen speichern. Diese Variable muß eine ganze Zahl aufnehmen können. Sie kennen schon den Typ *Integer*, der ganze Zahlen aufnehmen kann. Da jedoch *MessageDlg* nur positive ganze Zahlen zurückliefert, ist es nicht nötig, *Integer* zu verwenden, da dieser Typ auch negative ganze Zahlen speichern kann. Für positive ganze Zahlen existiert der Typ *Word*.

Wenn Sie also eine Variable durch

```
var
    msgRet: Word;
```

deklarieren, können Sie anschließend durch ein Konstrukt der Form

```
msgRet := MessageDlg(...
```

den Rückgabewert von *MessageDlg* in *msgRet* speichern und beispielsweise durch verschachtelte If-Abfragen den Wert in *msgRet* auswerten.

MessageDlg ist eine global verfügbare Funktion. Dies erkennt man daran, daß kein Objekt mittels einer Verbindung durch einen Punkt vorangestellt ist. *RadioGroup1.ItemIndex* bedeutet hingegen vergleichsweise, daß der Bezeichner *ItemIndex* zum Objekt *RadioGroup1* gehört. Die Variable *ItemIndex* ist demnach nur lokal in *RadioGroup1* gültig.

Fügen Sie nun diese Zeilen in Ihre Prozedur ein, sofern Sie dies nicht schon getan haben. Zur Eingabe des Quelltextes sei noch erwähnt, daß

Delphi eine formatfreie Sprache ist. Das bedeutet, daß man bei der Eingabe eines Quelltextes nicht auf ein bestimmtes Format achten muß.

Allerdings sollten Sie berücksichtigen, daß ein von Ihnen gut formatierter Quelltext leichter nachzuvollziehen ist als ein kunterbunter Scheiterhaufen.

Als Beispiel sei dieser Quelltext angegeben:

```
procedure TForm1.Gruss(Sender: Tobject);

const endl = #13+#10; var GrussText: String;

begin GrussText := 'Hallo '+Edit1.Text+'!'+endl;

If RadioGroup1.ItemIndex = 0 Then GrussText := GrussText +
'Das freut mich, daß es Ihnen gut geht!' Else
GrussText := GrussText + 'Tut mir leid, daß es Ihnen
schlecht geht!';

MessageDlg(GrussText, mtInformation, [mbOk], 0); end;
```

Dieser Quelltext ist syntaktisch identisch mit der Beispielroutine *Gruss* von vorhin. Allerdings werden Sie zugeben, daß er nicht gerade übersichtlich ist.

Hinweis: Formatieren Sie Ihren Quelltext übersichtlich – schon in Ihrem eigenen Interesse.

Speichern Sie die Unit durch [Strg]+[S], *Datei / Speichern* oder durch Betätigen der entsprechenden Schaltfläche in der Symbolleiste.

Starten Sie das Programm durch den Schalter in der Symbolleiste, durch *Start / Start* oder durch die Taste [F9].

Geben Sie in das Eingabefeld Ihren Namen ein, und klicken Sie Ihren Gemütszustand an. Wenn Sie dann die Schaltfläche *Fertig* anklicken, werden Sie eine Situation ähnlich der in Abb. 3.8 vorfinden.

Abb. 3.8: Das Meldungsfenster für die Begrüßung

Um das Programm zu beenden, klicken Sie zunächst auf die Schaltfläche *OK* des Meldungsfensters. Danach können Sie die Anwendung über die üblichen Wege (z. B. Alt+F4) beenden.

3.5 Zusammenfassung und Aufgaben

Zusammenfassung

- Jede Software und jedes DV-System arbeitet nach dem EVA-Prinzip – Eingabe, Verarbeitung und Ausgabe.
- Mit Hilfe des Objektinspektors können die Eigenschaften der Komponenten und des Formulars beeinflußt werden.
- Im Objektinspektor gibt es zwei Arten von Eigenschaften: Eigenschaften, die verschachtelt sind, und solche, die es nicht sind. Verschachtelte Eigenschaften erkennt man anhand des

Pluszeichens vor dem Namen. Ein Doppelklick auf den Eintrag öffnet die untergliederten Elemente.

- Mit dem Stringlisten-Editor können Eigenschaften, welche aus Stringlisten bestehen, bearbeitet werden. Radioschaltergruppen können beispielsweise leicht damit definiert werden.
- Im Register *Ereignisse* des Objektinspektors kann für jedes Objekt eingestellt werden, auf welche Ereignisse reagiert werden soll. Für jedes Ereignis kann eine Prozedur als Ereignisbehandlungsroutine angegeben werden.
- Durch die Schlüsselworte *const* und *var* können Konstanten und Variablen deklariert werden. Geschieht dies zwischen einem Prozedur- beziehungsweise Funktionskopf und dem Begin-End-Block, so sind diese Bezeichner lokal, anderfalls global definiert.
- Im Begin-End-Block einer Routine befindet sich der Algorithmus, also die Beschreibung des Programmablaufs.
- Durch if-then-else können bedingte Verzweigungen realisiert werden. Das bedeutet, der Programmlauf kann dem Kontext entsprechend gesteuert werden, zum Beispiel durch Abfragen des Inhalts einer Variablen.
- Der Aufruf von Prozeduren und Funktionen erfolgt durch deren Namen, optional gefolgt von durch Kommata getrennten Parametern, welche in Klammern gefaßt werden.
- Der Unterschied zwischen einer Prozedur und einer Funktion ist der, daß Funktionen einen Wert zurückliefern können.
- String-Konstanten werden zwischen Hochkommata eingeschlossen. Soll das Hochkomma selbst in einem String auftauchen, so ist es zweimal hintereinander anzugeben.

- ➛ Mengen werden in eckige Klammern eingeschlossen, wobei die Elemente (Werte) durch Kommata getrennt werden.
- ➛ Jede Anweisung in Delphi ist durch ein Semikolon abzuschließen.
- ➛ In Delphi existieren verschiedene Variablentypen, z. B. *Integer* für ganze Zahlen, *Real* für Fließkommazahlen, *Strings* für Zeichenketten.
- ➛ Ist ein Bezeichner nur innerhalb eines Objekts gültig, so muß diesem der Name des Objekts, gefolgt von einem Punkt, vorangestellt werden, z. B. RadioGroup1.ItemIndex.
- ➛ Pascal-Bezeichner müssen mit einem Buchstaben (keine Umlaute, kein ß) oder _ beginnen. Jedes folgende Zeichen darf neben Buchstabe und _ auch eine Ziffer sein.
- ➛ Delphi unterscheidet nicht zwischen Groß- und Kleinschreibung und ist von keiner bestimmten Formatierung des Quelltextes abhängig. Allerdings sollte der Programmierer diesen Umstand nutzen, um die Lesbarkeit des Quelltextes zu erhöhen.

Aufgaben

1. Fügen Sie der Radioschaltergruppe die Schaltflächen ... *mittelmäßig* und ... *hervorragend* hinzu.
2. Erweitern Sie den If-Then-Else-Block so, daß die neuen Schaltflächen berücksichtigt werden. Für ... *mittelmäßig* soll die Zeichenkette 'Das klingt aber bedrückend!', und für ... *hervorragend* soll 'Lassen Sie sich Ihre hervorragende Stimmung nicht vermiesen!' an *GrussText* angehängt werden. (Hinweis: Denken Sie an verschachtelte If-Then-Else-Blöcke...)

3. Was bewirkt die folgende Anweisung?

```
var
    s1, s2: String;
```

4. Geben Sie die Anweisung an, welche mit Hilfe der Funktion *MessageDlg* ein Meldungsfenster anzeigt, das den String 'Die Datei wurde geändert. Wollen Sie sie speichern?' ausgibt und die Schaltflächen *Ja*, *Nein* und *Abbruch* enthält. Welche Meldungsart würden Sie im zweiten Parameter übergeben?

5. Geben Sie den If-Then-Else-Block für die Abfrage des Rückgabewertes der Funktion aus Aufgabe 4 an, der im Falle von *Ja* die Prozedur *Speichern* und im Falle von *Abbruch* die Prozedur *Abbruch* aufruft. Beide Prozeduren erwarten keine Parameter. (Hinweis: Denken Sie an die Speicherung des Wertes von *MessageDlg* in einer Variablen vom Typ *Word*.)

4 Komponenten

In diesem Kapitel werden wir die Komponenten von Delphi und deren Interaktion untereinander und mit dem Formular genauer betrachten.

4.1 Tabulatorreihenfolge

Ihnen ist bestimmt aufgefallen, daß Sie im erweiterten Hallo Welt! zuerst in das Eingabefeld klicken oder sich mit der Taste [⇥] bis zum Eingabefeld durchtippen mußten, wenn Sie Ihren Namen eingeben wollten.

Ein solcher, wenn auch nur kleiner, Fehler ist zwar in einem Beispielprogramm lästig, aber erträglich, kann und muß in einem professionellen Softwareprodukt allerdings als sogenannter *Bug*, also als Programmfehler, betrachtet werden. Solche Fehler bremsen die Produktivität des Softwareprodukts und des Benutzers erheblich, wenn sie sich in häufig benötigten Funktionen verbergen. Infolgedessen sind derartige Fehler nicht auf die leichte Schulter zu nehmen, da eine solche Software, wenn sie einige dieser Fehler enthält, schon leicht als unprofessionell oder unausgereift abgetan wird. Was im übrigen ein vernichtendes Urteil für das Produkt wäre!

Was tun, sprach Zeus?

Oben wurde schon angedeutet, daß mit der Taste [⇥] (Tabulator) die einzelnen Komponenten fokussiert werden können. Es handelt sich also um die Reihenfolge, wie die Komponenten nacheinander durch [⇥] angesprochen werden können. Fazit: Diese Reihenfolge muß geändert werden.

Wenn Sie schon häufiger mit Windows 95 gearbeitet haben, werden Sie wissen, daß die rechte Maustaste zur Darstellung des sogenannten Kontextmenüs zuständig ist. Dieses Menü ist auch in Delphi vorhanden.

Klicken Sie nun mit der rechten Maustaste in das Formular. Daraufhin erscheint ein Menü wie in Abb. 4.1, in dem Sie den Eintrag *Tabulatorreihenfolge* finden. Klicken Sie nun diesen an.

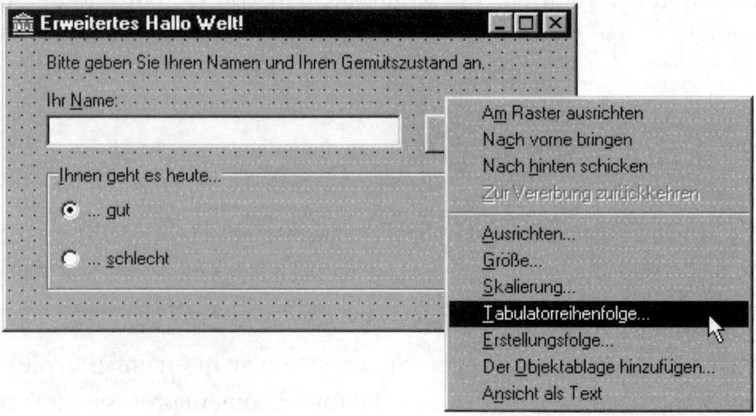

Abb. 4.1: Das Kontextmenü für das Formular

Daraufhin öffnet sich das Dialogfeld *Tabulator-Reihenfolge bearbeiten*, in dem Sie die Tabulatorreihenfolge festlegen können (Abb. 4.2).

Abb. 4.2: Festlegen der Tabulatorreihenfolge

Im Listenfeld werden nur die Komponenten des Formulars angezeigt, welche durch ⇆ angesteuert werden können. Im Falle des erweiterten Hallo Welt! finden sich hier *Button1*, *Edit1* und *RadioGroup1*.

Die Komponente, welche den ersten Tabulatorstop erhält und damit voreingestellt ist, wenn sich das Formular zur Laufzeit öffnet, ist die oberste im Listenfeld – in diesem Fall *Button1*.

Eine sinnvolle Reihenfolge wäre *Edit1*, dann *RadioGroup1* und zuletzt *Button1*, denn dies ist auch die Vorgehensweise des Benutzers. Zuerst gibt er seinen bzw. sie ihren Namen ein, anschließend die Stimmung, und zuletzt wird mit *Button1* bestätigt.

Mit Hilfe dieser Schaltfläche können Sie die selektierte Komponente in der Tabulatorhierarchie weiter nach oben bewegen.

Mittels eines Klicks auf dieses Symbol können Sie das ausgewählte Element des Listenfeldes weiter nach hinten in der Tabulatorreihenfolge stellen.

Verändern Sie nun durch den Gebrauch der beiden zuvor genannten Schaltflächen die Reihenfolge in *Edit1*, *RadioGroup1* und *Button1*, und bestätigen Sie diese Änderung durch einen Klick auf die Schaltfläche *OK*.

Wenn Sie nun das Programm starten, wird Ihnen sofort die Eingabe Ihres Namens nahegelegt.

4.2 Ausrichten von Komponenten

Die nächste Aufgabe soll ein kleiner Texteditor, ähnlich dem von Windows 95, sein. Wobei folgendes Leistungsspektrum abgedeckt sein soll: Eine Datei kann geladen und bearbeitet werden, über Menü- und Symbolleiste sollen die Funktionen zur Verfügung stehen, und eine Statuszeile soll verschiedene Anzeigen beinhalten. An Funktionalität sollen die Standardoperationen wie Speichern, Laden etc. sowie die Zwischenablagefunktionen wie Ausschneiden, Einfügen usw. programmiert werden.

Außerdem soll im nächsten Kapitel noch eine komfortable Suchen- und Ersetzen-Funktion folgen.

Öffnen Sie nun eine neue Anwendung.

Das Memofeld

Um einen Text bearbeiten zu können, benötigt die kleine Anwendung eine

entsprechende Komponente, welche mehrzeiligen Text enthalten kann. Fügen Sie die Komponente *Memo* in das Formular ein. Diese finden Sie im Register *Standard* der Komponentenpalette. Die Größe und die Lage spielen zunächst keine Rolle.

Wenn Sie den Editor von Windows 95 über die Schaltfläche Start (zu finden in *Programme / Zubehör / Editor*) öffnen, sehen Sie, daß sich die Eingabefläche für den Text über das gesamte Hauptfenster erstreckt. Dieses Eingabefeld paßt auch seine Größe dem Fenster an, wenn dieses beispielsweise maximiert wird.

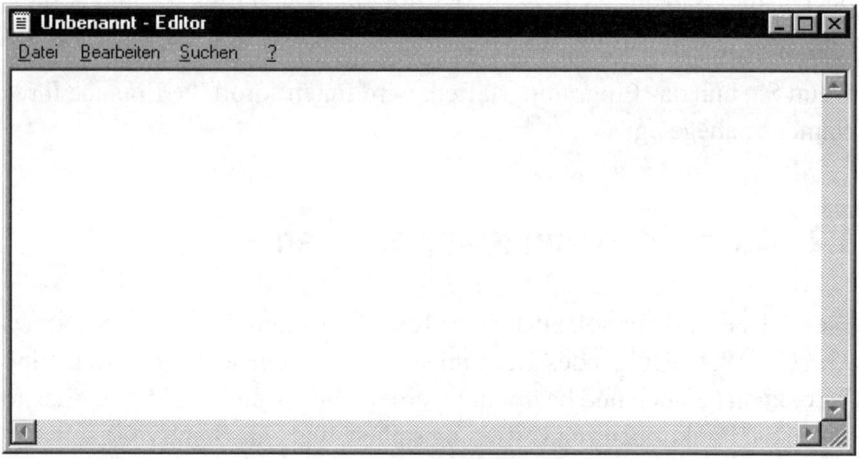

Abb. 4.3: Das Eingabefeld des Editors von Windows 95 erstreckt sich über das gesamte Hauptfenster.

Für solche Effekte existiert für die Komponente *Memo* die Eigenschaft *Align* (= ausrichten). Wenn Sie sich durch Aufklappen des Wertemenüs mittels des kleinen nach unten weisenden Pfeils neben der Wertezelle die möglichen Einstellungen ansehen, stellen Sie fest, daß das Memofeld auf unterschiedliche Art und Weise mit dem Formular verknüpft werden kann. Die Voreinstellung ist *alNone*, also keine Ausrichtung.

Die Werte bedeuten:

Wert	**Bedeutung**
alNone	Die Komponente bleibt an der Position im Formular, an der sie eingefügt wurde.
alTop	Die Komponente paßt sich an die Breite des Formulars an und wird an die obere Kante des Formulars geheftet. Die Höhe der Komponente ist davon nicht betroffen und bleibt unverändert.
alBottom	Wie alTop, nur daß die Komponente an die Unterkante des Formulars geheftet wird.
alLeft	Die Komponente paßt sich an die Höhe des Formulars an und wird an den linken Rand des Formulars geheftet. Die Breite der Komponente ändert sich dabei nicht.
alRight	Wie alLeft, nur den rechten Rand betreffend.
alClient	Die Komponente paßt sich an den Client-Bereich des Formulars an. Ist der Client-Bereich teilweise schon von einer anderen Komponente belegt, wird der verbleibende Bereich gefüllt.

Wenn Sie nun *alClient* eintragen, sehen Sie, wie sich das Memofeld über das Formular ausbreitet. Drücken Sie nun die *Maximieren*-Schaltfläche des Formulars, sehen Sie bereits zur Entwurfszeit, wie sich das Memofeld dem veränderten Kontext anpaßt.

Bleibt nur noch zu klären, was der sogenannte Client-Bereich ist. Dieser Bereich ist schlicht der Platz, in den Sie im Formular Komponenten einfügen können, also der Bereich, der durch den Rahmen und die Titelleiste des Formulars begrenzt wird.

Den vorgegebenen Text im Memofeld können Sie durch die Eigenschaft *Lines* beeinflussen. *Lines* wird, wie die Eigenschaft *Items* von *RadioGroup*, über den Stringlisten-Editor eingegeben, welchen Sie aus dem vorherigen Kapitel kennen.

Öffnen Sie nun den Stringlisten-Editor für *Lines* von *Memo1* beispielsweise durch Doppelklick auf die Wertzelle, und löschen Sie den angegebenen Text in *Memo1* durch die Taste [⇐] oder [Entf]. Es ist schließlich nicht sinnvoll, einen Text in einem Editor vorzugeben – zumindest nicht in einem allgemein verwendbaren!

Die Symbolleiste

Als nächstes ist laut Aufgabenstellung eine Symbolleiste einzubauen. Hierfür existieren gleich drei geeignete Komponenten. Zum einen finden sich im Register *Win32* die Komponenten *ToolBar* und *CoolBar*, zum anderen hält das Register *Standard* die universell einsetzbare Komponente *Panel* bereit. Wir wollen hier *ToolBar* aus *Win32* verwenden.

Fügen Sie die *ToolBar* durch einen Klick an irgendeinen Platz im Formular ein. Per Voreinstellung wird die Komponente automatisch am oberen Fensterrand positioniert.

Wenn Sie sich den Wert der Eigenschaft *Align* im Objektinspektor zur *ToolBar* ansehen, finden Sie dort per Voreinstellung den Wert *alTop*.

Die Größe der Symbolleiste bleibt Ihnen überlassen, aber es ist nicht verboten, sich an anderen Windows-Anwendungen wie Word, StarWriter oder WordPad zu orientieren.

Die Statuszeile

Das letzte ausgerichtete Element ist die Statuszeile. Hierfür existiert eine spezielle Komponente.

Im Register *Win32* der Komponentenpalette findet sich die Komponente *StatusBar*. Wählen Sie dieses Element, und klicken Sie in das Formular.

Wie Sie sehen, wird auch diese Komponente direkt am unteren Rand des Formulars plaziert. Wenn Sie nun auch den Inhalt von *Align* der Statuszeile kontrollieren, bemerken Sie, daß hier als Vorgabewert gleich *alBottom* gewählt wurde.

Speichern Sie nun das Projekt. Um dem Ganzen einen professionellen Touch zu geben und im Hinblick darauf, daß noch weitere Units hinzukommen, wäre ein gut gewählter Name für *Unit1 Main* für Hauptunit. Das ganze Projekt könnten Sie *Editor* nennen. Außerdem sollten Sie hierfür einen neuen Ordner anlegen. Dies können Sie gleich im Speichern-Dialogfeld erledigen (siehe Kapitel 2).

Wenn Sie die Anwendung starten, können Sie sich auch zur Laufzeit davon überzeugen, daß sich die drei Komponenten der Größe des Formulars anpassen.

Hinweis: Bei ausgerichteten Komponenten, welche den gesamten Client-Bereich des Formulars belegen, ist es nicht mehr möglich, das Formular selbst durch einen einfachen Klick auszuwählen, um beispielsweise dessen Eigenschaften zu verändern.

Sie müssen deshalb entweder im Feld am oberen Rand des Objektinspektors das Formular auswählen oder, wenn das Formular gerade aktiv ist (blaue Titelleiste), die Taste Esc drücken, um die Selektion einer Komponente aufzuheben.

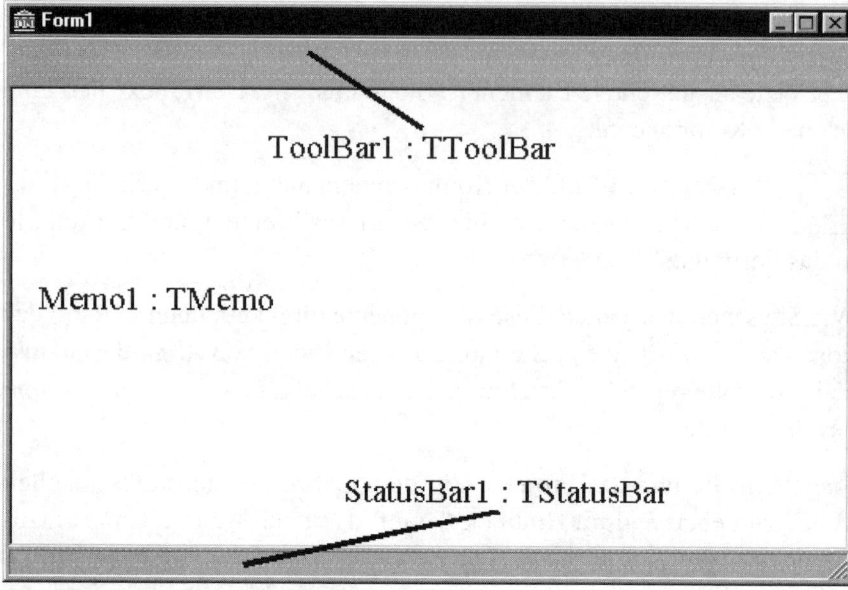

Abb. 4.4: Die drei ausgerichteten Komponenten

4.3 Wichtige Eigenschaften der Komponente Memo

In diesem Abschnitt werden Sie einige wichtige Eigenschaften der Komponente *Memo* kennenlernen, die Sie zum Teil zur Entwurfszeit mit bestimmten Werten initialisieren müssen. *Initialisieren* bedeutet, mit bestimmten Werten voreinstellen.

Hinzufügen von Rollbalken

Wenn Sie zur Laufzeit der Applikation Text eingegeben und dabei den sichtbaren Bereich überschritten haben, so werden Ihnen zum Zurückblättern die Rollbalken gefehlt haben.

Für das Erscheinen dieser nützlichen Zeitgenossen ist die Eigenschaft *ScrollBars* im Memofeld verantwortlich. Der voreingestellte Wert ist *ssNone*, also keine Rollbalken. Zur Verfügung stehen die Werte:

Wert	Bedeutung
ssNone	Keine Rollbalken
ssHorizontal	Horizontaler Rollbalken am unteren Rand
ssVertical	Vertikaler Rollbalken am rechten Rand
ssBoth	Beide Rollbalken

In einem Editor werden Texte editiert, deren Zeilen- und Spaltenzahl nicht im voraus bestimmt werden kann. Daher sind beide Rollbalken für horizontales und vertikales Scrollen nötig. Ändern Sie also den Wert von *ScrollBars* in *ssBoth*.

In diesem Zusammenhang ist eine mit der Rollbalkeneinstellung eng zu verknüpfende Eigenschaft zu nennen – *WordWrap*. Diese Eigenschaft steuert, wie der Name (Wortumbruch) schon anklingen läßt, den automatischen Zeilenumbruch, wenn versucht wird, aus dem sichtbaren Bereich hinaus zu schreiben.

Wenn ein horizontaler Rollbalken, wie bei *ssBoth* und *ssHorizontal* vorhanden ist, ist es nicht klug, diese Eigenschaft zu setzen. Der horizontale Rollbalken wäre bei gesetztem *WordWrap* schlicht Kosmetik, da er nie zum Einsatz kommen könnte.

Sinnvoll ist diese Einstellung nur bei einem nicht in der Größe veränderbaren Memofeld (keine Ausrichtung am Formular) und nicht aktiviertem horizontalen Rollbalken. Setzen Sie diesen Wert also auf *False*.

WantReturns und WantTabs

Ihnen wird vielleicht bei einem Start des Editors aufgefallen sein, daß dieser mit Tabulatoren nicht umzugehen weiß. Drücken Sie [⇆], so passiert gar nichts! Dies ist eine problematische Eigenschaft bei Editoren.

Es existieren zwei Eigenschaften mit ähnlich klingenden Namen und ähnlichen Funktionen. Diese Eigenschaften nennen sich *WantReturns* und *WantTabs*.

WantReturns ist bei Memofeldern schon per Standard auf *True* gesetzt. Diese Eigenschaft steuert die Reaktion der Komponente auf die Taste [↵]. Zeilenumbrüche wären in einem Memofeld nur noch durch die Tastenkombination [⇧]+[↵] möglich, wenn Sie diese Eigenschaft auf *False* setzen.

Eine Umstellung auf *False* ist nur sinnvoll, wenn innerhalb des Formulars eine voreingestellte Schaltfläche, ein sogenannter *Default Button*, existiert. Diese Schaltfläche reagiert dann auf die Eingabetaste und löst dann die entsprechende Ereignisbehandlungsroutine für *OnClick* aus.

Einen solchen Schalter kennen Sie aus Öffnen/Speichern-Dialogfeldern. Wenn Sie hier einen Dateinamen eingeben und anschließend [↵] drükken, reagiert automatisch die Schaltfläche *OK*, als ob Sie diese angeklickt hätten.

Belassen Sie diese Einstellung also auf *True*, damit auch weiterhin die Eingabetaste korrekt interpretiert wird und zum Zeilenumbruch führt.

WantTabs ist das Äquivalent für die Tabulatortaste. Über die Taste [⇆] können Sie in einem Dialogfeld zwischen den einzelnen Dialogelementen umschalten (den Fokus ändern). Wenn Sie diese Eigenschaft auf *True* setzen, können Sie, falls das Memofeld den Fokus hat, nicht mehr mittels ⇆ weiterschalten.

Dies ist aber im Falle eines Editors ohnehin nicht nötig, deshalb setzen Sie diesen Wert getrost auf *True*. Weitere Dialogelemente, welche durch die Tabulatortaste erreichbar sein müßten, gibt es im Editor ohnehin nicht. Ein Grund mehr, die Eigenschaft einzuschalten!

Align und Alignment

Sie haben sich sicherlich schon gefragt, weshalb es eine Eigenschaft *Align* (= ausrichten) und eine Eigenschaft *Alignment* (= Ausrichtung) gibt.

Alignment beeinflußt die Ausrichtung des Textes innerhalb des Memofeldes, *Align* hingegen die Ausrichtung des Memofeldes innerhalb des Formulars. Für *Alignment* sind folgende Werte gültig:

Wert	Bedeutung
taCenter	Text wird zentriert
taLeftJustify	Text wird linksbündig ausgegeben
taRightJustify	Text wird rechtsbündig ausgegeben

Diesen Wert lassen Sie allerdings für einen Editor besser auf *taLeftJustify*, den Standardwert, gesetzt.

Einige boolesche Werte

Es wurde bereits angedeutet, was *boolesche Werte* sind: Werte, die nur die logischen Zustände wahr oder falsch – true oder false – annehmen können.

Im Eigenschaftengewirr der Memo-Komponente wimmelt es auch von solchen Variablen. Teilweise werden Ihnen diese Eigenschaften auch bei anderen Komponenten begegnen.

Enabled gibt an, ob die Komponente aktiv ist, d. h. ob sie auf Maus-, Tastatur- und sogenannte Timer-Ereignisse reagiert. Lapidar gesprochen: Ob sie durch die Tastatur oder Maus ausgewählt werden kann. Im Falle einer Memo-Komponente, ob Text in sie eingegeben werden kann; im Falle einer Schalfläche, ob diese gedrückt werden kann.

HideSelection stellt ein, ob der selektierte Text wie gewöhnlicher Text dargestellt werden soll, wenn der Fokus nicht auf dieser Komponente ruht.

OEMKonvert ist interessant, wenn Sie unter DOS (oder in einer DOS-Box) oder auch unter OS/2 eingegebenen Text im Editor verarbeiten wollen. Die Umlaute und einige Sonderzeichen weichen nämlich im ANSI-Zeichensatz (Windows) im Vergleich zum OEM-ASCII (DOS) voneinander ab. (Beispiel: Statt einem ü im ANSI-Zeichensatz erscheint dann eine hochgestellte Drei in OEM-ASCII.)

Im Dschungel der Einstellmöglichkeiten existiert sogar über *ReadOnly* die Möglichkeit, das Editorfeld mit einem Schreibschutz zu versehen. Hiervon sollten Sie aber bei dem kleinen Editor keinen Gebrauch machen, denn sonst können Sie ja keinen Text mehr eingeben!

Der Zeichensatz

Für das Memofeld können Sie über die Eigenschaft *Font* einen Zeichensatz angeben, mit dessen Hilfe der Text innerhalb des Feldes dargestellt wird.

Font ist eine verschachtelte Eigenschaft. Aber bevor Sie sich mit den abstrakten ausklappbaren Einstellungen herumplagen, ist zu empfehlen, daß Sie die kleine Schaltfläche neben der Wertzelle von *Font* verwenden.

Hiermit gelangen Sie in ein Dialogfeld (Abb. 4.5), in welchem Sie die Schriftart per *WYSIWYG* (= what you see is what you get = was du siehst ist, was du bekommst) einstellen können.

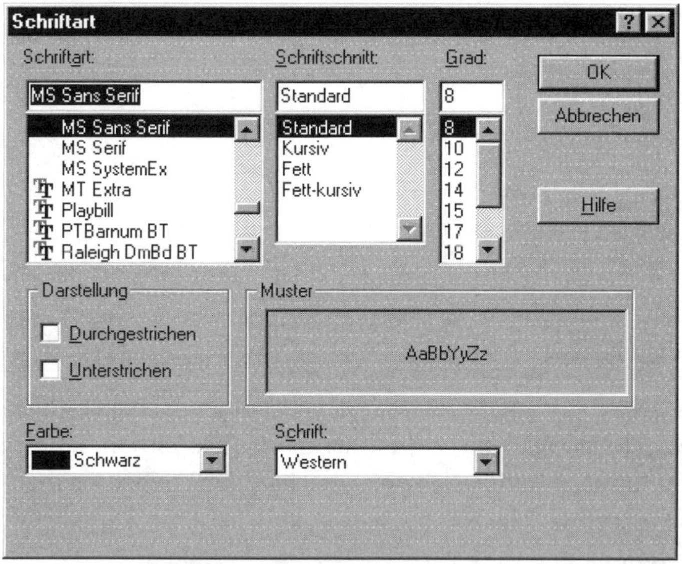

Abb. 4.5: Das Dialogfeld zur Einstellung der Schriftart

Für einen Editor eignet sich eine nichtproportionale Schrift (ein *i* belegt genauso viel Platz wie ein *m*) besser als eine proportionale. Denn gerade wenn ASCII-Texte bearbeitet werden sollen, ist eine klare Definition der Spalten im Eingabefeld von Vorteil.

Weiter sollte man darauf achten, daß die Schriftart, welche man verwendet, auf den potentiellen Endgeräten vorhanden ist. Konkret: Sie sollten in einem Programm, wenn Sie die Schriftart für Komponenten ändern, grundsätzlich die Fonts verwenden, die bei Windows mitgeliefert werden.

Eine günstige Einstellung für den Editor wäre Schriftart Courier New, Grad 10 oder 12 und Schriftschnitt Standard. Aber die endgültige Einstellung bleibt selbstverständlich Ihnen überlassen.

Mit der Änderung der Farbe sollten Sie vorsichtig umgehen beziehungsweise diese nicht ändern. Dies gilt auch für die Farbeigenschaft *Color* von Komponenten. Denn jede mögliche und unmögliche Einstellung wird akzeptiert! Außerdem ist nie vorauszusagen, wie sich Ihre Farbeinstellung auf einem anderen PC bemerkbar macht. (Orangefarbener Text auf zitronengelbem Hintergrund verdient nicht das Prädikat ergonomisch oder benutzerfreundlich!)

Größe des Eingabepuffers

Die Eigenschaft *MaxLength* definiert die Größe des Puffers, in welchem der Text gespeichert wird, d. h. die maximale Anzahl an Zeichen, die eingegeben werden können.

Wenn Sie allerdings den Inhalt dieser Variablen im Objektinspektor überprüfen, sehen Sie einen Wert von 0. Laut der obigen Definition des Begriffs *MaxLength* können demnach keine Zeichen eingegeben werden. Dies ist selbstverständlich Unsinn! Der Wert null hat eine Sonderstellung. Ist *MaxLength* nämlich auf selbigen gesetzt, bedeutet dies, daß die Größe des Eingabepuffers nicht begrenzt ist. Besser gesagt, die Ausdehnung des Puffers wird durch die maximale String-Länge in Grenzen gewiesen. Diese liegt bei 2 GByte, was für Texte nicht als Grenze anzusehen ist.

Lassen Sie diesen Wert also auf 0.

4.4 Hinzufügen von Menüs

Menüleisten sind in Delphi ebenfalls als Komponenten verfügbar.

Um dem Editor eine Menüleiste geben zu können, müssen Sie im Register *Standard* der Komponentenpalette dieses Symbol für *MainMenu* auswählen und in das Formular einfügen.

Wie Sie unschwer erkennen können, fügt sich diese Komponete auf den ersten Blick nicht in das visuelle Konzept von Delphi ein. Ein kleines Quadrat mit dem Komponentensymbol hat wenig Ähnlichkeit mit einer Menüleiste. Dies liegt aber nur daran, daß bis jetzt das Menü noch nicht mit Einträgen gefüllt wurde. Eines ist jedoch wichtig: Die Eigenschaften und die Ereignisbehandlung des Menüs legen Sie über dieses kleine Quadrat fest! Wenn Sie also die Eigenschaften oder die Ereignisbehandlung ändern wollen und hierzu das Menü auswählen müssen, klicken Sie auf dieses Quadrat (nicht auf die später erscheinende Menüleiste!).

Unter den Eigenschaften der Menükomponente findet sich die Eigenschaft *Items* mit dem Wert (Menü), welcher wieder darauf hindeutet, daß es sich um eine Reihe von Werten handelt (ähnlich der Eigenschaft *Lines* von *Memo1*). Sie können zur Bearbeitung des Menüs wieder aus mehreren Möglichkeiten wählen:

- Klicken Sie doppelt auf die Menükomponente (kleines Quadrat).
- Klicken Sie doppelt auf die Wertzelle der Eigenschaft *Items*.
- Klicken Sie auf die kleine Schaltfläche in der Wertzelle.

Daraufhin öffnet sich der Menü-Designer.

Wenn man sich verschiedene Windows-Anwendungen ansieht, so ist festzustellen, daß deren Menüleisten immer ähnlich aufgebaut sind. Das erste Menü ist *Datei*, dann folgt *Bearbeiten*, und schließlich findet sich nach einer Reihe applikationsspezifischer Menüeinträge das Menü *Hilfe*.

Schablonen einfügen

Sie könnten sich jetzt die Mühe machen und diese Standardmenüs Eintrag für Eintrag aufbauen, aber dies wäre verschwendete Zeit, denn diese Arbeit können Sie Delphi überlassen.

In Delphi ist es möglich, Menüs, die Sie häufiger in Ihren Anwendungen benötigen, als *Schablonen* zu speichern. Wenn Sie jetzt in den Menü-Designer zeigen und die rechte Maustaste drücken, erscheint das Kontextmenü wie in Abbildung 4.6. Hier finden Sie einige Einträge, die die Schablonenverwaltung repräsentieren.

Schablonen tauchen in Delphi häufiger auf. Wenn Sie sich beispielsweise an den Menübefehl *Datei / Neu* erinnern; dort standen viele Symbole zur Auswahl, die nichts anderes als eine Art Schablone waren.

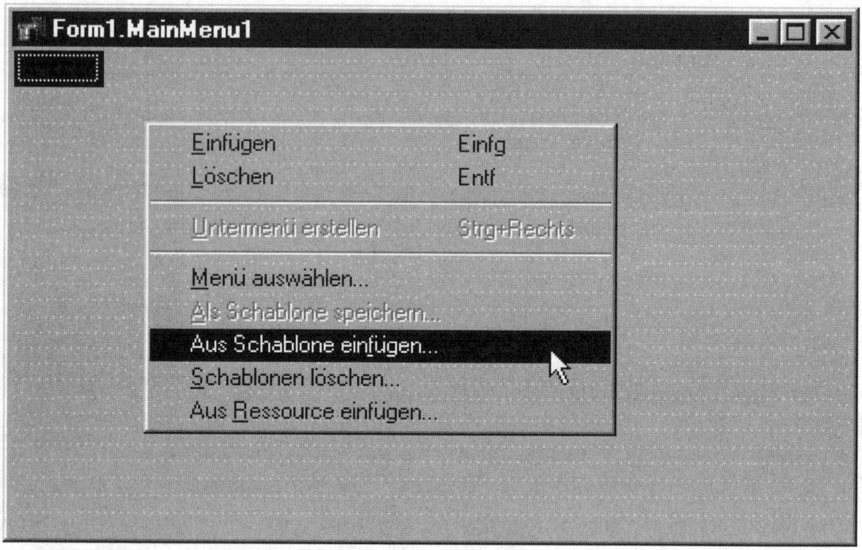

Abb. 4.6: Delphi unterstützt den Programmierer durch Schablonen

Wählen Sie den Eintrag *Aus Schablone einfügen*, und klicken Sie darauf. Resultierend aus dieser Aktion öffnet sich das Dialogfeld *Schablonen einfügen*. Im Listenfeld finden sich einige vorgefertigte Menüs. Wählen Sie hier den Eintrag *Datei-Menü*, und klicken Sie auf *OK*. Nun wird das Menü *Datei* automatisch eingefügt.

Klicken Sie jetzt auf das mit punktierter Linie dargestellte Rechteck neben dem Eintrag *Datei*, und fügen Sie durch dieselbe Prozedur das Menü *Bearbeiten* hinzu.

Tip: Falls Sie sich einmal verklicken sollten und ein Menüeintrag oder ein ganzes Menü an einer Stelle einbauen, den/das Sie dort ganz und gar nicht haben wollen, so wählen Sie den entsprechenden Eintrag (auch ganze Menüteile wie *Datei* oder *Bearbeiten*) durch einen Klick aus und ziehen ihn/es per Drag & Drop an die richtige Stelle.

Sollten Sie einmal versehentlich ein Menü einbauen, daß Sie gar nicht in Ihrer Anwendung benötigen, dann wählen Sie dieses ebenfalls durch einen Klick oder auch durch die Pfeiltasten aus und drücken die Taste [Entf] oder benutzen den Eintrag *Löschen* des Kontextmenüs. Der selektierte Menüteil wird daraufhin entfernt.

Bearbeiten von Menüs

Das Menü *Bearbeiten* ist für den kleinen Editor etwas aufgebläht. Es würde den Rahmen dieses Buches sprengen, wenn hier versucht werden sollte, das Nonplusultra eines Editors zu programmieren. Infolgedessen müssen hier Abstriche gemacht werden.

Befehle wie *Rückgängig* und *Wiederholen <Befehl>* müssen schlicht entfallen; ebenso die OLE-Funktionen am Ende des Menüs.

Sie könnten jetzt jeden Eintrag einzeln durch [Entf] aus dem Menü löschen, was jedoch weniger produktiv wäre. Hier ist es angebracht, die Mehrfachselektion von Windows zu nutzen.

- Klicken Sie zuerst auf den Eintrag *Rückgängig*.
- Klicken Sie bei gedrückter [⇧]-Taste auf den Separator (Rinne) nach dem Eintrag *Wiederholen <Befehl>*.

Nun haben Sie beide Einträge und den Separator selektiert, siehe Abbildung 4.7. Drücken Sie nun die Taste [Entf], und die ausgewählten Stellen verschwinden.

Hinweis: Durch Klicken bei gedrückter [Strg]-Taste können Sie ebenfalls mehrere Einträge auswählen.

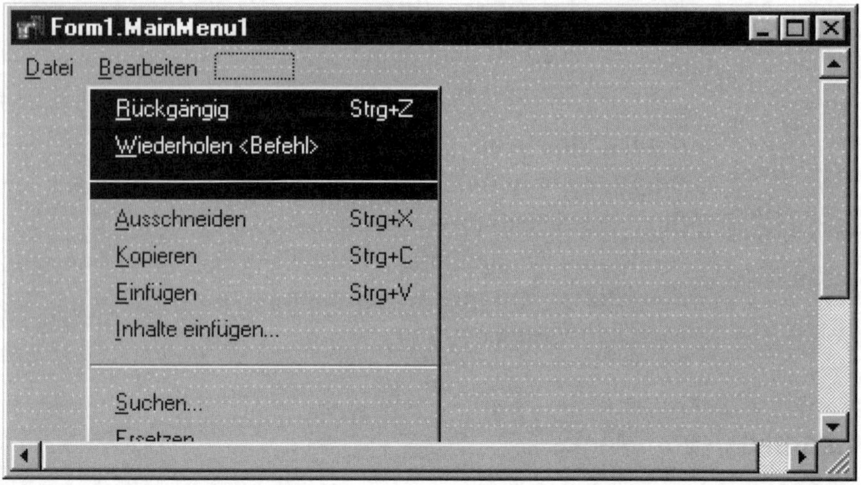

Abb. 4.7: Mehrere Einträge sind ausgewählt

Auf *Inhalte einfügen* kann bei dem kleinen Editor ebenfalls verzichtet werden. Selektieren Sie diesen Eintrag ebenfalls, und löschen Sie ihn.

Im Editor von Windows 95 findet sich ein gesondertes Menü für die Suchfunktionen. Dieser Weg ist in Menüleisten mit wenigen Einträgen wegen der Übersichtlichkeit durchaus sinnvoll.

Zunächst wird ein neues Menü *Suchen* benötigt. Dieses legen Sie an, indem Sie auf den leeren, durch das punktierte Rechteck markierten Eintrag neben Bearbeiten klicken und *&Suchen* eingeben und durch [↵] bestätigen.

Selektieren Sie anschließend durch Mehrfachauswahl die Einträge *Suchen* und *Ersetzen* im Bearbeiten-Menü. Danach klicken Sie auf die selektierten Einträge und ziehen diese bei gedrückter Maustaste (Drag & Drop) auf den leeren Eintrag im neuen Menü *Suchen*.

Hinweis: Ziehen Sie diese nicht nur auf *Suchen*, da sonst die ausgewählten Einträge als neue Menüs eingetragen werden. Der leere Eintrag im Menü *Suchen* muß (!) selektiert sein!

Deselektieren Sie diese Einträge zum Beispiel durch einen Klick auf den leeren Eintrag im Suchen-Menü.

Jetzt können Sie bei der Bezeichnung *Ersetzen* die Taste von *t* in *E* durch die Eingabe von *&Ersetzen* in der Caption-Eigenschaft des Eintrages ändern. Probleme mit dem Einfügen-Eintrag können nun im gesonderten Menü nicht mehr auftreten.

Löschen Sie nun noch die Einträge vom Separator, welcher auf den Eintrag *Einfügen* folgt, bis zum Eintrag *Objekt* des Bearbeiten-Menüs. Somit bleiben die Einträge *Ausschneiden*, *Kopieren* und *Einfügen* im Menü *Bearbeiten* übrig.

Das Menü *Hilfe* wird im Falle des Editors auch etwas magerer ausfallen. Ein Hilfesystem muß leider entfallen, und so findet im Hilfe-Menü lediglich der Eintrag *Info* Platz.

➤ Klicken Sie auf den leeren Eintrag nach dem Suchen-Menü, aber nicht auf den leeren Eintrag im Menü, sondern auf den in der Menüleiste.

➤ Schreiben Sie anschließend in die Eigenschaft *Caption* dieses Eintrages *&Hilfe* hinein.

➤ Öffnen Sie das neue Menü *Hilfe* durch einen Klick auf selbiges, und schreiben Sie dann in den leeren Eintrag *&Info...* hinein.

Damit ist die Menüleiste definiert. Schließen Sie den Menü-Designer durch die Schließen-Schaltfläche seines Fensters.

Hinweis: Menüs und Einträge können Sie einfügen, indem Sie auf den Eintrag klicken, vor den Sie einfügen wollen, und anschließend entweder die Taste [Einfg] drücken oder im Kontextmenü *Einfügen* wählen.

Vergabe von Tastaturkürzeln

Durch die Eigenschaft *ShortCut* können Sie eine Tastenkombination angeben, durch welche ein Menübefehl auch bei nicht geöffnetem Menü ausgelöst werden kann. Wenn Sie auf einen Menübefehl klicken und sich das Wertemenü zu dieser Eigenschaft durch einen Klick auf die Schaltfläche mit dem Pfeil in der Wertezelle anzeigen lassen, sehen Sie alle gültigen Tastenkombinationen.

Achtung: Hierbei müssen Sie darauf achten, daß Sie keine Tastenkombination zweimal vergeben. Dies kann zu Schwierigkeiten im Programmlauf führen!

Sie sollten nicht für jeden Menübefehl auch ein Tastaturkürzel vergeben. Nur die wichtigsten und häufig gebrauchten Funktionen wie Speichern oder Öffnen sollten Tastenkombinationen erhalten.

In der folgenden Tabelle sehen Sie für einige Menübefehle Tastenkombinationen. Diese sind konform mit dem *Leitfaden für Softwaregestaltung* von Microsoft.

Menübefehl	Tastenkombination
Datei / Speichern	[Strg]+[S]
Datei / Öffnen	[Strg]+[O]
Datei / Drucken	[Strg]+[P]

Menübefehl	Tastenkombination
Bearbeiten / Ausschneiden	Strg+X
Bearbeiten / Kopieren	Strg+C
Bearbeiten / Einfügen	Strg+V

Anlegen eigener Menü-Schablonen

Dieses Minimalmenü können Sie nun als Schablone speichern, wenn Sie vorhaben, es häufiger als Grundlage für Ihre Anwendungen zu verwenden.

Öffnen Sie dazu erneut den Menü-Designer durch einen Doppelklick auf das Menü-Symbol im Formular (nicht auf der Menüleiste). Im Kontextmenü des Menü-Designers finden Sie den Befehl *Als Schablone speichern*. Durch das folgende Dialogfeld können Sie dieses Menü benennen und durch einen Klick auf *OK* speichern.

Falls Sie allerdings einmal feststellen, daß Sie eine Schablone nicht mehr benötigen, können Sie diese durch den Befehl *Schablone löschen* des Kontextmenüs wieder entfernen.

Geben Sie hierzu lediglich im folgenden Dialogfeld die Namen der zu löschenden Schablonen an, und klicken Sie auf *OK*.

Um mehrere Schablonen auszuwählen, können Sie durch Klicken bei gedrückter Strg-Taste mehrere Einträge aus dem Listenfeld auswählen. Wenn Sie auf einen Eintrag klicken und bei gedrückter ⇧-Taste auf einen weiteren Eintrag klicken, werden alle Einträge zwischen diesen Schablonen ausgewählt.

4.5 Schaltflächen in die Symbolleiste einbauen

Einfügen der Schaltflächen

Die Schaltflächen, welche in Symbolleisten eingefügt werden, unterscheiden sich von denen, die Sie bisher kennen, in ihrem Aussehen. Sie sind in der Regel kleiner und meist quadratisch und besitzen im allgemeinen anstatt einer Aufschrift ein Symbol zur Kennzeichnung ihrer Funktion. Infolgedessen muß für diese Art von Schaltflächen auch eine eigene Komponente in Delphi existieren.

Diese Komponente findet sich allerdings nicht wie zu erwarten wäre in der Komponentenpalette. Statt dessen findet sich im Kontextmenü der *ToolBar* ein entsprechender Eintrag (Abb. 4.8).

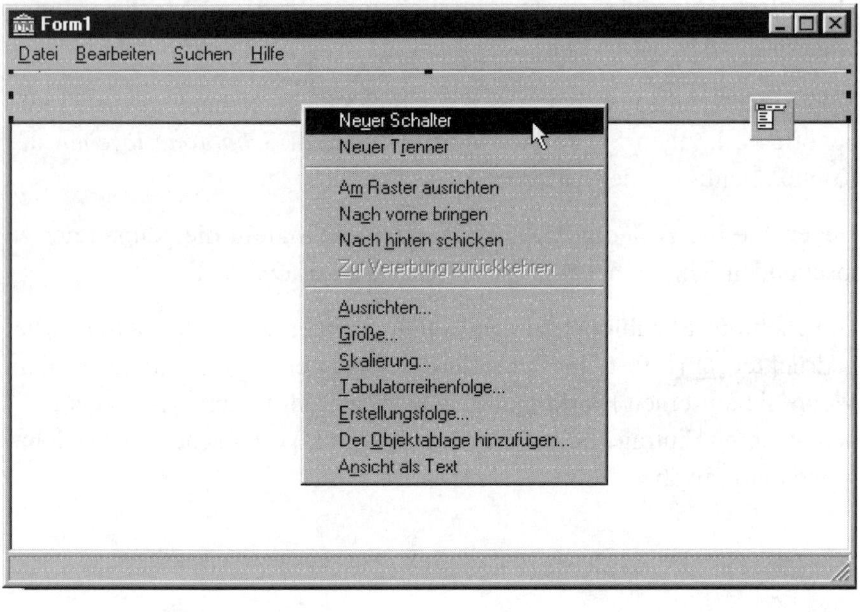

Abb. 4.8: Das Kontextmenü der ToolBar

Bevor Sie jedoch durch *Neuer Schalter* eine Schaltfläche hinzufügen, sollten Sie zunächt einen Separator durch *Neuer Trenner* einbauen. Dadurch wird vermieden, daß die Schalter am linken Rand »kleben«. Zugegeben, das ist reine Kosmetik, aber derartige Aspekte sind unter grafischen Oberflächen nicht zu vernachlässigen, da sie vom Benutzer, wenn auch teilweise nur unbewußt, wahrgenommen werden.

Nachdem Sie den Trenner hinzugefügt haben, bauen Sie noch vier Schaltflächen, einen weiteren Trenner und nochmals drei Schaltflächen ein. Damit ergeben sich zwei Schaltergruppen – eine Vierer- und eine Dreiergruppe. Die Vierergruppe wird die Dateifunktionen *Neu*, *Öffnen*, *Speichern* und *Drucken* aufnehmen. Die Dreiergruppe wird mit den Befehlen des Bearbeiten-Menüs belegt werden.

Zuweisen der Symbole

In *ToolBar* werden die Symbole respektive Grafiken der Schaltflächen zentral verwaltet. Dies mag für Sie neu sein, falls Sie schon mit Delphi 1 oder 2 gearbeitet haben. In *ToolBar* wird eine Liste von Grafiken angegeben, die für die Schaltflächen verwendet werden soll. Der jeweiligen Schaltfläche wird dann lediglich noch angegeben, welche der Grafiken aus der Liste für sie gedacht ist.

Zunächst müssen Sie hierzu jedoch die Grafikliste angeben. Delphi hält hierfür eine spezielle Komponente bereit.

Im Register *Win32* finden Sie die Komponente *ImageList*. Fügen Sie diese an beliebiger Stelle in *Form1* ein.

Wie Sie sehen, ist auch diese Komponente ähnlich *MainMenu* nicht »visuell«. Das ist allerdings nicht verwunderlich, da es sich hierbei um kein Oberflächenelement handelt. *ImageList* ist ein sogenannter *Container*, der als Behälter für mehrere Objekte gleichen Typs dient. Es ist ein Element, das nur intern verwendet wird.

Um Grafiken in die Liste aufzunehmen, klicken Sie mit der rechten Maustaste auf diese neue Grafikliste und wählen im Kontextmenü den Befehl *Bilderlisten-Editor*. Es öffnet sich das Dialogfeld zur Verwaltung der Bilder.

Die Grafiken, die Sie aufnehmen wollen, müssen Sie mit entsprechender Grafik-Software erstellen. Für die Bearbeitung beziehungsweise die Erstellung der Grafiken können Sie den bei Delphi mitgelieferten Bildeditor verwenden. Diesen erreichen Sie durch den Menübefehl *Tools / Bildeditor*.

Aber diese Arbeit müssen Sie sich bei Standardoperationen, wie sie in der Symbolleiste des aktuellen Projekts zu finden sind, nicht machen. Bei Delphi werden vordefinierte Symbole mitgeliefert, die Sie in Ihren Projekten verwenden können. Diese Symbole folgen zudem zum größten Teil dem *Leitfaden für Softwaregestaltung unter Windows 95 und NT* von Microsoft.

Klicken Sie auf die Befehlsschaltfläche *Hinzufügen* im Dialogfeld zur Bilderliste. Wechseln Sie im folgenden Dateiauswahldialogfeld in den Ordner, in dem Sie Delphi installiert haben. Hier wechseln Sie in den Ordner *Delphi 3* und danach in *Images*. In dem folgenden Sammelsurium von Ordnern wechseln Sie in *Buttons*. Hier finden Sie diverse Bitmap-Grafiken für Schaltflächen.

Wählen Sie hier die Datei *Filenew* aus, und klicken Sie auf *Öffnen*. Nun werden Sie gefragt, ob Sie die Grafik in zwei Bitmaps aufteilen wollen. Die Bitmaps in diesem Ordner sind ursprünglich für die ältere Komponente *SpeedButton* gedacht gewesen. Diese Komponente verwaltete immer zwei Bitmaps für jede Schaltfläche – eine für aktivierte – und eine für deaktivierte (graue) Schaltflächen. Dies ist in *ToolBar* anders realisiert. Bestätigen Sie hier einfach mit *Ja*.

Sie sehen nun in der unteren Liste *Bilder* zwei Grafiken. Die mit 0 beschriftete ist diejenige, die für unsere Schaltfläche benötigt wird. Das zweite mit 1 numerierte Bild ist für die deaktivierte Schaltfläche gedacht. Diese Grafik müssen Sie entfernen, da sie in dieser Liste unnötig ist und nur stört.

Klicken Sie hierzu auf den Eintrag 1 in *Bilder*, und verwenden Sie die Schaltfläche *Entfernen* oder die Taste [Entf].

Für alle Operationen der Symbolleiste im Editor-Projekt existieren, wie zuvor schon angedeutet, vordefinierte Bitmaps in Delphi. Hier nun eine Tabelle, welche Dateien Sie noch hinzufügen sollten. Gehen Sie dabei wie zuvor vor. Spalten Sie also jeweils in zwei Bitmaps auf, und entfernen Sie die zweite Grafik anschließend.

Nr. in Bilderliste	Spätere Funktion	Datei
0	Neue Datei	Filenew
1	Datei öffnen	Fldropen
2	Datei speichern	Filesave
3	Datei drucken	Print
4	Ausschneiden	Cut
5	Kopieren	Copy
6	Einfügen	Paste

Schließen Sie nun den Bildlisteneditor durch einen Klick auf *OK*.

Im Objektinspektor finden Sie in *ToolBar1 : TToolBar* die Eigenschaft *Images*. Hier tragen Sie die Bilderliste ein. Wenn Sie auf den kleinen Pfeil in der Wertezelle klicken, finden Sie die Bilderliste als *ImageList1* vor. Wählen Sie diese aus. Danach ergibt sich eine Situation wie in Abbildung 4.9.

Hinweis: Über die Eigenschaften *DisabledImages* und *HotImages* von *ToolBar* können Sie weitere Bilderlisten angeben. Diese werden dann verwendet, wenn die Schalter deaktiviert (*DisabledImages*) sind bzw. wenn der Mauszeiger auf ihnen ruht (*HotImages*).

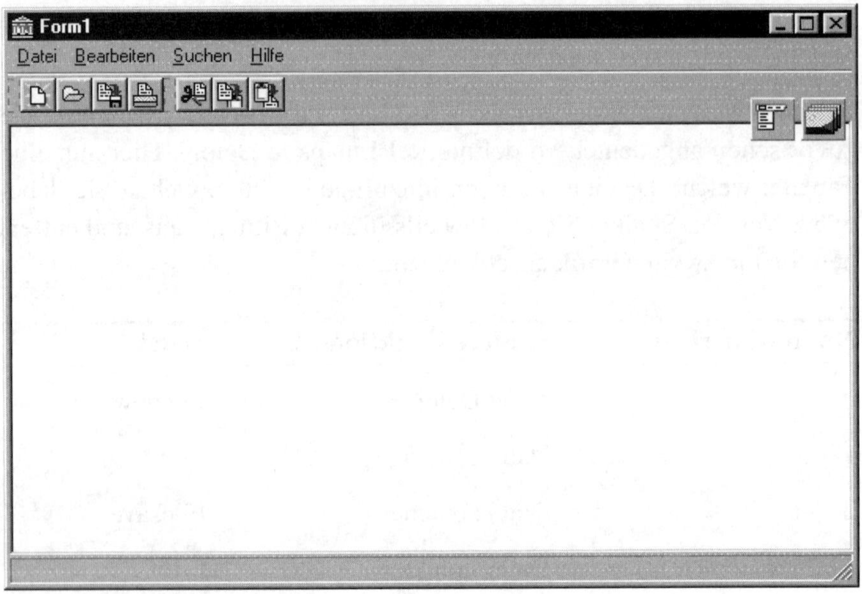

Abb. 4.9: Die Symbole der Schaltflächen von ToolBar1

Hinzufügen der gelben Hilfeschildchen

Die Eigenschaft *Hint* der Komponenten kann einen Hilfetext enthalten. Im Falle der Komponente *ToolButton*, welcher die Schaltflächen der Symbolleiste angehören, kann dieser Hilfetext auch über die gelben Hilfeschildchen (=*Tool-Tips*) ausgegeben werden, die erscheinen, wenn der Mauszeiger eine kurze Weile auf der Schaltfläche ruht.

Geben Sie beispielsweise bei *Hint* der ersten Schaltfläche den Text *Neue Datei* ein.

Um diesen Text jedoch als gelbes Schild auszugeben, muß noch der Wert der Eigenschaft *ShowHint* geändert werden. Diese Eigenschaft ist wieder vom booleschen Typ und hat den voreingestellten Wert *False*. Wenn Sie diesen in *True* ändern, wird zur Laufzeit der Text in *Hint* durch das gelbe

Schildchen angezeigt. Bei der Änderung in *True* sehen Sie, wie sich simultan der Wert der Eigenschaft *ParentShowHint* in *False* ändert.

ParentShowHint = *True* bedeutet, daß die Elternkomponente, also entweder die Symbolleiste oder, wenn dort nichts zur Ausgabe definiert ist, das Formular, den Hilfetext anzeigt. Eine Möglichkeit, den Hilfetext über den Parent auszugeben, wäre beispielsweise eine Anzeige über die Statuszeile, wie früher allgemein üblich.

Tragen Sie nun bei allen Schaltflächen der Symbolleiste in *Hint* einen Hilfetext ein, und ändern Sie *ShowHint* in *True*. Eine Anregung für die Hilfetexte soll die folgende Tabelle geben, in der die Schaltflächen von links nach rechts durchnumeriert wurden.

Schaltfläche	Hilfetext
1	Neue Datei
2	Datei öffnen
3	Datei speichern
4	Datei drucken
5	Ausschneiden
6	Kopieren
7	Einfügen

Hinweis: Bei der Vergabe der Hilfetexte sollten Sie darauf achten, daß diese möglichst kurz ausfallen. Für eine Schnellhilfe genügen ein bis drei Worte. Kein Anwender wird ein Programm als benutzerfreundlich ansehen, wenn er statt eines kleinen gelben Schildchens einen aufgeblähten gelben Kasten vorgesetzt bekommt!

Wenn Sie nun die Anwendung starten und den Mauszeiger langsam über die Symbolleiste gleiten lassen, sehen Sie, daß die gelben Schildchen angezeigt werden.

4.6 Der Aufbau der Statuszeile

Es gibt zwei Möglichkeiten, die Statuszeile zu verwenden. Entweder man benutzt die gesamte Fläche zur Ausgabe von Text oder man unterteilt die Statuszeile in kleinere Abschnitte und kann dann nach Belieben Text bzw. Grafik in diese Zeile hineinpacken.

Im Zuge dieses Buches werden wir uns darauf beschränken, in die Statuszeile einen Kasten einzufügen, in welchem der Änderungsstatus der Datei ausgegeben wird. Ist die Datei geändert und noch nicht gespeichert worden, so wird in diesem Abschnitt der Statuszeile der Text *Geändert* stehen.

Unterteilen der Statuszeile

Die Komponente *StatusBar* besitzt die Eigenschaft *Panels*. Hierbei handelt es sich, wie an dem Erweiterungsschalter in der Wertezelle und dem geklammerten Wert zu sehen ist, um ein Wertefeld. Dieser Wert besteht, ähnlich wie beispielsweise die Eigenschaft *Lines* von Memofeldern, nicht aus einem Einzelwert, sondern aus einem *Feld (Array)* gleichartiger Einträge.

Wenn Sie auf den Erweiterungsschalter klicken, öffnet sich ein Dialogfeld, über das Sie die einzelnen Abschnitte der Statuszeile verwalten können.

Klicken Sie auf die Schaltfläche *Hinzufügen*, um ein neues Bedienfeld hinzuzufügen. Daraufhin erscheint in dem Listenfeld links der Eintrag

0 – TStatuspanel. Dies bedeutet, daß ein Bedienfeld mit dem Index 0 eingefügt wurde.

Die Eigenschaften dieser neuen *Statusleistentafel* legen Sie duch den Objektinspektor fest. Wählen Sie hierzu durch einen Klick den Eintrag im Listenfeld aus.

Über die Eigenschaft *Text* können Sie einen Text eingeben, der als Voreinstellung schon zur Entwurfszeit angezeigt werden soll. Zur Laufzeit können Sie diese Eigenschaft schließlich durch entsprechende Zuweisungsoperationen verändern.

Die Eigenschaft *Text* müssen Sie nicht verändern. In diesem ersten Feld soll der Änderungsstatus der Datei ausgegeben werden. Da jedoch eine Datei, wenn sie durch die Menübefehle *Datei / Neu* oder *Datei / Öffnen* neu angelegt beziehungsweise geladen wurde, noch nicht geändert wurde, ist die Voreinstellung schlicht nichts – kein String muß ausgegeben werden. Erst wenn die Eingabe des ersten neuen Zeichens erfolgt, muß in diesem Bedienfeld die Zeichenkette *Geändert* ausgegeben werden.

Durch die Eigenschaft *Width* bestimmen Sie, wieviel Raum in Pixeln, also Bildpunkten, durch die Statusleistentafel eingenommen werden soll. Der Standardwert von 50 ist etwas knapp für die Aufnahme der Zeichenkette *Geändert*, daher sollten Sie ihn auf 100 verdoppeln.

Die Eigenschaft *Style* gibt an, um welche Art von Bedienfeld es sich handelt. Es sind zwei Einstellungen möglich: *psText* und *psOwnerDraw*. Wenn Sie Text einstellen, müssen Sie sich nicht um die Darstellung des Bedienfeldes kümmern. Wollen Sie hingegen zum Beispiel ein Grafikelement einfügen, müssen Sie auf *psOwnerDraw* stellen und sich um die Darstellung selbst kümmern. Da hier jedoch im Falle des Änderungsstatus nur die Ausgabe von Text gefragt ist, kann die Einstellung auf dem Standard *psText* verbleiben.

Über *Alignment* und *Bevel* können Sie noch das Erscheinungsbild der Statusleistentafel beeinflussen. Diese Einstellungen bleiben jedoch Ihrem Geschmack überlassen.

Bislang sehen Sie keine Veränderung in der Statuszeile des Formulars. Dies liegt daran, daß das letzte Bedienfeld grundsätzlich den gesamten noch verfügbaren Platz in der Statuszeile erhält. Da hier nur ein Bedienfeld existiert, bekommt dieses den gesamten Platz zugewiesen. Um nun das Bedienfeld mit dem Index 0 auch wirklich abzugrenzen, müssen Sie ein zweites hinzufügen, das dann allerdings keine Funktion besitzt.

Fügen Sie also ein weiteres Feld durch *Hinzufügen* hinzu. Die Einstellungen für dieses Feld müssen Sie nicht ändern, da es ohnehin keine Funktion besitzt.

Sie sehen nun einen abgegrenzten Bereich in der Statuszeile. Klicken Sie auf die Schließen-Schaltfläche von *StatusBar1.Panels wird bearbeitet*, um das Dialogfeld zu schließen.

4.7 Standarddialogfelder

Bei der Arbeit mit Windows 95 begegnen Ihnen immer wieder ähnlich aussehende Dialogfelder. Es sind Standarddialogfelder, die von Windows zur Verfügung gestellt werden. Zu diesen zählen beispielsweise die Dialogfelder zum Öffnen oder Speichern einer Datei. Für Dialogfelder existieren in Delphi eigens spezielle Komponenten im Register *Dialoge* der Komponentenpalette.

Der Öffnen-Dialog

Fügen Sie die Komponente *OpenDialog* in das Formular ein. Diese Komponente wird, ähnlich wie das Menü, lediglich durch ein Quadrat symbolisiert. Dies ist verständlich, denn schließlich bestimmt

Windows das Aussehen aller Standarddialogfelder. Falls Sie eine andere Lösung für Standarddialoge anstreben sollten, müßten Sie für jeden Dialog ein eigenes Formular aufbauen. Jedoch ist hiervon aus zwei Gründen abzuraten: Zum einen gehen nur die Standarddialogfelder konform mit dem *Leitfaden zur Softwaregestaltung* von Microsoft, und zum anderen ist es ein unnötiger Mehraufwand an Entwicklungsarbeit!

Im Öffnen-Dialogfeld existiert das Feld *Dateityp*, durch welches angegeben werden kann, welche Dateien im Listenfeld angezeigt werden sollen. Durch die Eigenschaft *Filter* können Sie festlegen, welche Dateitypen vom Benutzer ausgewählt werden können.

Die Eigenschaft *Filter* besitzt in der Wertezelle des Objektinspektors wieder einen Erweiterungsschalter. Wenn Sie auf diesen klicken, öffnet sich das Dialogfeld *Filter-Editor*.

Abb. 4.10: Der Filter-Editor

In der Tabelle dieses Dialogfeldes können Sie nun die einzelnen Einträge festlegen, wobei die linke Spalte für die Einträge im Feld *Dateityp* zuständig ist und die rechte für die Dateierweiterung respektive die

DOS-Wildcards gedacht ist. Einige Beispieleinträge sehen Sie in Abbildung 4.10.

Wollen Sie zum Beispiel Textdateien unterstützen, so tragen Sie etwa in die linke Spalte *Textdateien* und in die rechte **.txt* ein. Haben Sie alle Einträge vorgenommen, so klicken Sie auf *OK*.

In der Wertezelle können Sie diese Einträge auch direkt vornehmen; aber nicht so komfortabel. Die einzelnen Einträge werden hier durch das Zeichen | voneinander getrennt, wobei auf den Dateitypeintrag immer ein Eintrag für die Dateierweiterung folgt.

Angenommen, Sie wollen Textdateien mit der Erweiterung *.txt und alle Dateien *.* berücksichtigen, so würde der direkte Eintrag in *Filter* lauten:

```
Textdateien|*.txt|Alle Dateien|*.*
```

Die Eigenschaft *DefaultExt* gibt Ihnen die Möglichkeit, einen sogenannten Default-Wert für die Dateinamenserweiterung anzugeben, der automatisch an Dateien angehängt wird, wenn keine Erweiterung explizit angegeben ist. Tragen Sie hier beispielsweise *txt* ein.

Der Speichern-Dialog

Fügen Sie die Komponente *SaveDialog* in das Formular ein. Die Eigenschaften dieser Komponente entsprechen der von *OpenDialog* aus dem vorherigen Abschnitt. Verfahren Sie hier ebenso wie zuvor.

Nachdem in dem Editor immer dieselben Dateitypen geladen werden können, die auch gespeichert werden können, sollten Sie die Angaben des Speichern-Dialogfeldes mit denen des Öffnen-Dialoges abstimmen.

Hinweis: Die Komponenten *OpenDialog* und *SaveDialog* besitzen die Eigenschaft *Options*. Diese verschachtelte Eigenschaft läßt noch einige Einstellungen zu. Diese aber alle hier zu beschreiben, würde zu weit führen. Entnehmen Sie deshalb genauere Informationen der Online-Hilfe oder den Handbüchern von Delphi. Für das Funktionieren des kleinen Editors sind diese Optionen allerdings nicht wichtig.

Das Dialogfeld Drucken

Das Standarddialogfeld *Drucken* ermöglicht es dem Benutzer, verschiedene Einstellungen bezüglich des Druckauftrages vorzunehmen. In diesem Dialog kann angeben werden, wie viele Kopien erstellt werden und ob diese sortiert werden sollen. Außerdem kann der Drucker oder ein ähnliches Endgerät, zum Beispiel Faxmodem, spezifiziert werden, auf welchem die Ausgabe erfolgen soll.

Um dieses Dialogfeld zur Laufzeit verwenden zu können, müssen Sie die Komponente *PrintDialog* in das Formular einfügen. Für den Editor müssen hier keine Eigenschaften verändert werden.

Das Dialogfeld Drucker einrichten

Im Editor ist es durch den Menübefehl *Datei / Durckereinrichtung* möglich, in ein Dialogfeld zu gelangen, durch welches verschiedene Einstellungen für die im System installierten Drucker vorgenommen werden können. Hier können dann der Standarddrucker, der Anschluß für den jeweiligen Drucker, die Papiergröße und so weiter eingestellt werden.

Fügen Sie die Komponente *PrinterSetupDialog* in das Formular ein. Eigenschaften müssen keine geändert werden.

Das Dialogfeld Finden

Nachdem der Editor auch über eine Suchfunktion verfügen soll, ist auch hierfür ein Dialogfeld nötig. Über dieses Dialogfeld gibt der Benutzer seinen Suchtext ein und kann noch einige Optionen bezüglich des Suchvorganges, wie beispielsweise *nur nach ganzen Wörtern suchen*, angeben.

Auch für dieses Spezialgebiet bietet Delphi eine Komponente an. Fügen Sie die Komponente *FindDialog* in Ihr Formular ein. Hier sind wieder keine Änderungen notwendig.

Das Dialogfeld Ersetzen

Für den Ersetzungsvorgang bietet Delphi ebenfalls eine spezielle Dialogkomponente an.

Fügen Sie auch die Komponente *ReplaceDialog* in Ihr Formular ein. Die Eigenschaften sind nicht zu ändern.

Hinweis: Diese Standarddialoge werden nicht wie das Formular *Form1* standardmäßig geöffnet. Dies wäre auch nicht sehr sinnvoll, denn schließlich soll der Öffnen-Dialog erst gezeigt werden, wenn eine Datei geöffnet werden soll. Fazit: Diese Dialogfelder werden erst zur Laufzeit durch entsprechende Anweisungen auf den Bildschirm gebracht.

4.8 Zusammenfassung und Aufgaben

Zusammenfassung

- Über das Kontextmenü des Formulars gelangen Sie durch den Befehl *Tabulatorreihenfolge* in das Dialogfeld *Tabulatorreihenfolge bearbeiten*. Dort können Sie die Tabulatorreihenfolge der Komponenten im Formular festlegen.
- Es besteht die Möglichkeit, Komponenten am Formular auszurichten, diese an den Seiten des Formulars festzuheften. Dies wird über die Eigenschaft *Align* gesteuert.
- Über die Eigenschaft *ScrollBars* können der Komponente *Memo* Rollbalken hinzugefügt werden.
- Durch *WordWrap* kann ein Memofeld dazu bewegt werden, Wörter in die nächste Zeile zu schieben, wenn diese aus dem sichtbaren Bereich verschwinden würden.
- Mit *WantReturns* und *WantTabs* kann eingestellt werden, wie ein Memofeld auf die Tasten [↵] und [⇄] reagiert.
- Den Dialogkomponenten des Formulars kann durch die Eigenschaft *Font* ein eigener Zeichensatz zugewiesen werden.
- Ist die Größe des Eingabepuffers von Memofelder auf 0 gesetzt, ist die Texteingabe nicht eingeschränkt, beziehungsweise nur durch die maximale String-Größe von 2 GByte bei Delphi begrenzt.
- Menüleisten werden durch die Komponente *MainMenu* repräsentiert. Durch den Erweiterungsschalter der Eigenschaft *Items* kann die Menüzeile definiert werden.

- Durch Schablonen kann die Definition von Menüleisten automatisiert werden.
- Mit der Eigenschaft *ShortCut* kann den Menübefehlen eine Tastenkombination zugewiesen werden. Hierbei ist zu beachten, daß keine Tastenkombination zweimal vergeben wird.
- Für die Symbolleiste existieren drei geeignete Komponenten: *Panel*, *ToolBar* und *CoolBar*.
- Grafiken können in einem *Container* vom Typ *ImageList* als Bilderliste verwaltet werden.
- Über die Eigenschaft *Hint* können Sie den Komponenten einen Hilfetext zuweisen, der gegebenenfalls durch ein gelbes Schildchen (= Tool-Tip) angezeigt wird.
- Für die Statuszeile existiert die Komponente *StatusBar*. Diese können Sie durch die Eigenschaft *Panels* in mehrere Statusleistentafeln unterteilen.
- Delphi kapselt durch entsprechende Komponenten wichtige Standarddialogfelder. Diese finden sich im Register *Dialoge* der Komponentenpalette.

  Diese Dialogfelder werden nicht wie das Hauptformular direkt beim Start der Anwendung erzeugt, sondern müssen zur Laufzeit bei Bedarf geöffnet werden.

Aufgaben

1. Welche Bedeutung hat die Tabulatorreihenfolge?
2. Weshalb mußten Sie beim Einfügen der Statusleistentafel zur Anzeige des Änderungsstatus der Datei zwei Statusleistentafeln in der Statuszeile angeben?

3. Was bewirkt die Einstellung der Eigenschaft *ShowHint* auf *True*?

4. Ist es sinnvoll, für ein Memofeld die Eigenschaft *WordWrap* auf *True* zu setzen und unter *ScrollBars* einen horizontalen Rollbalken zu spezifizieren? Begründen Sie Ihre Antwort.

5 Programmieren in Object-Pascal

Nachdem im vorherigen Kapitel die Oberflächengestaltung für den kleinen Editor abgeschlossen wurde, kann nun die Belebung der Software erfolgen.

5.1 Die Funktionen des Bearbeiten-Menüs

Die Befehle für das Arbeiten mit der Zwischenablage von Windows sind sehr einfach. Deshalb wollen wir diese als erstes in den Editor *implementieren* (= einbauen, programmieren).

Die Funktionalität stellt die Komponente *Memo* selbst zur Verfügung. Somit beschränken sich die Anweisungen in den Ereignisbehandlungsroutinen lediglich auf je einen Aufruf einer Prozedur des Memo-Objekts. In der *OOP* (= *Objektorientierte Programmierung*) spricht man auch davon, daß an das Objekt (hier *Memo1*) eine *Botschaft gesendet* oder eine *Methode* des Objekts aufgerufen wird.

Zum Begriff des Objekts: Ein *Objekt* ist die Kapselung von Daten und den darüber operierenden Methoden. Vereinfacht: Man definiert Unterprogramme und Variablen und verpackt diese in einen neuen Datentyp. Die Unterprogramme (= *Methoden*) und Variablen (= *Attribute*) sind nur im Zusammenhang mit dem Objekt gültig, in dem sie definiert wurden. (Ein ausführlicher Ausflug in die Welt der OOP findet später in einem gesonderten Kapitel statt.)

Was bedeutet dies für die Funktionen der Zwischenablage? Nichts anderes, als daß die Prozeduren, welche ausgeführt werden müssen, ein *Memo1* und einen Punkt vorangestellt bekommen, denn schließlich sind diese Methoden nur mit *Memo1* gültig. Sie sind nur lokal auf *Memo1* anwendbar.

Ausschneiden

Öffnen Sie den Menü-Designer durch einen Doppelklick auf das Menüleistensymbol.

Um nun die Ereignisbehandlungsroutine für den Befehl *Ausschneiden* anzugeben, klicken Sie auf *Bearbeiten / Ausschneiden* und wählen im Objektinspektor das Register *Ereignisse* aus. Im Falle eines Menüpunktes ist die Auswahl an Ereignissen, auf die reagiert werden kann, recht bescheiden, denn ein Menüeintrag kann nur auf einen Klick reagieren.

Da für den Eintrag in der Symbolleiste die gleiche Prozedur ausgeführt werden soll, wäre es aus ästhetischen Gründen nicht gerade sinnvoll, auf die automatische Generierung eines Unterprogrammnamens (Doppelklick auf Wertzelle) zu setzen. Daher tragen Sie besser nun einen Namen wie *cut* (=ausschneiden) in die Wertzelle des Ereignisses *OnClick* ein und bestätigen durch [↵]. Daraufhin wird der Quelltexteditor aktiviert, in welchem sich der von Delphi generierte Rahmencode für die Prozedur zeigt.

Ändern Sie nun den Quelltext so, daß sich folgendes Bild für die soeben generierte Prozedur ergibt.

```
procedure TForm1.cut(Sender: TObject);
begin
   Memo1.CutToClipboard;
end;
```

Im Kopf des Unterprogramms sehen Sie zuerst das Schlüsselwort *procedure*. Daran ist zu erkennen, daß es sich um eine Prozedur handelt; also keine Rückgabe eines Wertes wie bei einer Funktion erfolgt.

Danach folgt der Name der Prozedur. Dieser setzt sich aus dem Namen des Objektes, in welchem die Methode definiert ist, und einem Namen für die Routine zusammen.

Das Objekt ist das Formular *TForm1*, welches alle Ereignisse empfängt und entsprechend auswertet. *TForm1* ist der Datentyp von *Form1*, und in *Form1* haben Sie schließlich auch im vorherigen Kapitel die Menü-Komponente eingefügt; folglich werden die Ereignisse, die die Menübefehle erzeugen, von *Form1* ausgewertet.

Form1 ist eine Variable vom Typ *TForm1* und ist zu Beginn der Unit *Main* wie folgt deklariert:

```
Form1: TForm1;
```

Hinweis: Sie könnten nun noch weitere Formulare vom Typ *TForm1* deklarieren, z. B. durch *Form1, MeinFormular: TForm1;*. Dies ist aber hier nicht sinnvoll.

Als nächstes folgen im Prozedurkopf die *Parameter*, welche beim Aufruf des Unterprogramms zu übergeben sind. Diese Parameter werden als *formale Parameter* bezeichnet, da es sich um die Definition der Prozedur und nicht um einen Aufruf handelt. Die beim Aufruf übergebenen Parameter kann man hingegen als *reale Parameter* oder *Argumente* bezeichnen.

Das Argument, das die Ereignisbehandlungsroutine erwartet, ist vom Typ *TObject*, also eine beliebige Komponente, welche das Ereignis ausgelöst hat. Dies kann im Falle des Befehls *Ausschneiden* entweder der Menüpunkt oder die entsprechende Schaltfläche der Symbolleiste sein. Da aber in der Operation, die ausgeführt werden soll, kein Unterschied besteht, kann die Auswertung dieses Parameters in der Routine entfallen.

Wie oben schon erwähnt, wird die Zwischenablageoperation von der Komponente *Memo* selbst gekapselt. Die Methode, welche das Ausschneiden eines selektierten Textbereichs erledigt, heißt *CutToClipboard*. Da diese Methode allerdings auf *Memo1* angewendet werden soll beziehungsweise in *Memo1* Gültigkeit besitzt, erfolgt der im begin-end-Block angegebene Aufruf.

Damit ist die Operation über den Menübefehl erreichbar, aber noch nicht über die Symbolschaltfläche. Um nun diese Ereignisbehandlungsroutine auch durch diese Schaltfläche anzusprechen, müssen Sie zunächst die Komponente in der Symbolleiste (von *Form1*) auswählen. (Für den *Ausschneiden*-Befehl ist die linke Schaltfläche in der Dreiergruppe zuständig.)

Tragen Sie im Ereignisregister des Objektinspektors im Ereignis *OnClick* die Ereignisbehandlungsroutine *cut* ein. Hierzu können Sie auch das Menü der Wertezelle durch einen Klick auf den nach unten weisenden Pfeil öffnen und *cut* auswählen.

Kopieren

Für diese Operation ist ähnlich vorzugehen: Selektieren Sie im Menü-Designer den Befehl *Bearbeiten / Kopieren*. Tragen Sie im Objektinspektor unter dem Ereignis *OnClick* die Prozedur *copy* (= kopieren) ein, und bestätigen Sie durch [↵].

Ändern Sie den Code wie folgt ab:

```
procedure TForm1.copy(Sender: TObject);
begin
   Memo1.CopyToClipboard;
end;
```

Hier wird die Methode *CopyToClipboard* von *Memo1* gerufen. Diese Routine kopiert den aktuell selektierten Text im Memofeld in die Zwischenablage.

Danach selektieren Sie die zweite Schaltfläche der Dreiergruppe in der Symbolleiste und tragen unter dem Ereigniseintrag *OnClick* ebenfalls die Routine *copy* ein.

Einfügen

Die Definition dieser Operation gestaltet sich ebenso einfach. Wählen Sie im Menü-Designer den Menüeintrag *Bearbeiten / Einfügen* aus. Geben

Sie im Ereignis *OnClick* die Routine *paste* (= einfügen) an, und drücken Sie die Taste ↵.

Der Quellcode für die Prozedur sieht wie folgt aus:

```
procedure TForm1.paste(Sender: TObject);
begin
Memo1.PasteFromClipboard;
end;
```

PasteFromClipboard fügt den aktuellen Inhalt der Zwischenablage an der Position der Schreibmarke im Memofeld ein. Tragen Sie diese Ereignisbehandlungsroutine auch noch für den letzten Schalter der Dreiergruppe in der Symbolleiste ein, und speichern Sie das Formular.

Starten Sie nun zur Probe den Editor, und testen Sie die neuen Operationen.

5.2 Der Änderungsstatus

Jede Eingabe und die Zwischenablagefunktionen Ausschneiden und Einfügen setzen den Änderungsstatus auf *Geändert*. In der Statuszeile haben Sie im vorherigen Kapitel eine Statusleistentafel definiert, in welcher der Änderungsstatus angezeigt werden soll.

Die Memo-Komponente löst ein Ereignis aus, sowie eine Änderung vorgenommen wird. Auf dieses Ereignis kann durch eine entsprechende Routine reagiert werden. In diesem Fall wird der Inhalt des ersten Bedienfeldes auf den Text *Geändert* gesetzt.

Wählen Sie *Memo1* im Formular aus, und klicken Sie doppelt auf die Wertezelle des Ereignisses *OnChange* im Objektinspektor. Daraufhin generiert Delphi die Prozedur *Memo1Change* und aktiviert den Quelltexteditor.

Ändern Sie den Quelltext dieser Prozedur wie folgt:

```
procedure TForm1.Memo1Change(Sender: TObject);
begin
    StatusBar1.Panels[0].Text := 'Geändert';
end;
```

Die Anweisung

```
StatusBar1.Panels[0].Text := 'Geändert';
```

wirkt auf den ersten Blick etwas seltsam, da hier drei Bezeichner durch Punkte verbunden sind.

Es soll der Inhalt des ersten Bedienfeldes geändert werden. Dieses befindet sich in der Statuszeile (*StatusBar1*) und dort im Feld *Panels*. Die Eigenschaft *Panels* haben Sie im vorhergehenden Kapitel durch einen Klick auf den Erweiterungsschalter bearbeitet, indem Sie die Statusleistentafel mit dem Index 0 hinzugefügt haben.

Wenn in Delphi respektive Objekt-Pascal auf ein Element eines Feldes zugegriffen werden soll, muß der Index in eckigen Klammern angegeben werden. Daher *Panels[0]*!

Nun soll aber die Eigenschaft *Text* dieses Bedienfeldes geändert werden. Deshalb hängt man diese durch einen weiteren Punkt an. Jetzt kann die Zuweisung erfolgen.

Zur Verdeutlichung: *Panels* ist ein Feld innerhalb von *StatusBar1*, und *Text* ist eine Eigenschaft in *Panels[0]*. Die Grafik in Abbildung 5.1 zeigt dies anschaulicher. Wenn auf ein Element eines Objektes in Delphi zugegriffen werden muß, ist das Objekt dem Element voranzustellen. Soll nun auf ein Element innerhalb eines Elements eines Objektes (Parent) zugegriffen werden, sind alle Parents voranzustellen.

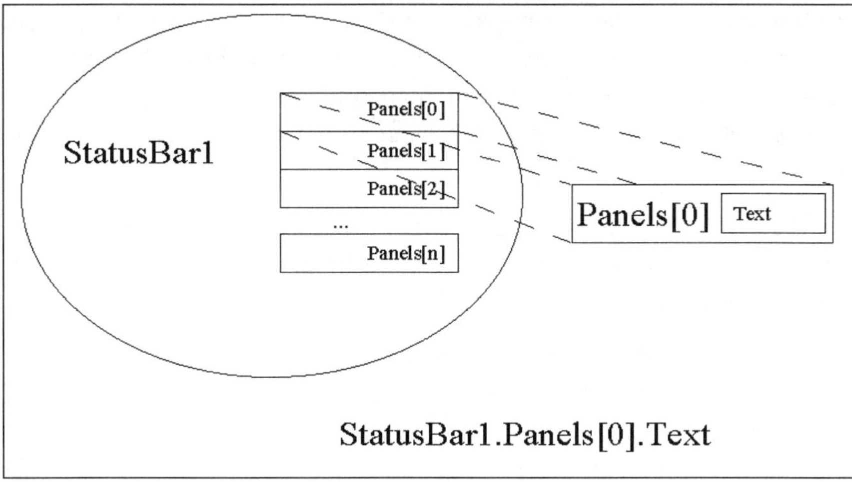

Abb. 5.1: Zugriff auf Text der ersten Statusleistentafel

5.3 Die Dateioperationen

Die Operationen des Datei-Menüs erfordern teilweise wesentlich komplexere Algorithmen und Vorüberlegungen.

Neu

Der Vorgang, eine neue, also leere Datei zu öffnen, scheint recht einfach zu sein. Der Textpuffer des Memofeldes ist zu entleeren, und eine String-Variable, welche den Dateinamen der vorherigen Datei enthält, ist auf *'Unbenannt'* zu setzen.

Doch wann darf die vorher bearbeitete Datei einfach aus dem Memofeld entfernt werden? Was ist, wenn noch Änderungen vorhanden sind, die nicht gespeichert wurden? – Wenn noch Änderungen vorliegen, soll der Benutzer über ein Meldungsfenster angeben, wie weiter verfahren werden soll.

Hierfür bietet Delphi allerdings keine vorgefertigte Lösung an. Hier ist der Einfallsreichtum und die Kreativität des Programmierers gefragt, ebenso für die Verwaltung des Dateinamens.

Da die Algorithmen zum Bestätigen, ob gespeichert werden soll, und zur Administration des Dateinamens von einigen Prozeduren (Neu, Öffnen, Speichern,...) verwendet werden, ist es sinnvoll, diese als eigenständige Prozeduren zu implementieren.

Die neuen Prozeduren sind in der folgenden Tabelle aufgeführt.

Prozedur	**Aufgabe**
CheckFileSave	Überprüft, ob Änderungen vorliegen, und speichert gegebenenfalls auf Anweisung des Benutzers
SetFileName	Setzt einen neuen Dateinamen, z. B. beim Öffnen einer Datei

Außerdem wird neben diesen neuen Methoden *Form1* auch ein neues Attribut in Form einer String-Variablen namens *FFileName* hinzufügt. In dieser wird der Dateiname abgespeichert. Innerhalb der Ereignisbehandlungsroutinen wird aus dieser Variable gelesen; geschrieben wird über *SetFileName*, da beim Setzen auch noch weitere Operationen ausgeführt werden müssen.

Nachdem nun die Schnittstelle zum Gebrauch dieser Methoden und Attribute festgelegt ist, schieben wir die Implementierung zunächst noch auf und befassen uns jetzt erst mit den Ereignisbehandlungsroutinen.

Hinweis: In diesem Zusammenhang sind Sie bereits dabei, professionell zu arbeiten. Die Technik, zuerst eine Schnittstelle zu definieren und die Implementierung nicht weiter zu betrachten beziehungsweise zwischen Schnittstelle und Implementierung zu unterscheiden, ist als Modularisierung bekannt. Doch hierzu später mehr.

Tragen Sie für den Menüpunkt *Datei / Neu* und für die linke Schaltfläche der Vierergruppe der Symbolleiste beim Ereignis *OnClick* die Ereignisbehandlungsroutine *FileNew* ein, und bestätigen Sie mit [↵].

```
procedure TForm1.FileNew(Sender: TObject);
begin
 CheckFileSave;
 SetFileName('Unbenannt');
 Memo1.Modified := False;
 Memo1.Text := '';
 StatusBar1.Panels[0].Text := '';
end;
```

Die erste Anweisung ist der Aufruf der Prozedur *CheckFileSave*. Obwohl *CheckFileSave* eine Methode von *TForm1* ist (bzw. sein wird), findet sich kein *Form1* oder (syntaktisch ohnehin falsches) *TForm1* mit trennendem Punkt vorangestellt.

Dieser Umstand ist recht einfach geklärt. *CheckFileSave* wird hier innerhalb von *TForm1.FileNew* aufgerufen, und *FileNew* liegt bereits im Gültigkeitsbereich von *TForm1*. Demzufolge müssen Sie den Gültigkeitsbereich nicht erneut durch *Form1.CheckFileSave* festlegen. Dies hätte bei weiteren Instanzen (= von *TForm1* abgeleitete Variablen) ohnehin fatale Folgen, da sich alle Aufrufe von *CheckFileSave* auf *Form1* beziehen würden!

Nachdem die Dateiänderungen gespeichert sind, wird der neue Dateiname gesetzt. Im Falle des Befehls *Neu* ist dies schlicht *'Unbenannt'*. Der erste Parameter der Prozedur *SetFileName* ist der neue Dateiname, welcher als String erwartet wird. Hier gilt wieder das oben Gesagte zum Gültigkeitsbereich, denn *SetFileName* ist ebenfalls wieder eine Methode von *TForm1*.

Die folgenden beiden Anweisungen verändern Eigenschaften von *Memo1*. In diesem Zusammenhang ist das zuvor angesprochene Problem des Gültigkeitsbereichs wieder zu beachten. Alle Komponenten, die Sie ins Formular eingefügt haben, sind ebenfalls Teile von *TForm1*.

Zuerst wird *Modified* auf *False* gesetzt. Diese Eigenschaft gibt, wie der Name schon erahnen läßt, an, ob der Text im Memofeld geändert wurde. Da dies jedoch bei einer neuen Datei nicht der Fall sein kann, wird diese Eigenschaft auf *'nicht geändert'* zurückgesetzt.

Der Textpuffer wird durch die folgende Anweisung auf einen Leer-String gesetzt und damit entleert.

Die nächste Anweisung setzt die Eigenschaft *Text* der ersten Statusleistentafel der Statuszeile ebenfalls auf einen Leer-String. In diesem Bedienfeld wird der Änderungsstatus der Datei angezeigt. Da dieser bei einer neuen Datei auf *nicht geändert* wechselt, ist das eventuell vorhandene *Geändert* aus dem Bedienfeld zu entfernen.

Öffnen

Beim Implementieren der Operation *Öffnen* ist in derselben Weise vorzugehen. Tragen Sie für den Menüpunkt *Datei / Öffnen* und den entsprechenden Schalter der Symbolleiste unter dem Ereignis *OnClick* die Prozedur *FileOpen* ein.

Der Algorithmus gestaltet sich etwas anspruchsvoller als der vorherige, denn es ist schließlich nicht nur eine leere Datei zu öffnen, sondern eine mit Inhalt versehene Datei von einem Datenträger.

```
procedure TForm1.FileOpen(Sender: TObject);
begin
```

```
  CheckFileSave;
  If OpenDialog1.Execute Then
  begin
    Memo1.Lines.LoadFromFile(OpenDialog1.FileName);
    SetFileName(OpenDialog1.FileName);
    Memo1.Modified := False;
    StatusBar1.Panels[0].Text := '';
  end;
end;
```

Nach dem Aufruf der Prozedur *CheckFileSave* folgt ein bedingter Block in Form eines if-Konstruktes. Dieser Block ist vom Rückgabewert der Funktion *Execute* des Objektes *OpenDialog1* abhängig. *OpenDialog1* ist das Öffnen-Dialogfeld, welches durch ein kleines Quadrat im Formular repräsentiert wird. Wie schon beim Einfügen der Standarddialogfelder erwähnt, werden diese Dialogfelder durch Anweisungen zur Laufzeit bei Bedarf geöffnet. *OpenDialog1.Execute* öffnet den Öffnen-Dialog, welcher durch die Eigenschaften von *OpenDialog1* definiert wird. Durch die Funktion *Execute* wird nicht nur dieses Dialogfeld geöffnet, sondern auch gleich verwaltet. Als Programmierer müssen Sie nur diese Funktion aufrufen und dann die aus dem Aufruf gewonnenen Daten (Dateiname) auswerten. Die Verwaltung nimmt Ihnen Windows ab.

Execute gibt einen booleschen Wert zurück. Wird der Wert *True* zurückgeliefert, wurde vom Anwender eine gültige Datei angegeben; bei *False* hingegen wurde beispielsweise die Schaltfläche *Abbruch* betätigt.

Die Auswertung könnte selbstverständlich auch so aussehen:

```
If OpenDialog1.Execute = True Then
```

Da jedoch die Bedingung einer if-Anweisung entweder erfüllt oder nicht erfüllt – wahr oder falsch – sein kann, können boolesche Werte direkt ausgewertet werden. Gibt der Aufruf *True* zurück, ist die Bedingung erfüllt. Ein Vergleich mit *True* wäre sozusagen eine zweifache Überprüfung der gleichen Bedingung.

Wenn nun eine Datei angegeben wurde, verzweigt der Programmablauf in den Block.

Der Textpuffer eines Memofeldes kann auf zwei Arten, sprich über zwei Eigenschaften, angesprochen werden: einmal als Pufferbereich in Form der Eigenschaft *Text* und einmal als String-Liste über *Lines*. *Lines* ist vom Typ *TStrings*. Die einzelnen Zeilen des Memofeldes können durch *Lines.Strings[0]*, *Lines.Strings[1]*,... *Lines.Strings[N]* bzw. kurz auch per *Lines[0]*, *Lines[1]*,... *Lines[N]* angesprochen werden.

Lines bietet auch die Methode *LoadFromFile* an. Hierdurch kann aus einer Datei der Puffer des Memofeldes gefüllt werden. Als Argument erwartet diese Routine einen Dateinamen.

In diesem Fall wird der Dateiname *OpenDialog1* entnommen. Nach dem Ausführen des Öffnen-Dialoges durch die Methode *Execute* befindet sich die selektierte Datei im Attribut *FileName*, welches eine String-Variable ist.

Nachdem die Datei geladen ist, wird durch den folgenden Aufruf von *SetFileName* der neue Dateiname gesetzt. Anschließend folgen wieder die beiden Anweisungen, um den Änderungsstatus auf *nicht geändert* zurückzusetzen.

Speichern und Speichern unter

Im Editor existieren wie in jeder Windows-Standardanwendung zwei Routinen zum Speichern. Die eine, welche die Datei unter dem aktuellen Namen speichert (*Speichern*), und die andere, welche die Datei unter neuem Namen speichert (*Speichern unter*).

Tragen Sie für den Befehl *Datei / Speichern* und die entsprechende Schaltfläche der Symbolleiste die Ereignisbehandlungsroutine *FileSave* ein und für den Befehl *Datei / Speichern unter* die Routine *FileSaveAs*.

Die beiden Routinen arbeiten eng zusammen, da, wenn bisher kein Dateiname angegeben wurde ('Unbenannt'), die Routine für *Speichern unter* ausgeführt werden muß.

```
procedure TForm1.FileSave(Sender: TObject);
begin
  If FFileName = 'Unbenannt' Then
    FileSaveAs(Sender)
  Else
  begin
    Memo1.Lines.SaveToFile(FFileName);
    Memo1.Modified := False;
    StatusBar1.Panels[0].Text := '';
  end;
end;

procedure TForm1.FileSaveAs(Sender: TObject);
begin
  If SaveDialog1.Execute Then
  begin
    If FileExists(SaveDialog1.FileName) Then
      If MessageDlg('Die Datei' + SaveDialog1.FileName
      + ' existiert bereits. Überschreiben?',
      mtConfirmation,[mbYes, mbNo],0) <> mrYes Then
        Exit;
    Memo1.Lines.SaveToFile(SaveDialog1.FileName);
    SetFileName(SaveDialog1.FileName);
    Memo1.Modified := False;
    StatusBar1.Panels[0].Text := '';
  end;
end;
```

Der Code der Routine *FileSave* besteht aus einem if-Block. Die Bedingung, die geprüft wird, ist, ob der Dateiname *FFileName* gleich 'Unbenannt' ist.

Ist dies der Fall, so ist noch kein Dateiname vergeben worden, und somit wird in die Routine *FileSaveAs* verzweigt.

FileSaveAs erwartet wie alle Ereignisbehandlungsroutinen per Standard das Objekt, welches das Ereignis auslöst, als Parameter. Da dieses Objekt schon an *FileSave* übergeben wurde und als formaler Parameter *Sender* zur Verfügung steht, wird schlicht dieser als Argument übergeben.

Existiert bereits ein gültiger Dateiname, so wird der Inhalt des Memofeldes durch die Methode *SaveToFile* der String-Liste Lines auf dem Datenträger gesichert. Als Argument erwartet diese Routine einen Dateinamen. Da die Datei unter aktuellem Namen gespeichert werden soll, ist dies *FFileName*.

Der Algorithmus der Prozedur *FileSaveAs* besteht gänzlich aus einem bedingten Block. Ähnlich wie beim Öffnen, wird hier durch ein if-Statement der Rückgabewert der Methode *Execute* des Speichern-Dialogfeldes *SaveDialog1* ausgewertet. Die Bedeutung dieses booleschen Wertes ist identisch zu dem von *OpenDialog1.Execute*. Bei gültigem Dateinamen wird *True* zurückgegeben.

Die nächste Anweisung sieht auf den ersten Blick recht chaotisch aus. Sie besteht aus zwei ineinander geschachtelten if-Konstrukten. Das erste klärt durch den Aufruf von *FileExists*, ob die Datei, welche durch *SaveDialog1.FileName* angegeben wird, bereits existiert. Ist dies der Fall, wird die nächste Anweisung des zweiten if-Blocks überprüft.

Diese Anweisung besteht aus dem Aufruf der Ihnen bereits bekannten Funktion *MessageDlg*. Der Meldungstext wird durch die Verkettung von zwei String-Konstanten und dem Dateinamen gebildet. Die Meldungsart ist *mtConfirmation*, also Bestätigung. Als Schaltflächen werden *Ja* und *Nein* hinzugefügt.

Der Rückgabewert wird mit *mrYes* verglichen. Hier wird allerdings nicht auf Gleichheit mittels des Operators = getestet, sondern auf Ungleichheit mit Hilfe des Operators <>. Wenn also ein Wert ungleich *mrYes* zurückgeliefert wird, zum Beispiel *mrNo*, so gilt die Bedingung als erfüllt. Trifft dies zu, so wird die Anweisung *Exit* ausgeführt. Diese Anweisung bewirkt, daß die Prozedur sofort verlassen wird und die noch folgenden Anweisungen des Code-Teils ignoriert werden. Wird hingegen vom Benutzer gewünscht, daß die Datei überschrieben wird, so wird *Exit* nicht ausgeführt, sondern die Anweisungen zum Speichern.

Die folgende Anweisung speichert den Text des Memofeldes unter dem im Speichern-Dialog spezifizierten Namen (*SaveDialog1.FileName*). Danach werden noch der Dateiname und der Änderungsstatus aktualisiert.

5.4 Einbau neuer Methoden und Attribute

Um die Prozeduren *CheckFileSave* und *SetFileName*, sowie die String-Variable *FFileName* zu realisieren, müssen diese in die Objektdefinition, die sogenannte Klasse, eingebunden werden.

Wenn Sie zum Anfang des Quelltextes im Quelltexteditor rollen, finden Sie ein Konstrukt mit diesem Aussehen (hier in gekürzter Form):

```
type
  TForm1 = class(TForm)
    Memo1: TMemo;
    StatusBar1: TStatusBar;
    ToolBar1: TToolBar;
    MainMenu1: TMainMenu;
    Datei1: TMenuItem;
    Beenden1: TMenuItem;
    ...
    ToolButton1: TToolButton;
    ...
    ToolButton9: TToolButton;
    ImageList1: TImageList;
    OpenDialog1: TOpenDialog;
    ...
```

```
    ReplaceDialog1: TReplaceDialog;
    procedure cut(Sender: TObject);
    procedure copy(Sender: TObject);
    procedure paste(Sender: TObject);
    procedure Memo1Change(Sender: TObject);
    procedure FileOpen(Sender: TObject);
    procedure FileNew(Sender: TObject);
    procedure FileSave(Sender: TObject);
    procedure FileSaveAs(Sender: TObject);
  private
    { Private-Deklarationen }
  public
    { Public-Deklarationen }
  end;
```

Hierbei handelt es sich um eine (Daten-)Typ-Definition, wie das Schlüsselwort *type* verrät. In Delphi beziehungsweise Object-Pascal können Sie eigene Datentypen definieren. Wenn komplexere Probleme gelöst werden müssen, reichen die Standardtypen wie *Integer*, *Real* oder *String* nicht mehr aus. Gerade wenn ein so komplexes System wie ein Formular beschrieben werden soll, ist diese Definition als eigener Datentyp, hier als *Klasse*, sehr sinnvoll.

Hinweis: Bevor Sie drohen im Wust der Begriffe unterzugehen: Eine *Klasse* ist die Definition eines Objekts, d. h. der Datentyp. Ein *Objekt* ist die Ableitung (*Instanz*), d. h. (sehr vereinfacht gesagt) eine Variable vom Typ der Klasse.

Wenn Sie die Klassendefinition von *TForm1* betrachten, so finden Sie dort einige alte Bekannte: Das Memofeld *Memo1* als Variable des Typs *TMemo*, die Statuszeile *StatusBar1* als Variable des Typs *TStatusBar* und so fort.

Hinweis: In der Definition eines neuen Datentyps wird den Variablendeklarationen kein *var* vorangestellt, denn hier geht Delphi davon aus, daß es sich um Variablen handelt.

Auch die Ereignisbehandlungsroutinen finden Sie hier deklariert: *cut*, *copy*, *paste*, *FileNew* etc.

Wozu diese Definition betrachten? Ganz einfach: Sie müssen die neuen Methoden *CheckFileSave* und *SetFileName* sowie die Variable *FFileName* in diese Definition eintragen.

Wenn Sie eine Ereignisbehandlungsroutine durch den Objektinspektor erzeugen, so trägt Delphi diese Routine automatisch in die Klassendefinition ein. Da jedoch nun keine Ereignisbehandlungsroutinen definiert werden sollen, müssen Sie die Deklaration selbst vornehmen.

Die neuen Elemente müssen im Abschnitt *private* eingetragen werden. Tippen Sie unter die Zeile mit dem Eintrag

```
{ Private-Deklarationen }
```

die folgenden drei Zeilen ein:

```
FFileName: String;
procedure SetFileName(const FileName: String);
procedure CheckFileSave;
```

Damit werden *FFileName* als String-Variable und die beiden anderen Bezeichner als Prozeduren deklariert.

Hinweis: In der Klassendeklaration finden Sie einige Zeilen, die durch geschweifte Klammern eingeschlossen sind. Hierbei handelt es sich um *Kommentare*, wodurch Sie den Quelltext mit Erklärungen versehen können. Der Delphi-Compiler, also der Teil von Delphi, welcher den Quelltext in Maschinensprache übersetzt, ignoriert diese Zeilen einfach.

Das Mittel der Kommentare sollten Sie gerade bei großen Projekten einsetzen. Es ist sehr viel einfacher, sich nach einem halben Jahr wieder in einen Quelltext einzuarbeiten, wenn dieser entsprechende Erklärungen zum Programmablauf enthält.

Statt der geschweiften Klammern können Sie alternativ die Ausdrücke *(* und *)* verwenden.

Aufbau einer Unit

Um zu verstehen, wie das Programm arbeitet, ist es angebracht, den Aufbau einer Unit genauer zu untersuchen.

Eine *Unit* ist eine Programmeinheit, ein sogenanntes *Modul*. Hierin sind Teile des Programms (Objekte, Prozeduren, Funktionen etc.) gekapselt. Der zentrale Gedanke der Modularisierung ist die *Datenabstraktion*. Darunter versteht man, daß zwischen der *Schnittstelle* (*Interface*, *Spezifikation*) und der *Programmierung* (*Implementierung*, *Konstruktion*) unterschieden wird.

Es liegt auf der Hand, daß ein Softwaresystem wesentlich leichter zu warten ist, wenn die einzelnen Bestandteile nicht kreuz und quer durch das System Änderungen vornehmen können.

Hierzu ein Beispiel. In einem Betrieb besteht das DV-System aus vielen Einzelteilen, etwa Fakturierungs-, Auftragsbearbeitungs- und Buchhaltungsmodul. Wenn das Auftragsmodul bei eingehender Bestellung direkt in der Fakturierung die entsprechenden Werte ändern würde, so würde dies mit Sicherheit funktionieren. Doch nun stellen Sie sich vor, Sie sollten in einem solchen System das Fakturierungsmodul aufgrund eines besseren Verfahrens austauschen: Es wäre nicht abzusehen, welche Auswirkungen ein solcher Schritt auf das System hätte, denn es wäre nicht offensichtlich, von wo aus der Inhalt einer Variablen geändert wurde.

Solche Überlegungen führten in den siebziger Jahren zum *Modulkonzept*, welches in Delphi durch die Units gewährleistet ist.

Langer Reder, kurzer Sinn: Sie können beim Entwurf einer Unit genau angeben, was der Benutzer dieser Unit machen darf und was nicht.

Der Aufbau ist gut strukturiert:

```
Unit <Name>;
  { Unit-Kopf bzw. -Header }
Interface
  { Schnittstellenteil }
...
Implementation
  { Implementierungsteil }
...
Initialization
  { Initialisierungsteil }
...
Finalization
  { Finalisierungsteil }
...
end.
  { Ende der Unit }
```

Der Unit-Kopf definiert lediglich, unter welchem Namen die Unit im System angesprochen werden kann. In Object-Pascal, der Programmiersprache von Delphi, ist der Name identisch mit dem der Datei, in welcher die Unit gespeichert ist. Dies ist im Vergleich zu manch anderen Pascal-Dialekten ein Muß. Im Falle der Unit des Editor-Projektes ist dieser Name *Main*.

Durch das Schlüsselwort *Interface* wird der Schnittstellenteil eingeleitet, in welchem die Spezifikation genau beschrieben wird. Alles, was hier aufgeführt ist, ist von außen ansprechbar.

Im Implementierungsteil befindet sich die eigentliche Programmierung. Die Teile, welche im Schnittstellenteil beschrieben sind, werden hier in das Programm eingebaut. Im Schnittstellenteil befindet sich lediglich eine Beschreibung, wie diese Teile gebraucht werden. Im Implementierungsteil hingegen findet sich der Programmablauf.

Der Initialisierungsteil ist optional. Falls es nötig sein sollte, eine Unit beim Programmstart zu initialisieren, d. h. bestimmte Werte zu setzen, Speicher vom Betriebssystem anzufordern etc., so muß das hier geschehen.

Der Finalisierungsteil ist das Gegenstück zum vorangegangenen. Er ist ebenfalls optional und wird bei Programmende aufgerufen. Hier können nötige Aufräumarbeiten erledigt werden.

Mit dem Schlüsselwort *end* und dem folgenden Punkt wird die Definition der Unit abgeschlossen.

Die Aufgaben des Interface- und des Implementierungsteils werden deutlich, wenn man das in Delphi sehr wichtige Schlüsselwort *uses* betrachtet, durch welches andere Units eingebunden werden können. Wenn Sie die uses-Anweisung zu Beginn der Unit *Main* im Projekt ansehen, finden Sie eine ganze Reihe von Units eingebunden.

Die Units werden nach dem Schlüsselwort *uses* durch Kommata getrennt angegeben. Den Abschluß dieser Anweisung bildet der obligatorische Strichpunkt.

Wenn andere Units eingebunden werden, sind innerhalb der Unit, welche die anderen eingebunden hat, alle im Interface-Teil angegeben Typ-, Variablen-, Konstanten- und Routinendeklarationen anwendbar, als ob sie in dieser Unit implementiert wären.

Als Beispiele sollen hier die Funktionen *MessageDlg* und *FileExists* genannt werden. *MessageDlg* ist in der Unit *Dialogs* spezifiziert und konstruiert, *FileExists* findet sich dagegen in der Unit *SysUtils*. Wenn Sie die uses-Klausel am Anfang der Unit *Main* kontrollieren, so werden Sie feststellen, daß beide Units eingebunden wurden. Dies ermöglichte Ihnen überhaupt, ein Meldungsfenster anzuzeigen.

Achtung: Denken Sie jetzt nicht, daß Units automatisch von Delphi eingebunden werden, sobald beispielsweise eine Routine aus dieser Unit im Quelltext eingegeben wird. Die Units *Dialogs* und *SysUtils* sind nur eingebunden, da sie zum

Rahmencode der von Delphi beim Anlegen des neuen Projekts geöffneten Unit (damals *Unit1*) gehörten.

Bestätigung *Änderungen speichern*

Die Deklaration der Klasse *TForm1* steht im Interface-Teil der Unit. Um nun die Prozedur *CheckFileSave* zu programmieren, müssen Sie diese nach dem Schlüsselwort *Implementation* in den Quelltext schreiben. An welcher Stelle innerhalb des Implementationsteils Sie die folgende Prozedur schreiben, ist nicht relevant.

```
procedure TForm1.CheckFileSave;
var
  ret: Word;
begin
  If not Memo1.Modified Then Exit;
  ret := MessageDlg('Die Datei ' + FFileName + ' wurde
geändert. Sollen die Änderungen gespeichert werden?',
mtConfirmation, mbYesNoCancel, 0);
  case ret of
    mrYes : FileSave(Self);
    mrCancel: Abort;
  end;
end;
```

Im Prozedurkopf ist angegeben, daß es sich bei dem folgenden Algorithmus um die Prozedur *CheckFileSave* der Klasse *TForm1* handelt. Parameter werden keine erwartet.

Danach folgt die Deklaration der Variablen *ret* vom Typ *Word*, d. h., diese Variable kann nur positive ganze Zahlen speichern.

Die if-Anweisung zu Beginn des Code-Teils der Prozedur klärt, ob der Text im Memofeld geändert wurde. Ist dies nicht der Fall, so wird die

Anweisung *Exit* ausgeführt, welche bekanntlich die Prozedur direkt beendet.

Neu ist das Schlüsselwort *not*, durch welches der Wahrheitswert der Bedingung umgekehrt wird (*Negation*, *Nicht-Operator*). Nur wenn die Bedingung nach *not* nicht zutrifft, gilt diese Bedingung als erfüllt.

Als nächstes folgt eine Zuweisung. Der Variablen *ret* wird der Rückgabewert des Aufrufs der Funktion *MessageDlg* zugewiesen. Nach dieser Anweisung befindet sich in *ret* ein Code, der angibt, welche Schaltfläche der Anwender betätigt hat.

Im Aufruf der Funktion *MessageDlg* findet sich anstatt einer Menge für die Angabe der Schaltflächen eine Konstante. Diese Konstante ist in der Unit *Dialogs* definiert und entspricht der Menge *[mbYes, mbNo, mbCancel]*, definiert also einen Ja-Nein-Abbruch-Dialog.

Die nächste Kontrollstruktur ist einer if-Anweisung vergleichbar. Durch *case* wird es möglich, mehrere Zustände einer Variablen in einem Schritt auszuwerten.

Zwischen *case* und *of* geben Sie die Variable an, welche ausgewertet werden soll. In den Zeilen bis zum *end* werden die einzelnen Werte, auf die reagiert werden soll, angegeben, und nach einem Doppelpunkt folgt/folgen die Anweisung(en). Somit ergibt sich eine allgemeine Syntax von:

```
case <Bezeichner> of
  Wert(e): Anweisung(en);
  Wert(e): Anweisung(en);
  Wert(e): Anweisung(en);
  ...
  Wert(e): Anweisung(en);
  else Anweisung(en);
end;
```

Wenn Sie mehrere Anweisungen angeben wollen, so müssen Sie diese wie bei *if* in *begin* und *end* einfassen.

Bei der Angabe mehrerer Werte gibt es verschiedene Möglichkeiten. Zum einen können Sie eine Folge von Werten durch Kommata getrennt angeben, zum anderen können Sie ein Intervall der Form *Wert1..Wert2* angeben.

Hierzu ein Beispiel:

```
case ZeichenVariable of
  'A'..'Z','a'..'z': Buchstabe;
  '0'..'9': Ziffer;
  '!','##',',',';',':','.','?': Satzzeichen;
  Else SonstigesZeichen;
end;
```

Im Falle eines Buchstabens wird die Prozedur *Buchstabe*, bei einer Ziffer die Prozedur *Ziffer*, bei einem Satzzeichen die Routine *Satzzeichen* und für alle anderen Zeichen das Unterprogramm *SonstigesZeichen* aufgerufen.

Die Variable *ZeichenVariable* müßte im übrigen durch folgende Zeile deklariert werden:

```
var
ZeichenVariable: Char;
```

Variablen vom Typ *Char* können nur Zeichen beinhalten.

Einen Haken hat *case* jedoch: Es kann nur Variablen bestimmten Typs auswerten. Die Variablen müssen *Ordinaltypen* sein. Dies sind beispielsweise *Integer* und *Word*, aber auch *Char*. *Char* kann Zeichen speichern. Zeichen werden aber im Computer als Bytes gespeichert und haben somit Ganzzahlwerte von 0 bis 255. Ebenso können boolesche Variablen (*Boolean*) ausgewertet werden.

Sie können jedoch statt einer Variablen auch einen Ausdruck auswerten, der einem Ordinaltyp entspricht, zum Beispiel eine Funktion aufrufen, die einen Ordinaltyp zurückliefert.

Achtung: Variablen des Fließkommatyps, wie vom Typ *Real*, und String-Variablen können durch *case* nicht ausgewertet werden.

Die case-Anweisung in der Prozedur *CheckFileSave* von *TForm1* wertet die Rückgabewerte *mrYes* und *mrCancel* aus.

Ist die Schaltfläche *Ja* gedrückt worden, wird durch die Anweisung *FileSave(Self)* die Datei gespeichert. Hierbei wird die Operation *Datei / Speichern* simuliert. Sie erinnern sich, daß *FileSave* die Ereignisbehandlungsroutine für die Speichern-Operation aus dem Menü und der Symbolleiste ist. Das Problem hier ist nur, daß diese Prozedur ein Objekt als Parameter erwartet, welches das Ereignis auslöste. In diesem Fall ist es nicht der Menübefehl und auch nicht die Symbolschaltfläche, sondern das Formular simuliert dieses Ereignis aus einer Routine heraus. Was liegt hier also näher, als das Formular selbst zu übergeben.

Self ist eine spezielle Variable, die in jedem Objekt definiert ist. Sie zeigt auf die Instanz, also das Objekt selbst. In *Form1* ist dies schlicht das Formular selbst. Wenn beispielsweise in den Routinen des Memofeldes der Bezeichner *Self* auftaucht, so zeigt dieser auf das Memofeld.

In dem Aufruf *FileSave(Self)* wird, weil sich die Programmausführung in *TForm1.CheckFileSave* befindet, *Form1*, die Instanz (Variable) von *TForm1*, übergeben.

Betätigt der Benutzer die Schaltfläche *Abbruch* im Meldungsfenster, so wird der Code *mrCancel* zurückgeliefert. In diesem Fall muß die gesamte aktuelle Operation abgebrochen werden, konkret also der Befehl *Neu* oder *Öffnen*. Dies wird durch die Anweisung *Abort* gewährleistet, die in diesem Fall die Verarbeitung des Ereignisses abbricht. Das bedeutet, daß die weitere Ausführung der Routinen *FileNew* oder *FileOpen*, je nachdem von wo der Aufruf von *CheckFileSave* erfolgte, unterbunden wird.

Wird hingegen die Schaltfläche *Nein* für *nicht speichern* gedrückt, so geschieht nichts.

Im case-Konstrukt muß der Code *mrNo* nicht berücksichtigt werden, da im Falle von *Nein* keine Operation erfolgen muß. Es muß nichts gespeichert und auch nichts abgebrochen werden!

Nach der Abarbeitung des case-Blockes wird die Prozedur beendet und, wenn nicht Abbruch gewählt wurde, zur aufrufenden Routine zurückgekehrt.

Setzen des Dateinamens

Zum Setzen des Dateinamens wurde die Routine *SetFileName* spezifiziert. Des weiteren wird die String-Variable *FFileName* deklariert. Setzen Sie die folgende Prozedur einfach unter der Prozedur *CheckFileSave* in die Unit ein.

```
procedure TForm1.SetFileName(const FileName: String);
begin
  FFileName := FileName;
  Caption := ExtractFileName(FileName) +
    ' - ' + Application.Title;
end;
```

Der formale Parameter *FileName* ist als *String* deklariert. Allerdings findet sich vor dem Parameter das Schlüsselwort *const*. Dies bedeutet, daß im Code-Teil der Inhalt dieses Parameters nicht geändert werden kann, also nur das Lesen aus dieser Variablen erlaubt ist. Mehr ist hier auch nicht nötig.

Im Code-Teil wird zunächst der Parameter *FileName* der Variablen *FFileName*, welche in der Klasse deklariert ist, zugewiesen. Somit ist der aktuelle Dateiname geändert.

Die nächste Zuweisung hat die Eigenschaft *Caption* als Ziel. *Caption* kennen Sie bereits aus anderen Anweisungen in der Form *<Objekt>.Caption*.

Da jedoch der aktuelle Gültigkeitsbereich im Formular liegt, ist mit *Caption* die Eigenschaft des Formulars gemeint. Im Zusammenhang mit der Zuweisung bedeutet dies, daß der Titel des Formulars geändert wird.

Die Zeichenkette, die an *Caption* übergeben wird, besteht aus einer Verkettung von drei Strings. Der mittlere Teil ist eine String-Konstante und insofern nicht weiter zu erläutern.

Der erste Teil ist ein Funktionsaufruf, der einen String zurückliefert. *FileExtract* ist in der Unit *SysUtils* definiert und extrahiert aus einem String mit einer Pfadangabe den Dateinamen.

Ein Dateiname besteht im wesentlichen aus drei Teilen:

- Laufwerksangabe, z. B. C:
- Verzeichnispfad, z. B. \DEVELOP\EINSTEIGERSEMINAR\QUELLTEXTE\
- Dateiname, z. B. Beispiel UNIT.PAS

Das Ziel der obigen Anweisung ist es, den Namen der aktuell bearbeiteten Datei und den Titel der Anwendung auszugeben.

Nun können Pfadangaben in Windows 95 bis zu 255 Zeichen umfassen. Eine solche Dateiangabe würde im Titel des Formulars keinen Platz haben. Außerdem gilt für Windows-95-Anwendungen ohnehin, daß nur noch der Dateiname im Titel angegeben werden soll. Deshalb wird die Funktion *FileExtract* mit dem Pfad der aktuellen Datei aufgerufen, was zur Folge hat, daß nach dem Aufruf der Dateiname allein zurückgeliefert wird. Der Dateipfad, welcher übergeben wird, bleibt hiervon allerdings unberührt.

Nach der Verkettung mit der String-Konstanten wird noch der Inhalt der Variablen *Application.Title* angehängt. *Application* ist ein Objekt, das die gesamte Anwendung repräsentiert. Der Titel dieser Anwendung ist in der Eigenschaft *Title* gespeichert und kann durch Auslesen dieser Eigenschaft abgefragt werden.

Hinweis: Den Inhalt der Eigenschaft *Title* von *Application* können Sie zur Entwurfszeit im Register *Anwendung der Projektoptionen*, welche Sie über *Projekt / Optionen* erreichen, festlegen.

Damit ergibt sich für den Titel des Formulars ein Eintrag der Form:

```
<Dateiname> – <Name der Anwendung>
```

5.5 Fehlersuche mit dem Debugger

Beim Start der Anwendung fällt auf, daß der Titel des Formulars immer noch den Eintrag *Form1* aufweist. Diesen kleinen Schönheitsfehler könnte man durch einen entsprechenden Eintrag im Objektinspektor zur Entwurfszeit ausgleichen, was aber in diesem Fall ein *Patch* (= ursprünglich Pflaster, bedeutet schnelle Fehlerbehebung) wäre.

Wenn Sie nach dem Start ein paar Zeichen eingeben und danach beispielsweise auf *Datei / Neu* klicken und im folgenden Meldungsfenster die Schaltfläche *Ja* für speichern wählen, geschieht Kurioses: Plötzlich aktiviert sich Delphi und zeigt eine Fehlermeldung. Wenn Sie nun auf *Start / Start* klicken, kehren Sie zurück in die Anwendung, welche nun ebenfalls eine Fehlermeldung bezüglich eines Dateifehlers ausgibt.

Was ist geschehen?

Um das herauszufinden, können Sie den integrierten Debugger von Delphi benutzen. Ein *Debugger* ist ein Programm, das dem Programmierer beim Auffinden von Fehlern behilflich ist.

Was ist der Debugger?

Debugger heißt übersetzt Entwanzer, also ein Programm zum Entfernen von Wanzen. Die Wanze nennt sich im Englischen *Bug*.

Im Sprachgebrauch der Informatik werden Fehler (in diesem Fall Software-Fehler) *Bugs* genannt.

In Delphi versteckt sich der Debugger in der integrierten Entwicklungsumgebung und ist durch bestimmte Menübefehle beziehungsweise durch entsprechende Schaltflächen der Symbolleiste zu erreichen.

Beenden Sie den Editor, falls Sie dies nicht schon getan haben.

Haltepunkte

Bevor Sie den Programmlauf untersuchen können, müssen Sie sogenannte *Haltepunkte* setzen. Diese Haltepunkte, auch *Breakpoints* genannt, haben die Aufgabe, den Programmlauf an vom Programmierer festgelegten Stellen zu unterbrechen, damit an dieser Stelle der Inhalt von Variablen eingesehen werden kann.

Der Fehler trat beim Aktivieren des Menübefehls *Datei / Neu* auf. Somit ist es sinnvoll, den Programmablauf innerhalb der Ereignisbehandlungsroutine *FileNew* zu verfolgen. Da Sie nicht wissen, an welcher Stelle innerhalb dieser Prozedur der Fehler liegt, ist die günstigste Stelle für einen Haltepunkt die erste Anweisung innerhalb dieser Prozedur.

Um einen Haltepunkt zu setzen, rollen Sie zuerst im Quelltexteditor mit der Schreibmarke zur gewünschten Zeile; hier zur ersten Anweisung im Code-Teil der Prozedur *TForm1.FileNew*. Danach gibt es wieder mehrere Wege, einen Haltepunkt zu setzen:

- Sie drücken [F5].
- Sie klicken mit der rechten Maustaste in den Quelltexteditor und wählen anschließend im Kontextmenü den Befehl *Haltepunkt umschalten*.
- Sie benutzen den Menübefehl *Start / Neuer Haltepunkt*. Bei dieser Variante erscheint ein Dialogfeld, in dem Sie verschiedene Einstellungen

für den Haltepunkt treffen können. Beispielsweise können Sie eine Bedingung angeben, bei der der Programmlauf unterbrochen werden soll. Trifft die Bedingung nicht zu, wird der Haltepunkt zur Laufzeit ignoriert. Dies ist allerdings eine Möglichkeit, die nur dem fortgeschrittenen Programmierer einen Nutzen bringt.

- Wenn Sie zu den Zeitgenossen zählen, die es eilig haben, können Sie auch in den Anfang der Zeile auf den kleinen blauen Punkt klicken.

Danach sehen Sie an der rot hinterlegten Zeile und dem größeren roten Punkt am Anfang der Zeile, daß der Haltepunkt gesetzt wurde.

Löschen können Sie nicht mehr benötigte Haltepunkte durch [F5], den Kontextmenübefehl *Haltepunkt umschalten* und den Klick in den Anfang der Zeile.

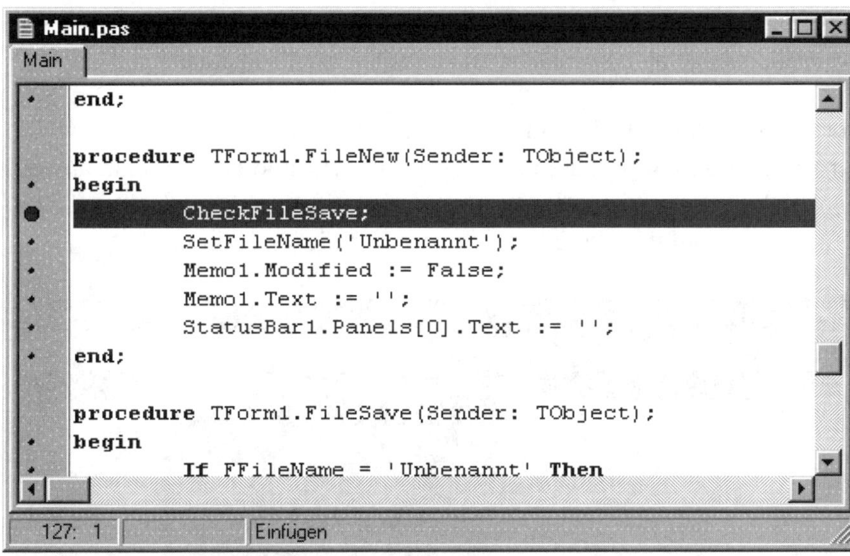

Abb. 5.2: Der gesetzte Haltepunkt

Einen Überblick über die gesetzten Haltepunkte können Sie sich durch den Menübefehl *Ansicht / Haltepunkte* verschaffen.

In dem sich öffnenden Fenster sehen Sie alle Haltepunkte aufgelistet. Über das Kontextmenü können Sie, je nachdem, ob Sie einen Eintrag des Listenfeldes ausgewählt haben, Haltepunkte hinzufügen, löschen, bearbeiten, ein- oder ausschalten.

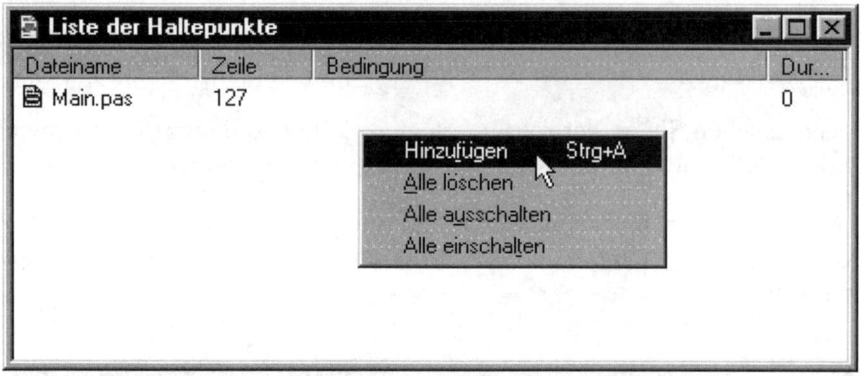

Abb. 5.3: Ist kein Eintrag ausgewählt, können Haltepunkte hinzugefügt werden

Haben Sie keinen Haltepunkt selektiert, können Sie neue Haltepunkte hinzufügen oder Operationen wie Löschen auf alle Haltepunkte anwenden. Haben Sie hingegen einen Eintrag im Listenfeld ausgewählt, beziehen sich die Befehle des Kontextmenüs auf diesen Haltepunkt.

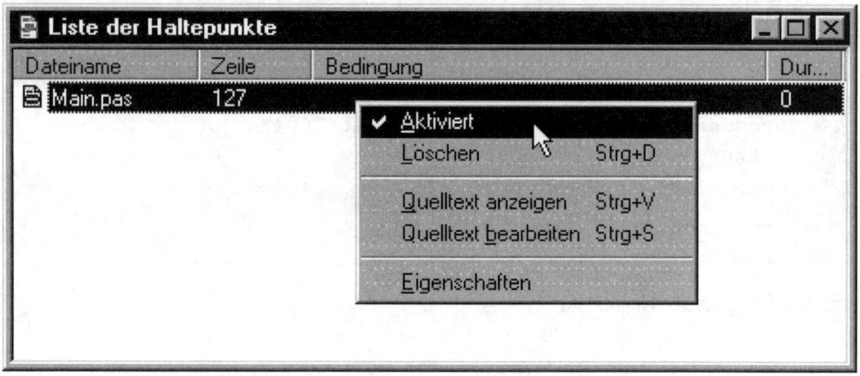

Abb. 5.4: Ist ein Eintrag ausgewählt, bezieht sich alles auf diesen Haltepunkt

Wenn Sie nun die Anwendung starten, einige Zeichen eingeben und *Datei / Neu* wählen, unterbricht Delphi die Ausführung des Programms an der Stelle des Haltepunktes. Nun können Sie mit der Fehlersuche beginnen.

Diese Schaltfläche der Symbolleiste oder der Menübefehl *Start / Gesamte Routine* beziehungsweise die Taste F8 führen die aktuelle Anweisung komplett aus. Danach hält der Debugger an der nächsten Anweisung an.

Mit Hilfe dieser Schaltfläche oder des Befehls *Start / Einzelne Anweisung* respektive die Taste F7 führen Sie die aktuelle Anweisung aus, aber verzweigen, falls es sich um eine Prozedur oder Funktion handelt, in diese. Der Debugger hält danach an der ersten Anweisung der gerufenen Routine an.

Verwenden Sie bitte den zweiten Weg, um in die Prozedur *CheckFileSave* zu verzweigen. Danach befinden Sie sich an der Stelle der einleitenden if-Anweisung. Drücken Sie F7, um erneut eine einzelne Anweisung auszuführen, und das Statement, das unterlegt und damit als das nächste markiert ist, ist der Aufruf von *MessageDlg*.

Nach einem weiteren F7 befinden Sie sich zwar noch im Quelltexteditor, haben aber durch die Ausführung von *MessageDlg* im Bereich Ihrer Anwendung ein Meldungsfenster geöffnet. Um mit dem Vorgang des Debuggens (neudeutsch für Fehlersuche) fortzufahren, müssen Sie zuerst Ihre Anwendung in den Vordergrund holen. Klicken Sie hierzu entweder in einen Bereich des Formulars der Anwendung oder auf die entsprechende Schaltfläche der Task-Leiste von Windows 95.

In der Anwendung angekommen, klicken Sie auf *Ja*, da hier vorher der Fehler auftrat. Daraufhin schiebt sich wieder die Entwicklungsumgebung beziehungsweise der Debugger von Delphi in den Vordergrund.

Nun steht auf dem Plan des Programmablaufs die Auswertung der Variablen *ret* mittels *case*. Nach einem F7 wird die Zeile, eingeleitet durch *mrYes*, und nach einem weiteren F7 der Anfang des Code-Bereichs der Prozedur *FileSave* angesprungen.

Die erste Anweisung, die in der Prozedur *FileSave* zu finden ist, ist der Bedingungsteil des If-Blocks, der den Inhalt von *FFileName* überprüft. Nach Drücken der Tasten [F7] oder [F8] springt der Debugger in den Else-Block auf die Anweisung

```
Memo1.Lines.SaveToFile(FFileName);
```

Hier scheint ein Fehler vorzuliegen! Obwohl im Editor eine unbenannte Datei vorliegt, wird in den Block für eine bereits benannte Datei verzweigt. Da für diese Verzweigung die Bedingung zwischen *if* und *then* verantwortlich ist und diese Bedingung nur von der Variable *FFileName* abhängt, sollten Sie ein Auge auf diese Variable oder besser auf deren Inhalt werfen.

Um den Inhalt von *FFileName* unter die Lupe zu nehmen, können Sie wieder mehrere Wege benutzen.

Verwenden Sie den Menübefehl *Start / Ausdruck hinzufügen,* oder drükken Sie [Strg]+[F5].

Im folgenden Dialogfeld geben Sie den Bezeichner, also *FFileName*, ein und drücken [↵] oder klicken auf *OK*.

Danach öffnet sich das Fenster *Liste überwachter Ausdrücke*, in dem alle derzeitig überwachten Variablen angezeigt werden.

Hinweis: Dieses Fenster können Sie auch durch *Ansicht / Überwachte Ausdrücke* anzeigen und durch das Kontextmenü (rechte Maustaste) beeinflussen.

Nun zeigt sich, daß die Variable *FFileName* einen Leer-String zum Inhalt hat. Es handelt sich hierbei um ein Initialisierungsproblem, welches im nächsten Abschnitt behoben werden wird.

Um den Fehler nun noch anzuzeigen, müssen Sie nur noch einmal [F7] oder [F8] drücken, und schon präsentiert sich wieder die Fehlermeldung. Durch den Aufruf von *Memo1.Lines.SaveToFile(FFileName)* wird versucht, einen Leer-String als Dateiname zu übergeben, was nicht gültig ist und somit zum Fehler führt.

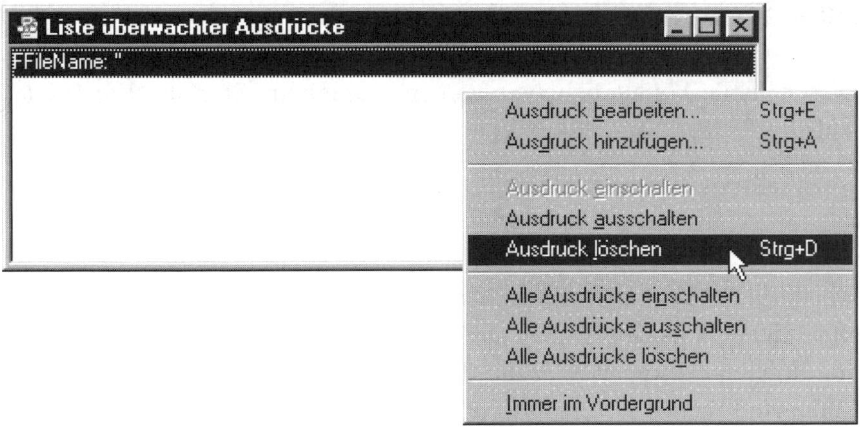

Abb. 5.5: Das Kontextmenü zur Liste der überwachten Ausdrücke

Sie könnten nun nach Schließen des Meldungsfensters auf *Start / Start* klicken und so noch eine Fehlermeldung über sich ergehen lassen, und anschließend die Anwendung auf Windows-üblichem Weg zu schließen.

Doch der Debugger von Delphi bietet die Möglichkeit, ein laufendes Programm zu beenden. Klicken Sie auf *Start / Programm zurücksetzen*, oder benutzen Sie die Tastenkombination Strg+F2. Danach befinden Sie sich wieder im Entwurfsmodus.

Schlußfolgerungen aus der Fehlersuche

Delphi initialisiert die Variable *FFileName* von *Form1* mit einem Leer-String. Wenn nun die Prozedur *FileSave* über *CheckFileSave* aufgerufen wird, prüft diese zuerst, ob eine Modifikation vorliegt. In diesem Fall wird geprüft, ob *FFileName* den Inhalt 'Unbenannt' hat. Hier tritt nun der Fehler auf: *FFileName* hat den Wert '', also nicht 'Unbenannt', und somit nimmt das Programm an, daß ein gültiger Dateiname bereits existiert. Beim Aufruf von *Memo1.Lines.SaveToFile* wird nun der Fehler ausgeworfen, da ein leerer String kein (!) gültiger Dateiname ist!

Initialisierung des Formulars

Dieser Fehler könnte behoben werden, wenn beim Start des Editors der Aufruf

```
SetFileName('Unbenannt')
```

erfolgen würde.

Wenn Sie das Formular auswählen, sehen Sie im Register *Ereignisse* des Objektinspektors den Eintrag *OnCreate*, also bei Erzeugung. Klicken Sie nun doppelt auf die Wertezelle dieses Ereignisses, und ändern Sie den Code wie folgt ab:

```
procedure TForm1.FormCreate(Sender: TObject);
begin
  SetFileName('Unbenannt');
end;
```

Dieses Ereignis tritt immer beim Erzeugen respektive Öffnen des Formulars auf, also im konkreten Fall beim Start der Applikation. Durch diese Prozedur wird jetzt der Name der Datei beim Start des Editors auf 'Unbenannt' gesetzt, womit der oben beschriebene Fehler behoben ist.

Weitere Ungereimtheiten

Wenn der Benutzer den Editor beendet, erscheint keine Meldung, ob die Änderungen gespeichert werden sollen. Was muß hier geändert werden?

Ähnlich, wie sich der Editor durch ein Ereignis initialisieren läßt, kann auch per Ereignis eine Routine beim Beenden aufgerufen werden.

Um diese Routine zu bearbeiten beziehungsweise anzugeben, klicken Sie doppelt auf die Wertezelle des Ereignisses *OnCloseQuery* des Objektinspektors für das Formular *Form1*. Ändern Sie den Code wie folgt ab:

```
procedure TForm1.FormCloseQuery(Sender: TObject; var
CanClose: Boolean);
begin
  try
    CheckFileSave;
  except
    on EAbort do CanClose := False;
  end;
end;
```

Zunächst einige Worte zu dieser Prozedur selbst. Im Prozedurkopf finden sich diesmal zwei formale Parameter deklariert. Der Parameter *Sender* enthält wieder das Objekt, welches das Ereignis auslöste. *CanClose* ist vom Typ *Boolean*, also eine boolesche Variable. Das Schlüsselwort *var* vor der Parameterdeklaration bedeutet, daß der Inhalt der beim Aufruf übergebenen Variablen direkt geändert werden kann. Man spricht davon, daß *CanClose* eine *Referenz* auf die übergebene Variable ist.

Hierzu ein einfaches Beispiel zur Verdeutlichung.

```
procedure a(v: Integer);
begin
  v := 8;
end;
procedure b(var v: Integer);
begin
  v := 8;
end;
```

Angenommen, Sie haben eine als Integer deklarierte Variable *x* initialisiert mit dem Wert 0 und übergeben diese an die Prozedur *a* durch den Aufruf

```
a(x);
```

Danach findet sich in *x* immer noch der Wert 0, da hier lediglich eine *Kopie* der Variablen *x* an die Prozedur übergeben wird.

Führen Sie hingegen die Prozedur *b* durch

```
b(x);
```

aus, so finden Sie danach in *x* den Wert 8, da hier bedingt durch das Schlüsselwort *var* in der Deklaration eine *Referenz* auf *x* übergeben wurde.

Somit lassen sich durch Referenzen Rückgabewerte ähnlich wie bei einer Funktion simulieren.

Die Referenzvariable *CanClose* zeigt der Anwendung an, ob das Formular geschlossen werden darf. Ist der Inhalt dieser Variablen *True*, kann geschlossen und in diesem Fall die Anwendung beendet werden; bei *False* wird der Schließvorgang abgebrochen.

Im Code-Block findet sich eine Anweisung, welche einen Anweisungsblock ausführt und alle dort ausgelösten *Exceptions* abfängt und entsprechend darauf reagiert.

Exceptions sind Ausnahmebedingungen im Programm. In den meisten Fällen werden diese Exceptions nur ausgelöst (Fachjargon: *(aus)werfen*), wenn ein entsprechender Fehler auftritt. Der vorher bei *Datei / Neu* aufgetretene Fehler wurde z. B. durch die Exception *EFCreateError* repräsentiert.

Normalerweise werden Exceptions innerhalb der Anwendung durch diese abgefangen und durch die von Delphi bereitgestellte Fehlerbehandlung verarbeitet. Durch die try-except-Anweisung wird dieser Mechanismus allerdings ausgehebelt.

Nach dem Schlüsselwort *try* stehen die Anweisungen, die überwacht werden. Dieses Schlüsselwort bedeutet so viel wie »Probiere, die Anweisungen auszuführen«. In diesem Fall findet sich hier der Aufruf der Prozedur *CheckFileSave*, da überprüft werden soll, ob der Inhalt des Editors gespeichert werden soll.

In dem Meldungsfenster, welches bei geänderter Datei erscheint, können die Schaltflächen *Ja*, *Nein* und *Abbruch* gewählt werden. Bei *Ja* wird die Datei gespeichert, bei *Nein* nicht; eine Exception wird nicht ausgelöst.

Bei *Abbruch* hingegen wird in *CheckFileSave* die Anweisung *Abort* ausgeführt, welche die Exception *EAbort* siehe oben) auswirft. *EAbort* ist eine stumme Exception, die von Delphi 3 nicht abgefangen wird.

Erfolgt eine Exception, wird der Block nach dem Schlüsselwort *except* aktiv, wenn nicht, dann wird er ignoriert. In diesem Block wird geprüft, welche Exception vorliegt. Durch

```
on EAbort do CanClose := False;
```

wird geprüft, ob die Exception *EAbort* vorliegt. Ist dies der Fall, wird der Wert der Referenzvariable auf *False* gesetzt und damit die Beendigung der Anwendung unterbrochen. Wenn die Exception im except-Block behandelt wird, spricht man davon, daß die »Exception *gefangen*« wurde.

Falls eine andere Exception auftritt, wird diese nicht hier ausgewertet, da keine weiteren Anweisungen für andere Exceptions vorliegen. In diesem Fall wird wieder auf die Standardfehlerbehandlung von Delphi zurückgegriffen.

Der Inhalt von *CanClose* ist beim Eintritt in die Prozedur *FormCloseQuery* mit *True* initialisiert. Hiermit wird sichergestellt, daß, wenn keine anderen Angaben (z. B. bei ungeänderter Datei oder Wahl von *Ja* oder *Nein*) vorliegen, die Anwendung ordnungsgemäß beendet werden kann.

5.6 Anzeigen des Info-Dialogfeldes

Im Editor existiert der Menübefehl *Hilfe / Info*, welcher ein Dialogfeld mit Informationen über das Programm ausgeben soll.

Das Info-Dialogfeld

Hierzu wird zunächst ein neues Formular benötigt, welches die Informationen aufnehmen soll. Klicken Sie hierzu auf *Datei / Neues Formular*.

Gestalten Sie dieses neue Formular mit Komponenten des Typs *Label* und einer Schaltfläche vom Typ *Button*. Eine Anregung gibt Abbildung 5.6.

Tip: Wenn Sie das Copyrightzeichen (ein c in einem Kreis) eingeben wollen, müssen Sie die Tasten [Alt]+[0]+[1]+[6]+[9] drücken. Allerdings müssen Sie die Zifferntasten des Zifferblockes rechts auf Ihrer Tastatur verwenden!

Tip: Falls Sie die Schaltfläche oder auch den Text im Formular zentrieren wollen, können Sie die Werkzeuge der Ausrichtungspalette aus *Ansicht / Ausrichtungspalette* verwenden.

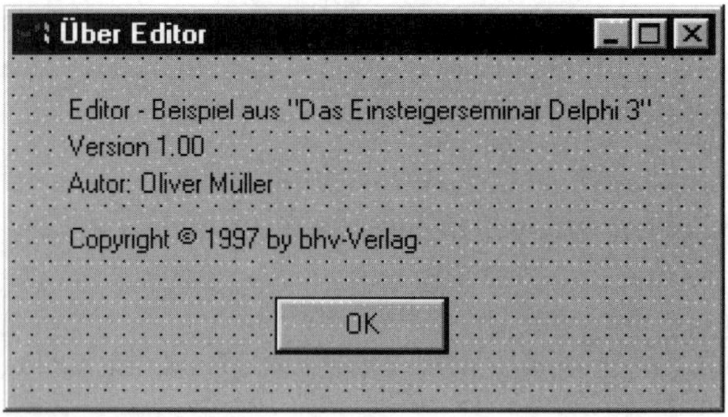

Abb. 5.6: Das Info-Dialogfeld

Sämtliche Einstellungen in der verschachtelten Eigenschaft *BorderIcons* (außer *biSystemMenu*) dieses Formulars sollten Sie auf *False* setzen, damit keine Schaltflächen in der Titelleiste des Formulars erscheinen. Den Rahmen sollten Sie mittels der Eigenschaft *BorderStyle* auf *bsDialog* setzen, denn schließlich ist dies ein Dialogfeld.

Wenn der Anwender die Schaltfläche *OK* wählt, soll das Dialogfeld geschlossen werden. Tragen Sie deshalb bei der Ereignisbehandlungsroutine, welche Sie durch Doppelklick auf die Wertezelle für das Ereignis *OnClick* dieser Schaltfläche erzeugen können, folgende Zeile in den Code-Block ein:

```
Close;
```

Mit dieser simplen Methode wird das Formular *Form2* beim Anklicken von *OK* geschlossen.

Damit der Anwender den Dialog auch per [↵]-Taste verlassen kann, können Sie bei dieser Schaltfläche die Eigenschaft *Default* auf *True* setzen. Somit ist diese Schaltfläche durch die [↵]-Taste, wie durch einen Klick mit der Maus, anwählbar. Durch diese Einstellung wird der entsprechende Schalter in diesem Formular voreingestellt.

Speichern Sie dieses Formular beispielsweise unter dem Namen *InfoFormular*. Damit ist die Definition des Dialogfeldes abgeschlossen. Nun muß es nur noch in den Programmablauf eingebunden werden.

Einbinden in den Programmablauf

Geben Sie für das Ereignis *OnClick* des Menübefehls *Hilfe / Info* von *Form1* die Ereignisbehandlungsroutine *Info* an, und bestätigen Sie durch [↵]. Ändern Sie den Quelltext wie folgt ab:

```
procedure TForm1.Info(Sender: TObject);
begin
  Form2.ShowModal;
end;
```

ShowModal ist eine Methode, die in allen Formularen vorhanden ist. Mit ihrer Hilfe ist es möglich, ein Formular *modal* auszuführen. Im Windows-Sprachgebrauch versteht man hierunter, daß ein Fenster innerhalb der

Anwendung so verwaltet wird, daß kein anderes Fenster oder Element der Anwendung fokussiert werden kann, solange dieses Fenster aktiv, das heißt auf dem Bildschirm zu sehen ist.

Kurz gesagt, es handelt sich nicht um ein gewöhliches Fenster, sondern um ein *Dialogfeld*. Erst wenn dieses Dialogfeld geschlossen wird, kann mit der Anwendung weitergearbeitet werden.

Damit ist die Einbindung des Dialogfeldes in das Programm abgeschlossen. Wenn Sie die Anwendung starten, fragt Sie die Entwicklungsumgebung von Delphi, ob die Unit *InfoFormular* in die Unit *Main* eingebunden werden soll, da *Form2* in dieser Unit verwendet wird. Bestätigen Sie diese Frage mit *Ja*, da sonst nicht auf *Form2* zugegriffen werden kann.

Durch diese Aktion sparen Sie sich das manuelle Einbinden von *InfoFormular* in die uses-Klausel.

5.7 Beenden der Anwendung

Zum Abschluß dieses Kapitels noch leicht verdauliche Kost. Über den Menübefehl *Datei / Beenden* soll sich der Texteditor beenden lassen. Tragen Sie deshalb bei *OnClick* für diesen Menübefehl einen Prozedurnamen beispielsweise *FileExit* ein, und bestätigen Sie mit der [↵]-Taste. Modifizieren Sie den Code wie folgt:

```
procedure TForm1.FileExit(Sender: TObject);
begin
  Close;
end;
```

Die unspektakuläre Methode *Close* des Formulars schließt dieses, als ob auch die Schließen-Schaltfläche geklickt worden wäre. Damit schließen Sie auch gleichzeitig die gesamte Anwendung, da *Form1* das Hauptformular respektive -fenster ist.

5.8 Zusammenfassung und Aufgaben

Zusammenfassung

- ➛ Ein Objekt ist ein Datentyp, in welchem die Daten und die Methoden zur Verarbeitung dieser Daten gekapselt sind.
- ➛ Für das Arbeiten mit der Zwischenablage stellt das Memofeld einfache Methoden zur Verfügung.
- ➛ Bei der Deklaration einer Prozedur können Parameter nach dem Bezeichner der Prozedur in Klammern gefaßt und durch Semikola getrennt angegeben werden. Diese Parameter können wie lokale Variablen verwendet werden. Sie werden im Gegensatz zu den realen Parametern, die beim Aufruf einer Routine übergeben werden, formale Parameter genannt.
- ➛ Über die uses-Klausel können andere Units eingebunden werden.
- ➛ Im Aufbau der Unit wird strikt zwischen Schnittstelle (Interface, Spezifikation) und Implementierung (Implementation, Konstruktion) unterschieden. Nur die Elemente, die über die Schnittstelle angeben wurden, können von anderen Units, die diese Unit einbinden, benutzt werden.
- ➛ Der Datentyp eines Objektes wird in der Klasse beschrieben. Die Objekte selbst sind Instanzen dieser Klasse. Die Routinen, die in der Klasse beschrieben wurden, nennt man Methoden dieser Klasse. Die Variablen dieser Klasse nennt man Attribute.
- ➛ Wenn neue Methoden oder Attribute hinzugefügt werden sollen, müssen (!) diese in die Klassendefinition eingetragen werden.

- Das Schlüsselwort *const* vor einer formalen Parameterdeklaration bewirkt, daß aus diesem Parameter nur gelesen werden kann. Dieser Parameter kann wie eine Konstante verwendet werden.
- Das Schlüsselwort *var* vor einer formalen Parameterdeklaration ermöglicht es, auf den übergebenen realen Parameter des Aufrufs zuzugreifen. Dieser Parameter ist eine Referenz.
- Durch den Debugger können Fehler im Programm aufgespürt werden.
- Der Programmablauf kann an sogenannten Haltepunkten unterbrochen werden, damit der Inhalt von Variablen eingesehen werden kann.
- Durch überwachte Ausdrücke können Variablen zur Laufzeit inspiziert werden.
- Es ist möglich, das Programm Anweisung für Anweisung auszuführen. Hierbei können ganze Routinen (F8) oder einzelne Anweisungen (F7) ausgeführt werden.
- Durch die Behandlung des Ereignisses *OnCreate* kann das Formular beim Programmstart initialisiert werden.
- Fehler sind in Delphi durch Exceptions realisiert. Diese können durch try-except-Blöcke abgefangen werden.
- Die Anweisung *Abort* löst die stille Exception *EAbort* aus, die keine Fehlermeldung im Anwendungsprogramm erzeugt. Diese Anweisung bricht die Behandlung des aktuellen Ereignisses ab.
- In der Prozedur *FormCloseQuery* kann über den Referenzparameter *CanClose* angegeben werden, ob das Formular und beim Hauptformular die Anwendung geschlossen werden darf.

➛ Über die in allen Formularen vorhandene Methode *ShowModal* kann ein Formular als Dialogfeld angezeigt werden.

Aufgaben

1. Geben Sie den try-except-Block an, der den Aufruf der Prozedur *TesteMich* auf Exceptions untersucht. Wenn eine Exception vom Typ *EAbort* auftritt, soll ein Meldungsfenster ausgeben werden, das darauf hinweist, daß abgebrochen wurde.

2. Was bedeuten die Schlüsselworte *interface* und *implementation* in einer Unit?

3. Was bewirkt folgende Anweisung?

```
Memo1.Lines.LoadFromFile('c:\autoexec.bat');
```

4. Weshalb ist es innerhalb einer Ereignisbehandlungsroutine von *Form1* nicht nötig, beim Zugriff auf die Eigenschaft *Caption* dieses Formulares *Form1.Caption* zu schreiben, sondern nur *Caption*?

5. Geben Sie für folgendes if-Konstrukt die case-Klausel an, welche die gleiche Aufgabe erfüllt.

```
if n = 0 then
begin
  MessageDlg('Division durch Null!',
    mtError, [mbOK], 0);
  Abort;
end else if n = 1 then
begin
  MessageDlg('Ein Wert von 1 ist unzulässig!',
```

```
      mtError, [mbOK], 0);
    Abort;
  end else
    Errechne(n);
```

6 Schleifen

6.1 Schleife am Beispiel Drucken

In Windows werden Drucker zentral verwaltet. Sie stehen jeder Anwendung wie andere Peripheriegeräte, z. B. Festplatten, zur Verfügung.

Delphi stellt nun entsprechende Objekte und Routinen bereit, mit deren Hilfe die Druckerverwaltung von Windows angesprochen werden kann.

Druckereinrichtung

Ein Dialogfeld, welches sich für Windows-Anwendungen mittlerweile als Standard etabliert hat, ist das für die *Druckereinrichtung*. Im Editor soll dieses Dialogfeld über den Menübefehl *Datei / Druckereinrichtung* erreichbar sein. Tragen Sie deshalb für das Ereignis *OnClick* dieses Menüeintrages die Routine *FilePrinterSetup* im Objektinspektor ein.

Der Code für diese Prozedur ist recht einfach gestrickt.

```
procedure TForm1.FilePrinterSetup(Sender: TObject);
begin
  PrinterSetupDialog1.Execute;
end;
```

Unter den eingefügten Standarddialogen findet sich im Formular auch die Komponente *PrinterSetupDialog1*, welche das oben genannte Standarddialogfeld zur Druckereinrichtung von Windows kapselt.

Um nun Drucker einzurichten, d. h. zum Beispiel Papiergröße und Auflösung einzustellen und die geänderten Einstellungen entsprechend in der Windows-Konfiguration zu speichern, muß lediglich dieser Dialog ausgeführt werden. Sämtliche Verwaltung wird dann vom Objekt *Printer-SetupDialog1* übernommen.

Wie bei jedem Standarddialog erfolgt die Ausführung auch für das Dialogfeld zur Druckereinrichtung durch die Methode *Execute*.

Dies ist auch schon alles, was zur Druckereinrichtung nötig ist.

Drucken des Dokuments

Zum Drucken des Inhalts des Memofeldes müssen mehrere Operationen erfolgen, da die Komponente *Memo* über keine eigene Druckroutine wie beispielsweise die verwandte *RichEdit* verfügt.

Im Editor soll das Drucken über den Menübefehl *Datei / Drucken* und die Schaltfläche rechts außen der Vierergruppe der Symbolleiste erreichbar sein. Geben Sie deshalb als Ereignisbehandlungsroutine für beide Komponenten für das Ereignis *OnClick* die Prozedur *FilePrint* an.

Drucker sind in Delphi ebenso wie die Komponenten des Formulars als Objekte (*TPrinter*) verfügbar. Die Funktion *Printer* gibt ein Objekt dieses Typs zurück und ermöglicht so, auf ein global verfügbares Druckerobjekt zuzugreifen. Um jedoch mit Druckern respektive *TPrinter* und *Printer* arbeiten zu können, müssen Sie die Unit *Printers* in die uses-Klausel einbinden. Fügen Sie also den Eintrag *Printers* in die Unit *Main.pas* in den Bereich *uses* ein.

Vor dem Start des Druckvorganges soll das Dialogfeld für die Druckoptionen angezeigt werden. In diesem Dialogfeld lassen sich die Anzahl der Kopien und das Ausgabegerät (Drucker, Faxmodem) angeben. Dieses Dialogfeld wird durch die Komponente *PrintDialog1* des Formulars repräsentiert und wiederum durch *Execute* ausgeführt. Alle Einstellungen, die in diesem Dialog getroffen werden, werden in dem global über die Funktion *Printer* verfügbaren Druckerobjekt gespeichert.

Um einen Druckvorgang zu starten, muß die Methode *BeginDoc* und, um einen Druckvorgang zu beenden, muß die Methode *EndDoc* des Druckerobjektes aufgerufen werden. Damit gestaltet sich eine Standarddruckoperation wie im folgenden Quelltext dargestellt.

```
If PrintDialog1.Execute Then
begin
  Printer.BeginDoc;
  { Anweisungen zum Drucken der Daten }
  Printer.EndDoc;
end;
```

PrintDialog1.Execute gibt wieder einen booleschen Wert zurück, der angibt, ob der Druckvorgang durch einen Klick auf *OK* bestätigt wurde. Ist dies der Fall, wird in den alternativen Block verzweigt. Hier wird dann ein neues Druckdokument durch *Printer.BeginDoc* angelegt. Danach müssen anstelle des Kommentars die Anweisungen zur Ausgabe der Daten folgen und schließlich der Druckvorgang durch *Printer.EndDoc* beendet werden.

Die Anweisungen für den Druck können mehr oder weniger komplex ausfallen, je nachdem was gedruckt werden soll. Im wesentlichen können Sie sich das Drucken unter Delphi wie das Gestalten einzelner Seiten vorstellen. Um dem Druckvorgang respektive dem durch *BeginDoc* geöffneten Druckdokument eine neue Seite hinzuzufügen, stellt *TPrinter* die Methode *NewPage* bereit.

Eine solche neu hinzugefügte Seite können Sie nun durch entsprechende Object-Pascal-Anweisungen mit Text und Grafiken versehen. So gesehen können Sie virtuell erzeugte Seiten durch einen ebenso virtuellen Stift beschreiben und mit Zeichnungen versehen. Im Fall des kleinen Editors ist lediglich Text auszugeben.

Die aktuelle Seite wird durch die Eigenschaft *Canvas* des Druckerobjektes beschrieben. Um nun Text in diese Druckseite zu schreiben, existiert in der Eigenschaft *Canvas* die Methode *TextOut*. Diese Methode verlangt als Parameter die Koordinaten der linken oberen Ecke des auszugebenden Textes und den Text selbst.

Die Seiten werden durch ein Koordinatensystem beschrieben. Jeder Punkt wird hier durch eine x- und eine y-Komponente beschrieben. Der Wert x gibt den Abstand zum linken Rand der Seite und y den Abstand zum oberen Rand der Seite an.

Womit wir beim Problem angelangt sind. Der auszugebende Text besteht schlicht aus den Zeilen des Memofeldes, beschrieben durch die Eigenschaft *Lines*. Die Position dieser Zeilen innerhalb der Druckseite muß jedoch berechnet werden. Hierzu sind Schleifenstrukturen notwendig. Der Code der gesamten Routine:

```
procedure TForm1.FilePrint(Sender: TObject);
var
  n, m, maxText: word;
begin
  If PrintDialog1.Execute Then
  begin
    Printer.Title := FFileName;
    Printer.BeginDoc;
    { Beginn der Druckanweisungen }
    m := 0;
    n := 0;
    Printer.NewPage;
    while m < Memo1.Lines.Count do
    begin
      Printer.Canvas.TextOut(50, 50 + n,
        Memo1.Lines[m]);
      maxText :=
        Printer.Canvas.TextHeight(Memo1.Lines[m]);
      inc(n,maxText);
      If n >= Printer.PageHeight - 100 Then
      begin
```

```
        Printer.NewPage;
        n := 0;
      end;
      inc(m);
    end;
    { Ende der Druckanweisungen }
    Printer.EndDoc;
  end;
end;
```

In dieser Routine finden Sie den oben genannten Aufbau für Druckroutinen wieder. Es hat sich lediglich die Anweisung *Printer.Title := FFileName* eingeschlichen. Damit wird vor dem Öffnen des Druckdokumentes diesem ein Name gegeben. Dieser Name ist schlicht der Name der Datei, die gedruckt werden soll. (Dies ist sinnvoll, wenn Sie die Datei in der Druckwarteschlange Ihres Druckers suchen.)

Es existieren drei lokale Variablen des Typs *Word*. Die Variable *m* beinhaltet den Index der aktuell ausgegebenen Zeile des Memofeldes, *n* beinhaltet die y-Koordinate dieser Zeile und *maxText* gibt die Höhe dieser Textzeile an, also den in y-Richtung belegten Platz dieses Strings.

Da das Memofeld mehrere Zeilen beinhalten kann, müssen für jede Zeile die Koordinaten auf der Seite berechnet werden und anschließend kann die Ausgabe erfolgen. Hier leuchtet es ein, eine Schleife zu programmieren, die Anweisungen zur Ausgabe einer Zeile enthält und die für jede Zeile einmal durchlaufen wird.

While-Do

Eine Möglichkeit, eine Schleife in Object-Pascal zu programmieren, ist die While-Do-Anweisung. Der allgemeine Aufbau lautet:

```
While <Bedingung> Do
    Anweisung(en);
```

Hier gilt wieder, wenn mehrere Anweisungen auszuführen sind, sind diese in einen begin-end-Block einzuschließen.

Die Anweisungen, welche nach dem Schlüsselwort *do* angegeben werden, werden solange ausgeführt, wie die angegebene Bedingung erfüllt ist. Umgangssprachlich formuliert bedeutet die While-do-Anweisung soviel wie »Solange die Bedingung erfüllt ist, mache folgendes...«. Es wird demnach beim Eintritt in die Schleife zunächst überprüft, ob die Bedingung zutrifft. Ist dies der Fall, so wird der Anweisungsblock einmal durchlaufen. Jetzt wird die Bedingung erneut geprüft. Wenn Sie immer noch zutrifft, wird der Anweisungsblock ein weiteres Mal durchlaufen. Danach wird wieder die Bedingung getestet und so fort.

Das Hochzählen einer Integer-Variablen von 0 bis 50 würde durch ein While-do-Konstrukt folgendermaßen beschrieben:

```
n := 0; { Initialisieren von n mit Null }
While n < 50 Do
  n := n + 1;
```

Zunächst wird *n* mit null initialisiert und danach die Bedingung getestet, ob *n* kleiner als 50 ist. Dies trifft zu, und der Inhalt von *n* wird um 1 erhöht. Nun wird zum Anfang der Schleife gesprungen und die Bedingung erneut getestet, die Anweisung daraufhin wieder ausgeführt und so weiter, bis schließlich der Wert von n durch die Anweisung *n := n + 1* von 49 auf 50 wechselt. Jetzt wird wieder zum Anfang der Schleife gesprungen und die Bedingung geprüft. Hier entsteht nun ein Test von »Ist 50 kleiner als 50?« – dies ist nicht der Fall, und somit erhält die Bedingung den Wahrheitswert Falsch (*False*). Nachdem die Bedingung nicht erfüllt ist, wird der Anweisungsblock des While-do-Konstruktes nicht ausgeführt, und die Programmausführung wird mit der Anweisung, welche auf die gesamte Schleifendefinition folgt, fortgesetzt.

In der Druckroutine des Texteditors sieht die While-Schleife zunächst etwas verwirrend aus. Vor dem Schlüsselwort *while* finden sich drei Anweisungen, welche den Druckvorgang initialisieren. Zunächst werden die beiden Variablen *n* und *m* auf null gesetzt. Danach folgt die Anweisung *Printer.NewPage*, durch welche eine neue Druckseite erzeugt wird.

Die Bedingung, welche erfüllt sein muß, ist die, ob der aktuelle Inhalt der Variablen *m* kleiner als *Memo1.Lines.Count* ist. Die Variable *m* ist, wie oben schon erwähnt, der Index (die Nummer) der aktuell auszugebenden Zeile des Memofeldes *Memo1*. Die Eigenschaft *Count* der String-Liste *Lines* von *Memo1* ist schlicht die Anzahl (engl. count = Anzahl) der vorhandenen Zeilen im Memofeld. Da die Zeilen jedoch von 0 bis zu einer Zahl *x* durchgezählt werden, weist *Count* den Wert *x+1* aus. (Wenn Sie von 0 bis 9 durchzählen, werden Sie feststellen, daß dies 10 Zahlen sind!) Deshalb darf der Inhalt von m nicht größer oder gleich *Count* werden, denn die Zeile Nummer *Count* existiert nicht, was zu einem Fehler zur Laufzeit führen würde. Mit anderen Worten: Bei *m* = *Memo1.Lines.Count* bricht die Schleife ab und beendet den Druckvorgang durch *Printer.EndDoc*.

Der Druckvorgang

Der Anweisungsblock der While-Schleife druckt jeweils eine Zeile aus. Dies geschieht mit der Methode *TextOut* des Druckerobjektes. Der erste Parameter hat den Wert 50, das bedeutet, daß zum linken Rand ein Abstand von 50 Punkten eingehalten wird. Dieser Parameter ändert sich für die jeweiligen Zeilen nicht, da diese immer den gleichen Abstand zum linken Rand haben müssen, um ein übliches Textbild zu ergeben.

Der zweite Parameter ist das Ergebnis der Addition von 50 und dem Inhalt der Variablen *n*. Die 50 Punkte stellen wieder den Rand dar; dieses Mal zum oberen Rand der Seite. In der Variablen *n* findet sich die Position der auszugebenden Zeile relativ zu diesem Rand.

Der letzte Parameter ist die auszugebende Zeile, welche die Nummer *m* hat.

In der folgenden Anweisung wird die Texthöhe in Punkten des ausgegebenen Strings berechnet, damit anschließend errechnet werden kann, an welcher Stelle der nächste String ausgegeben werden kann.

Im Druckerobjekt existiert die Eigenschaft *Canvas*, welche die aktuelle Druckseite repräsentiert. Dieses Objekt *Canvas* stellt die Funktion *TextHeight* zur Verfügung, um die maximale Höhe eines Strings in Punkten zu errechnen. Das Ergebnis des Aufrufs dieser Anweisung wird in der Variablen *maxText* gespeichert.

Durch die nächste Anweisung wird der Inhalt von *n* um *maxText* erhöht. Der Aufruf der globalen Prozedur *inc(n,maxText)* hat das gleiche Resultat wie die Anweisung *n := n + maxText*. Der Name *inc* ist die Abkürzung für *increment*, was soviel wie (Wert-) Zuwachs bedeutet. Das Gegenstück zu dieser Prozedur stellt *dec* dar, was für *decrement* steht. Die Anweisung *dec(n,m)* führt die selbe Operation wie *n := n - m* aus.

Nach dem Aufruf von *inc* findet sich in *n* die y-Koordinate für die nächste Zeile.

Hinweis: Zugegeben, die Variable *maxText* ist nicht unbedingt nötig, da in dem Aufruf von *inc* direkt die Anweisung zur Berechnung der Höhe des Strings als zweiter Parameter fungieren könnte. Aber der Übersichtlichkeit halber soll hier diese Optimierung nicht berücksichtigt werden.

In der folgenden if-Anweisung wird überprüft, ob das Ende der Seite erreicht ist. Über die Eigenschaft *PageHeight* des Objektes *Printer* läßt sich die Höhe der Druckseite ermitteln. Von diesem Wert sind 100 abzuziehen, um den maximalen Druckbereich zu errechnen. Dieser Wert von 100 setzt sich aus zweimal 50 zusammen – einmal 50 für den oberen Rand und einmal 50 für den unteren Rand. Überschreitet der Wert von *n* diesen Bereich, so muß zur Ausgabe der nächsten Zeile eine neue Seite erzeugt werden. Dies wird durch den bekannten Aufruf von *Printer.NewPage* erreicht. Das Drucken beginnt jedoch wieder am Anfang der Seite und deshalb ist *n* auf Null zurückzusetzen, was durch die folgende Anweisung erreicht wird.

Den Abschluß des Anweisungsblockes der Schleife bildet der Aufruf *inc(m)*. Hiermit wird der Inhalt von *m* um 1 erhöht, um auf die nächste Zeile im Memofeld zuzugreifen. Wenn beim Aufruf von *inc* oder *dec* der zweite Parameter fehlt, wird dieser als 1 angenommen. Der Aufruf von *inc(m)* ist also gleichbedeutend mit *m := m + 1*.

Da nun der Inhalt der Indexvariablen *m* und die Ausgabeposition *n* für die nächste Zeile angepaßt wurden, kann deren Ausgabe erfolgen. Die Schleife beginnt von neuem.

Sie können jetzt das Projekt speichern und starten. Laden Sie eine beliebige Datei, und testen Sie die Druckfunktion.

6.2 Weitere Schleifenarten

Es ist zwar grundsätzlich möglich, alle Anwendungsfälle von Schleifenstrukturen mittels des While-Konstruktes zu implementieren, aber nicht immer sehr komfortabel. Deshalb existieren in Delphi neben der While-Schleife noch weitere Schleifenarten.

For-Do

Eine Schleifenvariante, die wie die While-Anweisung in ähnlicher Form auch in anderen Hochsprachen wie Basic oder C auftaucht, ist die For-Schleife.

Die grundsätzliche Syntax lautet entweder:

```
For <Variable> := <Start> to <Ende> Do
  Anweisung(en);
```

oder:

```
For <Variable> := <Start> downto <Ende> Do
  Anweisung(en);
```

Die erste Variante zählt eine Variable des *Ordinaltyps* von *Start* bis *Ende* hoch, die zweite von *Start* bis *Ende* herunter, wobei für jedes Erhöhen beziehungsweise Erniedrigen der Anweisungsblock einmal abgearbeitet wird.

Um die Funktionsweise zu demonstrieren, öffnen Sie ein neues Projekt und fügen in das Formular eine Schaltfläche ein. Klicken Sie doppelt auf die Schaltfläche, um eine Ereignisbehandlungsroutine für das Ereignis *OnClick* anzugeben, und ändern Sie deren Code wie folgt ab:

```
procedure TForm1.Button1Click(Sender: TObject);
var
  n: Integer;
begin
  For n := 0 to 200 Do
      Caption := IntToStr(n);
end;
```

Hier wird in der For-Schleife die Variable *n* von 0 bis 200 hochgezählt. Die Ausgabe der Werte erfolgt über die Caption-Eigenschaft des Formulars, wobei eine Konvertierung des Integer-Wertes in einen String durch die Funktion *IntToStr*, welche in der Unit *SysUtils* definiert ist, erfolgt.

Wie Sie schon zu einem früheren Zeitpunkt in diesem Buch erfahren haben, kann eine Variable eines bestimmten Typs nur Werte dieses Typs speichern. Es ist nicht möglich, einen String in einer Integer-Variablen und umgekehrt zu speichern. Daher ist es hier erforderlich, den aktuellen Wert von *n* durch den Aufruf von *IntToStr* in einen String umzuwandeln, ihn zu *konvertieren*.

Wenn Sie dieses kleine Programm starten und auf die Schaltfläche klicken, sehen Sie, wie in der Titelleiste des Formulars von 0 bis 200 hochgezählt wird. Falls dieser Vorgang bei Ihnen so schnell ablaufen sollte, daß Sie nicht sehr viel von dem Zählvorgang sehen, können Sie den Endwert von 200 auf 2000 oder 20000 erhöhen.

Was geschieht hier nun?

Die Anweisung *for-do* heißt ins Umgangssprachliche übersetzt soviel wie »Für eine Wertereihe von <Start> bis <Ende> mache folgendes...«. Zunächst wird hier im Beispiel die Variable *n* mit Startwert 0 initialisiert und der Anweisungsblock einmal ausgeführt. Danach wird um 1 erhöht und der Anweisungsblock diesmal für *n* gleich 1 erneut abgearbeitet. Nun ein weiteres Mal erhöht und so fort, bis der Endwert von 200 erreicht ist. Für diesen Wert wird die Schleife noch einmal durchlaufen und anschließend die Schleife beendet.

Für ein derartiges Hoch- beziehungsweise Herunterzählen von Werten ist die For-Schleife bestens geeignet. Um dies zu verdeutlichen, soll hier der oben beschriebene Algorithmus durch ein While-Konstrukt beschrieben werden:

```
procedure TForm1.Button1Click(Sender: TObject);
var
  n: Integer;
begin
  n := 0;
  While n <= 200 Do
  begin
    Caption := IntToStr(n);
    inc(n);
  end;
end;
```

Hier ist wesentlich mehr Aufwand zu betreiben, um exakt die gleiche Leistung zu erhalten. Zunächst ist von Hand die Variable *n* mit Null zu initialisieren. Danach folgt der Kopf der While-Anweisung mit der Bedingung, daß *n* kleiner oder gleich 200 sein muß, damit die Schleife durchlaufen wird. Im Anweisungsblock müssen diesmal zwei Anweisungen stehen, zum einen zur Ausgabe des Wertes von *n* und zum anderen, da *while* nicht automatisch hochzählen kann, eine Inkrementierungsanweisung.

Sie sehen, daß sich derartige Algorithmen durch *for* einfacher gestalten lassen.

Repeat-Until

Eine weitere Schleifenvariante ist *Repeat-Until.* Der allgemeine Aufbau ist folgender:

```
Repeat
  Anweisung(en);
Until Bedingung;
```

Dieses Konstrukt bedeutet »Wiederhole bis...« und beschreibt damit schon die Funktion dieser Schleife. Die Schleife wird so oft wiederholt, bis die Bedingung, welche auf das Schlüsselwort *until* folgt, erfüllt ist. Damit ist diese Behandlung der Bedingung umgekehrt zu der Bedingung in einer While-Schleife. Eine While-Schleife wird immer wieder durchlaufen, **solange** die Bedingung erfüllt ist. Eine Repeat-Until-Schleife wird hingegen immer wieder durchlaufen, **bis** die Bedingung erfüllt wird.

Außerdem erfolgt die Prüfung der Bedingung immer am Ende der Schleife und nicht am Anfang wie bei *while* oder *for*. Dies hat zur Folge, daß die Schleife mindestens einmal durchlaufen wird, da die erste Prüfung der Bedingung erst nach den Anweisungen erfolgt. Bei *while* und *for* kann es hingegen der Fall sein, daß die Schleife kein einziges Mal durchlaufen wird!

Ein weiterer Sonderfall ist bei der Repeat-Until-Variante zu verzeichnen. Werden mehrere Anweisungen in der Schleife angegeben, so müssen diese nicht durch *begin* und *end* begrenzt werden, da sie schon durch die Schlüsselwörter *repeat* und *until* eingefaßt sind.

Hier nun der Zählalgorithmus mittels repeat-until:

```
procedure TForm1.Button1Click(Sender: TObject);
var
  n: Integer;
begin
  n := 0;
  Repeat
    Caption := IntToStr(n);
    inc(n);
  Until n > 200;
end;
```

Hier ist nun die gegenteilige Definition der Abbruchsbedingung im Gegensatz zu *while* deutlich zu sehen. Bei *while* war hier die Bedingung *n <= 200* zu finden; bei *repeat-until* steht hier die Umkehrung *n > 200.*

Sprünge – Goto

Wie die meisten Programmiersprachen heutzutage gehen auch die Wurzeln von Delphi zurück in die Tage der Computerpioniere. Delphi beinhaltet die Programmiersprache Object-Pascal. Dies ist die Sprache, in der die Anweisungen der Units abgefaßt sind. Diese Sprache basiert auf Pascal von Prof. Wirth, der diese Sprache in den Jahren 1969 bis 1971 an der ETH Zürich entwickelte. Der Vorgänger von Pascal war Algol (erste Version 1958), und hier befinden wir uns bereits in der Urzeit des Computers.

Zu dieser Zeit war es noch üblich, kreuz und quer durch den Quellcode zu springen. Damals machte man sich noch keine Gedanken um wiederverwendbaren Code oder strukturierte Programmierung, und der Begriff der Software-Altlasten war auch noch nicht geprägt.

Aus dieser Zeit stammt der Befehl *goto*. Mit diesem Befehl können sogenannte Labels oder Sprungmarken angesprungen werden.

Glücklicherweise erlaubt Delphi ebensowenig wie Turbo/Borland Pascal das Springen mittels *goto* von jeder Stelle des Quelltextes in jede andere. Prinzipiell gilt: Gesprungen werden kann nur, wenn der Sprungbefehl und das Sprungziel innerhalb der gleichen Prozedur beziehungsweise Funktion liegen.

Langer Rede kurzer Sinn:

```
label
  <Labels>;
...
Label:
...
Goto Label;
```

Labels müssen wie Variablen und Konstanten deklariert werden. Dies geschieht im Deklarationsteil der Prozedur oder Funktion. Die Label-Deklaration wird, ähnlich wie bei Variablen und Konstanten, durch das Schlüsselwort *label* eingeleitet. Wobei nach diesem Schlüsselwort eine Reihe von Bezeichnern oder Zahlen, durch Kommata getrennt, folgt. Den Abschluß bildet das Semikolon. Im Codeteil werden die Labels durch ihren Bezeichner und folgenden Doppelpunkt definiert.

Da dies ziemlich kryptisch klingt, hier der obige Algorithmus als Ausflug in die Steinzeit formuliert:

```
procedure TForm1.Button1Click(Sender: TObject);
var
  n: Integer;
label
  Anfang, Ende;
begin
  n := 0;
Anfang:
  If n > 200 Then Goto Ende;
  Caption := IntToStr(n);
```

```
  inc(n);
  Goto Anfang;
Ende:
end;
```

Im Deklarationsteil sind zwei Labels, *Anfang* und *Ende*, deklariert.

Im Codeblock folgt auf die Initialisierung von *n* die Definition des Labels *Anfang*, welches den Anfang der Schleife definiert. Die Anweisung danach beinhaltet die Abbruchbedingung: Wenn der Wert von *n* 200 übersteigt, soll mittels *goto* der Sprung zur Marke *Ende* erfolgen.

Nun folgen die bekannten Anweisungen zum Ausgeben und Erhöhen des Variableninhaltes von *n* und schließlich der Sprung zum Eintrittspunkt der Schleife.

Dieses Konstrukt entspricht der Arbeitsweise einer While-Schleife. Doch Sie werden zustimmen, daß dies schon bei einem kleinen und simplen Beispiel wie diesem nicht gerade übersichtlich programmiert ist. Stellen Sie sich jetzt einen komplexen Algorithmus wie den Druckvorgang von oben mittels *goto* konstruiert vor ...

Sie sehen schon, daß Sie mit *goto* sparsam umgehen oder es am besten von vornherein vermeiden sollten. Es mag Anwendungsbereiche von *goto* geben – im technisch-mathematischen Bereich oder im Compilerbau, aber in Standardanwendungen kommt man gänzlich ohne dieses Hilfsmittel aus!

Seit der Entwicklung der strukturierten Programmierung in den siebziger Jahren gilt die übermäßige Verwendung von *goto* als schlechter Stil, und schon deshalb sollte man nur in Ausnahmefällen an Sprungmarken denken!

Hinweis: Die Namen für Labels können entweder den Regeln für Pascal-Bezeichnern genügen oder können schlicht Zahlen sein. Im vorherigen Beispiel können Sie *Anfang* beispielsweise durch 10 und *Ende* durch 20 ersetzen, ohne daß sich etwas im Programmlauf verändert.

Vorzeitiges Abbrechen von Schleifen

Schleifen können auch bei nicht Zutreffen der Abbruchbedingung vorzeitig beendet werden. Wie Prozeduren und Funktionen durch *Exit*, können Schleifen durch *Break* verlassen werden.

Hierzu ein kleineres Beispiel: Ändern Sie den obigen Code des Beispiels wie folgt ab:

```
procedure TForm1.Button1Click(Sender: TObject);
var
  n: Integer;
begin
  n := 0;
  While n <= 200 Do
  begin
    Caption := IntToStr(n);
    If n = 100 Then
      If MessageDlg('100 erreicht. Abbrechen?',
      mtConfirmation,[mbYes, mbNo],0) = mrYes Then
        Break;
    inc(n);
  end;
end;
```

Wenn der Wert 100 ausgegeben wurde, wird nun ein Meldungsfenster angezeigt, welches nachfragt, ob nun abgebrochen werden soll. Klickt der Anwender auf *Ja*, so wird die Anweisung *Break* ausgeführt, welche die Schleife abbricht. Wird hingegen *Nein* gewählt, so wird weiter bis 200 gezählt.

Achtung: Schleifen, die mit *goto* konstruiert wurden, können nicht durch *Break* verlassen werden!

6.3 Hinweise zur Fehlersuche mit dem Debugger

Komplizierte Schleifen sind häufig Fehlerquellen. Gerade bei der unterschiedlichen Auffassung der Abbruchbedingung (einmal solange, einmal bis die Bedingung erfüllt ist) kann es zu logischen Fehlern bei der Programmierung kommen. (Besonders, wenn man schon acht oder zehn Stunden am Stück programmiert ...)

Wenn also eines Ihrer Programme bei irgendeiner Aktion im Nirwana versinkt und auf keine Eingabe mehr reagiert, so kann dies in einer Endlosschleife begründet liegen. Eine Endlosschleife liegt immer dann vor, wenn keine Bedingung zu deren Abbruch vorliegt, oder im Falle eines Programmierfehlers die Abbruchbedingung nicht greifen kann.

Ein Beispiel hierzu wäre, wenn in der Abbruchbedingung geprüft wird, ob der Inhalt einer Variablen kleiner als Null wird, jedoch die Variable als Word (kann nur positiv und damit größer als Null sein!) deklariert wurde. Oder es wird auf einen Maximalwert gewartet, weil ursprünglich hochgezählt werden sollte, jedoch *inc* mit *dec* verwechselt wurde.

Um Schleifen zu untersuchen, setzen Sie einfach einen Haltepunkt auf den Teil, den die Bedingung prüft. Bei einer Repeat-Until-Schleife wäre dies die Until-Zeile; bei einer While-Schleife die While-Zeile. Tragen Sie bei den überwachten Ausdrücken alle Variablen ein, von welchen die Bedingung direkt oder indirekt abhängt, und verfolgen Sie den Verlauf der Schleife zur Laufzeit schließlich Schritt für Schritt, bis Sie den Fehler gefunden haben oder ausschließen können, daß der Fehler in der Schleife liegt.

Komplexe Schleifenstrukturen werden Ihnen mit an Sicherheit grenzender Wahrscheinlichkeit die eine oder andere Debug-Session einbringen. Doch nicht verzweifeln, wenn Ihr Programm abstürzt. Fehler in Abbruchbedingungen von Schleifen können zwar schwer anmutende Fehler erzeugen, sind jedoch relativ leicht zu finden und ebenso leicht zu beheben.

6.4 Zusammenfassung und Aufgaben

Zusammenfassung

- ➛ Die Druckereinrichtung kann im Anwendungsprogramm durch den entsprechenden Standarddialog abgewickelt werden. Hierbei ist lediglich dieser Dialog durch *Execute* auszuführen, da die gesamte Verwaltung von diesem Dialog übernommen wird.
- ➛ Die Ansteuerung des Druckers in Delphi erfolgt über Objekte des Typs *TPrinter*. Ein global verfügbares Druckerobjekt gibt die Funktion *Printer* der Unit *Printers* zurück.
- ➛ Über die Methoden *BeginDoc* beziehungsweise *EndDoc* des Druckerobjektes kann ein Druckvorgang geöffnet beziehungsweise geschlossen werden.
- ➛ Durch die Methode *NewPage* wird eine neue Druckseite erzeugt, welche über die Eigenschaft *Canvas* des Druckerobjektes bearbeitet werden kann. Textausgabe erfolgt beispielsweise durch die Methode *TextOut* des Objektes *Canvas*.
- ➛ Durch die Anweisungen *while-do*, *for-next*, *repeat-until* und das veraltete *goto* können Schleifen in Object-Pascal programmiert werden.
- ➛ Bei der While- und der For-Schleife wird die Abbruchbedingung beim Eintritt in die Schleife geprüft. Dies kann dazu führen, daß die Schleife unter Umständen keinmal durchlaufen wird.
- ➛ Die Repeat-Until-Variante prüft die Abbruchbedingung am Ende der Schleife. Dadurch wird die Schleife immer mindestens einmal durchlaufen.

- ➛ Das Springen auf Labels mittels *goto* ist ein Relikt aus der Computergeschichte und sollte nur in Ausnahmefällen angewendet werden.
- ➛ Schleifen können durch die Anweisung *Break* vorzeitig verlassen werden. Dies gilt nicht für mit *goto* konstruierte Schleifen!
- ➛ Schleifen können die Ursache vielfältiger Fehler im Programm sein und sollten deshalb beim Debuggen entsprechend im Auge behalten werden.

Aufgaben

1. Formulieren Sie die Druckschleife durch eine For-Anweisung.
2. Geben Sie die Repeat-Until-Schleife an, welche den Druckvorgang ebenso abarbeitet. Beachten Sie hierbei, daß die Schleife mindestens einmal durchlaufen wird. Sie müssen also den Fall, daß keine Zeile eingegeben wurde, berücksichtigen. (Denken Sie an eine Abfrage von *Memo1.Lines.Count...*)
3. Ändern Sie die For-Schleife, welche von 0 bis 200 hochzählt, so ab, daß von 200 bis 0 hinuntergezählt wird.

7 Von der Routine zur Unit

Ziel dieses Kapitels soll es sein, Ihnen einen weitergehenden Einblick in die Programmierung eigener Prozeduren und Funktionen zu geben und Ihnen die Vorteile eigener Units zu veranschaulichen. Dies wird anhand der Such/Ersetzfunktion des Texteditors verdeutlicht werden.

7.1 Die Befehle für Suchen und Ersetzen

Die Ereignisbehandlungsroutinen für die Menübefehle *Suchen / Suchen* und *Suchen / Ersetzen* können Sie durch Delphi automatisch generieren lassen. Hierzu müssen Sie allerdings nicht unbedingt in den Menü-Designer wechseln. Klicken Sie einfach im Formular auf die entsprechenden Menübefehle, also *Suchen / Suchen* und *Suchen / Ersetzen.* Daraufhin generiert Delphi den Rahmencode für die beiden Ereignisbehandlungsroutinen. Ändern Sie die beiden Methoden wie folgt ab:

```
procedure TForm1.Suchen1Click(Sender: TObject);
begin
  FindDialog1.Execute;
end;
procedure TForm1.Ersetzen1Click(Sender: TObject);
begin
  ReplaceDialog1.Execute;
end;
```

Im Kapitel 5 haben Sie die beiden Komponenten für die Standarddialoge *FindDialog1* und *ReplaceDialog1* in das Formular eingefügt. Wie jeder Standarddialog werden auch diese beiden durch die Methode *Execute* ausgeführt. Damit ist die Ereignisbehandlung dieser Menübefehle abgeschlossen.

Die eigentliche Intelligenz, das heißt die Such- und Ersetzungsalgorithmen, wird durch andere Ereignisbehandlungsroutinen bereitgestellt. Das Ausführen dieser Dialoge ermöglicht lediglich die Kommunikation mit dem Benutzer.

Im Suchen-Dialogfeld findet sich eine Auswahlmöglichkeit per Radioschaltflächen, in der angegeben werden kann, in welche Richtung die Suche erfolgen soll. Dies bedeutet, daß entweder in Richtung des Textanfanges oder des -endes gesucht werden kann. Da dies allerdings bedeuten würde, daß zwei Suchalgorithmen implementiert werden müßten, jeweils einer für jede Suchrichtung. Entfernen wir diese Option aus dem Suchen-Dialogfeld.

Wählen Sie hierzu die Komponente *FindDialog1* im Formular *Form1* aus, und klappen Sie im Objektinspektor die verschachtelte Eigenschaft *Options* auf.

Die Namen dieser Eigenschaft sind recht lang und passen unter Umständen nicht mehr in die Spalte des Objektinspektors. Bewegen Sie hierzu den Mauszeiger auf die Trennlinie zwischen der Eigenschaftenspalte und der Wertespalte. Der Mauszeiger ändert sein Aussehen in das oben gezeigte Symbol. Klicken Sie nun mit der linken Maustaste, und ziehen Sie die Trennlinie bei gedrückter Maustaste nach rechts. Nun können Sie die Namen der Optionen lesen.

In dieser Eigenschaft findet sich die Option *frHideUpDown*. Setzen Sie diese Option von *False* auf *True*, um das Auswahlfeld für die Suchrichtung zu entfernen (verstecken = hide).

7.2 Starten von Suchen und Ersetzen

Wenn Sie die Anwendung starten und nacheinander die Dialogfelder *Suchen* und *Ersetzen* starten, sehen Sie verschiedene Schaltflächen.

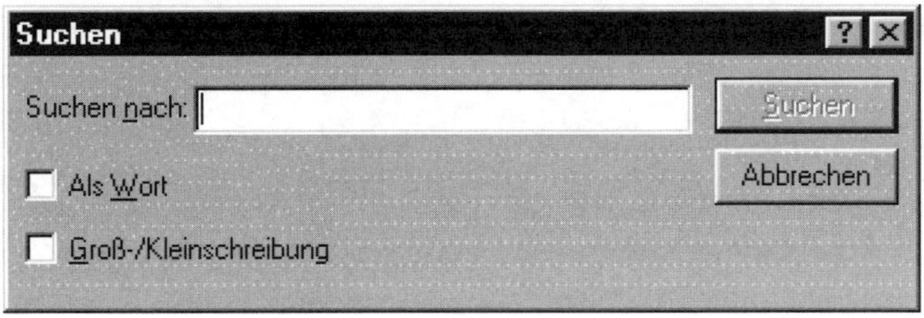

Abb. 7.1: Der *Suchen*-Dialog

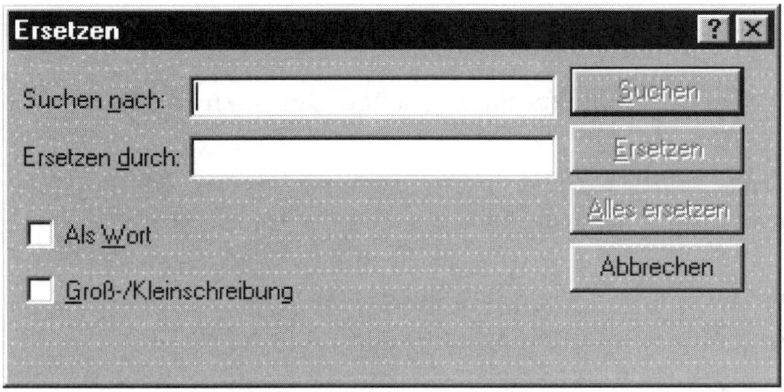

Abb. 7.2: Der *Ersetzen*-Dialog

Neben der Schaltfläche *Abbrechen* finden sich *Suchen*, *Ersetzen* und *Alles Ersetzen* in den Dialogfeldern. Die drei zuletzt genannten Schaltflächen sind zunächst nicht verfügbar, da noch kein Suchtext eingegeben wurde. Erst wenn ein Suchtext eingegeben wird, können diese Schaltflächen angeklickt werden, da die Suche nach einem leeren String nicht besonders sinnvoll wäre.

Jede dieser Schaltflächen löst ein spezielles Ereignis aus, wenn sie angeklickt werden. Auf diese Ereignisse kann entsprechend reagiert und die jeweiligen Algorithmen ausgeführt werden.

Die einzige Ausnahme bildet die Schaltfläche *Abbruch*. Diese löst kein Ereignis aus, beziehungsweise es wird intern im Dialog bereits verarbeitet und dringt nicht bis zur Ereignisbehandlung des Formulars durch. Durch diese Schaltfläche wird lediglich das Dialogfeld geschlossen.

7.3 Suchen

Beide Dialogfeldkomponenten stellen das Ereignis *OnFind* bereit. Dieses Ereignis tritt auf, wenn auf den Suchen-Schalter geklickt wird. Die Ereignisbehandlungsroutine, die hier eingetragen wird, kapselt also den Suchalgorithmus.

Diese Suchroutine soll *find* heißen. Tragen Sie diese Routine deshalb unter dem Ereignis *OnFind* von *FindDialog1* und *ReplaceDialog1* ein.

Der Suchalgorithmus gliedert sich im wesentlichen in drei Teile:

- Feststellen der vom Benutzer angegebenen Optionen
- Suche nach dem Text
- Text im Memofeld markieren

Zwischen diesen Schritten werden Parameter ausgetauscht. Nachdem die Optionen festgestellt sind, werden diese an den suchenden Part weitergereicht. Anschließend wird die ermittelte Position der Fundstelle innerhalb des Textpuffers des Memofeldes an den letzten Teil weitergeleitet, damit das Memofeld diesen Text markiert und gegebenenfalls an die Stelle des Fundtextes gerollt werden kann. Diesen Algorithmus sehen Sie in Abbildung 7.3 grafisch dargestellt.

Diese drei Teile sind geradezu prädestiniert, in Unterprogramme gefaßt zu werden. Die Informationen, welche zwischen den Teilen ausgetauscht werden, können durch Parameter und Rückgabewerte von Funktionen realisiert werden.

Die Vorgehensweise, welche oben skizziert wurde, stammt aus dem Bereich der *strukturierten Programmierung*. Eine Problemstellung, hier der Suchvorgang, wird in Schritte unterteilt, welche anschließend in entsprechende Funktionen und Prozeduren gefaßt werden.

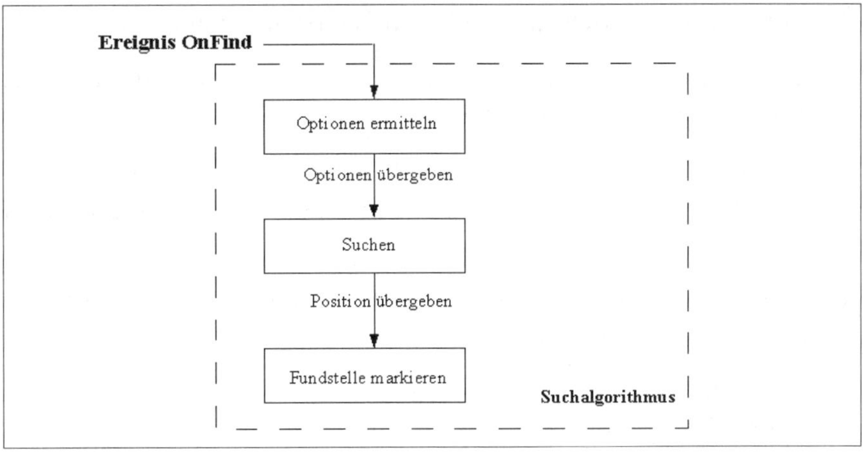

Abb. 7.3: Die drei Schritte des Suchalgorithmus

Dies ist eine elementare Arbeitsweise der Programmierung, welche Sie sich unbedingt angewöhnen sollten. Egal, ob Sie nun objektorientiert oder strukturiert programmieren, die Aufspaltung eines Problemkomplexes in kleinere Teile – Objekte, Module oder Funktionen – verbessert nicht nur die Übersichtlichkeit, sondern erhöht auch Ihre Produktivität. Es ist wesentlich einfacher, kleinere, genau spezifizierte Teilalgorithmen zu entwickeln, als das Problem in seiner Gesamtheit zu lösen.

Die Spezifikation

Bevor wir zur Implementierung des Algorithmus schreiten können, müssen wir uns zunächst mit der Spezifikation (Schnittstelle) der drei Routinen auseinandersetzen. Wir müssen also festlegen, welche Parameter übergeben und welche Werte zurückgegeben werden sollen.

Die drei Routinen sollen wie folgt heißen:

- *GetOptions* für den ersten Schritt zum Ermitteln der gesetzten Optionen.

- Für den zweiten Schritt *search* zum Suchen im Memofeld.
- Und für den dritten und letzten Schritt zum Markieren der Fundstelle soll der Name *MarkText* lauten.

Die zu übergebenden Parameter und Rückgabewerte können direkt aus der groben Beschreibung des Programmablaufs von oben gewonnen werden.

An *search* sind die von *GetOptions* ermittelten Optionen sowie der Suchtext zu übergeben.

MarkText erhält die von *search* zurückgelieferten Informationen über die Fundstelle.

Werte liefern lediglich *GetOptions* und *search* zurück. Diese beiden Routinen sind also als Funktionen zu deklarieren. *MarkText* hingegen gibt keinerlei Werte zurück und kann demzufolge als Prozedur vereinbart werden.

Somit ergibt sich aus dem Programmablauf folgende Situation:

GetOptions ist eine Funktion, welche die Optionen, die der Benutzer entweder im Suchen- oder Ersetzendialog eingestellt hat, zurückliefert.

search ist ebenfalls eine Funktion, die Informationen über die Fundstelle zurückgibt. Als Parameter werden die Optionen, sowie der Suchtext aus dem Suchen- respektive Ersetzendialog verlangt.

MarkText ist eine Prozedur, welche die Informationen über die Fundstelle als Argument erwartet.

Dies sind die Parameter und Rückgabewerte, welche sich aus der Analyse des Problems ergeben. Für die korrekte Arbeitsweise werden jedoch noch ein paar mehr benötigt.

Wenn Sie die Beschreibung von *GetOptions* von oben genauer unter die Lupe nehmen, so werden Sie feststellen, daß diese Routine noch davon abhängig ist, von welchem Dialogfeld der Auftrag zur Suche kam.

Der Befehl zum Suchen kann von *FindDialog1* oder *ReplaceDialog1* kommen, da beide Komponenten die Ereignisbehandlungsroutine *find* verwenden. Infolgedessen benötigt *GetOptions* auch noch das ereignisauslösende (sendende) Dialogfeld als Parameter. (Welches Dialogfeld gesendet hat, läßt sich in *find* schließlich durch den formalen Parameter Sender feststellen.)

Bei weiterer Überlegung fällt auf, daß die beiden Routinen *search* und *MarkText* nicht nur für dieses Projekt von Nutzen sein können.

Suchalgorithmen sind Standard und suchen nicht nur in Memofeldern. Deshalb ist es günstig, an die Funktion *search* den Textpuffer, in dem gesucht werden soll, zu übergeben. Diesen Textpuffer kann man ideal als String übergeben. Auf diese Weise können Sie diesen Suchalgorithmus in anderen Projekten auf jeden String anwenden und sparen sich somit die Zeit, die Sie für eine Neuentwicklung benötigen würden. Mit dem Memofeld *Memo1* ergeben sich in diesem konkreten Fall auch keine weiteren Schwierigkeiten, da die Eigenschaft *Text* dieses Memofeldes auf den Textpuffer verweist und diese als String deklariert ist. Des weiteren soll auch noch über einen weiteren Parameter die Startposition, ab der gesucht werden soll, angegeben werden. Im Falle des Memofeldes ist dies die aktuelle Position der Schreibmarke.

MarkText ist ein sehr interessanter Weg, innerhalb eines Memofeldes automatisch zu rollen und Text zu markieren. Diesen Algorithmus werden Sie in späteren Projekten unter Umständen ebenfalls gebrauchen können. Deshalb soll hier als Parameter noch das Memofeld, auf das der Algorithmus angewandt werden soll, übergeben werden. Damit ist der in *MarkText* definierte Algorithmus von der Memokomponente unabhängig und universell einsetzbar, da jeder Zugriff auf das Memofeld über den formalen Parameter der Prozedurdeklaration erfolgt und nicht direkt auf *Memo1*!

Da diese beiden Routinen nun auch anderen Projekten zur Verfügung stehen sollen, ist es der beste Weg, diese in eine eigene Unit zu kapseln, mit deren Definition wir uns später befassen werden.

GetOptions hingegen ist von der aktuellen Situation im Projekt abhängig und soll deshalb im Formular definiert werden.

Sie könnten jetzt die Meinung vertreten, daß die Optionen doch vor jedem Suchvorgang ermittelt werden müssen, womit Sie auch Recht hätten. Aber es ist nicht gesagt, daß Sie in späteren Projekten immer auf die Standarddialoge zurückgreifen und diese somit nicht immer die Quelle für die Optionen sind. Deshalb ist es günstiger, die Ermittlung der Optionen applikationsintern zu verwalten, als diese ebenfalls in der Unit bereitzustellen.

Implementierung von GetOptions

Bei der Implementierung von *GetOptions* könnten Sie analog zur Definition von *SetFileName* und *CheckFileSave* vorgehen, das heißt zuerst die neue Funktion in die Klassendefinition im Interface-Teil der Unit Main deklarieren und anschließend im Implementation-Teil definieren, sprich programmieren. Doch dies ist nicht nur langweilig, sondern auch nicht die optimale Lösung, da *GetOptions* nur innerhalb der Ereignisbehandlungsroutine *find* verwendet wird. Dies ist der ideale Zeitpunkt, um Sie mit einer weiteren Eigenschaft von Delphi beziehungsweise Object-Pascal vertraut zu machen.

Im Deklarationsteil einer Prozedur oder Funktion können Sie nicht nur Variablen oder Konstanten deklarieren, sondern auch weitere Prozeduren und Funktionen. Routinen, die auf diese Weise definiert werden, können nur innerhalb der Prozedur beziehungsweise Funktion angesprochen, das heißt aufgerufen werden, in deren Deklarationsteil sie angegeben wurden. Sie sind nur in dieser Routine gültig, das heißt, ihr Gültigkeitsbereich erstreckt sich nur über den Bereich der Routine. Aus einer anderen Stelle des Programms können sie nicht aufgerufen werden.

Doch bevor es zu theoretisch wird, hier der Einbau von *GetOptions* in *find*:

```
procedure TForm1.find(Sender: TObject);
  function GetOptions(Dialog: TFindDialog): TOptions;
  begin
    Result :=[];
    With Dialog Do
    begin
      If frWholeWord in Options Then
        Result := Result + [sWholeWord];
      If frMatchCase in Options Then
        Result := Result + [sMatchCase];
    end;
  end;
begin
end;
```

Eine Funktionsdefinition wird durch das Schlüsselwort *function* eingeleitet. Danach findet sich der Bezeichner der Funktion, optional gefolgt von der in Klammern gefaßten Parameterdeklaration.

Nach einem Doppelpunkt folgt der wichtigste Teil einer Funktion, der Typ des Rückgabewertes. Wie bei Variablen ist Objekt-Pascal darauf angewiesen, den Typ einzuordnen. In Variablen kann nur ein bestimmter Typ Daten gespeichert werden. Um jedoch den Rückgabewert, zum Beispiel einer Variablen zuweisen zu können, muß auch dieser durch einen Datentyp beschrieben sein.

Hier fällt auch eine formale Analogie zur Variablendeklaration auf. Eine Variable wird ebenfalls durch einen Bezeichner, gefolgt von einem Doppelpunkt und dem Typ beschrieben.

Der Rückgabewert von *GetOptions* ist *TOptions*. Dieser Datentyp ist in Delphi nicht vordefiniert, wie dies beispielsweise *String* oder *Boolean* sind. Diesen Datentyp werden wir erst in der Unit, welche auch search und *MarkText* aufnehmen soll, definieren.

TOptions ist eine *Menge*. Mengen kennen Sie bereits im Zusammenhang mit *MessageDlg*, deren dritter Parameter eine Menge ist, welche die im Meldungsfenster enthaltenen Schaltflächen angibt. Die Elemente von *TOptions* sind *sWholeWord* und *sMatchCase*. Diese sind mit den Elementen *mbOK*, *mbCancel* und *mbYes* der Schaltflächenangabe von *MessageDlg* vergleichbar.

Die Elemente *sWholeWord* und *sMatchCase* stellen die Optionen des Suchvorganges – nach ganzen Wörtern suchen beziehungsweise Groß/ Kleinschreibung – dar.

Wenn alle Optionen gesetzt sind, gibt *GetOptions* demnach die Menge *[sWholeWord, sMatchCase]* zurück; wenn keine gesetzt sind, die leere Menge *[]*. Wenn eine Option gesetzt ist, findet sich diese als einziges Element in den eckigen Klammern.

Der Algorithmus in *GetOptions* erzeugt diese Menge aufgrund der Optionen, die in dem übergebenen Objekt (Dialogfeldkomponente) gesetzt sind.

Die drei Schritte

Nun zur Implementierung des Code-Teils von *find*, den drei Schritten:

```
procedure TForm1.find(Sender: TObject);
  function GetOptions(Dialog: TFindDialog): TOptions;
  begin
    Result :=[];
    With Dialog Do
    begin
      If frWholeWord in Options Then
        Result := Result + [sWholeWord];
      If frMatchCase in Options Then
        Result := Result + [sMatchCase];
    end;
```

```
  end;
var
  options: TOptions;
  found: TFound;
begin
  { Schritt 1 }
  options := GetOptions(TFindDialog(Sender));
  { Schritt 2 }
  found := search(options,
    TFindDialog(Sender).FindText,Memo1.Text,
    Memo1.SelStart+Memo1.SelLength);
  { Schritt 3 }
  If found.len <> 0 Then MarkText(Memo1,found)
  Else
    MessageDlg('Suchtext nicht gefunden!',
    mtInformation,[mbOK],0);
end;
```

Wie Sie sehen, sind zwei lokale Variablen hinzugekommen. Die Variable *options* ist vom Typ *TOptions*, dem Mengentyp für Optionen, welchen wir später in der Unit definieren werden. Diese Variable dient zur Aufnahme des Rückgabewertes von *GetOptions*. Die Variable *found* ist vom Typ *TFound*. Diesen Datentyp werden wir ebenfalls erst in der neuen Unit definieren. Die Aufgabe von *found* wird es sein, Informationen über die Fundstelle des gesuchten Textes, also den Rückgabewert von *search*, aufzunehmen. Diese Variable enthält die Eigenschaften *pos* und *len*, welche die Position der Fundstelle im Memofeld sowie die Länge der Fundstelle enthalten werden.

Im oben angegebenen Code-Teil sehen Sie die einzelnen Schritte durch entsprechende Kommentare gekennzeichnet.

Schritt 1 besteht, wie erwartet, lediglich aus dem Aufruf von *GetOptions*. Als Parameter wird das sendende Objekt übergeben. Dies ist der formale Parameter *Sender* von *find*, welcher entweder *FindDialog1* oder

ReplaceDialog1 beinhaltet. Per formaler Deklaration des Parameters ist *Sender* vom Typ *TObject*, also ein beliebiges Objekt. *GetOptions* verlangt aber einen Parameter vom Typ *TFindDialog*, deshalb ist eine Typ-Konvertierung nötig. Durch Voranstellen des gewünschten Typs und Klammern der Variable wird diese Umwandlung von *TObject* in *TFindDialog* ermöglicht. Diese Konvertierung ist allerdings nur möglich, da sämtliche Komponenten von Delphi, wie eben auch *TFindDialog*, von *TObject* abstammen, das heißt durch Vererbung von dieser Klasse entstanden sind. Sie können alle so entstandenen oder verwandten Datentypen ineinander konvertieren. Das Konvertieren von typfremden Typen ineinander ist aber nicht möglich. Beispielsweise ist es möglich, *Word* in *Integer* zu konvertieren, aber nicht *Word* in *String*.

Achtung: Sie sollten bei derartigen Konvertierungen sehr vorsichtig vorgehen und nur konvertieren, wenn wirklich kein anderer Weg besteht. Konvertierungen können sehr leicht Fehler im Programmlauf verursachen, wenn der Programmierer nicht sorgfältig genug vorgeht.

Beispiel: Sie konvertieren *Integer* in *Word*. *Integer* kann positive als auch negative Werte enthalten; *Word* hingegen nur positive. Damit kann es sehr leicht zu Problemen führen, wenn nun ein negativer Integer-Wert in einen Word-Wert konvertiert wird.

Die von *GetOptions* ermittelten Optionen werden der lokalen Variable *options* zugewiesen und stehen somit für den nächsten Schritt zur Verfügung.

Der zweite Schritt ist ebenfalls wieder die Zuweisung des Rückgabewertes einer Funktion an eine Variable. Hier werden die Informationen über die Fundstelle des gesuchten Textes, welche aus dem Aufruf von search resultierten, in *found* gespeichert.

Der erste Parameter von *search* beinhaltet die ermittelten Optionen, welche in *options* gespeichert sind.

Der zweite Parameter ist etwas komplizierter aufgebaut. Zunächst wird *Sender* wieder in eine Variable vom Typ *TFindDialog* konvertiert. Durch das mittels Punkt angehängte *FindText* wird die entsprechende Eigenschaft des Dialogs angesprochen. *Sender.FindText* würde zu einem Fehler bei der Kompilierung, also bei der Erzeugung des ausführbaren Programms, führen, da *FindText* keine Eigenschaft von einem Objekt des Typs *TObject* sein kann. Nach der Konvertierung wird *Sender* hingegen wie ein Objekt vom Typ *TFindDialog* betrachtet, und somit kann auf die Eigenschaft *FindText* zugegriffen werden. Die Eigenschaft *FindText* von *FindDialog1* beziehungsweise *ReplaceDialog1* beinhaltet den vom Benutzer eingegebenen Suchtext.

Der dritte Parameter ist der Textpuffer des Memofeldes. Im letzen Parameter findet sich die aktuelle Position der Schreibmarke innerhalb des Memofeldes. Diese Position errechnet sich aus der Addition der Werte der Eigenschaften *SelStart* und *SelLength* von *Memo1*.

Schritt Nummer drei ist gegenüber der oben vereinbarten Spezifikation etwas erweitert worden. Der Aufruf von *MarkText* ist in einen if-Block eingebettet. Wenn die Länge des Fundtextes (*found.len*) nicht Null (<> 0) ist, wird der Text durch *MarkText* markiert. Der Teil *len* von *found* wird als Indikator dafür verwendet, ob eine Stelle passend auf den Suchtext gefunden wurde. Falls *found.len* Null ist, wird dem Benutzer durch ein Meldungsfenster mitgeteilt, daß der angegebene Suchtext nicht gefunden wurde.

Die Parameter von *MarkText* sind, wie in der oben vereinbarten Spezifikation, das Memofeld *Memo1* und die Fundstelle *found*.

Damit ist der anwendungsabhängige Teil des Suchalgorithmus abgeschlossen, und es kann die Programmierung der Unit mit dem eigentlichen Suchalgorithmus erfolgen.

7.4 Entwicklung der Unit

Um dem Projekt eine neue Unit hinzuzufügen, klicken Sie auf *Datei / Neu*, woraufhin sich das Dialogfeld *Neue Einträge* öffnet. Selektieren Sie im Register *Neu* den Eintrag *Unit* durch einfachen Klick mit der linken Maustaste, und klicken Sie anschließend auf *OK*. Als Reaktion auf diese Operation generiert Delphi den Rahmencode für eine neue Unit *Unit3* und öffnet diesen zur Bearbeitung im Quelltexteditor.

Speichern Sie diesen Rahmencode unter einem aussagekräftigen Namen wie *SearchUtils* ab.

Definieren von neuen Datentypen

Die neuen Datentypen *TOptions* und *TFound* sollen von außen ansprechbar sein, da sie in der Unit *Main* des Editor-Projektes verwendet werden. Deshalb sind diese Datentypen in der Interface-Sektion zu definieren.

Die Definition von neuen Datentypen wird, ähnlich wie die Variablen- und Konstantendeklaration, durch das Schlüsselwort *type* eingeleitet. Danach folgen die einzelnen Einträge für die neuen Typen in der Form *<Bezeichner>* = *<Definition>*. Die Definition kann je nach zu definierendem Datentyp sehr unterschiedliche Strukturen und sehr komplexe Ausmaße annehmen.

Der Übersichtlichkeit wegen soll hier schon der gesamte Interface-Teil folgen:

```
interface
uses StdCtrls;
type
  TSearchOption = (sWholeWord, sMatchCase);
  TOptions = set of TSearchOption;
  TFound = record
```

```
    pos, len: Word;
  end;
function search(Options: Toptions; Search, Buffer: String;
StartPos: Word): TFound;
procedure MarkText(Memo: TMemo; Found: TFound);
```

Der erste Typ, der definiert wird, ist *TSearchOption*. Hier begegnen Ihnen die alten Bekannten *sWholeWord* und *sMatchCase*. Dieser Datentyp definiert die Elemente von *TOptions*. Eine Variable des Typs *TSearchOption* kann nur die Werte *sWholeWord* oder *sMatchCase* annehmen, ähnlich wie eine Variable des Typs *Word* nur positive ganze Zahlen speichern kann.

So könnten Sie auch beispielsweise einen Variablentyp für Monate definieren:

```
type
Monat = (Jan, Feb, Mae, Apr, Mai, Jun, Jul, Aug, Sep, Okt, Nov,
Dez);
```

Eine Variable des Typs *Monat* kann demzufolge nur einen Wert zwischen *Jan* und *Dez* annehmen. Damit hätten Sie einen speziellen Variablentyp für Monatsangaben.

Die nächste Anweisung definiert *TOptions* als Menge mit Elementen des Typs *TSearchOption*. Dies geschieht mit Hilfe des Schlüsselwortes *set*, welches Variablen als Mengen deklariert, ähnlich wie dies *Integer* für Ganzzahlvariablen macht. Übersetzt heißt dies »*TOptions* ist eine Menge von Elementen des Typs *TSearchOption*«. Damit kann eine Variable des Typs *TOptions* die Elemente *sWholeWord* und *sMatchCase* aufnehmen.

Hinweis: Hierbei kann jedes Element nur einmal in der Menge enthalten sein, was mit der mathematischen Definition einer Menge konform geht. Die Mengenangabe *[sWholeWord, sMatchCase, sWholeWord, sWholeWord, sMatchCase]* ist nur unsinnige Schreibarbeit, da sie nicht definiert ist! In der Menge der ganzen Zahlen existiert schließlich auch nur eine Drei. Oder kennen Sie zwei verschiedene Arten von Dreien?

Die nächste Zeile definiert *TFound* als *Record*. Dies ist eine sehr häufig verwendete Datenstruktur. In ihr können Daten sehr flexibel verwaltet werden.

Sie können sich eine Record-Variable als Container für weitere Variablen vorstellen. Variablen, die logisch zusammengehören, können so unter einem Oberbegriff zusammengefaßt werden.

Die allgemeine Syntax lautet:

```
  <Bezeichner> = record
  <Variablendeklarationen>;
end;
```

In *TFound* sind die Informationen über eine Fundstelle zusammengefaßt, nämlich *pos* für die Position der Fundstelle innerhalb des Textes und *len* für die Länge der Fundstelle. Beide Variablen sind vom Typ *Word*, können also nur ganze positive Zahlen speichern. Dies ist ausreichend, da sowohl die Indizes der Zeichen und damit die potentiellen Positionen grundsätzlich positiv sind als auch die Länge der Fundstellen.

In der Implementierung von *find* ist uns schon die Variable *found* vom Typ *TFound* begegnet. Dort griffen wir durch *found.len* auf das Element *len* von *found* zu. Diese Schreibweise kennen Sie bereits von Objekten, auf deren Eigenschaften und Methoden durch das gleiche Verfahren zugegriffen wird. Dieser Umstand verwundert auch nicht, denn Records sind die computergeschichtlichen Vorfahren von Klassen respektive Objekten.

Hinweis: Ihnen ist vielleicht aufgefallen, daß die Namen der Datentypen jeweils mit einem *T* für *Typ* beginnen. Dies ist zwar nicht unbedingt erforderlich, da jeder Bezeichner, der den entsprechenden Pascal-Konventionen folgt, ein gültiger Typbezeichner ist. Es hat sich jedoch als günstig erwiesen, den Typbezeichnern ein T voranzustellen, da hierdurch Bezeichner für Variablen einfacher von denen für Datentypen unterschieden werden können.

Der Interface-Teil

Im Interface-Teil der Unit finden sich noch die Spezifikationen (*Prototypen*) der beiden Routinen *search* und *MarkText*.

Der Rückgabewert von *search* ist der neu definierte Datentyp *TFound*, da Informationen über die Fundstelle zurückgegeben werden sollen. Der erste Parameter ist vom Typ *TOptions* und soll die vom Benutzer spezifizierten Optionen aufnehmen. Die beiden String-Variablen *Search* und *Buffer* stellen den Suchtext und den Textpuffer, welcher durchsucht werden soll, dar. Der letzte Parameter ist die Startposition und gibt den Index des Zeichens innerhalb des Textpuffers an, ab welchem gesucht werden soll.

Die Prozedur *MarkText* besitzt zwei formale Parameter. Der erste ist das Memofeld, in welchem markiert werden soll. Memofelder besitzen den Datentyp (Klasse) *TMemo*. Der zweite Parameter ist vom Typ *TFound* und beinhaltet die Informationen über den Text, welcher im Memofeld markiert werden soll.

Im Interface-Teil findet sich auch eine Uses-Klausel, welche als einzige Unit *StdCtrls* enthält. Diese Unit ist in der Interface-Sektion wichtig, da Sie die Klasse *TMemo* definiert. Ohne diese Unit wüßte Delphi nichts mit dem Typ *TMemo* anzufangen und würde zur Kompilierungszeit einen Fehler melden.

Der grundlegende Suchalgorithmus

Wir werden zunächst einen grundlegenden Suchalgorithmus, der die Optionen noch nicht berücksichtigt, implementieren. Durch diese Vereinfachung des Problems kann der pure Suchvorgang betrachtet werden. Erst wenn dieser Basis-Algorithmus funktioniert, werden die nötigen Erweiterungen für die Berücksichtigung der Optionen programmiert.

Dieses Verfahren, sozusagen schichtweise einen Algorithmus aufzubauen, sollten Sie sich angewöhnen, da Sie sich hierdurch kompliziertere Debugger-Sessions ersparen können. Es ist eben sehr viel leichter, einen Fehler in einem weniger komplexen Algorithmus zu finden, als in einem monströsen Code aus mehreren tausend Zeilen! Sowie Sie dann neue Teile hinzufügen und dann Fehler auftreten, wissen Sie auch schon, daß die neuen Teile die Fehler verursacht haben müssen und nicht die alten Strukturen.

Hier nun wieder zuerst die (vorläufige) Implementation-Sektion:

```
implementation
function search(Options: TOptions; Search, Buffer:
String; StartPos: Word): TFound;
var
  m: Word;
begin
  { Suchschleife }
  For m := StartPos to Length(Buffer) Do
  begin
    n := 0;
    While (n+1 <= Length(Search)) and
      (m+n <= Length(Buffer)) and
      (Search[n+1] = Buffer[m+n]) do inc(n);
    If n+1 > Length(Search) Then Break;
  end;
  { Auswertung }
  If n+1 > Length(Search) Then
  begin
    Result.pos := m;
    Result.len := Length(Search);
  end else
  begin
    Result.pos := 0;
```

```
    Result.len := 0;
  end;
end;
```

Der Algorithmus gliedert sich in zwei Teile: eine Suchschleife und einen Auswertungsteil.

Die Suchschleife arbeitet nach dem Prinzip, für jede Position im Textpuffer zu testen, ob der Such-String an dieser Stelle vorliegt. Es wird also für jede Position begonnen, die Zeichen des Textpuffers nacheinander mit dem Such-String zu vergleichen. Wird eine Übereinstimmung festgestellt, so wird die Schleife schlicht abgebrochen und die Auswertung beginnt. Ein Beispielablauf des Algorithmus ist in Abbildung 7.4 grafisch dargestellt.

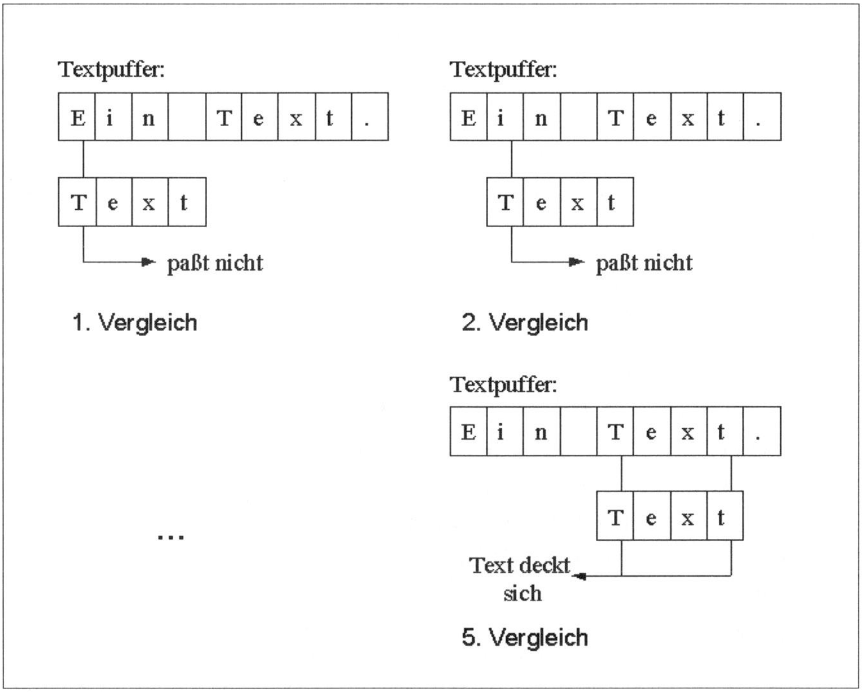

Abb. 7.4: Der Ablauf des Suchalgorithmus für Text

Dies ist nicht der effizienteste, aber einfachste Suchalgorithmus. Er wird in der Informatik allgemein als »brute force«-Suche bezeichnet, was seinem »brutal«-plumpen Vorgehen auch entspricht.

Hier bietet sich die Implementierung als For-Schleife geradezu an. Alle Zeichen von *StartPos*, der übergebenen Startposition, bis zum Ende des Textpuffers sollen nacheinander mit dem Such-String verglichen werden.

Die Länge eines Strings läßt sich durch die Funktion *Length* ermitteln. Diese Funktion ist in der Unit *System* definiert, welche in jede Unit automatisch eingebunden wird. Sie müssen *System* also nicht in die Uses-Klausel aufnehmen.

Da in Object-Pascal die Zeichen eines Strings immer mit 1 beginnend durchnumeriert werden, ist die Länge des Strings auch gleichzeitig der Index des letzten Zeichens. Daraus ergibt sich die Arbeitsanweisung der For-Schleife: *m := StartPos to Length(Buffer)*. Die Schleife wird für jedes Zeichen von der übergebenen Startposition bis zum letzten Zeichen abgearbeitet. Die Variable *m* enthält also immer den Index des Zeichens im Textpuffer, ab welchem der Vergleich mit dem Suchtext beginnt.

Das Innenleben der Schleife ist recht unspektakulär. Zuerst wird der Inhalt der Variable *n* mit Null initialisiert. Danach folgt eine zwar auf den ersten Blick verwirrend aussehende While-Schleife, die jedoch recht einfach in der Funktion ist.

In ihr werden die Zeichen von *Buffer* beginnend bei Position *m* mit denen von *Search* beginnend bei Position 1 verglichen. Die Variable *n* ist hierbei ein sogenanntes *Offset*, also ein Wert, der zu einem anderen hinzugezählt wird und der dadurch die Position im Puffer und im String ändert. Durch dieses Verfahren wird es möglich, die Zeichen der beiden Strings *Buffer* und *Search* relativ zu den Startpositionen *m* beziehungsweise 1 zu vergleichen.

Um auf ein bestimmtes Zeichen in einem String zuzugreifen, ist die Position des Zeichens durch einen in eckige Klammern gefaßten numerischen

Ausdruck, welcher an den Bezeichner angehängt wird, anzugeben. *Search[1]* ist demnach das erste Zeichen im String *Search*.

Es wird also Zeichen *m* von *Buffer* mit Zeichen 1 von *Search* verglichen, danach Zeichen *m+1* von *Buffer* mit Zeichen 2 von *Search*, dann *m+2* mit 3, und so weiter.

Die Zeichen werden solange miteinander verglichen, wie die folgenden Bedingungen gelten:

- *n+1* muß kleiner oder gleich der Länge von *Search* sein, also die Länge darf nicht überschritten werden.
- *m+n* muß aus oben genannten Gründen kleiner oder gleich der Länge von *Buffer* sein.
- Die Zeichen von *Buffer* und *Search* an der Offset-Position *n* müssen identisch sein.

Die einzelnen Bedingungen sind durch das Schlüsselwort (den Operator) *and* miteinander verknüpft. Wenn Bedingungen durch and verknüpft sind, müssen alle erfüllt sein, damit sie als Gesamtbedingung erfüllt sind. *<Bedingung1> and <Bedingung2>* bedeutet einfach »Es muß Bedingung1 und Bedingung2 erfüllt sein«.

Hinweis: Das Gegenstück zu *and* ist *or*. Hier muß nur eine Bedingung zutreffen, damit die Gesamtbedingung erfüllt ist: Bedingung1 oder Bedingung2 muß erfüllt sein.

Achtung: Die Bedingungen müssen hierbei gesondert in Klammern gesetzt werden, da die Operatoren sonst nicht korrekt arbeiten.

Treffen nun alle drei Bedingungen zu und ist damit die resultierende Gesamtbedingung der While-Schleife erfüllt, so wird der Inhalt der Offset-Variablen *n* um 1 erhöht und der nächste Vergleich vorgenommen.

Hat nun eine der Abbruchbedingungen gegriffen, so wird die Schleife verlassen, und die Auswertung des Ergebnisses der While-Schleife beginnt. In der folgenden If-Anweisung wird geklärt, ob *n+1* größer als die Länge von *Search* ist. Ist dies nämlich der Fall, so konnte *Search* ganz abgearbeitet, das heißt mit *Buffer* verglichen werden. Es liegt also eine Übereinstimmung vor, und die For-Schleife kann vorzeitig durch *Break* abgebrochen werden. Liegt hingegen keine Übereinstimmung vor (*n+1 <= Length(Search)*), so wird die For-Schleife regulär fortgesetzt.

Nach dem Verlassen der For-Schleife wird erneut überprüft, ob *n+1* größer als die Länge des Strings *Search* ist, was ja das Kriterium für eine Übereinstimmung ist. Ist dies der Fall, so wird dem Rückgabewert die Fundposition, also der Wert von *m*, und die Länge des Fund-Strings zugewiesen.

Liegt keine Übereinstimmung vor, so werden die Position und die Länge des Fund-Strings als Rückgabe auf Null gesetzt.

Damit ist die grundlegende Variante des Suchalgorithmus fertiggestellt.

Markieren von Text im Memofeld

Beim Markieren von Text im Memofeld und beim automatischen Rollen des markierten Textes in den sichtbaren Bereich des Memofeldes muß man sich einiger Tricks aus der Profikiste bedienen.

Der Code für *MarkText* mutet sehr einfach an, da er nur aus drei Anweisungen gleichen Musters besteht:

```
procedure MarkText(Memo: TMemo; Found: TFound);
begin
  SendMessage(Memo.Handle,EM_SETSEL,
  Found.pos-1,Found.pos+Found.Len-1);
  SendMessage(Memo.Handle,WM_KEYDOWN, VK_RIGHT, 0);
```

```
  SendMessage(Memo.Handle,EM_SETSEL,
  Found.pos-1,Found.pos+Found.Len-1);
end;
```

SendMessage ist eine *Windows-API-Routine* (API = Application Programming Interface), die es ermöglicht, Nachrichten/Botschaften (= Messages) an Anwendungen, Fenster etc. zu senden. Die API-Routinen sind in der Welt von Delphi die unterste Ebene der Programmierung.

Wenn Sie beispielsweise eine Schaltfläche betätigen, so sendet diese an die Anwendung eine Botschaft, daß sie ausgelöst wurde. Dabei verwendet sie intern genau diese Routine *SendMessage*, um die Botschaft auf den Weg zu bringen.

Nun können Sie als Programmierer durch diese Routine jede beliebige Botschaft senden und damit Ereignisse auslösen, ohne dabei auf ein reales Ereignis, wie beispielsweise die Betätigung eines Schalters durch den Benutzer, warten zu müssen.

Der Aufruf von *SendMessage* muß mit vier Parametern erfolgen. Der erste Parameter ist das *Handle* des Fensters, welches die Nachricht empfangen soll. In Windows werden alle Fenster, Schaltflächen, etc. durch sogenannte *Handles* angesprochen. Dies sind nichts anderes als Nummern, durch die sich Windows merkt, was sich alles auf dem Bildschirm tummelt. Dieses *Handle* findet sich bei den Komponenten von Delphi in der Eigenschaft *Handle*. Da wir Nachrichten an das Memofeld senden wollen (hier soll markiert werden), übergeben wir als erstes *Memo.Handle*.

Der zweite Parameter ist die Art der Botschaft, die gesendet werden soll. Also, ob es sich um ein Tastatur- oder Mausereignis, das Betätigen einer Schaltfläche, etc. handelt.

Die beiden letzten Parameter sind die Messageparameter von Windows *wParam* und *lParam*. Diese Parameter sind von der Art der Botschaft abhängig. Bei einem Mausereignis finden sich hier beispielsweise Informationen über die Position des Mauszeigers.

Die erste Botschaft, die wir senden wollen, ist die zum Markieren des Textes. Diese Botschaft nennt sich *EM_SETSEL*. Dieser Bezeichner muß als zweiter Parameter angegeben werden. In *wParam* muß die Startposition der Selektion angegeben werden; in *lParam* die Endposition. Die Endposition errechnet sich aus der Startposition plus der Länge der Fundstelle. Das Subtrahieren von 1 von beiden Werten ist notwendig, da Windows die Zeichen in einem Memofeld von 0 an durchnumeriert, im Gegensatz zu Delphi, welches mit 1 beginnt. Infolgedessen müssen die beiden Positionen eben um eine Stelle verschoben werden. Nach diesem Aufruf von *SendMessage* ist der Text selektiert.

Um nun diese markierte Textstelle in den sichtbaren Bereich des Memofeldes zu rollen, muß man zu einem Trick greifen.

Die Schreibmarke befindet sich jetzt bei dieser Markierung. Wenn nun ein Tastendruck erfolgen würde, so würde Windows automatisch den Text in den sichtbaren Bereich holen, damit der Anwender sieht, was er nun ändert. Was liegt jetzt also näher, als einen Tastendruck durch das Senden einer Botschaft zu simulieren?

Die Botschaft, die zu senden ist, nennt sich *WM_KEYDOWN*. Damit wird dem Memofeld mitgeteilt, daß eine Taste gedrückt wurde. Die Konstante *VK_RIGHT* im *wParam* beschreibt die Taste [→]. Diese Taste ändert nur die Position der Schreibmarke im Memofeld und keinen Text und ist somit harmlos. Daraufhin erfolgt das automatische Rollen des Textes, falls nötig.

Nun ergibt sich das Problem, daß die selektierte Textstelle durch den Tastendruck wieder entmarkiert wurde. Diesen Effekt kennen Sie vielleicht: Sie markieren einen Text und drücken dann auf eine der Pfeiltasten. Die Markierung verschwindet wieder. Also muß die erste Botschaft erneut gesendet werden, um den Text neu zu markieren.

Testlauf

Hier nun der gesamte Implementations-Teil:

```
implementation
uses Windows, Messages;
function search(Options: TOptions; Search, Buffer: String;
StartPos: Word): TFound;
var
  m: Word;
begin
  { Suchschleife }
  For m := StartPos To Length(Buffer) Do
  begin
    n := 0;
    While (n+1 <= Length(Search)) and
      (m+n <= Length(Buffer)) and
      (Search[n+1] = Buffer[m+n]) Do inc(n);
    If n+1 > Length(Search) Then Break;
  end;
  { Auswertung }
  If n+1 > Length(Search) Then
  begin
    Result.pos := m;
    Result.len := Length(Search);
  end else
  begin
    Result.pos := 0;
    Result.len := 0;
  end;
end;

procedure MarkText(Memo: TMemo; Found: TFound);
begin
```

```
  SendMessage(Memo.Handle,EM_SETSEL,
  Found.pos-1,Found.pos+Found.len-1);
  SendMessage(Memo.Handle,WM_KEYDOWN, VK_RIGHT, 0);
  SendMessage(Memo.Handle,EM_SETSEL,
  Found.pos-1,Found.pos+Found.len-1);
end;
```

Wie Sie sehen, ist zum Implementations-Teil auch noch eine Uses-Klausel hinzugekommen. Die hier angegebenen Units werden nur in der Implementierung benötigt und sind nicht für die Schnittstelle wichtig, weshalb in dieser Unit zwei Uses-Klauseln existieren.

In *Windows* ist die Routine *SendMessage* definiert. In *Messages* finden sich die Botschaftskonstanten *EM_SETSEL* und *WM_KEYDOWN*.

Bevor Sie die Anwendung starten können, müssen Sie noch die Unit *SearchUtils* in die Uses-Klausel im Implementierungsteil der Unit *Main* eintragen, damit in der Ereignisbehandlungsroutine *find* auf die soeben definierten Routinen *search* und *MarkText* zugegriffen werden kann.

Außerdem muß im Objektinspektor für das Memofeld *Memo1* des Formulars *Form1* die Eigenschaft *HideSelection* auf *False* gesetzt werden.

Normalerweise verbergen Memofelder den selektierten Text, wenn der Eingabefokus nicht auf ihnen lastet. Dies ist aber in diesem Fall nicht sinnvoll, da, wenn der Suchdialog aktiv ist und Sie auf Suchen klicken, der gefundene Text nicht selektiert angezeigt werden könnte. Deshalb muß (!) *HideSelection* auf *False* gesetzt werden.

Sowie Sie diese Änderungen vorgenommen haben, speichern Sie diese ab und können die Anwendung starten. Testen Sie nun diesen Suchalgorithmus. Hierbei müssen Sie jedoch (noch) auf die genaue Schreibweise achten.

Geben Sie beispielsweise folgenden Text ein:

```
Mit Hilfe einer Testvorrichtung testet man eine zu
testende Apparatur.
```

```
Zum Testen einer Akustikanlage sprechen viele
Menschen: »Test, Test«
```

Dieser Text ist zwar nicht hohe Literatur, aber er ist ideal zum Testen einer Suchfunktion.

Setzen Sie nun die Schreibmarke beispielsweise durch die Tastenkombination [Strg]+[Pos1] auf den Anfang des Textes, und öffnen Sie durch *Suchen / Suchen* den Suchendialog. Geben Sie nun Test ein, und klicken Sie auf die Schaltfläche *Suchen*. Danach werden die ersten vier Buchstaben von *Testvorrichtung*, wie in Abb. 7.5 dargestellt, hervorgehoben.

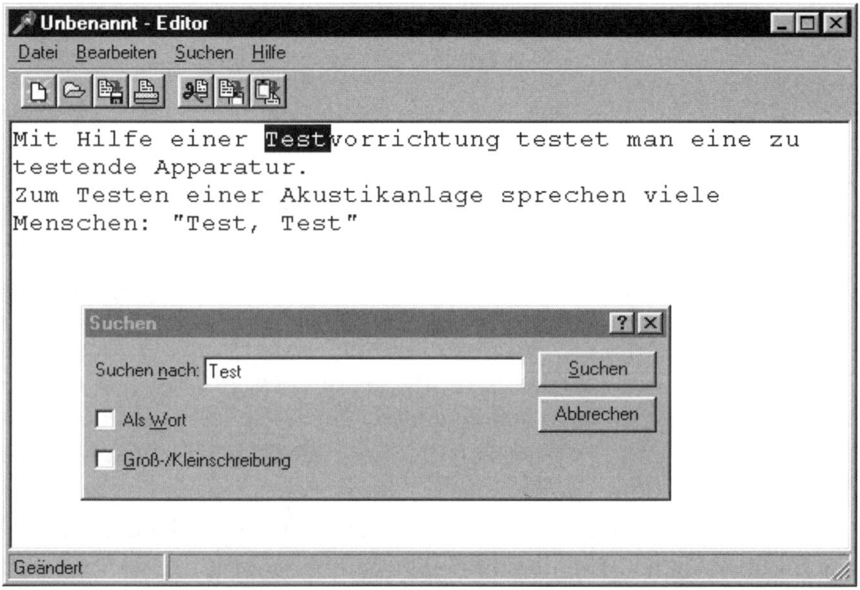

Abb. 7.5: Das erste Suchergebnis

Nach einem weiteren Klick auf die Schaltfläche *Suchen* wird die nächste Fundstelle angezeigt. Dies können Sie nun fortführen, bis die Meldung erscheint, daß der Such-String nicht (mehr) gefunden wurde.

Während der Suchendialog aktiv ist, können Sie aber auch in das Memofeld des Editors klicken und dort die Schreibmarke neu positionieren oder auch Änderungen vornehmen. Nach einem Klick in den Suchendialog können Sie wieder nach weiteren Stellen suchen.

Schließen können Sie den Suchendialog durch die Schaltfläche *Abbrechen*.

Hinweis: Speichern Sie den eingegeben Text, denn Sie werden ihn für weitere Testläufe benötigen.

7.5 Erweiterung des Suchalgorithmus

Groß/Kleinschreibung

Im Augenblick ist die Suche noch auf Beachtung von Groß- und Kleinschreibung eingestellt. Nun muß der Algorithmus dahingehend erweitert werden, daß, wenn die Option *Groß/Kleinschreibung* (*sMatchCase*) nicht gesetzt ist, die Schreibweise ignoriert wird. Hierzu ist die Vergleichsoperation von *Search* mit *Buffer* zu modifizieren.

Dieser Vergleich der einzelnen Zeichen findet sich in der Abbruchbedingung der in der For-Schleife eingebetteten While-Schleife. Derzeit wird jedes Zeichen, so wie es sich in *Search* oder *Buffer* befindet, für die Vergleichsoperation herangezogen. Dieses Verfahren ist bei gesetzter Option *sMatchCase* durchaus sinnvoll, weshalb wir diese Schleife für diesen Fall beibehalten wollen und eine neue Schleife für den anderen Fall programmieren werden.

Mit anderen Worten: Wir haben zwei Fälle und für jeden Fall eine Schleife. Diese beiden Schleifen sind alternative Blöcke, deren Bedingung für die Verzweigung des Programmlaufs die Option *sMatchCase* ist. Dieses Problem verlangt nach einem If-Konstrukt.

Der modifizierte Code für die Suchschleife:

```
For m := StartPos To Length(Buffer) Do
begin
  n := 0;
  If sMatchCase in Options Then
    While (n+1 <= Length(Search)) and
      (m+n <= Length(Buffer)) and
      (Search[n+1] = Buffer[m+n]) Do inc(n)
  Else
    While (n+1 <= Length(Search)) and
      (m+n <= Length(Buffer)) and
      (UpCase(Search[n+1]) = UpCase(Buffer[m+n])) Do
        inc(n);
        If n+1 > Length(Search) Then Break;
end;
```

Anstatt der einfachen While-Schleife findet sich hier nun ein If-Block. Ist das Element *sMatchCase* in der Menge Options enthalten, wird die alte Schleife ausgeführt, und am Ergebnis ändert sich nichts – Groß- und Kleinschreibung wird nach wie vor berücksichtigt. Nur wenn die Option nicht gesetzt ist, wird in den Else-Teil verzweigt.

Diese alternative While-Schleife unterscheidet sich von der vorherigen nur in der dritten Teilbedingung. Hier werden die Rückgabewerte der Funktionsaufrufe von *UpCase* anstatt der einzelnen Zeichen verglichen. Die Parameter bilden die zu vergleichenden Zeichen.

UpCase ist eine global verfügbare Funktion, die den entsprechenden Großbuchstaben zu einem übergebenen Zeichen zurückliefert. Für Kleinbuchstaben werden durch diese Funktion die entsprechenden Großbuchstaben zurückgeliefert. Großbuchstaben, Ziffern und alle anderen Zeichen werden so zurückgeliefert, wie sie übergeben wurden.

Nachdem damit alle Kleinbuchstaben in große umgewandelt werden und alle anderen Zeichen so bleiben wie sie sind, ist ein Vergleich ohne Berücksichtigung von Groß- und Kleinschreibung möglich.

Hinweis: Einen Haken hat die Sache allerdings: Wie so vieles im Computerbereich, ist auch *UpCase* ganz auf die englische Sprache ausgerichtet. Das bedeutet, daß die deutschen Umlaute nicht umgewandelt werden. Ein kleines *ü* bleibt ein kleines *ü*!

Damit ist die Suche ohne die Berücksichtigung der Groß- und Kleinschreibung programmiert. Testen Sie nun diesen Algorithmus mit dem kleinen Beispieltext von oben. Hier können Sie mit der Option für Groß- / Kleinschreibung experimentieren. Suchen Sie beispielsweise nach *Test* und *test*, und schalten Sie die Option Groß-/Kleinschreibung jeweils ein und aus.

Nach Wörtern suchen

Zunächst gilt es die Frage zu klären: Was ist ein Wort?

In unserem Fall ist eine sprachwissenschaftliche Betrachtung kein sehr nutzbringender Weg. Wir müssen eher von einer Betrachtung auf Byte-Ebene ausgehen.

Betrachtet man einen Text vom Standpunkt des Programmierers, so finden sich Buchstaben, Ziffern, Satzzeichen und Formatzeichen sowie Leerzeichen und die unsichtbaren Zeilenendezeichen. Wörter bilden sich aus Buchstaben und im abstrakteren Sinn aus Ziffern. Sie bilden sich nicht aus Satzzeichen und Formatzeichen. Durch diese Zeichen werden Wörter voneinander getrennt. Ergo besteht ein Text aus Buchstaben und Ziffern, die sich zu Wörtern gruppieren und aus Trennzeichen, wie Satz- und Formatzeichen.

Der Suchalgorithmus liefert eine Fundstelle zurück, die unter Umständen ein Wort sein könnte. Um nun festzustellen, ob es sich um ein Wort im oben genannten Sinne handelt, muß lediglich überprüft werden, ob diese Fundstelle durch Trennzeichen eingefaßt ist. Es ist also zu prüfen, ob das Zeichen vor dem ersten der Fundstelle und das Zeichen nach dem letzten der Fundstelle ein Trennzeichen ist.

Die andere Vorgehensweise, zu prüfen, ob die Fundstelle nur aus Buchstaben und Ziffern besteht, greift hier nicht. Der Benutzer kann einen Such-String angeben, welcher beispielsweise auch Leerzeichen enthält, hier würde dieses Verfahren bei einer passenden Fundstelle sofort melden, daß es sich nicht um ein Wort handelt, und der Suchalgorithmus würde nicht greifen. Nebenbei müßte hier danach dennoch ein Test auf Trennzeichen am Anfang und Ende erfolgen, da sonst nicht zweifelsfrei behauptet werden könnte, daß es sich um ein Wort handelt.

Zum Beispiel würde dieses Verfahren für den Such-String »Dies ist ein Test« selbst bei einer in Trennzeichen eingefaßten, passenden Fundstelle behaupten, dies sei keine Übereinstimmung, da ein Wort keine Leerzeichen enthalten kann. Doch dies wäre wieder sehr sprachwissenschaftlich definiert! Im DV-Bereich ist ein Wort im Sinne eines Suchalgorithmus schlicht als ein in Trennzeichen eingefaßter, zum Such-String passender Teil-String zu betrachten.

Der Test, ob wirklich eine Übereinstimmung, also bei gesetzter Wort-Option ein Wort vorliegt, muß bei der Auswertung in der Suchschleife erfolgen. Derzeit findet sich dort die Zeile:

```
If n+1 > Length(Search) Then Break;
```

Wie weiter oben erklärt wurde, ist die Bedingung *n+1 > Length(Search)* das Kriterium für eine Fundstelle. Der Suchtext wurde im Puffer gefunden. Dies ist die ideale Stelle, um zu prüfen, ob es sich um ein Wort handelt. Ist dies der Fall, kann die Suchschleife durch *Break* vorzeitig beendet werden. Falls nicht, wird die Suchschleife fortgesetzt und nach einer eventuell vorhandenen weiteren Fundstelle gesucht, da keine Übereinstimmung vorliegt (wie im Fall, daß die Bedingung *n+1 > Length(Search)* nicht zutrifft).

Innerhalb des Anweisungsblocks der obigen if-Klausel müssen zwei Fälle betrachtet werden. Zum einen der alte Fall, in dem nicht nach Wörtern gesucht wird und somit gleich *Break* ausgeführt werden kann, da eine Übereinstimmung schon vorliegt. Zum anderen muß für die gesetzte

Option *nach Wörtern suchen* (*sWholeWord*) noch geklärt werden, ob sich vor und nach der Fundstelle ein Trennzeichen befindet. Daraus ergibt sich folgender Aufbau:

```
If n+1 > Length(Search) Then
begin
  If sWholeWord in Options Then
  begin
    { Hier wird festgestellt, ob ein Wort vorliegt }
  end else Break;
end;
```

Die Optionen sind in der Menge *Options* gespeichert, und in der If-Anweisung wird geprüft, ob sich das Element *sWholeWord* darin befindet, also ob nach Wörtern gesucht wird. Trifft dies nicht zu, dann wird, wie zuvor, das *Break* – jetzt im Else-Teil – ausgeführt. Wo sich derzeit noch der Kommentar befindet, werden wir den entsprechenden Code implementieren.

Um eine Übereinstimmung der Fundstelle mit dem Such-String endgültig festzustellen, muß nun die Bedingung *vor und nach der Fundstelle ist ein Trennzeichen* geklärt werden. Hierzu ist am einfachsten auszuschließen, daß es sich bei diesen Zeichen um Buchstaben oder Ziffern handelt. Um jedoch nicht für jedes Zeichen je eine aufgeblähte Abfragestruktur aufzubauen, welche bis auf das Zeichen identisch sind, werden wir den Abfragealgorithmus in einer gesonderten Funktion implementieren.

Diese Funktion soll den Bezeichner *Character* (= Zeichen) erhalten. Ein boolescher Wert, der bei Buchstaben und Ziffern *True* und bei allen anderen Zeichen *False* annimmt.

Demnach ist für die beiden Zeichen (vor und nach der Fundstelle) jeweils die Funktion einmal aufzurufen. Wir testen, daß kein Buchstabe und keine Ziffer (False) vorliegt. Beide Bedingungen müssen zutreffen. Deshalb sind sie durch *and* miteinander zu verknüpfen. Das Zeichen vor und das Zeichen nach der Fundstelle dürfen keine Buchstaben oder Ziffern sein.

Daraus ergibt sich folgender Code:

```
if n+1 > Length(Search) then
begin
  if sWholeWord in Options then
  begin
    if (not Character(Buffer[m-1])) and
      (not Character(Buffer[m+n])) then break;
  end else break;
end;
```

Das Schlüsselwort *not* ist Ihnen bereits bekannt. Es kehrt den Wahrheitswert einer Bedingung um. Also nur, wenn die Bedingung nicht zutrifft, ist die Bedingung erfüllt.

Character gibt für ein Zeichen, welches kein Buchstabe und keine Ziffer ist, den Wert *False* zurück. Durch das Schlüsselwort not wird der Wahrheitswert umgekehrt, und es resultiert *True*. Damit ist die Bedingung erfüllt.

Als Parameter werden das Zeichen vor der Fundstelle (*Buffer[m-1]*) und das nach der Fundstelle (*Buffer[m+n]*) übergeben. Die Variable *m* enthält den Index des ersten Zeichens der Fundstelle. Damit ergibt sich für die Subtraktion von 1 die Position des Zeichens vor der Fundstelle. Wird hingegen der Inhalt der Offset-Variablen *n* hinzugezählt, ergibt sich die Position des Zeichens, das unmittelbar auf die Fundstelle folgt.

Nun existieren zwei Sonderfälle für die obigen Bedingungen. Zum einen, wenn die Fundstelle mit dem Beginn des Textpuffers übereinstimmt, sich also am Anfang des Puffers befindet, und zum anderen, wenn die Fundstelle mit dem Ende des Textpuffers abschließt, also am Ende des Puffers liegt. Im ersten Fall gibt es kein Zeichen vor, und im zweiten kein Zeichen nach der Fundstelle. Hier muß eine Erweiterung des Wortbegriffs erfolgen.

Im ersten Fall muß die Bedingung zu »Wenn das erste Zeichen der Fundstelle das erste Zeichen des Textpuffers ist oder das Zeichen vor der

Fundstelle kein Buchstabe und keine Ziffer ist, dann ...« erweitert werden. Dies läßt sich durch den Operator *or* realisieren. Im zweiten Fall ist die Bedingung: »Wenn das letzte Zeichen der Fundstelle das letzte Zeichen im Textpuffer ist oder das Zeichen nach der Fundstelle kein Buchstabe und keine Ziffer ist, dann ... » zu erweitern. Auch dies ist eine schlichte Verknüpfung mit *or*. Danach müssen die beiden Gesamtbedingungen mit *and* zu einer resultierenden Bedingung zusammengesetzt werden.

Damit ergibt sich folgender Quelltext:

```
if n+1 > Length(Search) then
begin
  if sWholeWord in Options then
  begin
    if ((m = 0) or (not Character(Buffer[m-1]))) and
      ((m+n >= Length(Buffer)) or
      (not Character(Buffer[m+n]))) then break;
  end else break;
end;
```

Wenn das erste Zeichen der Fundstelle gleich dem ersten Zeichen im Textpuffer ist, so ist *m* gleich Null. Die beiden Teilbedingungen werden in Klammern gefaßt und durch *or* verknüpft. Danach werden diese zusammen noch einmal in Klammern gefaßt, um eine resultierende Bedingung zu ergeben, bevor sie durch *and* mit der anderen Teilbedingung zusammengefaßt werden.

Die andere Teilbedingung hat die Erweiterung durch *m+n >= Length(Buffer)* erfahren, was den Fall, daß die Fundstelle am Ende des Textpuffers liegt, abdeckt. Es gilt die selbe Klammerung wie zuvor.

Hier sind die Klammern sehr wichtig. Würden die Klammern um die Or-Verknüpfungen fehlen, dann würde dies bedeuten, daß die gesamte Bedingung der If-Anweisung aus insgesamt vier, statt aus zwei Teilbedingungen bestehen würde, welche sich nicht weiter unterteilen. Dies führt zu Problemen im Programmlauf.

Die Funktion *Character*

Die Implementierung der Funktion *Character* ist einfach. Ob Sie diese Funktion nun im Deklarationsteil der Funktion *search* (also lokal) definieren, oder ob Sie sie vor der Funktion *search* im Implementierungsteil der Unit als eigenständige Routine programmieren, bleibt Ihnen überlassen.

Innerhalb dieser Funktion ist nichts Spektakuläres zu finden. Es ist lediglich zu klären, ob das als Parameter übergebene Zeichen ein Buchstabe oder eine Ziffer oder keines von beiden ist. Dementsprechend ist dann der Rückgabewert auf *True* oder *False* zu setzen.

Wenn das Zeichen in A bis Z, a bis z oder 0 bis 9 zu finden ist oder das Zeichen gleich ü, Ü, ö, Ö, ä, Ä oder ß ist, dann ist es ein Buchstabe oder eine Ziffer. Da hierbei eine ganze Reihe von Vergleichen nötig ist, bietet sich das Case-Konstrukt an.

```
function Character(c: Char): Boolean;
begin
  case c of
    'A'..'Z', 'a'..'z', '0'..'9', 'ü','Ü', 'ä','Ä',
    'ö','Ö', 'ß': Result := True;
    else Result := False;
end;
end;
```

In dieser Case-Anweisung wird der formale Parameter *c* mit den Buchstaben und Ziffern verglichen. Tritt eine Übereinstimmung auf, so wird der Rückgabewert *Result* auf *True* gesetzt. Falls nicht, wird *Result* auf *False* gesetzt.

Im Funktionskopf findet sich der formale Parameter *c* als *Char* deklariert. Eine Variable vom Typ *Char* kann nur ein Zeichen aufnehmen. Zeichenkonstanten wie 'ö' sind denen für Strings ähnlich, enthalten aber nur ein

Zeichen. Wobei 'ö' allerdings auch eine String-Konstante sein könnte. Dies stellt der Compiler von Delphi aus dem Kontext heraus fest.

Hinweis: Variablen vom Typ *Char* können mit Strings mittels Plus verknüpft und einem String zugewiesen werden.

Ist beispielsweise *ch* als *Char* und *str* als *String* deklariert, so ist die folgende Anweisung, welche *ch* an *str* anhängt, zulässig:

```
str := str + ch;
```

Umgekehrt ist die Operation allerdings nicht zulässig, also wenn versucht wird, an *ch* den String *str* anzuhängen.

Testlauf des erweiterten Algorithmus

Starten Sie die Anwendung, und testen Sie die Suchfunktion wieder mit dem Beispieltext von oben. Suchen Sie nach Test bei eingeschalteter Option *nach Wörtern suchen*, und Sie werden sehen, daß die Wörter wie »Testvorrichtung« oder »testen« übersprungen werden.

7.6 Ersetzen

Wenn im Dialogfeld *Ersetzen* die Schaltfläche *Ersetzen* oder *Alles ersetzen* angeklickt wird, so tritt ein Ereignis ein, das durch die Routine, die unter *OnReplace* im Objektinspektor für den Ersetzendialog angeben wurde, verarbeitet werden kann. Diese Routine soll in unserem Beispiel *replace* heißen. Tragen Sie aus diesem Grund unter *OnReplace* von *ReplaceDialog1* diesen Bezeichner ein, und bestätigen Sie mit der [↵]-Taste.

Die Ereignisbehandlung

Es gibt in dieser Ereignisbehandlungsroutine zwei Fälle, die eintreten können. Entweder wurde die Schaltfläche *Ersetzen* betätigt, oder es wurde der Schalter *Alles ersetzen* gedrückt.

Im ersten Fall wird die aktuelle Selektion des letzten Suchvorganges ersetzt und anschließend die nächste Stelle gesucht, oder, wenn keine Selektion vorhanden ist, nur weitergesucht. Anschließend liegt die nächste Fundstelle vor oder die Meldung, daß keine weiteren Vorkommen gefunden werden konnten, erscheint.

Wurde dagegen die Schaltfläche *Alles ersetzen* betätigt, so wird der zuvor beschriebene Vorgang so oft wiederholt, bis kein weiteres Vorkommen mehr gefunden wird.

Diese Mechanismen sind anwendungsspezifisch, da sie von der Selektion des Textes im Memofeld abhängig sind. Insofern lohnt es sich nicht, diese in die Unit mit dem Suchalgorithmus aufzunehmen. Hier soll wieder eine lokale Implementierung in der Ereignisbehandlungsroutine erfolgen.

Der Algorithmus zum einfachen Ersetzen soll hierbei in der Prozedur *ReplaceIt* und der für *Alles ersetzen* in der Prozedur *ReplaceItAll* gekapselt werden.

Zunächst zum Code von *replace*. Hier muß zwischen den beiden Schaltern unterschieden werden.

Wenn die Eigenschaft *Options* von *ReplaceDialog1* das Element *frReplace* enthält, wurde die Schaltfläche *Ersetzen* betätigt. Enthält *Options* hingegen das Element *frReplaceAll*, wurde *Alles ersetzen* gedrückt.

Damit ergibt sich folgender Codeblock für *replace*:

```
procedure TForm1.replace(Sender: TObject);
{Hier folgen die Routinen ReplaceItAll und ReplaceIt}
begin
```

```
  if frReplaceAll in ReplaceDialog1.Options then
    ReplaceItAll;
  else
    ReplaceIt;
end;
```

Es wäre auch möglich gewesen, kontextsensitiv vorzugehen und den sendenden Dialog aus *Sender* in Erfahrung zu bringen. Nachdem es kaum vorkommen dürfte, daß zwei oder mehrere Ersetzungsdialoge wie *ReplaceDialog1* in einer Anwendung existieren, kann hier direkt auf *ReplaceDialog1.Options* bei der Auswertung zugegriffen werden.

Wenn das Element *frReplaceAll* in der Menge *ReplaceDialog1.Options* vorkommt, wird *ReplaceItAll* aufgerufen, sonst *ReplaceIt.*

Einfaches Ersetzen

Wie oben skizziert wurde, besteht der Algorithmus für das einfache Ersetzen aus zwei Teilen:

- Ersetzen des selektierten Textes
- Nächste Stelle suchen

Der zweite Teil ist gänzlich in der Ereignisbehandlungsroutine *find* gekapselt und muß nicht neu implementiert werden.

Im ersten Teil muß ermittelt werden, ob ein Text bereits selektiert ist. Falls ja, muß dieser durch den Ersetzungstext, der in der Eigenschaft *ReplaceText* von *ReplaceDialog1* gespeichert ist, ersetzt werden.

Hier zunächst wieder der Code. Diesen tragen Sie an die Stelle des Kommentars in den obigen Quelltext ein.

```
procedure ReplaceIt;
begin
   If Memo1.SelLength <> 0 Then
```

```
      SendMessage(Memo1.Handle,EM_REPLACESEL,0,
         LongInt(PChar(ReplaceDialog1.ReplaceText)));
   find(Sender);
end;
```

Wenn ein Text im Memofeld selektiert ist, wie es nach einer erfolgreichen Suche der Fall ist, so ist die Länge des selektierten Textes (*Memo1.SelLength*) nicht Null. Somit ist dies die Bedingung, von der das Ersetzen durch *ReplaceText* abhängig ist.

Es existiert in der Memokomponente von Delphi keine vordefinierte Methode, durch die der selektierte Text durch einen String ersetzt werden kann. Die Botschaftsbehandlung von Windows bietet jedoch die Möglichkeit, an das Memofeld eine entsprechende Botschaft zu senden, durch die der Text eingefügt werden kann.

Diese Botschaft senden Sie durch die bekannte Routine *SendMessage*. Als erster Parameter wird wieder das *Handle* des Elements übergeben, das die Botschaft erhalten soll, also *Memo1*. Die Botschaft wird durch die Konstante *EM_REPLACESEL* repräsentiert, welche im zweiten Parameter übergeben wird. Der dritte Parameter (*wParam*) ist Null, da er für die Botschaft nicht benötigt wird.

Im letzten Parameter (*lParam*) wird der Ersetzungsstring übergeben. Nun erwartet *SendMessage* als *lParam* einen Wert vom Typ *LongInt*. *LongInt* ist die Abkürzung für *long integer*. In Object-Pascal existieren mehrere Typen für Integer-Variablen (in Klammern findet sich der mögliche Wertebereich):

- *LongInt* (-2147483648 bis 2147483647)
- *ShortInt* (-128 bis 127)
- *Integer* (-2147483648 bis 2147483647)
- *Word* (0 bis 65535)
- *Cardinal* (0 bis 2147483647)

LongInt verwendet 32 Bits, also vier Bytes, zum Speichern der Werte. *ShortInt* verwendet hierfür 8 Bits (ein Byte). *Integer* ist als 32-Bit-Wert definiert.

Word und *Cardinal* sind vorzeichenlose Integertypen, können also nur positive Werte speichern. *Word* verwendet 16 Bits, *Cardinal* 32 Bits.

Da *SendMessage* als *lParam* einen LongInt-Wert erwartet, muß der Parameter in *LongInt* konvertiert werden. Den Vorgang der Konvertierung kennen Sie bereits. Der gewünschte Typ wird vorangestellt und der zu konvertierende Ausdruck in Klammern gefaßt.

Nun ist die Wandlung in *LongInt* nicht die einzige, welche beim letzten Parameter des Aufrufs von *SendMessage* stattfindet. Bevor in diesen Datentyp umgewandelt wird, erfolgt schon eine Konvertierung in *PChar*. *PChar* ist ein spezieller Datentyp für Zeiger auf nullterminierte Strings.

Zeiger (engl. pointers) sind spezielle Variablen, die einen Wert nicht direkt speichern, sondern die Adresse, unter der dieser Wert im Arbeitsspeicher zu finden ist.

In Delphi existieren zwei Arten von Strings. Zum einen die üblichen *Pascal-Strings* (Typ *String*) und die *nullterminierten Strings*, die der Sprache C entlehnt sind.

In Pascal-Strings wird zunächst die Länge des Strings gespeichert. Dieser Wert wird von der Funktion *Length* zurückgegeben. Danach folgen die einzelnen Zeichen. Als Abschluß wird aus Kompatibilitätsgründen an die nullterminierten Strings noch eine Null angehängt.

In nullterminierten (= durch Null abgeschlossenen) Strings stehen die einzelnen Zeichen nacheinander im Speicher. Den Abschluß bildet ein Byte mit dem Wert Null.

PChar-Zeiger zeigen nun einfach auf das erste Byte respektive Zeichen eines Strings. Im Gegensatz hierzu steht der Zeigertyp *PString*, der auf den Beginn eines Pascal-Strings zeigt.

Dies alles finden Sie grafisch aufbereitet in Abbildung 7.6.

Die Konvertierung von *ReplaceDialog1.ReplaceText* in *PChar* erzeugt also einen Zeiger auf das erste Zeichen dieses Strings. Danach wird dieser Wert in *LongInt* konvertiert und an *SendMessage* als *lParam* übergeben. Die Umwandlung eines PChar-Zeigers in einen LongInt-Wert wird möglich, da sowohl *LongInt* wie auch *PChar* im Arbeitsspeicher vier Bytes, das heißt 32 Bits, belegen.

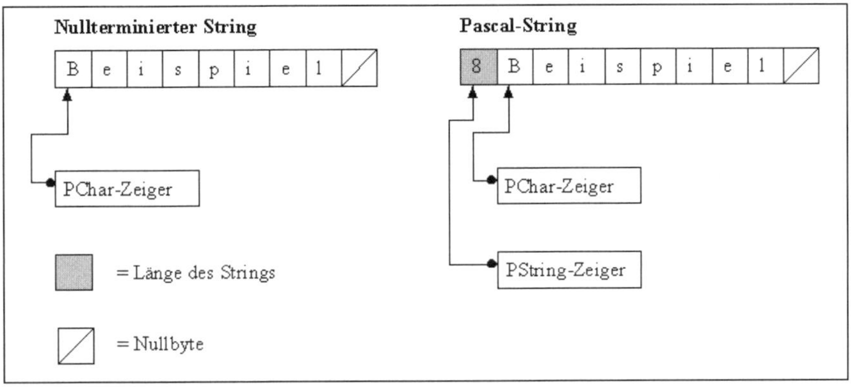

Abb. 7.6: Zeiger auf verschiedene Stringtypen

Nachdem der selektierte Text ersetzt wurde, erfolgt die Suche nach dem nächsten Vorkommen des Suchtextes. Hierzu wird die Ereignisbehandlungsroutine *find* aufgerufen. Als Parameter erwartet *find* den Dialog (*FindDialog1* oder *ReplaceDialog1*), welcher das Ereignis auslöste. Hier wird *Sender* übergeben, da darin schon *ReplaceDialog1* zu finden ist, da von diesem Dialogfeld auch das Ereignis zum Ersetzen kam.

Alles ersetzen

Es gibt zwei Zustände, in denen sich der Algorithmus befinden kann, wenn *Alles ersetzen* angeklickt wurde. Entweder es ist bereits ein Text selektiert, der ersetzt werden kann, oder es ist kein Text selektiert.

Die Schleife, welche den Suchtext sucht und anschließend solange ersetzt, bis kein Text mehr gefunden wird, soll als While-Konstruktion realisiert werden. Bevor in diese Schleife verzweigt werden kann, muß jedoch, da zuerst die Abbruchbedingung geprüft wird, geklärt sein, daß, wenn Vorkommen des Suchtextes im Memofeld existieren, das erste selektiert werden muß, falls dies nicht schon der Fall ist. Es ist in diesem Fall der einfachste Weg, zuerst eine einfache Ersetzung wie im vorherigen Abschnitt durchzuführen und dann in die Schleife zu verzweigen.

Geschieht dies nicht, würde die Abbruchbedingung der Schleife unter Umständen schon greifen, obwohl eventuell Vorkommen existieren. Verursacht würde dieser Umstand dadurch, daß noch nicht mit dem Schalter *Suchen* gesucht wurde und demzufolge noch kein Text selektiert ist.

Aus diesen Überlegungen resultiert der folgende Quellcode, welchen Sie im Deklarationsteil von *replace* nach der Routine *ReplaceIt* eintragen sollten:

```
procedure ReplaceItAll;
begin
  ReplaceIt;
  While Memo1.SelLength <> 0 Do
  begin
    SendMessage(Memo1.Handle,EM_REPLACESEL,0,
      LongInt(PChar(ReplaceDialog1.ReplaceText)));
    find(Sender);
  end;
end;
```

Um das oben genannte Problem zu lösen, wird zunächst *ReplaceIt* aufgerufen. Dadurch wird sichergestellt, daß das nächste Vorkommen des Such-Strings im Memofeld selektiert ist. Danach kann in die While-Schleife verzweigt werden, deren Abbruchbedingung auf einem selektierten Text beruht. Solange diese Bedingung erfüllt ist, werden die Anweisungen zum Ersetzen der Fundstelle ausgeführt. Diese Anweisungen sind identisch mit denen der Einzelersetzung.

7.7 Zusammenfassung und Aufgaben

Zusammenfassung

- Code, der von der Anwendung unabhängig ist, kapseln Sie am besten in einer eigenen Unit, da Sie so die dort programmierten Algorithmen in anderen Projekten wiederverwenden können.
- Routinen und sonstige Elemente, die in anderen Units verwendet werden dürfen, werden im Interface-Teil spezifiziert.
- Im Implementierungsteil folgt dann die Programmierung der spezifizierten Routinen und Elemente, die von außen nicht sichtbar sein sollen.
- In Object-Pascal ist es möglich, in Routinen nicht nur Variablen und Konstanten lokal zu deklarieren. Selbst Prozeduren und Funktionen können im Deklarationsteil lokal definiert werden.
- Durch das Schlüsselwort *type* können neue Datentypen definiert werden.
- Mit der Hilfe von *Records* können Variablen zu einer Einheit in einem gesonderten Datentyp zusammengefaßt werden.
- Mengen werden durch den Variablentyp *set* beschrieben, wobei nach dem Schlüsselwort *of* der Datentyp der Elemente folgen muß.
- Durch das With-Konstrukt kann der Gültigkeits- bzw. der Bezugsbereich geändert werden.

- Die Funktion *SendMessage* ermöglicht es, Botschaften an Fenster, Anwendungen und Oberflächenelemente, wie beispielsweise Memofelder, zu senden. Sie ist eine Windows-API-Funktion.
- Durch *and* und *or* können Bedingungen verknüpft werden. Der Wahrheitswert einer Bedingung kann durch *not* umgekehrt werden.
- Zeiger sind Variablen, die statt eines direkten Wertes die Adresse eines Bereichs im Arbeitsspeicher beinhalten und somit auf eine andere Variable verweisen können.
- Pascal-Strings beinhalten zuerst die Länge des Strings und dann die einzelnen Zeichen.
- Nullterminierte Strings enthalten eine Reihe der einzelnen Zeichen, die durch ein Nullbyte beendet wird.
- In Delphi existieren mehrere Integer-Datentypen: *LongInt*, *ShortInt*, *Integer*, *Word* und *Cardinal*.
- Variablen vom Typ *Char* können nur ein Zeichen speichern.

Aufgaben

1. Worin unterscheiden sich die Integer-Datentypen?
2. Die Standardfunktion *UpCase* berücksichtigt keine Umlaute. Programmieren Sie eine Funktion namens *XUpCase*, die das übergebene Zeichen im Falle eines Kleinbuchstabens in einen Großbuchstaben umwandelt und sonst das Zeichen unverändert zurückgibt. (Bedenken Sie hierbei, daß für die Kleinbuchstaben a bis z *UpCase* das korrekte Ergebnis liefert.)

3. Geben Sie den Record-Typ für die Speicherung eines Datums an, wobei Tag, Monat und Jahr als *ShortInt* deklariert sind. Nennen Sie diesen Typ *TDatum*.

4. Bauen Sie einen Record-Typ mit dem Namen *TPerson* auf, der folgende Elemente enthält:

   a) Name und Vorname als *Strings*.

   b) Alter als *Cardinal*.

   c) Geburtstag als *TDatum* (aus der vorherigen Aufgabe).

5. Wie greifen Sie auf die Jahreszahl des Geburtstages einer Person zu, wenn deren Daten in einer Variablen *Huber* vom Typ *TPerson* vorliegen?

8 Arbeiten mit Dateien und Feldern

Delphi, respektive Object-Pascal, stellt eine Reihe von Routinen bereit, mit deren Hilfe Sie Dateien lesen und schreiben können. Dies beginnt mit den allgemein verwendbaren Befehlen und Routinen von Object-Pascal und endet mit den hoch spezialisierten Methoden der Komponenten für den Datenbankzugriff.

Dieses Kapitel wird Sie mit den Möglichkeiten, wie sie in ähnlicher Form auch in anderen Pascal-Systemen zu finden sind, vertraut machen.

8.1 Textdateien

Zum Einstieg in die Dateiverarbeitung gibt es eine einfache Problemstellung: Die Datei C:\AUTOEXEC.BAT soll geöffnet, ihr Inhalt zeilenweise eingelesen und in die Datei C:\TEST.TXT geschrieben werden. Es ist demnach eine Kopie von AUTOEXEC.BAT zu erstellen.

Die Oberfläche des Programms soll auf das Nötigste beschränkt werden. Fügen Sie deshalb eine Schaltfläche in das Formular eines neuen Projektes ein. Durch diese Schaltfläche soll der Algorithmus zur Lösung des oben beschriebenen Problems gestartet werden. Klicken Sie deshalb doppelt auf diesen neuen Schalter, um den Quelltext zu bearbeiten.

Prinzipiell sind drei Schritte für die Verarbeitung von Daten aus Dateien nötig:

- Zuweisen und Öffnen der Datei(en)
- Arbeiten mit den Daten in der/den Datei(en)
- Schließen der Datei(en)

Zuweisen und Öffnen

Um auf die Daten in einer Datei zugreifen zu können, muß die Datei einer Variablen zugewiesen werden. Diese Variable ist für Textdateien vom Typ *TextFile*.

Da wir auf zwei Dateien (AUTOEXEC.BAT und TEST.TXT) zugreifen wollen, benötigen wir auch zwei Variablen. Demzufolge müssen im Deklarationsteil der Ereignisbehandlungsroutine, also zwischen dem Prozedurkopf und dem durch *begin* eingeleiteten Codeblock, folgende Zeilen stehen:

```
var
  Eingabe, Ausgabe: TextFile;
  Zeile: String;
```

Der Variablen *Eingabe* werden wir die Datei AUTOEXEC.BAT und *Ausgabe* die Datei TEST.TXT zuweisen. Im Codeblock sollen also diese Dateien über diese Variablen angesprochen werden.

Der String *Zeile* wird als Puffer für die eingelesenen Daten fungieren.

Damit sind die Variablen deklariert. Nun gilt es, im Codeteil den Variablen die entsprechenden Dateien zuzuweisen. Hierfür existiert die Routine *AssignFile*, welche als ersten Parameter die Dateivariable und als zweiten Parameter einen String mit dem Dateinamen erwartet.

Daraus ergeben sich die ersten zwei Anweisungen des Codeblocks:

```
AssignFile(Eingabe,'C:\AUTOEXEC.BAT');
AssignFile(Ausgabe,'C:\TEST.TXT');
```

Damit können im folgenden die beiden Dateien durch die Variablen *Eingabe* und *Ausgabe* angesprochen werden. In umfangreicheren Projekten werden Sie die Variablen als String-Variablen übergeben, da der Dateiname dann vom Benutzer gewählt werden wird.

Bevor Daten aus den Dateien gelesen oder in diese geschrieben werden können, müssen sie geöffnet werden.

Dateien können für Lese- oder Schreibzugriff geöffnet werden. Das heißt, die Daten können nach dem Öffnen nur gelesen oder nur geschrieben werden.

Die Datei *Eingabe* muß für den Lesezugriff geöffnet werden, da hieraus die Zeilen eingelesen werden sollen. Dies wird durch die Routine *Reset* erreicht:

```
Reset(Eingabe);
```

Mit diesem Aufruf wird die Datei, welche der Variablen *Eingabe* zugewiesen wurde, also AUTOEXEC.BAT, zum Lesen geöffnet. Die Datei muß allerdings existieren und darf nicht zur selben Zeit von einer anderen Anwendung geöffnet sein. Falls doch, treten Fehler auf, deren Behandlung wir später betrachten wollen.

Hinweis: Es ist wichtig zu verstehen, daß aus dieser Textdatei nach dem Aufruf von *Reset* nur gelesen werden kann. Falls versucht wird, in diese Datei zu schreiben, wird zur Laufzeit ein Fehler ausgelöst.

Sollte es innerhalb des Programmlaufs möglich werden, in diese Datei zu schreiben, so müßte sie zuvor geschlossen und mit Schreibzugriff erneut geöffnet werden.

Ausgabe ist für den Schreibzugriff zu öffnen. Dies wird durch die Routine *Rewrite* erreicht:

```
Rewrite(Ausgabe);
```

Falls die Datei bereits existiert, wird sie überschrieben. Wenn nicht, so wird die Datei neu angelegt. Das Resultat ist in beiden Fällen das gleiche: Eine leere Datei wird angelegt und geöffnet. Sie steht für den Schreibzugriff bereit; es können also nur Daten geschrieben werden.

Lesen und Schreiben von Daten

Zum Lesen von Daten in Zeilenform aus Textdateien ist die Routine *ReadLn* geeignet. Das Äquivalent zum Schreiben nennt sich *WriteLn*.

Der Vorgang zum Lesen und Schreiben der Zeilen ist recht einfach mittels eines Schleifenkonstruktes zu lösen. Eine Zeile wird eingelesen und geschrieben, danach folgt die nächste und daraufhin wieder die nächste und so fort. Ist das Ende der Eingabedatei erreicht, stehen keine Zeilen mehr bereit, die gelesen werden könnten. Infolgedessen ist auch nichts mehr zum Schreiben vorhanden. Ergo: Wird das Dateiende der Eingabedatei erreicht, ist dies die Abbruchbedingung der Schleife.

```
while not eof(Eingabe) do
begin
  Readln(Eingabe,Zeile);
  Writeln(Ausgabe,Zeile);
end;
```

Die Funktion *eof* (=end of file) testet, ob das Ende der als Parameter übergebenen Datei erreicht ist. Der Rückgabewert ist vom Typ *Boolean*. Wenn das Dateiende erreicht ist, wird *True* zurückgegeben, wenn nicht, *False*. Im Zusammenspiel mit dem Operator *not* wird demnach die Bedingung der While-Schleife gebildet: »Solange nicht das Dateiende von *Eingabe* erreicht wurde, führe folgenden Block aus ...«

Im Anweisungsblock findet sich zuerst ein Aufruf von *ReadLn*. Mit *ReadLn* werden Daten aus der Datei bis zum Zeilenende gelesen, es wird also eine ganze Zeile eingelesen. *ReadLn* ist die Abkürzung für *read line*. Der erste Parameter ist die Datei, aus welcher gelesen werden soll – in diesem Fall *Eingabe*. Im folgenden können mehrere Variablen als Parameter angegeben werden, in die die Daten eingelesen werden sollen. Bei einer Textdatei wird es jedoch im Großteil der Fälle so sein, daß nur eine Stringvariable als Parameter übergeben wird.

Diese Parameter werden als Referenzen (Schlüsselwort *var* in der Deklaration) übergeben, das heißt als Zeiger. Nach dem Aufruf finden sich darin die gelesenen Daten. Im obigen Beispiel findet sich nach dem Aufruf die gelesene Zeile in der Variablen *Zeile*.

Die Zeile wird aus der Datei bis zum Zeilenende gelesen, aber das Zeilenendezeichen wird nicht an den String *Zeile* angehängt. Deshalb muß diese Zeile auch wieder mit einem Zeilenvorschub in die Ausgabedatei geschrieben werden. Dies ermöglicht *WriteLn* (write line = schreibe Zeile).

Die Syntax ist ähnlich zu der von *ReadLn*. Zuerst wird die Datei übergeben, in die geschrieben werden soll. Hier ist dies *Ausgabe*. Danach folgen einige Variablen als Parameter, deren Inhalt ausgegeben werden soll. Hierbei müssen es nicht unbedingt alles Strings sein (bei *ReadLn* ebenso wenig). Der Inhalt von Word- oder Integer-Variablen läßt sich ebenso ausgeben, wie der von Real-Variablen. Diese werden in Strings konvertiert und alle Teil-Strings, welche sich aus den Parameter ergeben, werden miteinander verknüpft.

Sie können beispielsweise durch folgende Anweisung das Ergebnis einer Addition in eine Datei *F* ausgeben:

```
WriteLn(F,'Das Ergebnis von ',a,' + ',b,' ist ',a+b);
```

Bei unserem AUTOEXEC.BAT-Kopiervorgang wird der Inhalt der Variablen *Zeile* in die Datei Ausgabe geschrieben.

Durch die Schleife werden die einzelnen Zeilen nach und nach aus *Eingabe* eingelesen und in *Ausgabe* geschrieben, bis die gesamte Datei kopiert wurde.

Schließen von Dateien

Nachdem der Inhalt der Datei *Eingabe* sich als Kopie in *Ausgabe* befindet, können die Dateien geschlossen werden.

Zum Schließen einer Datei existiert die Routine *CloseFile*, die als einzigen Parameter lediglich die Datei erwartet, welche geschlossen werden soll. Durch die folgenden Zeilen, durch die der Algorithmus komplett wäre, werden die beiden Dateien geschlossen:

```
CloseFile(Eingabe);
```

```
CloseFile(Ausgabe);
```

Wenn Sie dieses kleine Programm starten und auf die Schaltfläche klikken, finden Sie anschließend im Wurzelverzeichnis von Laufwerk C: die Datei TEST.TXT. Öffnen Sie diese Datei beispielsweise mit dem in den letzten Kapiteln entwickelten Editor oder dem Editor von Windows 95, und vergleichen Sie den Inhalt mit dem der Datei AUTOEXEC.BAT, und Sie werden feststellen, daß er übereinstimmt.

Daten an eine Datei anhängen

Um Daten an eine vorhandene Datei anzuhängen, existiert ein spezieller Befehl zum Öffnen der Datei. Anstatt die Datei durch *Rewrite* zu öffnen, ist *Append* zu verwenden.

Ändern Sie nun die Anweisung

```
Rewrite(Ausgabe);
```

in

```
Append(Ausgabe);
```

Damit wird der Inhalt der Datei *Ausgabe* respektive TEST.TXT im folgenden nicht überschrieben, sondern durch das Anhängen von neuen Daten erweitert.

Hierbei ist zu beachten, daß die Datei bereits existiert, da sonst ein Fehler auftritt. Dies können Sie durch die Ihnen bereits bekannte Funktion *FileExists* testen.

Fügen Sie beispielsweise folgenden Anweisungsblock zu Beginn der Routine ein, also noch vor die Zuweisung der Dateinamen.

```
If not FileExists('C:\TEST.TXT') Then
begin
  MessageDlg('Die Datei C:\TEST.TXT existiert nicht!',
    mtError,[mbOK],0);
  Exit;
end;
```

Wenn die Datei C:\TEST.TXT nicht existiert, wird eine Fehlermeldung ausgeben und die Ereignisbehandlungsroutine durch *Exit* verlassen. Statt *Exit* könnten Sie auch *Abort* einsetzen.

Starten Sie nun die Anwendung, und klicken Sie ein- oder zweimal auf die Schaltfläche. Wenn Sie danach den Inhalt der Datei C:\TEST.TXT überprüfen, werden Sie sehen, daß der Inhalt von AUTOEXEC.BAT mehrmals in TEST.TXT auftaucht.

Löschen Sie nun die Datei C:\TEST.TXT. Dies können Sie beispielsweise im Explorer von Windows 95 erledigen.

Wenn Sie nun auf die Schaltfläche klicken, wird die Fehlermeldung, daß die Datei nicht existiert, angezeigt, und es erfolgen keine weiteren Operationen.

8.2 Typisierte Dateien

Es ist in Object-Pascal möglich, den Daten in einer Datei einen entsprechenden Typ zuzuweisen. Man spricht dann von einer *typisierten Datei*. Textdateien gehören streng genommen auch zu diesen typisierten Dateien, denn die Daten innerhalb der Datei werden als Strings deklariert. An dieser Stelle sollen allerdings wesentlich komplexere Strukturen betrachtet werden. Komplexere Datenstrukturen, die aber in keiner Weise komplizierter in der Handhabung sind.

Ziel dieses Abschnittes soll es sein, in einem ersten Programm Wechselkurse in einer Datei zu erfassen und im zweiten diese anzuwenden, das heißt eine Währung in DM umzurechnen und umgekehrt.

Sie geben also im ersten Teil die Wechselkurse für vier Währungen wie Dollar, Franc etc. ein, und das Programm speichert diese in einer Datei ab. Das zweite Programm lädt diese Informationen und bietet Ihnen die Möglichkeit, eine Summe in einer Währung einzugeben, um Ihnen danach die entsprechende Summe in der anderen Währung auszugeben.

Die Datenerfassung

Die Oberfläche des Datenerfassungsprogramms ist recht schlicht organisiert (Abb. 8.1). Es existieren für jede der vier Wechselkurse drei Eingabefelder (Name, Wert in der Währung und Wert in DM) sowie zwei Schaltflächen zum Speichern der Daten und zum Beenden der Anwendung.

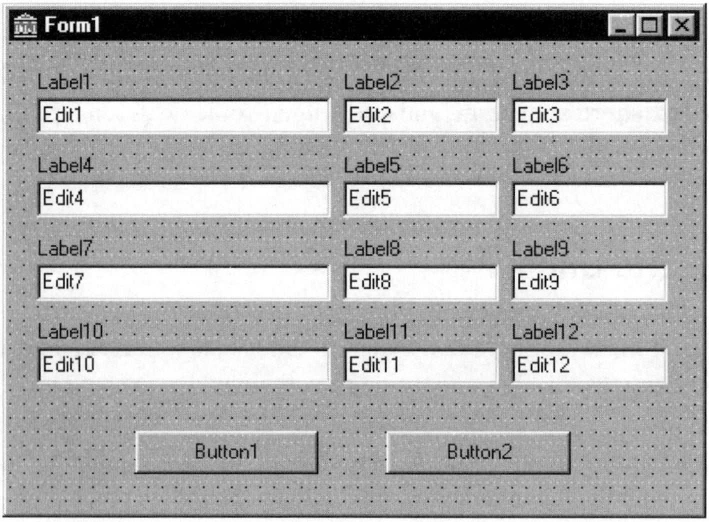

Abb. 8.1: Die Lage der Komponenten in der Oberfläche der Datenerfassung

Ordnen Sie die einzelnen Komponenten wie in Abb. 8.1 an. Achten Sie bitte darauf, daß Sie die Reihenfolge strikt einhalten, da es sonst zu Unstimmigkeiten zwischen Oberfläche und Algorithmus kommen wird.

Ändern Sie die Eigenschaft *Caption* der jeweiligen Label-Komponenten wie in Abbildung 8.2 zu sehen. Setzen Sie die Eigenschaft *Text* der Edit-Komponenten auf Leer-Strings. Den Titel des Formulars sollten Sie ebenfalls in einen aussagekräftigeren als *Form1* ändern.

In den Eingabefeldern, welche mit *Währung x* betitelt sind, soll der Name der Währung, wie US-Dollar, eingegeben werden. Im Feld *Preisbezug* soll der Benutzer angeben, auf wie viele Währungseinheiten sich die Angabe in *Preis in DM* bezieht. Hier wird zum Beispiel für italienische Lire der Wert 1000, für britische Pfund der Wert 1 zu finden sein.

Die Eigenschaft *FocusControl* der Textelemente *Label1*, *Label4*, *Label7* und *Label10* ist auf entsprechende Eingabefeldkomponenten zu setzen (*Edit1*, *Edit4*, *Edit7*, *Edit10*). Wenn die im Textelement angegebene Tastenkombination gedrückt wird, wird der Eingabefokus auf die in *FocusControl* angegebene Komponente gesetzt.

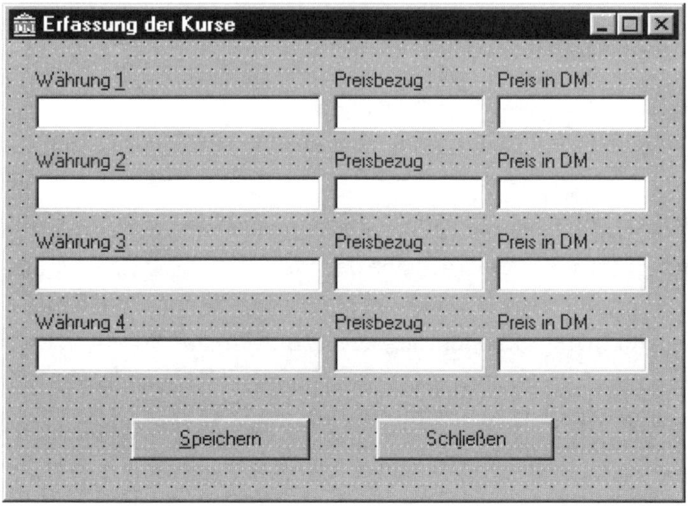

Abb. 8.2: Die Oberfläche der Datenerfassung

Die Tastenkombination für *Label1* ist [Alt]+[1], d. h., daß Sie die Eigenschaft *Caption* dieser Komponente auf *Währung &1* setzen müssen. Für die anderen Textelemente ist in gleicher Weise vorzugehen (*Label2* – [Alt]+[2] etc.).

Damit ist die Benutzeroberfläche für die Kurserfassung definiert.

Ein Datentyp für die Wechselkurse

Die Informationen über einen Wechselkurs können ideal in einem *Record* verwaltet werden. Dieser Strukturtyp soll *TWaehrung* heißen.

Die Daten eines Wechselkurses bestehen laut der oben getroffenen Spezifikation aus dem Namen der Währung, dem Preisbezug und dem Preis in DM. Nachdem der Name ein String und die anderen beiden Informationen Fließkommazahlen sind, ergibt sich folgender Strukturtyp, welchen Sie noch vor den Routinen in der Implementation-Sektion der Unit definieren sollten, da dieser Datentyp in diesen Routinen verwendet werden wird.

```
type
  TWaehrung = record
    Name: String[30];
    Preisbezug, Preis: Real;
  end;
```

Wie Sie sehen, ein einfacher Record-Typ. Das einzige, was auf den ersten Blick merkwürdig anmutet, ist die Angabe des Wertes 30 in eckigen Klammern nach dem Schlüsselwort *String* in der Deklaration der Elementvariablen *Name*. Bei Strings kennen Sie bereits die Angabe von Indizes in eckigen Klammern in Anweisungen des Codeblocks. Hier handelt es sich allerdings um keinen Index, aber um eine damit sehr eng verbundene Angabe.

Strings können bei Delphi per Standard circa 2 GByte an Daten aufnehmen. Da jedoch eine solche Kapazität bei der Angabe von Währungsbezeichnungen mehr als überdimensioniert ist, genügt hier ein geringerer Aufnahmebereich für die Zeichen. Durch die Spezifikation von 30 hinter dem Schlüsselwort *String* wird die maximale Länge des Strings auf 30 Zeichen beschränkt.

In diesem Zusammenhang sollten Sie die Eingabelänge der Eingabefelder *Edit1*, *Edit4*, *Edit7* und *Edit10*, welche die Währungsbezeichnungen enthalten werden, ebenfalls auf 30 begrenzen. Die Eigenschaft hierfür ist, wie in vorhergehenden Kaptiteln schon erwähnt, *MaxLength*.

Feldvariablen – Arrays

Klicken Sie doppelt auf die Schaltfläche *Speichern*, also *Button1*, um die Ereignisbehandlungsroutine zu bearbeiten.

Die Kurse, respektive deren Daten, könnten jeder für sich in einer Variablen des Typs *TWaehrung* gespeichert werden. Eine logische Konsequenz – wären da nicht die noch nicht betrachteten Feldvariablen.

In einer sogenannten Feldvariablen können Daten des gleichen Typs zusammengefaßt werden. Die einzelnen Elemente werden dabei über Indizes angesprochen.

Sie können sich eine Feldvariable wie ein Regal vorstellen. In jedem der Fächer kann ein Gegenstand aufbewahrt werden. Wollen Sie nun einen anderen damit beauftragen, einen Gegenstand aus einem bestimmten Fach zu holen, so sagen Sie ihm beispielsweise: Bringe mir den Gegenstand aus dem linken Fach in der zweiten Ablage von oben.

Nach einem ähnlichen Prinzip können Sie auf Variablen in einem Feld zugreifen. Sie nennen lediglich die Lage (den Index) im Feld.

Als Beispiel soll hier gleich der gesamte Variablendeklarationsblock der Ereignisbehandlungsroutine *Button1Click* dienen.

```
var
  Waehrungen: Array[1..4] of TWaehrung;
  Code: Array[1..4, 1..2] of Integer;
  n: Integer;
```

Die Feldvariable *Waehrungen* wird die Daten über die Wechselkurse aufnehmen. Die obige Deklaration besagt, daß *Waehrungen* ein *Array* (engl. für Feld) vom Typ *TWaehrung* ist. Die Bereichsangabe in eckigen Klammern bedeutet, die Indizes reichen von 1 bis 4. Das heißt, daß im Codeteil auf *Waehrungen* mit diesen vier Indizes auf vier Elementvariablen zugegriffen werden kann.

Waehrungen ist ein eindimensionales Feld, das heißt, die Elementvariablen werden nur durch einen Index beschrieben. Die auf *Waehrungen* folgende Deklaration der Feldvariablen *Code* ist im Gegensatz hierzu zweidimensional. Auf die Variablen wird durch zwei Indizes zugegriffen. Die Bereichsangabe lautet [1..4, 1..2].

Code können Sie sich wie eine Tabelle (oder wie ein Regal...) vorstellen. Die einzelnen Elementvariablen – die Zellen oder Fächer – werden hier durch zwei Indizes im Bereich von 1 bis 4 beziehungsweise 1 bis 2 beschrieben. Da Indizes grundsätzlich ganze Zahlen sind, ergibt sich eine Situation wie in Abbildung 8.3.

Allgemein gilt für Felddeklarationen folgende Syntax:

```
var
 <Bezeichner>: Array[<Indexbereich>] of <Typ>;
```

Indexbereiche werden grundsätzlich in der Form <Anfangswert>..<Endwert> angegeben. Bei welchem Wert der Index startet, ist Ihnen überlassen; er muß lediglich kleiner als der Endwert sein.

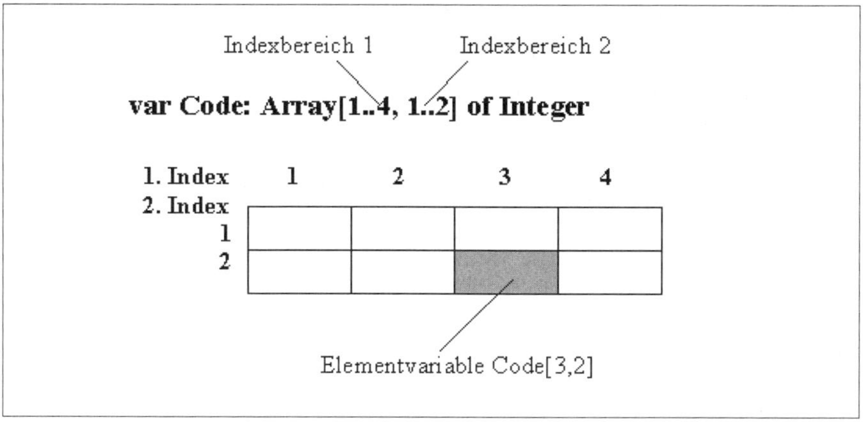

Abb. 8.3: Der Aufbau der Feldvariablen *Code*

Die einzelnen Dimensionen (Bereiche der Indizes) werden hierbei innerhalb der eckigen Klammern durch Kommata getrennt. Sie können beliebig viele Dimensionen in einem Feld angeben, allerdings sollten Sie hierbei darauf achten, daß Sie die einzelnen Dimensionen noch überschauen können.

Hinweis: *Felder* werden teilweise auch als *Vektoren*, *Matrizen*, *Arrays* oder *Tabellen* bezeichnet.

Welchem Verwendungszweck die Variable *Code* zukommen wird, werden Sie bei der Beschreibung des Algorithmus noch erkennen. Die Variable *n* ist eine allgemein verwendbare Hilfsvariable, deren Bedeutung auch erst im Algorithmus beschrieben werden soll.

Speichern der Wechselkurse

Bevor wir die Auswertung der eingegebenen Daten im Formular betrachten, werden wir eine Routine betrachten, welche die Wechselkurse speichert. Hierbei gehen wir davon aus, daß die Daten bereits im Feld *Waehrungen* vorliegen.

Die Routine soll *Speichern* heißen und nur lokal innerhalb von *Button1Click* Gültigkeit besitzen. Diese Routine ist also wieder im Deklarationsteil zu definieren.

Innerhalb dieser Routine soll auf das Feld *Waehrungen* zugegriffen werden. Deshalb muß *Speichern* nach der Variablendeklaration stehen, denn es kann in Delphi beziehungsweise Objekt-Pascal nur auf Elemente zugegriffen werden, die bereits zuvor deklariert wurden.

Schreiben Sie die folgende Routine zwischen die Variablendeklaration und dem *begin* des Codeblocks von *Button1Click*.

```
procedure Speichern;
var
  Datei: file of TWaehrung;
  i: Integer;
begin
  AssignFile(Datei,'Kurse.DAT');
  Rewrite(Datei);
  For i := 1 To 4 Do
    Write(Datei,Waehrungen[i]);
  CloseFile(Datei);
end;
```

Die Variable *Datei* wird als Datei (file) mit Daten des Typs *TWaehrung* deklariert. So wie eine Textdatei Strings als Daten enthält, enthält diese Art der Datei strukturierte Daten der Form *TWaehrung*. Das bedeutet, daß aus dieser Datei nur Daten dieses Typs gelesen werden können.

Für die Indizierung innerhalb der im Codeteil enthaltenen For-Schleife ist *i* als *Integer* deklariert.

Achtung: Für die Indizierung einer Feldvariablen können Sie nur die sogenannten ordinalen Datentypen (*Byte*, *Integer*, *Word* etc.) verwenden. Fließkommazahlen oder Strings sind tabu!

Im Codeblock finden Sie wieder die typischen vier Schritte für die Dateiverarbeitung: Zuweisen, öffnen, verarbeiten und schließen.

Da in die Datei geschrieben werden soll, wird sie mit *Rewrite* geöffnet.

Die For-Schleife belegt *i* nacheinander mit den Werten zwischen 1 und 4, den zulässigen Indizes für *Waehrungen*. Die Anweisung *Write* schreibt anschließend die einzelnen Elemente beziehungsweise Datensätze des Feldes *Waehrungen* in die Datei KURSE.DAT.

Write erwartet dieselben Parameter wie *WriteLn*. Der Unterschied zwischen diesen Prozeduren ist der, daß *Write* nach dem Schreiben der als Argumente übergebenen Daten kein Zeilenendezeichen an die Ausgabedatei anhängt.

8.3 Arbeiten mit Feldvariablen

Die Ereignisbehandlungsroutine *Button1Click* gliedert sich in drei Teile. Zunächst sind die Inhalte der Eingabefelder in die Datensätze des Feldes zu kopieren. Danach sind die dort angelangten Daten auf Gültigkeit zu überprüfen. Es macht zum Beispiel keinen Sinn, wenn ein Benutzer beim Preis einer Währung den Wert *ABC* eingibt. Wenn die Eingaben diese Überprüfung als gültig überstehen, werden die Daten durch den Aufruf von *Speichern* in KURSE.DAT gesichert.

Füllen des Feldes – Zuweisungen

Die Prozedur *Speichern* benötigt die Daten der Kurse in einem Array vom Typ *TWaehrung*, deshalb müssen die Inhalte der Eingabefelder in ein solches Feld, genauer gesagt in *Waehrungen*, übertragen werden.

In den Editierfeldern, welche die Bezeichnungen der Währungen enthalten, ist der Fall noch sehr einfach. Diese Inhalte liegen bereits als passender

Typ vor – als String, demzufolge können diese Werte ohne Konvertierung übernommen werden, was eine schlichte Zuweisung zur Folge hat:

```
Waehrungen[1].Name := Edit1.Text;
```

Der Elementvariablen *Name* des Elements mit dem Index 1 im Feld *Waehrungen* wird hier der Inhalt von *Edit1* zugewiesen. Dieser Inhalt wird als String durch die Eigenschaft, respektive Methode, *Text* von *Edit1* zurückgegeben.

Auf die einzelnen Elemente wird, wie Sie schon bei der Programmierung von *Speichern* erfahren haben, durch einen in eckigen Klammern angegebenen Index zugegriffen. Diese Operation bewirkt im Beispiel oben, daß das erste Element des Arrays angesprochen wird. Durch die Angabe von *Name*, verknüpft durch einen Punkt, greifen Sie hier auf die entsprechende Elementvariable des Records vom Typ *TWaehrung* zu, welcher schließlich das erste Element von *Waehrungen* bildet. Diese Elementvariable *Name* wird nun durch den Zuweisungsoperator mit dem Inhalt von *Edit1* per *Text* belegt.

Diese Anweisung ist für die Eingabefelder, welche die anderen drei Währungsbezeichnungen beinhalten, dieselbe. Lediglich der Index ändert sich. Somit sind für die drei weiteren Währungen die folgenden Anweisungen korrekt:

```
Waehrungen[2].Name := Edit4.Text; { Währung #2 }
Waehrungen[3].Name := Edit7.Text; { #3 }
Waehrungen[4].Name := Edit10.Text; { #4 }
```

Bei den anderen Eingabefeldern ist der Fall etwas komplizierter. Die Elementvariablen *Preisbezug* und *Preis* des Record-Typs *TWaehrung* sind vom Typ *Real*, also Fließkommazahlen; die entsprechenden Daten in den Eingabefeldern sind aber Strings. Hier ist eine Konvertierung nötig.

Es ist zwar möglich, beispielsweise einen Ausdruck vom Typ *Byte*, in einen vom Typ *Integer* durch

```
Integer(<Byte-Ausdruck>)
```

zu konvertieren, denn diese unterscheiden sich lediglich in der Anzahl der verwendeten Bytes (1 und 4), nicht aber im Aufbau der Zahlendarstellung. Fließkommazahlen unterscheiden sich von Zeichenketten erheblich, deshalb ist eine Konvertierung durch einen ähnlichen Vorgang wie oben nicht möglich!

Zu diesem Zweck existiert die Prozedur *Val*, welche in der Unit *System* definiert ist und somit nicht durch die Uses-Klausel eingebunden werden muß. Diese Routine ermöglicht es, alle Zahlenformate, also die Ganzzahl- (*Byte*, *Integer*, *Word* etc.) und die Fließkommatypen (*Real*, *Single*, *Double*), aus Strings zu extrahieren.

Val erwartet drei Parameter. Der erste ist der String, welcher zu konvertieren ist. Der zweite ist die Variable, in welcher die ermittelte Zahl gespeichert werden soll. Im letzten Parameter ist eine Variable vom Ganzzahl-Typ (*Integer*, *Word* etc.) zu übergeben, welche den Fehlercode aufnehmen soll, falls eine Konvertierung mit einem Fehler abgebrochen wird.

Die ersten beiden Parameter sind jeweils der Inhalt des Eingabefeldes und die entsprechende Elementvariable (*Preisbezug* oder *Preis*) des Datensatzes im Feld *Waehrungen*.

Interessant im Hinblick auf den nächsten Schritt der Ereignisbehandlung, der Prüfung auf Gültigkeit der Eingaben, ist der dritte und letzte Parameter. Tritt nämlich bei der Konvertierung ein Fehler auf, so signalisiert dies die Variable, die als letzter Parameter übergeben wurde, mit einem Wert größer Null. Dieser Wert gibt die Position im String an, an welcher der Fehler aufgrund nicht konvertierbarer Zeichen (z. B. ein Buchstabe) auftrat. Ist dieser Wert hingegen Null, so ist kein Fehler aufgetreten, und der String kann als korrekt konvertiert betrachtet werden.

Nun könnten wir diesen Wert direkt nach dem Aufruf auswerten und danach, falls nötig, die entsprechende Fehlermeldung ausgeben und die Speichern-Operation abbrechen. Dies würde allerdings bei acht Funktionsaufrufen (so viele sind nötig, um alle Inhalte der übrigen Eingabefelder zu konvertieren) zu einem etwas aufgeblähten Code führen, da jeder Aufruf seine eigene Auswertung bekommen müßte. Deshalb speichern wir diese Fehlercodes in einem Feld – dem zuvor deklarierten Code.

Code ist so aufgebaut, daß der erste Index die Währung (Elementindex von *Waehrungen*) und der zweite die Elementvariable (*Preisbezug* oder *Preis*) angibt, auf welche sich der enthaltene Fehlercode bezieht. Das Element von *Code* mit dem 1. Index 2 und dem 2. Index 1 bezieht sich demnach auf *Waehrungen[2].Preisbezug*. *Code* mit den Indizes 1 und 2 bezieht sich auf *Waehrungen[1].Preis*.

Der Zugriff auf zwei- oder mehrdimensionale Felder erfolgt ähnlich wie bei eindimensionalen. Die Indizes werden an den Bezeichner des Feldes in eckigen Klammern angehängt. In diesen Klammern werden die einzelnen Indizes durch Kommata getrennt. Auf das Element mit dem 1. Index 2 und dem 2. Index 1 wird somit durch *Code[2,1]* zugegriffen. Bei mehrdimensionalen Feldern findet sich hier unter Umständen eine ganze Litanei von durch Kommata getrennten Indizes.

Daraus ergibt sich für die restlichen acht Eingabefelder folgender Code:

```
{ Währung #1 }
Val(Edit2.Text,Waehrungen[1].Preisbezug,Code[1,1]);
Val(Edit3.Text,Waehrungen[1].Preis,Code[1,2]);
{ Währung #2 }
Val(Edit5.Text,Waehrungen[2].Preisbezug,Code[2,1]);
Val(Edit6.Text,Waehrungen[2].Preis,Code[2,2]);
{ Währung #3 }
Val(Edit8.Text,Waehrungen[3].Preisbezug,Code[3,1]);
Val(Edit9.Text,Waehrungen[3].Preis,Code[3,2]);
{ Währung #4 }
Val(Edit11.Text,Waehrungen[4].Preisbezug,Code[4,1]);
Val(Edit12.Text,Waehrungen[4].Preis,Code[4,2]);
```

Nach diesen Aufrufen befinden sich die konvertierten Inhalte der Eingabefelder in den entsprechenden Elementvariablen *Preisbezug* und *Preis* des Arrays *Waehrungen* sowie die Fehlercodes im Feld *Code*.

Code entspricht somit einer Tabelle (Abb. 8.3), deren Spalten den jeweiligen Währungs-Record (Element von *Waehrungen*) und deren Zeilen die jeweilige Elementvariable *Preisbezug* (obere Zeile in Abb. 8.3) beziehungsweise *Preis* (untere Zeile) angeben, auf welche sich der gespeicherte Fehlercode bezieht.

Prüfung der Werte auf Gültigkeit – das Validieren

Nach all diesen Anweisungen sind die Felder *Waehrungen* und *Code* mit den entsprechenden Informationen gefüllt. Bevor diese gespeichert werden, müssen sie noch auf Gültigkeit überprüft werden. Dieser Vorgang wird im Fachjargon als *Validierung* bezeichnet.

Hierzu müssen zunächst die Kriterien für die Gültigkeit festgelegt werden. Es müssen die Elementvariablen von *TWaehrung* überprüft werden. Die Variable *Name*, welche die Bezeichnung der Währung angibt, darf kein Leer-String sein, da sonst niemand weiß, um welche Währung es sich handelt. Falls falsche Eingaben für *Preisbezug* und *Preis* gemacht wurden, findet sich im jeweiligen Eintrag in *Code* ein Wert ungleich Null.

Daraus resultiert, daß die Records von *Waehrungen* nach diesen Kriterien untersucht werden müssen. Da die Operationen für die jeweiligen Einträge des Feldes *Waehrungen* jeweils die selben sind, können diese idealerweise in eine For-Schleife gepackt werden, die die Anweisungen für die jeweiligen Indizes von 1 bis 4 abarbeitet:

```
{ Daten auf Gültigkeit prüfen }
For n := 1 t  o 4 Do
begin
  If Waehrungen[n].Name = '' Then
  begin
    FehlerMeldung(n,'Name');
    Exit;
  end;
```

```
    If Code[n,1] <> 0 Then
    begin
      FehlerMeldung(n,'Preisbezug');
      Exit;
    end;
    If Code[n,2] <> 0 Then
    begin
      FehlerMeldung(n,'Preis');
      Exit;
    end;
  end;
```

Wenn ein Wert für nicht gültig befunden wird, sind die Auswirkungen bei allen drei Werten ähnlich. Die Prozedur *FehlerMeldung* wird mit zwei Parametern aufgerufen. Der erste Parameter gibt die Nummer der Währung respektive den Index des Elements in *Waehrungen* an, in welcher der Fehler auftrat. Der zweite Parameter ist ein String, der genauer spezifiziert, in welchem Eingabefeld beziehungsweise welcher Elementvariable die ungültige Angabe zu finden ist. Die Prozedur *FehlerMeldung*, die wir etwas später definieren wollen, bastelt aus diesen Parametern eine Fehlermeldung für den Benutzer und gibt diese per Meldungsfenster aus. Der Befehl *Exit* bewirkt anschließend, daß die Ereignisbehandlungsroutine vorzeitig verlassen wird. Sie können statt *Exit* auch *Abort* einsetzen, welches hier das gleiche Resultat liefert, wenn auch mit einem anderen Mechanismus (stille Exception).

Ausgabe der Fehlermeldung

Die Prozedur *FehlerMeldung* kann wieder lokal im Deklarationsteil der Ereignisbehandlungsroutine *Button1Click* erfolgen.

Das Format dieser Fehlermeldung soll von der Form »Der yyy von Währung x ist nicht korrekt!« sein, wobei *yyy* für Name, Preisbezug oder Preis und *x* für die Nummer (1 bis 4) der Währung steht.

Der Part *yyy* liegt bereits als String in Form des zweiten Parameters vor. Die Nummer liegt ebenfalls als Parameter vor, jedoch wurde sie als Integer-Wert übergeben. Hier ist also wieder eine Konvertierung notwendig, nur diesmal von Integer zu String und nicht, wie zuvor, umgekehrt.

Das entsprechende Gegenstück zu *Val* bildet Prozedur *Str*. Diese Prozedur erwartet zwei Parameter. Der erste ist der zu konvertierende Wert, welcher ein Ganzzahl- oder Fließkommatyp sein kann. Im zweiten Parameter wird eine Stringvariable als Referenz übergeben, welche den konvertierten Wert zugewiesen bekommt.

Geben Sie diesen Code für die Prozedur *FehlerMeldung* in den Deklarationsteil der Ereignisbehandlungsroutine *Button1Click* ein:

```
procedure FehlerMeldung(Nummer: Integer; Bezug: String);
var
  SNummer: String;
begin
  Str(Nummer, SNummer);
  MessageDlg('Der '+Bezug+' von Währung '+SNummer+
    ' ist nicht korrekt!', mtError, [mbOK], 0);
end;
```

Zuerst wird mittels *Str* der Wert von *Nummer* konvertiert und in den String *SNummer* geschrieben. Als erster Parameter von *MessageDlg* wird eine Verkettung von Strings übergeben, welche die Meldung im oben genanntem Format ergibt.

Letzte Schritte und Testlauf

Wenn die Validierung ohne Aufspüren eines Fehlers verlaufen ist und somit die Ereignisbehandlungsroutine nicht vorzeitig verlassen wurde, kann das Speichern der Informationen veranlaßt werden. Dies erfolgt durch einen einfachen Aufruf von *Speichern*:

```
{ Daten speichern }
Speichern;
```

Klicken Sie noch doppelt auf die Schaltfläche *Schließen*, also *Button2*, und tragen Sie in den Codeblock die bereits bekannte Zeile

```
Close;
```

zum Schließen der Anwendung ein.

Wenn Sie die Anwendung danach starten, tragen Sie einige Kurse, ähnlich wie in Abbildung 8.4, ein. Danach klicken Sie auf *Speichern*, und die Eingaben werden gespeichert, sofern die Daten gültig sind. Tragen Sie hier auch einmal während des Testlaufs falsche Daten, wie beispielsweise einen Text, in der Preis-Rubrik ein, und klicken Sie anschließend auf Speichern. Sie werden sehen, daß die Validierung funktioniert.

In Abbildung 8.4 sehen Sie auch die Bedeutung von Preisbezug und Preis verdeutlicht. Ein US-Dollar kostet hier beispielsweise 1,895 DM, wo hingegen 100 Französische Franc 30,70 DM kosten.

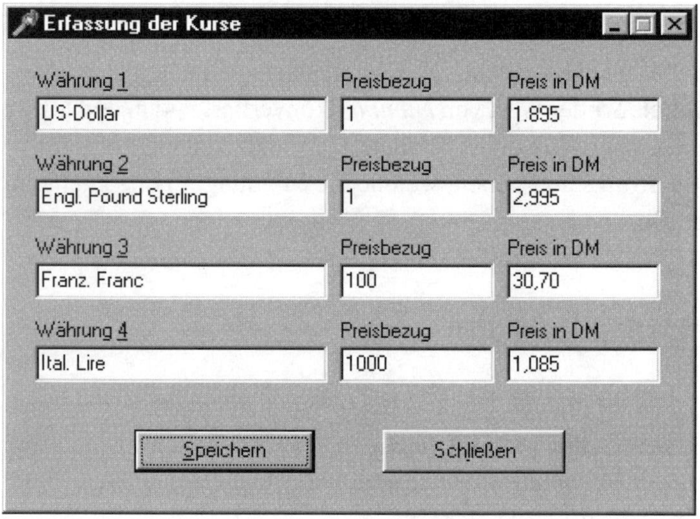

Abb. 8.4: Beispiel für während des Testlaufs eingegebene Kurse

Hinweis: Bei der Eingabe der Zahlenwerte müssen Sie unbedingt beachten, daß Sie den im englischen Sprachgebrauch üblichen Dezimalpunkt und nicht das bei uns gebräuchliche Dezimalkomma verwenden! Also 1.895 und nicht 1,895!

8.4 Verarbeiten von Dateien

Inhalt dieses Abschnittes ist nun die Verarbeitung der Daten aus der Datei KURSE.DAT. Es soll ein Programm entwickelt werden, welches die Umrechnung von einer Währung in eine andere anhand der Daten aus KURSE.DAT ermöglicht. Legen Sie hierzu ein neues Projekt beziehungsweise eine neue Anwendung an.

Das Umrechnungsprogramm

Plazieren Sie die Komponenten wie es in Abbildung 8.5 zu sehen ist. Achten Sie hierbei wieder auf die korrekte Reihenfolge der einzelnen Komponenten.

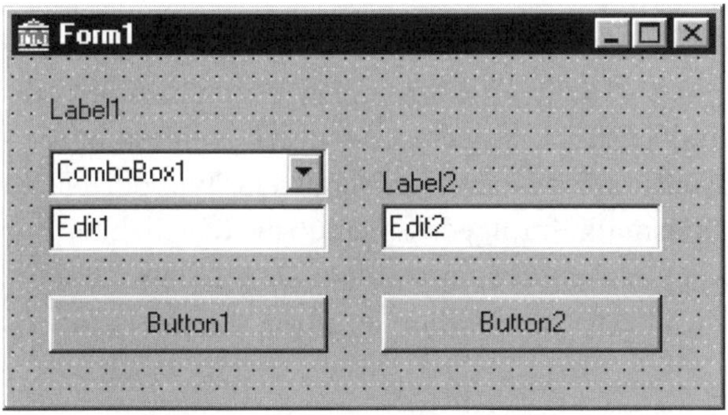

Abb. 8.5: Die Lage der Komponenten im Formular

Das Kombinationsfeld *ComboBox1* finden Sie im Register *Standard* der Komponentenpalette. Dieses Feld ermöglicht die Auswahl wie das obere Feld im Objektinspektor, über welches Sie die Komponenten im Formular selektieren können.

Hinweis: Diese Komponente kann als Kombination aus Eingabe- und Listenfeld angesehen werden. Daher stammt auch der Name Kombinationsfeld.

Kommen wir zum Aufbau des Formulars. *Label1* soll den Wechselkurs zur aktuell eingestellten Währung anzeigen. Die aktuelle Währung wird mittels *ComboBox1* eingestellt. Wenn also zur Laufzeit auf den Pfeil von *ComboBox1* geklickt wird, kann in der aufklappenden Liste die Währung angegeben werden, auf die sich die Berechnungen beziehen sollen. *Label2* wird als Überschrift für *Edit2* dienen, ähnlich wie dies *ComboBox1* für *Edit1* macht. In Eingabefeld *Edit1* wird der Wert in der Fremdwährung eingegeben. *Edit2* dient als Eingabefeld für den Wert in DM.

Wird zur Laufzeit auf *Button1* geklickt, wird der Wert in *Edit1* in DM umgerechnet und das Resultat in *Edit2* ausgegeben und steht dort für die Bearbeitung zur Verfügung. *Button2* ist die Umkehrung. Der Wert in *Edit2* wird in die Fremdwährung umgerechnet, und das Ergebnis wird in *Edit1* ausgegeben.

ComboBox1 ist noch so eingestellt, daß der Wert innerhalb des Feldes wie in einem Eingabefeld geändert werden kann. Da jedoch nur die Währungen, die aus der Datei KURSE.DAT geladen wurden, eingestellt werden dürfen, sind anderweitige Eingaben des Benutzers, wie der Name einer anderen Währung, unsinnig. Infolgedessen muß die Möglichkeit zur Bearbeitung in diesem Feld ausgeschaltet werden. Dies ist über die Eigenschaft *Style* möglich. Die folgende Tabelle gibt Auskunft über die möglichen Werte.

Wert	Bedeutung
csDropDown	Mit ausklappbarer Liste, Text kann eingegeben werden
csDropDownList	Mit ausklappbarer Liste, Text kann nicht eingegeben werden
csSimple	Ohne ausklappbare Liste, Text kann eingegeben werden (ähnlich einem Eingabefeld)
csOwnerDrawFixed	Mit ausklappbarer Liste, Text kann nicht eingegeben werden; die Höhe der Einträge wird durch die Eigenschaft *ItemHeight* bestimmt
csOwnerDrawVariable	Mit ausklappbarer Liste, Text kann nicht eingegeben werden; die Höhe der Einträge kann variabel sein

Aus dieser Tabelle kann entnommen werden, daß der Wert *csDropDownList* der gesuchte ist. Stellen Sie also *Style* von *ComboBox1* auf diesen Wert ein.

Ändern Sie nun noch die Beschriftungen beziehungsweise die Wertinhalte der Komponenten wie in Abbildung 8.6 angegeben. Die Beschriftung von *Label1* müssen Sie zur Entwurfszeit nicht ändern, da diese sich zur Laufzeit ohnehin ständig ändert. Das liegt daran, daß sich der Inhalt von *Label1* immer dann ändert, wenn eine andere Währung eingestellt wird. Dieses Textelement gibt immer den aktuellen Kurs aus, und dieser ist von der eingestellten Währung abhängig.

Abb. 8.6: Die Oberfläche der Währungsumrechnung

Laden der Wechselkurse

Zunächst benötigen wir wieder den Datentyp zur Aufnahme der Kursinformationen. Übertragen Sie hierzu die Typdeklaration von *TWaehrung* aus dem letzten Projekt in den Implementationsteil der neuen Unit. Tragen Sie diesen Teil zwischen das Schlüsselwort *implementation* und der Zeile

```
{$R *.DFM}
```

ein. Diese Zeile ist eine Compileroption beziehungsweise -direktive und veranlaßt den Compiler während des Übersetzungsprozesses, die kompilierten Formulardateien miteinzubinden. Dieser Vorgang ist mit dem Einbinden von Units vergleichbar. Erst damit werden die Informationen, welche Sie im Objektinspektor und im Formular visuell programmiert haben, im Quellcode zugänglich.

Nach dieser Zeile folgen dann auch die von Delphi generierten Routinen. Wenn Sie also beispielsweise auf eine Schaltfläche doppelt klicken, wird die entsprechende Prozedur zur Ereignisbehandlung nach dieser Zeile in den Quellcode eingefügt.

Demnach ist die Deklaration von Variablen, Typen und Konstanten, welche durch die definierten Routinen genutzt werden sollen, vor dieser Zeile zu empfehlen.

Die Wechselkurse müssen diesmal im gesamten Programm zur Verfügung stehen, nämlich in den Routinen zum Laden, Umrechnen und Anzeigen des aktuellen Kurses.

Nun existieren prinzipiell zwei Möglichkeiten: Entweder Sie deklarieren das Feld zur Aufnahme der Wechselkurse in der Klasse des Formulars oder global im Implementierungsteil. Hier soll nun letzteres geschehen.

Deklarieren Sie demnach wie folgt das Array direkt nach der Definition des Record *TWaehrung*, denn das Feld soll von diesem Typ sein und dieser muß vor der Deklaration definiert werden.

```
var
  Waehrungen: Array[1..4] of TWaehrung;
```

Damit steht die Feldvariable *Waehrungen* im gesamten Implementation-Block und damit auch für den Ladevorgang zur Verfügung.

Das Laden der Kurse soll beim Start der Anwendung erfolgen. Hierzu können wir uns wieder des Ereignisses *OnCreate* des Formulars bedienen. Klicken Sie also doppelt auf dieses Ereignis von *Form1*, woraufhin der Rahmencode für die Routine *FormCreate* erzeugt wird.

Es werden in dieser Ereignisbehandlungsroutine Variablen für die Datei sowie eine Ganzzahlvariable für die Schleife zum Ansprechen der einzelnen Feldelemente benötigt.

Daraus ergibt sich der folgende Deklarationsabschnitt:

```
var
  Kurse: file of TWaehrung;
  n: Word;
```

Die Datei, die die Wechselkurse in Form von Einträgen des Typs *TWaehrung* enthält, wird diesmal durch die Variable *Kurse* angesprochen. Die Variable für die Abarbeitung der Feldvariable innerhalb einer Schleife nennt sich wieder *n*.

In dieser Routine müssen neben dem reinen Einlesen der Daten diese auch in das Kombinationsfeld *ComboBox1* eingetragen werden, damit durch diese Liste die einzelnen Währungen gewählt werden können. Des weiteren müssen auch noch einige Initialisierungsarbeiten, wie beispielsweise das Ausgeben des aktuellen Kurses in *Label1*, erfolgen.

Hier der gesamte Codeblock:

```
begin
  AssignFile(Kurse,'Kurse.DAT');
  Reset(Kurse);
  For n := 1 to 4 Do
  begin
    Read(Kurse,Waehrungen[n]);
    ComboBox1.Items.Add(Waehrungen[n].Name);
  end;
  CloseFile(Kurse);
  ComboBox1.ItemIndex := 0;
  With Waehrungen[1] Do
    Label1.Caption := AktuellerKurs(Preisbezug,Preis);
end;
```

Nach dem Zuweisen der Datei KURSE.DAT an *Kurse* und dem Öffnen für den Lesezugriff, werden die Datensätze in das Feld *Waehrungen* mittels *Read* im Anweisungsblock der For-Schleife eingelesen. *Read* erwartet dieselben Parameter wie *ReadLn*, nur mit dem Unterschied, daß nicht bis zu einem Zeilenendezeichen gelesen wird. Es werden exakt die Datentypen ausgelesen, die als Parameter übergeben wurden. Zeilenendezeichen werden hier nicht als Trennzeichen zwischen den Daten, sondern selbst als Daten betrachtet.

Durch die zweite Anweisung im Anweisungsteil der Schleife werden die Währungsbezeichnungen in die Liste von *ComboBox1* aufgenommen. Die einzelnen Zeilen der Liste werden durch die Eigenschaft *Items* repräsentiert, welche, wie beispielsweise die Zeilen in einem Memofeld, vom Typ *TStrings* ist. Durch die Methode *Add* des Objektes *Items* wird ein String der Liste hinzugefügt. Im Beispiel ist dies der Name der Währung, welcher in Form der Elementvariablen *Name* des jeweils gelesenen Datensatzes vorliegt.

Im Anschluß an die Schleife folgt der obligatorische Aufruf von *CloseFile*, um die Datei zu schließen.

Nun folgen die Initialisierungsarbeiten. Die Eigenschaft *ItemIndex* von *ComboBox1* stellt den aktuell ausgewählten Listeneintrag dar. Als Voreinstellung wählen wir hier die erste Währung. Da die Listeneinträge von Null an aufwärts durchnumeriert werden, erhält diese Eigenschaft den Wert *Null* für den ersten Eintrag.

Hinweis: Würde diese Initialisierung von *ComboBox1* nicht erfolgen, bliebe das Feld weiß, also ohne Eintrag. Dies wäre nicht sehr aufschlußreich für den Benutzer und würde im Programm zu Fehlern führen, da per Voreinstellung keine Währung ausgewählt wäre. Nach welchem Kurs sollte also umgerechnet werden?

Nun folgt eine With-Anweisung, welche den Bezugsbereich auf *Waehrungen[1]* festlegt. Dadurch können in der folgenden Anweisung *Preisbezug* und *Preis* ohne *Waehrungen[1]* davor angegeben werden, was die Zeile etwas entlastet und leserlicher gestaltet.

Der Eigenschaft *Caption* von *Label1* wird der Rückgabewert der Funktion *AktuellerKurs* zugewiesen. Diese Funktion, welche wir später definieren werden, erzeugt aus den Parametern *Preisbezug* und *Preis* einen String der Form »Aktueller Kurs: <Preisbezug> : <Preis>«. Damit ist auch das Objekt *Label1* initialisiert und zeigt den aktuellen Wechselkurs für die selektierte Währung (per Voreinstellung die erste) an.

Apropos *AktuellerKurs*: Immer wenn die Auswahl in *ComboBox1* sich ändert, muß auch die Anzeige von *Label1* aktualisiert werden. Es ist unsinnig, den Kurs für Dollar auszugeben, wenn Britische Pfund selektiert sind! Im obigen Satz deutet die Formulierung »*ComboBox1* sich ändert« schon auf das Ereignis *OnChange* (engl. change = Wechsel, Änderung) hin, welches Sie schon von Memofeldern her kennen.

Klicken Sie doppelt auf dieses Ereignis von *ComboBox1*, und tragen Sie die folgende Anweisung in den Codeblock des generierten Rahmencodes ein:

```
With Waehrungen[ComboBox1.ItemIndex+1] Do
  Label1.Caption := AktuellerKurs(Preisbezug,Preis);
```

Die Zuweisung des Rückgabewertes von *AktuellerKurs* an *Label1.Caption* ist dieselbe wie zuvor, lediglich die With-Anweisung verweist diesmal auf *Waehrungen[ComboBox1.ItemIndex+1]*.

Der aktuell selektierte Listeneintrag von *ComboBox1* befindet sich in der Eigenschaft *ItemIndex*. Die Numerierung startet hier allerdings mit 0; die Indizes von *Waehrungen* beginnen jedoch mit 1. Deshalb muß der Wert von *ItemIndex* um 1 erhöht werden, damit der richtige Währungsdatensatz und damit die richtigen Elementvariablen *Preisbezug* und *Preis* an die Funktion *AktuellerKurs* übergeben werden.

Somit wird, wann immer sich die Selektion von *ComboBox1* ändert, für die aktuelle Währung der entsprechende Datensatz ermittelt und aufgrund dieser Information durch die Funktion *AktuellerKurs* der passende Text für *Label1* gebildet.

Umrechnen der Währungen

Klicken Sie zunächst doppelt auf *Button1*, um den Rahmencode für die Ereignisbehandlungsroutine zu generieren. Innerhalb dieser Routine muß nun der Betrag in der Fremdwährung, welcher in *Edit1* vorliegt, aufgrund des Wechselkurses umgerechnet und anschließend das Ergebnis in *Edit2* ausgegeben werden.

Hier der Quelltext:

```
procedure TForm1.Button1Click(Sender: TObject);
var
  BetragInDM, BetragInFremdWaehrung: Real;
  FehlerCode: Integer;
  Ausgabe: String;
begin
  Val(Edit1.Text,BetragInFremdWaehrung,FehlerCode);
  If FehlerCode <> 0 Then
  begin
    With ComboBox1 Do
      MessageDlg('Der Betrag in '+Items[ItemIndex]+
        ' ist nicht korrekt!',mtError,[mbOK],0);
    Exit;
  end;
  With Waehrungen[ComboBox1.ItemIndex+1] Do
    BetragInDM := Umrechnen(Preis,Preisbezug,
      BetragInFremdWaehrung);
  Str(BetragInDM:0:2,Ausgabe);
  Edit2.Text := Ausgabe;
end;
```

Zuerst wird der Text aus *Edit1* in eine Fließkommazahl konvertiert. Das Ergebnis findet sich in der Real-Variablen *BetragInFremdWaehrung*. Der Fehlercode wird in der gleichnamigen Variablen gespeichert.

Anschließend wird der Fehlercode ausgewertet, wobei wieder gilt: Wenn der Fehlercode nicht Null ist, so liegt ein Fehler vor. Ist dies der Fall, so wird eine Fehlermeldung ausgeben und die Routine vorzeitig durch *Exit* beendet, womit keine Umrechnung stattfindet.

Die Ausgabe der Fehlermeldung erfolgt wieder durch *MessageDlg*, wobei durch das umhüllende With-Konstrukt der Gültigkeitsbereich vorrangig auf *ComboBox1* verlegt wird. Die Meldung setzt sich aus der Verknüpfung von zwei String-Konstanten und der aktuellen Währung, welche die aktuelle Selektion in der Liste von *ComboBox1* ist, zusammen.

Der aktuell ausgewählte Eintrag der Liste wird über den Index *ItemIndex* von *ComboBox1* angesprochen. Den String, welcher sich an dieser Stelle in der Liste befindet, erhalten Sie, wenn Sie die Eigenschaft *Items* als Array betrachten und schlicht das Element mit dem Index *ItemIndex* auslesen, indem Sie diesen Index in eckigen Klammern anhängen. Daraus würde sich folgender Ausdruck ergeben:

```
ComboBox1.Items[ComboBox1.ItemIndex]
```

Da jedoch das With-Konstrukt mit *ComboBox1* um diese Anweisung herumgestellt ist, reduziert sich dieser Ausdruck zu

```
Items.ItemIndex
```

Falls *FehlerCode* den Wert Null hat und somit die Konvertierung erfolgreich verlaufen ist, wird als nächstes das With-Konstrukt ausgeführt, welches den Bereich auf den Datensatz der aktuell ausgewählten Währung setzt. Innerhalb dieser With-Anweisung wird die Funktion *Umrechnen* aufgerufen, welche anhand der Daten des Wechselkurses die Berechnung durchführt.

Die Funktion *Umrechnen* werden wir an dieser Stelle nur spezifizieren, implementieren werden wir sie später.

Umrechnen erwartet drei Parameter: Als ersten den Preis für die fremde Währung; als zweiten die Menge an fremden Währungseinheiten, auf die sich der Preis bezieht, und als letzten die Summe in fremden Währungseinheiten, die umgerechnet werden sollen.

Der Rückgabewert wird der Variablen *BetragInDM* zugewiesen. Dieser Wert wird in der nächsten Anweisung in einen String konvertiert. Die

Prozedur *Str*, die hierzu verwendet wird, ist Ihnen bereits bekannt, allerdings findet sich hier ein neuer Aspekt dieser Funktion – die Zahlenwerte, welche durch Doppelpunkte an *BetragInDM* angehängt wurden. Die allgemeine Form dieser Angabe lautet:

```
Variable:Breite:Dezimalstellen
```

Die Angabe in Breite gibt an, wie viele Zeichen minimal für die Ausgabe der Stellen von *Variable* verwendet werden sollen. Angenommen, Sie geben hier 5 an und der Wert der Variablen beträgt 100, so wird ein String ' 100' generiert. Es werden also, nachdem die Zahl lediglich 3 Zeichen Platz benötigt, zwei Leerzeichen vorangestellt. Geben Sie jedoch 5 an und der Wert der Variablen beträgt beispielsweise 100000, so wird ein String '100000' generiert; das heißt, es werden keine Zeichen abgeschnitten, wenn der Zeichenbedarf der Zahl größer ist als die Breitenangabe.

Im Beispiel wird hier 0 angegeben. Das bedeutet, daß keine minimale Breite gewünscht wird, also werden nie Leerzeichen vorangestellt; es wird nur der Zeichenbedarf der konvertierten Variable berücksichtigt.

Die Dezimalstellen geben bei einer Fließkommazahl an, wie viele Dezimalstellen ausgegeben werden sollen. Diese Anzahl wird von der gesamten Breite abgezogen. Wenn Sie also eine Variable mit dem Wert 100 ausgeben und :5:2 angeben, resultiert der String '100.00'. Es werden keine Leerzeichen vorangestellt, da die gesamte Breite der so konvertierten Zahl 6 beträgt.

Im Beispiel wird 2 übergeben, da Währungen nur zwei Nachkommastellen besitzen.

Wozu der ganze Aufwand? Genügt es nicht, *BetragInDM* ohne diese Angaben zu konvertieren?

Es würde theoretisch genügen. Allerdings würde der Wert der Variablen unter Umständen mit mehr als 2 Nachkommastellen oder gar in Mantise-Exponent-Darstellung erfolgen.

Die Mantise-Exponent-Darstellung bedeutet, daß der Wert als Zehnerpotenz ausgegeben wird. 100 läßt sich auch als 1 mal 10 hoch 2 darstellen. In Objekt-Pascal würde dies durch 1.00E+02 ausgedrückt. Vor dem E findet sich die Mantise und nach diesem der Exponent, mit dem 10 zu potenzieren ist.

Hinweis: Die Angabe von Breite kann auch ohne die Angabe von Dezimalstellen erfolgen. Variable:10 ist demnach ebenso gültig.

Nach der Konvertierung liegt der Wert von *BetragInDM* mit zwei Nachkommastellen formatiert im String *Ausgabe*. Dieser String wird nun noch *Edit2.Text* zugewiesen.

In diesem Zusammenhang stellt sich die Frage, warum der Umweg über die Variable *Ausgabe* gegangen wird und nicht direkt *Edit2.Text* übergeben wird.

Die Eigenschaft *Text* kann, wie die meisten Eigenschaften, nicht als Referenzvariable beim Aufruf von Routinen als Parameter übergeben werden, da sich dies nicht mit den Objekt- und Sicherheitsstrukturen von Delphi vereinbaren läßt. Als einfacher Parameter ist dies ohne weiteres zulässig – denken Sie an den Aufruf von *Val* zu Beginn der Routine; nur als Referenz ergeben sich Probleme. Es ist aber, wie Sie sehen, kein großer Aufwand, diese Probleme mit Hilfe einer anderen Variablen zu lösen.

Der Umrechnungsvorgang, der durch die Schaltfläche *Button2* ausgelöst wird, erfolgt in ähnlicher Weise. Es genügt, wenn Sie die obige Ereignisbehandlungsroutine entsprechend modifizieren. Die Variablen *Edit1* und *Edit2* sowie *BetragInDM* und *BetragInFremdWaehrung* müssen vertauscht werden. Des weiteren müssen die Elementvariablen *Preisbezug* und *Preis* gegeneinander ausgetauscht werden, da bei der Umrechnung in die andere Richtung *Preis* und *Preisbezug*, so wie der gesamte Rechnenalgorithmus, umgekehrt werden müssen.

Hieraus ergibt sich diese Routine:

```
procedure TForm1.Button2Click(Sender: TObject);
var
  BetragInDM, BetragInFremdWaehrung: Real;
  FehlerCode: Integer;
  Ausgabe: String;
begin
  Val(Edit2.Text,BetragInDM,FehlerCode);
  If FehlerCode <> 0 Then
  begin
     MessageDlg('Der Betrag in DM ist nicht korrekt!',
      mtError,[mbOK],0);
    Exit;
  end;
  With Waehrungen[ComboBox1.ItemIndex+1] Do
    BetragInFremdWaehrung := Umrechnen(Preisbezug,
      Preis, BetragInDM);
  Str(BetragInFremdWaehrung:0:2,Ausgabe);
  Edit1.Text := Ausgabe;
end;
```

Eine weitere Modifikation ist, daß der With-Block um den Aufruf von *MessageDlg* in der Fehlerbehandlung entfallen kann. Hier steht der Name der Währung (DM) fest und muß nicht mühselig aus Variablen gewonnen werden.

Die Routinen *AktuellerKurs* und *Umrechnen*

Die Implementierung der beiden Routinen ist kein Hexenstück mehr:

```
function AktuellerKurs(n,m: Real): String;
var
  s: String;
```

```
begin
  Result := 'Aktueller Kurs: ';
  str(n:0:0,s);
  Result := Result + s + ' : ';
  str(m:0:4,s);
  Result := Result + s;
end;

function Umrechnen(k1, k2, x: Real): Real;
begin
  Result := k1 / k2 * x;
end;
```

AktuellerKurs benötigt als Parameter die beiden Komponenten des Kurses; das, was wir als *Preisbezug* und *Preis* bezeichnet haben. Der Rückgabewert ist ein String.

Die Anweisungen erzeugen den entsprechenden String und dürften für Sie mittlerweile so einfach zu interpretieren sein, wie das Lesen in diesem Buch.

Die Funktion *Umrechnen* erwartet die bekannten Werte des Umrechnungsprozesses und führt eine einfache Formel aus. Diese Formel beruht auf einem Dreisatz: *k1* verhält sich zu *k2*, wie *Result* zu *x*. Nach einer Äquivalenzumformung, das heißt einer Umstellung der Formel, ergibt sich hieraus, daß *Result* gleich dem Produkt aus *x* und dem Quotienten aus *k1* und *k2* ist.

Zur Verdeutlichung: 1 £ entspricht 3 DM; *Result* entspricht 6 DM. Demnach ist *Result* = 1 £ / 3 DM * 6 DM = 2 £.

Hinweis: Den Divisionsoperator / können Sie nur auf Fließkommawerte anwenden, nicht auf Ganzzahltypen. Für Ganzzahltypen existieren die Operatoren *DIV* und *MOD*. Ersterer errechnet das Ergebnis einer Ganzzahldivision; letzterer gibt den Rest der Division (Moduloperator) zurück.

15 DIV 10 ergibt nicht 1,5, sondern 1.

15 MOD 10 ergibt hingegen 5, den nicht teilbaren Rest.

Die anderen Operatoren für Addition +, Substraktion - und Multiplikation * können auf Fließkomma- und Ganzzahltypen angewandt werden.

Die Umrechnungsroutinen müßten Sie wieder vor die Ereignisbehandlungsroutinen schreiben, aber nach dem Deklarationsteil für Variablen. Diesmal wollen wir einen anderen Weg gehen. Schreiben Sie diese Routinen bewußt an das Ende der Datei, aber noch vor das *end*, das die Unit beendet. Nachdem, was Sie bisher über die Programmierung in Object-Pascal wissen, ist dieser Code nicht ablauffähig, da die Ereignisbehandlungsroutinen nicht auf die Routinen *AktuellerKurs* und *Umrechnen* zugreifen können.

Object-Pascal bietet hierfür ein spezielles Schlüsselwort an, welches dieses Problem aus der Welt schafft – *forward*. Damit können Sie Routinen, bevor Sie sie an späterer Stelle programmieren, erst einmal deklarieren. Schreiben Sie hierzu nach der Variablendeklaration im Implementations-Teil folgende Zeilen:

```
function AktuellerKurs(n,m: Real): String; forward;
function Umrechnen(k1, k2, x: Real): Real; forward;
```

Die Deklaration der Routinen besteht aus dem Kopf dieser Unterprogramme, auf die das Schlüsselwort *forward* (vorwärts) folgt. Damit sind die Routinen bekannt und können in den Ereignisbehandlungsroutinen genutzt werden. Dieser Weg ist hier nicht unbedingt nötig. Aber bei Routinen, die sich gegenseitig aufrufen, muß eine solche Deklaration erfolgen.

```
procedure A;
begin
...
  B;
...
```

```
end;

procedure B;
begin
...
  A;
...
end;
```

Bei einem solchen Quelltext können die Routinen nie voreinander liegen, da immer eine nach der anderen definiert werden kann, so daß eine Deklaration mittels *forward* unausweichlich ist.

Wenn Sie nun die Anwendung starten und die Datei KURSE.DAT zuvor mit der Datenerfassung erzeugt haben, können Sie nun auf einfache Weise Währungen umrechnen. Wählen Sie hierzu die Währung, die Sie umrechnen oder in die Sie umrechnen wollen, geben Sie einen Wert in *Edit1* oder *Edit2* ein, und klicken Sie auf *Button1* beziehungsweise *Button2*.

8.5 Untypisierte Dateien

Nachdem Sie nun ziemlich erschöpfend in die Anwendungsgebiete von typisierten Dateien geblickt haben, sollen nun die untypisierten Dateien Betrachtung finden.

Dieses Beispiel soll ebenso schlicht wie das erste dieses Kapitels organisiert werden. Öffnen Sie ein neues Projekt, und fügen Sie in das Formular eine Schaltfläche ein. Klicken Sie anschließend doppelt auf diese, um die Ereignisbehandlungsroutine für *OnClick* zu bearbeiten.

Es soll nun eine Routine programmiert werden, welche den Kommandoprozessor von Windows 95, C:\COMMAND.COM, nach C:\COPY.COM kopiert. Dies läßt sich sehr leicht mittels untypisierter Dateien realisieren.

Zuweisen und Öffnen

Zunächst müssen auch untypisierte Dateien deklariert werden:

```
var
  ein, aus: file;
  speicher: array [0..255] of byte;
  gelesen, geschrieben: integer;
```

Aus diesem Deklarationsteil für Variablen geht hervor, daß die Bezeichner *ein* und *aus* untypisierte Dateien sind, da sie nur als *file* deklariert sind. Bei typisierten Dateien haben Sie den Typ durch das Schlüsselwort *of* angehängt. Aus dem Umstand, daß im Beispiel kein Typ angehängt wird, geht hervor, was unter untypisiert zu verstehen ist – schlicht eine Datei, deren Daten kein spezieller Typ zugewiesen wurde.

Der Bezeichner *speicher* wird als Feldvariable mit Elementen des Typs *Byte* deklariert. Hier beginnt der Indexbereich mit 0 und endet mit 255, ergo stehen 256 Byte in diesem Feld bereit. Dieses Feld soll während des Kopiervorganges als Puffer für die eingelesenen beziehungsweise zu schreibenden Daten dienen, ähnlich wie dies der String im ersten Beispiel dieses Kapitels tat.

Die Bedeutung von *gelesen* und *geschrieben* werden Sie im Verarbeitungspart dieser Routine erfahren. Sie sind bereits hier aufgeführt, um den Deklarationsteil als gesamten Block vorzustellen.

Im Codeblock dieser Ereignisbehandlungsroutine ist wieder als erstes die Zuweisung der Dateivariablen an die Datei auf dem Datenträger durchzuführen. Dies geschieht wieder mit Aufrufen von *AssignFile*:

```
AssignFile(ein,'C:\COMMAND.COM');
AssignFile(aus,'C:\COPY.COM');
```

Zum Öffnen sind wieder die bekannten Routinen *Reset* und *Rewrite* zu verwenden, allerdings mit einer kleinen Erweiterung:

```
Reset(ein,1);
Rewrite(aus,1);
```

Der zweite Parameter gibt die Größe der Datensätze in Bytes an. Auf diese Angabe beziehen sich anschließend alle Dateioperationen. Spätere Angaben über die Anzahl der Daten, die zu lesen sind, beziehen sich auf diesen Wert. Hier wird dieser Wert auf ein Byte gesetzt, also ist die Element- oder Datensatzgröße ein Byte. Ein Byte ist die kleinste Einheit, die aus dieser Datei gelesen werden kann.

Wenn dieser zweite Parameter nicht angeben wird, ist die per Standard gesetzte Datensatzgröße 128 Bytes; das heißt, die kleinste Einheit, die aus der Datei gelesen werden kann, wären dann 128 Bytes. Einzelne Bytes könnten dann beispielsweise nicht gelesen werden!

Lesen und Schreiben von Daten

Zum Lesen und Schreiben der Daten von untypisierten Dateien können nicht die Standardroutinen *Read(Ln)* und *Write(Ln)* herangezogen werden, da diese Routinen von typisierten Daten ausgehen.

Für untypisierte Dateien existieren die Prozeduren *BlockRead* und *BlockWrite*.

```
Repeat
  BlockRead(ein,speicher,SizeOf(speicher),gelesen);
  BlockWrite(aus,speicher,gelesen,geschrieben);
Until (gelesen = 0) or (geschrieben <> gelesen);
```

BlockRead dient zum Lesen der Daten und erwartet mindestens drei, maximal vier Parameter. Der erste Parameter gibt an, aus welcher Datei zu lesen ist. Mit dem zweiten Parameter spezifiziert man den Puffer, der die Daten aufnehmen soll. In diesem Fall ist dies das Feld *speicher*. Im dritten Parameter ist die Anzahl der Daten anzugeben, die gelesen werden sollen. Diese Angabe ist abhängig von der Datensatzgröße, die beim

Öffnen der Datei angegeben wurde. Der Wert, der in diesem Parameter angegeben wurde, wird mit der Datensatzgröße multipliziert und ergibt so die Menge an Bytes, die real aus der Datei zu lesen sind. Da wir die Datensatzgröße auf ein Byte gesetzt haben, ist die Angabe in diesem Parameter auch gleichzeitig die Byteanzahl, die gelesen werden soll.

Die Funktion *SizeOf* errechnet die Größe in Bytes des übergebenen Bezeichners. Hier wird die Größe von *speicher* berechnet, die bei 256 Bytes liegt. Diese Funktion ist nützlicher, als Sie sich vielleicht jetzt denken können. Falls Sie beispielsweise später den Puffer *speicher* in der Größe ändern, müssen Sie nicht den gesamten Quelltext nach dem Vorkommen der Größenangabe 256 durchkämmen. Zugegeben, in diesem einfachen Beispiel wäre dies kein großer Aufwand, aber denken Sie beispielsweise an globale Variablen, die im gesamten Programm verwendet werden, und moderne Applikationen überschreiten sehr leicht 10.000 Zeilen. Hätten Sie Lust, einen solchen Quelltext zu durchsuchen?

Hinweis: Ganz nebenbei ist diese Funktion geradezu lebensnotwendig bei der Ermittlung der Größe von Record-Typen. Sie sparen sich durch *SizeOf* das umständliche Herumrechnen mit Literaturangaben zu Datentypen wie *Integer* oder *Real*.

Nachdem im dritten Parameter nun die Größe von *speicher* übergeben wurde, folgt im vierten Parameter die Angabe der Variablen gelesen. Diese Variable wird wieder als Referenz übergeben und enthält nach dem Aufruf die Anzahl der gelesenen Elemente. Diese Angabe ist wieder relativ zur Datensatzgröße zu verstehen. Im Beispiel gibt diese Angabe einen absoluten Bytewert wieder, da die Datensatzgröße auf ein Byte gesetzt wurde.

Dieser vierte Parameter ist optional und kann demzufolge auch entfallen. Es ist jedoch für die Funktionsweise des Beispielalgorithmus dringend erforderlich. Es ist nämlich nicht gesagt, daß beim letzten Lesevorgang vor dem Dateiende noch mal 256 Bytes gelesen werden können, da hier höchstwahrscheinlich nur noch weniger als 256 Bytes vorliegen.

BlockWrite erledigt das Schreiben der Daten. Die ersten beiden Parameter sind identisch zu *BlockRead*. Der dritte Parameter gibt an, wie viele Daten geschrieben werden sollen. Diese Angabe ist wiederum relativ zur Datensatzgröße zu verstehen, das heißt, die reale Angabe in Bytes ergibt sich aus dem Produkt von Datensatzgröße und dem hier angegebenen Wert.

Im Beispiel wird hier die Variable *gelesen* übergeben. Diese Variable gibt an, wie viele Daten gelesen werden konnten. Es dürfen nur diese Daten geschrieben werden, da eine exakte Kopie von COMMAND.COM angelegt werden soll. Würde hier der Wert *SizeOf(speicher)* stehen, würden unter Umständen beim letzten Schreibvorgang mehr Daten geschrieben, als gelesen werden konnten. Fazit: Es muß *gelesen* angeben werden!

Der vierte Parameter von *BlockWrite* ist ebenso wie der von *BlockRead* optional. Die hier übergebene Variable enthält nach dem Aufruf die Anzahl der geschriebenen Daten. Diese Angabe ist wiederum relativ zur Datensatzgröße zu verstehen. Im Beispiel wird hier die Variable *geschrieben* übergeben.

Dieser Vorgang von Lesen und Schreiben soll nun bis zum Ende der Quelldatei erfolgen. Demzufolge befinden sich die obigen Prozeduraufrufe in einer Repeat-Schleife, die bei folgenden Bedingungen abbricht:

- *gelesen* ist Null, das heißt, es wurden keine Daten mehr gelesen, ergo ist das Dateiende erreicht.
- *geschrieben* ist nicht gleich *gelesen*, das bedeutet, daß nicht so viele Daten geschrieben wie gelesen werden konnten. Dies läßt sich mit zu wenig Speicherplatz auf dem Datenträger erklären. In diesem Fall ist es nicht besonders sinnvoll, den Kopiervorgang fortzusetzen, da sowieso nichts mehr geschrieben werden kann.

Schließen und Fehlerbehandlung

Nach dem Abarbeiten der Schleife folgt das Schließen der Dateien durch die bekannte Prozedur *CloseFile*:

```
CloseFile(ein);
CloseFile(aus);
```

Wenn die Datei nicht kopiert werden konnte, also *geschrieben* nicht gleich *gelesen* ist, soll das Dateifragment C:\COPY.COM gelöscht werden, da es ohnehin nur einen Teil der Datei C:\COMMAND.COM enthält. Außerdem soll der Benutzer davon in Kenntnis gesetzt werden.

```
If geschrieben <> gelesen Then
begin
  MessageDlg('Nicht genug freier Speicherplatz auf C:',
     mtError,[mbOK],0);
  Erase(aus);
end;
```

Ist *geschrieben* nicht gleich *gelesen*, wird eine Fehlermeldung durch *MessageDlg* ausgegeben und die Datei durch *Erase* gelöscht. Diese Prozedur *Erase* erwartet als einzigen Parameter eine Dateivariable. Die einzigen Bedingungen, welche auf diese Dateivariable zutreffen müssen, sind, daß ihr ein Dateiname zugewiesen und sie zur Vermeidung von Fehlern geschlossen beziehungsweise gar nicht geöffnet wurde.

Testlauf

Starten Sie diese Anwendung, und klicken Sie auf die Schaltfläche. Wenn keine Fehlermeldung erscheint, existiert danach eine Datei C:\COPY.COM.

Öffnen Sie die MS-DOS-Eingabeaufforderung, und geben Sie den Befehl

```
fc c:\command.com c:\copy.com
```

ein. Dieser Befehl vergleicht die Dateien und meldet, daß keine Unterschiede gefunden wurden (Abb. 8.7). Damit ist bestätigt, daß die Kopierfunktion korrekt arbeitet.

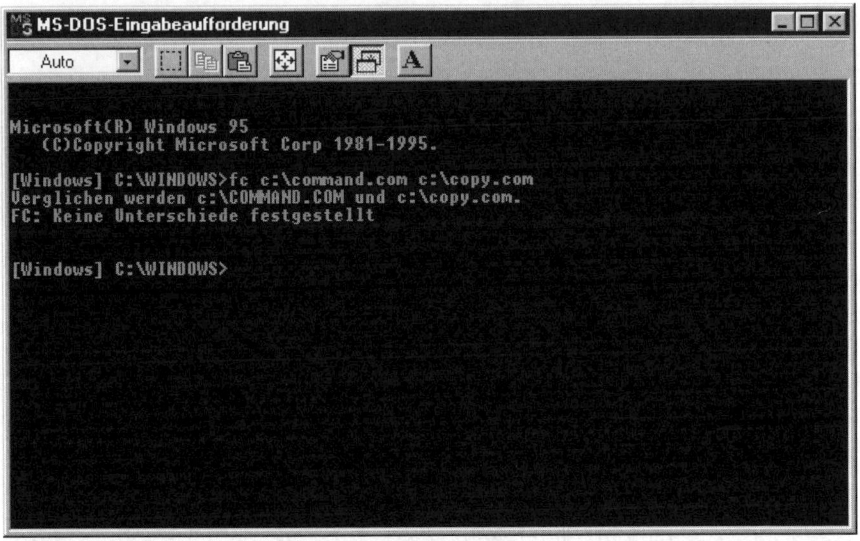

Abb. 8.7: Der Befehl *fc* zeigt, daß keine Unterschiede gefunden wurden

8.6 Fehlerbehandlung

Beim Öffnen von Dateien kommt es nicht selten zu Fehlern. Diese Fehler resultieren meist daraus, daß die Datei nicht existiert oder bereits von einer anderen Anwendung verwendet wird. Wie Sie auf solche Fehler im Programmlauf reagieren können, zeigt Ihnen dieser Abschnitt.

Es gibt verschiede Möglichkeiten, auf Dateifehler zu reagieren. Diese werden Ihnen anhand einer Minimalanwendung einander gegenübergestellt dargelegt. Minimalanwendung bedeutet wieder, daß Sie eine neue Anwendung anlegen sollten, in deren Formular Sie lediglich eine Schaltfläche plazieren und auf die Sie doppelklicken.

In dieser Ereignisbehandlungsroutine werden wir nacheinander die verschiedenen Fehlerbehandlungsverfahren implementieren.

Standardfehlerbehandlung von Delphi

In vielen Fällen genügt es, auf die Standardfehlerbehandlung von Delphi zu vertrauen. Es ist dann nicht erforderlich, auch nur einen Gedanken an die Fehlerbehandlung zu verschwenden.

Ein Fehler, der häufiger auftritt, ist das Fehlen einer zu öffnenden Datei.

```
procedure TForm1.Button1Click(Sender: TObject);
var
  TestDatei: file;
begin
  AssignFile(TestDatei,'C:\Dies ist eine Testdatei');
  Reset(TestDatei);
  CloseFile(TestDatei);
end;
```

In dieser Ereignisbehandlungsroutine wird versucht, eine untypisierte Datei *TestDatei* zu öffnen, welcher der Dateiname »C:\Dies ist eine Testdatei« zugewiesen wurde. Es ist sehr unwahrscheinlich, daß diese Datei im Wurzelverzeichnis von C: existiert. Im Grunde kann es als absolut sicher gelten, daß diese Datei nicht existiert.

Die Prozedur *Reset* öffnet, wie Sie bereits wissen, eine Datei für den Lesezugriff, und weiter wissen Sie, daß die zu öffnende Datei bereits existieren muß, damit sie geöffnet werden kann. Nun ist dies in diesem Fall wohl auszuschließen, und somit tritt ein sogenannter Laufzeitfehler auf. Diese Laufzeitfehler treten immer dann auf, wenn beim Ausführen der Anwendung, also im Programmlauf, ein nicht behebbares Problem auftritt.

Starten Sie dieses kleine Programm, und klicken Sie auf die Schaltfläche. Unmittelbar auf diese Aktion schaltet sich der Debugger ein und weist

Sie darauf hin, daß eine Exception vom Typ *EInOutError* aufgetreten ist. Bestätigen Sie diese Meldung durch einen Klick auf die Schaltfläche *OK*, und setzen Sie die Ausführung der Anwendung durch *Start / Start* oder die entsprechende Schaltfläche in der Symbolleiste fort.

Nun aktiviert sich die Standardfehlerbehandlung, die Teil einer jeden Delphi-Anwendung ist. Die angezeigte Meldung gibt an, daß die Datei nicht gefunden wurde.

Der Aufruf von *Reset* mit dem Parameter *TestDatei* erzeugt, aufgrund des Fehlens der an *TestDatei* zugewiesenen Datei, eine Exception vom Typ *EInOutError*, die angibt, daß ein Ein-/Ausgabefehler, wozu Dateifehler zählen, auftrat.

Nachdem keine Exceptionbehandlung mittels *try-except* stattfindet, fällt die Exception bis zur Standardbehandlung von Delphi durch, woraus die Fehlermeldung resultiert.

Durch diese ausgelöste Exception wird auch sämtlicher Code nach dem Aufruf von *Reset* in der Ereignisbehandlungsroutine ignoriert, womit eventuell folgende andere Dateioperationen, welche weitere Fehler aufgrund einer nicht geöffneten Datei verursachen würden, vermieden werden.

Fehlerbehandlung durch Auffangen von Exceptions

Nachdem Sie nun erfahren haben, daß die Standardroutinen von Delphi bei Fehlern Exceptions auswerfen, liegt nichts näher, als diese durch *tryexcept* aufzufangen.

Ändern Sie die Ereignisbehandlungsroutine wie folgt ab:

```
procedure TForm1.Button1Click(Sender: TObject);
var
  TestDatei: file;
begin
```

```
try
  AssignFile(TestDatei,'C:\Dies ist eine Testdatei');
  Reset(TestDatei);
  CloseFile(TestDatei);
except
  on EInOutError do
    MessageDlg('Die Datei C:\Dies ist eine Testdatei'
      +#13+#10+'konnte nicht gefunden werden',
      mtError,[mbOK],0);
end;
end;
```

Die Anweisungen zur Dateibehandlung sind nun in einem Try-Block eingeschlossen und werden dadurch auf auftretende Exceptions untersucht.

Tritt nun während des Programmlaufs eine Exception auf (und bei obigem Code ist das vorprogrammiert!), so tritt die Ausführung in den Except-Block ein. In diesem Block wird untersucht, ob eine Exception vom Typ *EInOutError* auftrat. Ist dies der Fall, so wird eine Meldung mittels *MessageDlg* ausgegeben, welche nicht nur ausgibt, daß eine Datei nicht geöffnet werden konnte, sondern auch angibt, um welche es sich dabei handelt.

Wenn Sie nun die Anwendung starten, so tritt nach dem Klick auf die Schaltfläche eine Exception auf, die den Debugger aktiviert. Bestätigen Sie hier wieder mit einem Klick auf die Schaltfläche *OK*, und fahren Sie mit der Ausführung der Anwendung durch *Start / Start* fort. Daraufhin sehen Sie, daß die Fehlermeldung wie oben angegeben ausgegeben wird.

Pascal-kompatible Fehlerbehandlung

Falls Sie schon mit Turbo Pascal gearbeitet haben, wird es Sie sicherlich interessieren, daß die zu Pascal kompatible Fehlerbehandlung in Delphi aus Gründen der Aufwärtskompatibilität erhalten wurde.

```
procedure TForm1.Button1Click(Sender: TObject);
var
  TestDatei: file;
begin
  AssignFile(TestDatei,'C:\Dies ist eine Testdatei');
  {$I-}
  Reset(TestDatei);
  {$I+}
  If IOResult <> 0 Then
  begin
    MessageDlg('Die Datei C:\Dies ist eine Testdatei'
      +#13+#10+'konnte nicht gefunden werden',
      mtError,[mbOK],0);
    Exit;
  end;
  CloseFile(TestDatei);
end;
```

Wie Sie sehen, finden sich vor und nach dem Aufruf von *Reset* in geschweiften Klammern gefaßte Ausdrücke. Diese, den Kommentaren sehr ähnliche Anweisungen, sind die zuvor schon einmal erwähnten *Compiler-Befehle*, über welche sich bestimmte Optionen des Compilers ansprechen lassen.

Compiler-Befehle stehen immer in geschweiften Klammern, da sie selbst nicht zum eigentlichen Object-Pascal-Quelltext gehören, das heißt, sie sind keine Object-Pascal-Anweisungen. Sie können diese Befehle als Kommentierungen für den Compiler auffassen.

Die Compiler-Befehle beginnen grundsätzlich mit einem Dollarzeichen, auf welches ein Buchstabe folgt, der die Compiler-Option beschreibt, welche angesprochen werden soll. Danach folgen je nach Option verschiedene weitere Zeichen, welche Sie als Parameter auffassen können.

In diesem Fall handelt es sich um den Compiler-Befehl *$I*, welcher die Ein-/Ausgabeprüfung steuert. Diese Option *I/O-Prüfung* finden Sie auch im Register *Compiler* der *Projektoptionen*, welche Sie über den Menübefehl *Projekt / Optionen* erreichen. Die meisten dieser Compiler-Optionen, die Sie in diesem Register *Compiler* vorfinden, können alle durch einen entsprechenden Compiler-Befehl angesprochen werden.

Wenn Sie allerdings die Compiler-Optionen in den Projektoptionen verändern, wirkt sich diese Einstellung auf den gesamten Quelltext aus. Bei Verwendung von Compiler-Befehlen können die Optionen des Compilers dem Kontext entsprechend auch nur für einen begrenzten Teil des Quelltextes ein- und ausgeschaltet werden. Dies ermöglicht ein flexibles Ausnutzen der Spielräume des Compilers.

Im Beispiel wird zunächst mittels *{$I-}* die Ein-/Ausgabeprüfung aus- und nach dem Aufruf von *Reset* durch *{$I+}* wieder eingeschaltet. Das Ausschalten dieser Option führt dazu, daß im folgenden bis zum Reaktivieren dieser Option keine Exceptions bezüglich Ein-/Ausgabefehler ausgeworfen werden. Wenn also in *Reset* ein Fehler auftritt (und das ist im obigen Beispiel aus den bekannten Gründen vorherbestimmt!), wird keine Exception ausgeworfen. Somit kann nach dem Aufruf von *Reset* eine manuelle Auswertung des Fehlers mittels entsprechender Anweisungen erfolgen.

Hinweis: Nachdem Sie die Anweisungen ausgeführt haben, die keine Ein-/Ausgabe-Exceptions erzeugen sollen, sollten Sie unbedingt die Ein-/Ausgabeprüfung durch *{$I+}* wieder einschalten, da sonst im folgenden Quelltext keine Exceptionbehandlung von Ein- und Ausgabefehlern mehr möglich wäre.

Nachdem nun keine Exception mehr ausgelöst wird und die Routine nicht vorzeitig verlassen wird, kann im folgenden auf Fehler geprüft werden. Dies wird durch den folgenden If-Block gelöst.

In der Bedingung des If-Blocks wird der Rückgabewert der Funktion *IOResult* geprüft. Mit dieser Funktion kann der Fehlerstatus der letzten Ein-/Ausgabeoperation abgefragt werden. *IOResult* liefert einen Wert ungleich Null zurück, wenn ein Fehler aufgetreten ist; andernfalls liefert sie Null.

Ist nun der Rückgabewert von *IOResult* ungleich Null und ist somit ein Fehler aufgetreten, wird die gleiche Meldung wie im Exception-Beispiel ausgegeben und die Routine vorzeitig durch die Anweisung Exit verlassen. Das vorzeitige Verlassen ist unbedingt nötig, da die folgenden Dateioperationen aufgrund der nicht geöffneten Datei weitere Ein-/Ausgabefehler verursachen würden.

Wenn Sie nun diese modifizierte Anwendung starten, resultiert aus dem Klick auf die Schaltfläche die gleiche Fehlermeldung wie im vorherigen Beispiel. Der Debugger aktiviert sich allerdings nicht, da hier keine Exception mehr auftritt.

8.7 Zusammenfassung und Aufgaben

Zusammenfassung

- Das Verarbeiten von Dateien erfolgt immer nach demselben Schema: Zuweisen und Öffnen – Lesen und Schreiben – Schließen.
- Vor dem Öffnen muß die Datei einer Variablen mittels *AssignFile* zugewiesen werden.
- Dateien können in Delphi entweder für Lese- oder Schreibzugriff geöffnet werden. *Reset* öffnet eine Textdatei für Lese-, *Rewrite* für Schreibzugriff.

- Durch *Append* können Textdateien ebenfalls zum Schreiben geöffnet werden. Existiert die Datei allerdings bereits, werden die neuen Daten an die bestehenden angehängt und überschreiben diese nicht wie bei *Rewrite*.
- Mit *ReadLn* und *Read* können Daten aus Text- und typisierten Dateien gelesen werden.
- *WriteLn* und *Write* ermöglichen das Schreiben in Text- und typisierten Dateien.
- *BlockRead* liest Daten aus einer untypisierten Datei.
- *BlockWrite* schreibt Daten in eine untypisierte Datei.
- Das Schließen einer Datei erfolgt durch einen Aufruf von *CloseFile*.
- Variablen zum Ansprechen von Textdateien müssen vom Typ als *Textfile* deklariert werden. Die Daten in der Datei werden als Strings behandelt.
- Typisierte Dateien werden mittels *file of* gefolgt von einem Datentyp deklariert. Damit werden die Daten innerhalb der Datei als Datensätze dieses Datentyps angesprochen.
- Untypisierte Dateien werden lediglich als *file* deklariert. Die Daten besitzen dann keinen speziellen Typ.
- Beim Öffnen einer untypisierten Datei mittels *Reset* oder *Rewrite* kann über einen optionalen zweiten Parameter die Größe der Datensätze übergeben werden. Auf diese Angabe beziehen sich dann alle Dateioperationen mittels *BlockRead* oder *BlockWrite*. Wird dieser Parameter nicht angegeben, so wird der Standardwert von 128 Bytes verwendet.
- Durch *Erase* kann eine Datei gelöscht werden. Diese Datei darf allerdings nicht geöffnet sein!

- In Feldern können Daten und Variablen desselben Typs zusammengefaßt werden. Die einzelnen Elementvariablen werden hierbei über Indizes angesprochen.
- Felder werden durch das Schlüsselwort *array* deklariert, gefolgt vom Indexbereich in eckigen Klammern und einem Datentyp, angehängt mittels des Schlüsselwortes *of*. Der allgemeine Aufbau lautet somit: Array[<Indexbereich>] of <Datentyp>.
- Bei mehrdimensionalen Feldern werden die einzelnen Indexbereiche bei der Deklaration durch Kommata getrennt. Beim Ansprechen dieser Felder im Quelltext werden die einzelnen Indizes ebenfalls innerhalb der eckigen Klammern durch Kommata getrennt.
- Die Fehlerbehandlung bei Dateioperationen kann durch die Standardfehlerbehandlung von Delphi, durch Exception-Handling oder durch die Pascal-kompatible Fehlerbehandlung erfolgen.
- Durch *Val* kann ein String in eine Zahl vom Fließkomma- oder Ganzzahltyp konvertiert werden.
- *Str* konvertiert einen Fließkomma- oder Ganzzahlwert in einen (formatierten) String. Hierbei kann die minimale Zeichenanzahl, die durch die Zahl belegt werden soll, angegeben werden. Bei Fließkommazahlen ist zudem eine Angabe der Nachkommastellen möglich.
- Bei der Division von Fließkommawerten ist der Operator / zu verwenden, bei Ganzzahlwerten der Operator *DIV*. Die anderen Operatoren für Addition (+), Subtraktion (-) und Multiplikation (*) können für beide Zahlentypen angewandt werden. Der Operator *MOD* liefert für Ganzzahlen den nicht teilbaren Reset der Ganzzahldivision.

Aufgaben

1. Was bewirken folgende Deklarationen?

```
var
   Feld1: Array[7..19] of Byte;
   Feld2: Array[8..10,0..5] of Integer;
   Feld3: Array[1..10,2..11,3..12] of Real;
```

2. Was gibt der Indexbereich in der Deklaration eines Feldes an? Wie greifen Sie auf die Elementvariable von *Feld3* aus der letzten Aufgabe mit den Indizes 7, 8 und 9 zu?

3. Kann *BlockRead* auf eine Textdatei angewendet werden? Ist ein Zugriff auf eine untypisierte Datei mittels *Read* zulässig? Ist der Aufruf von *WriteLn* im Zusammenhang mit einer Textdatei gültig?

4. Programmieren Sie eine Prozedur *LeseInFeld*, welche als Parameter einen String mit dem Dateinamen erwartet und die Daten aus dieser Datei in das globale Feld *Personen* des Typs *TPerson* einliest. *Personen* hat den Indexbereich von 0 bis 1000.

   TPerson enthält folgende Informationen:

   a) Name als String mit maximal 30 Zeichen

   b) Vorname als String mit ebenfalls maximal 30 Zeichen

   c) Alter als Integer

5. Wie müssen *TPerson* und *Personen* aus der letzten Aufgabe deklariert sein?

6. Geben Sie den Aufruf von *Str* an, welcher die Fließkommazahl *Zahl* in einen String *Zeichenkette* konvertiert. Es sollen fünf Nachkommastellen und minimal zehn Zeichen ausgegeben werden.

7. Erweitern Sie das Datenerfassungsprogramm dahingehend, daß beim Start dieser Applikation respektive beim Öffnen des Formulars die eventuell schon vorhandenen Wechselkurse aus der Datei KURSE.DAT geladen und in die Eingabefelder plaziert werden.

9 Objektorientierte Programmierung

Borland stellte 1989 mit Turbo Pascal 5.5, einem Vorgänger von Delphi, das erste objektorientierte Pascal-System für IBM-kompatible PCs vor. Dieses System basierte auf dem von Apple entwickelten Object-Pascal, welches nicht mit dem Object-Pascal von Delphi verwechselt werden darf, da diese Pascal-Dialekte sich in einigen syntaktischen Details unterscheiden.

Mit dieser Programmiersprache reagierte Borland auf eines der Modeschlagworte der ausgehenden achtziger Jahre, welches auszog, die Krise der Softwareindustrie zu lösen – *Objektorientierte Programmierung*.

Der Objektorientierung begegnet man im Software-Bereich sehr häufig. Die Zeiten, in denen sich die Objektorientierung nur auf die Programmierung beschränkte sind vorbei. Heute spricht man von objektorientierten Betriebssystemen oder objektorientierten Datenbanken. Die Einsatzmöglichkeiten von Objekten sind vielfältig und im Bereich der Programmierung bereits Standard.

Da schon in den vorangegangenen Kapiteln des öfteren von Objekten die Rede war und nicht zuletzt da sich die *OOP* (= Objektorientierte Programmierung) als Standard durchsetzt, werden wir uns in diesem Kapitel genauer mit diesen Gebilden beschäftigen.

Hinweis: Dieses Kaptitel kann lediglich einen kleinen Einblick in die OOP geben. Es kann und soll hier nur die praktische Anwendung von Objekten in Delphi gezeigt werden. Die Theorie der Objektorientierung ist wesentlich komplexer und würde allein schon ein Buch füllen. Folglich kann hier dieses Thema nur gestreift werden. Sie werden allerdings nach der Lektüre dieses Kapitels immerhin schon in der Lage sein, eigene Objekte zu programmieren. Durch dieses

Wissen werden Sie auch die Komponenten von Delphi besser verstehen und anwenden können.

9.1 Programmierverfahren

Auch im Programmiersektor hat der Fortschritt nicht innegehalten. Im Laufe der Jahre, seit den Entwürfen der ersten Computer durch Zuse und Neumann, sind verschiedene Programmierverfahren – im Fachjargon *Paradigmen* genannt – entwickelt worden.

Bis etwa 1970 herrschte die *konventionelle* oder *algorithmenorientierte Programmierung* vor. Die Technik dieses Programmierverfahrens besteht darin, die Programmstruktur durch das Aneinanderreihen von Befehlen beziehungsweise Anweisungen der verwendeten Programmiersprache zu entwickeln. Das Programm stellt man sich hier also als eine Reihe von Vorschriften vor, welche nacheinander abgearbeitet werden. Eine Sprache, die bis in die Mitte der 80er Jahre dieser Methode folgte, war das von Microsoft entwickelte GW-BASIC, das dem Betriebssystem MS-DOS bis zur Version 4.01 beilag. Glücklicherweise wurde dieses Spaghetti-Code produzierende System ab der Version 5.0 von MS-DOS durch QBasic ersetzt, welches Sie auch auf Ihren Installationsdisketten beziehungsweise Ihrer Installations-CD-ROM von Windows 95 finden.

Ein typischer Befehl, der uns bis in die heutige Zeit aus der algorithmenorientierten Programmierung verfolgt, ist *Goto*. Er symbolisiert den für moderne Begriffe verwirrend anmutenden Aufbau der Programme von damals.

In den 70er Jahren wurde das konventionelle Paradigma nach und nach von der *strukturierten Programmierung* verdrängt. Hier bemühte man sich, zusammengehörige Anweisungen zu Einheiten und Unterprogrammen zusammenzufassen. Die Unterprogramme verfügen über eine klar definierte Schnittstelle zur Außenwelt.

Pascal in seiner ursprünglichen Form ist ein typischer Vertreter der strukturierten Programmierung. Der sich später in Turbo Pascal findende Begriff Unit geht auf die Errungenschaften aus dieser Periode der Programmierung zurück.

Als wir die Suchroutinen für den Texteditor entwickelten, arbeiteten wir rein strukturiert. Wir entwarfen die Routinen und kapselten sie in einer Unit, einem *Modul*. Die Schnittstelle nach außen ist klar definiert, die Implementierung hingegen verbirgt sich vor den Augen des Benutzers.

Die konsequente Weiterentwicklung der strukturierten Programmierung und des Modulbegriffs führten schließlich zur *objektorientierten Programmierung*. Die OOP kapselt die Daten und die darauf operierenden Methoden in Objekten. Diese Objekte verfügen über eine sehr wesentliche Eigenschaft: Ist eine Klasse definiert, so kann man nicht nur von ihr Objekte dieses Typs ableiten, sondern man kann die Eigenschaften dieser Klasse auch wieder an eine andere Klasse vererben und dort wieder erweitern. Die Daten und Methoden des Vorfahren bilden somit einen Grundstock für die Nachkommen. Damit müssen Algorithmen oder ganze Programmteile nicht immer wieder neu programmiert werden, denn durch geschicktes Vererben kann Code immer wieder verwendet werden.

In diesem Zusammenhang taucht immer wieder der Satz auf, der das Prinzip der OOP treffend einfängt: Wozu immer wieder das Rad neu erfinden? Man kann es doch vererben!

9.2 Das erste Objekt

Bisher haben Sie lediglich mit Objekten gearbeitet, jedoch noch keine selbst definiert. Das erste Objekt, das Sie hier erstellen werden, soll eine simple Rechenoperation, genauer gesagt zwei von ihnen, kapseln.

Es soll ein Objekt entwickelt werden, welches auf eine Label-Komponente angewandt, zwei Integer-Zahlen dividiert und das Ergebnis, sowie den unteilbaren Rest in diesem Label-Element ausgibt.

Hierzu benötigen wir zunächst wieder ein Formular. Dieses Formular muß demnach Eingabefelder für die beiden Zahlen und die Textkomponente (*Label*) zur Ausgabe bereitstellen. Außerdem wird eine Schaltfläche zum Starten der Operation benötigt.

Eine Beispieloberfläche sehen Sie in Abbildung 9.1. Ordnen Sie die Komponenten ähnlich wie in dieser Abbildung dargestellt an.

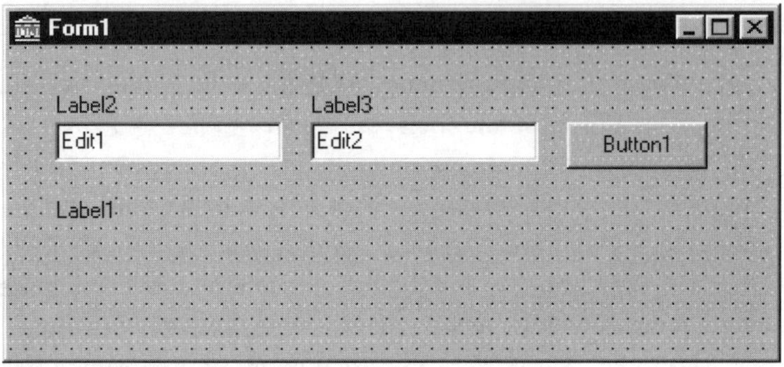

Abb. 9.1: Die Lage der Komponenten im Formular des Beispiels

Ändern Sie nun die Eigenschaften *Caption* beziehungsweise *Text* wie in Abbildung 9.2 angegeben. In die Eigenschaft *FocusControl* von *Label2* und *Label3* sollten Sie anschließend noch *Edit1* respektive *Edit2* eintragen, damit die Tastaturkürzel korrekt arbeiten.

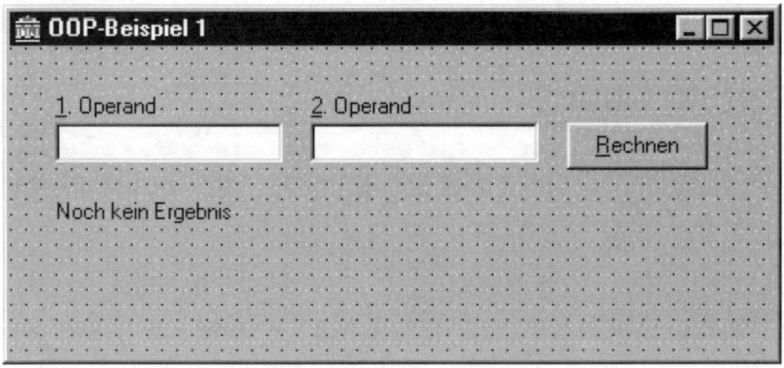

Abb. 9.2: Die Oberfläche des Beispiels

Zur Ausgabe des Ergebnisses wird das Textelement *Label1* dienen. Die beiden Eingabefelder dienen der Angabe der Integer-Zahlen, welche als Operanden für den Rechenvorgang dienen werden. *Label2* und *Label3* dienen lediglich als Titel für die Eingabefelder und steuern die Fokuskontrolle für diese beiden Komponenten. Die Operation wird schließlich durch die Schaltfläche *Button1* auszulösen sein.

Definition der Begriffe

Zunächst zur Erläuterung des Begriffs Klasse im Gegensatz zum *Objekt*.

Die fachlich korrekte Definition der Begriffe Klasse und Objekt lautet: Eine *Klasse* ist die Beschreibung einer Menge von nahezu gleichen Objekten. Die Klasse definiert die Eigenschaften, die diese Objekte besitzen. Ein *Objekt* ist die Kapselung von Daten (= *Attributen*) und den über diesen Daten operierenden Methoden in einem gesonderten Datentyp. Die Daten können hierbei nur über die entsprechenden Methoden, welche durch eine genau spezifizierte Schnittstelle angesprochen werden, modifiziert werden. Objekte sind *Instanzen* der Klasse, das heißt, sie werden von der Klasse abgeleitet beziehungsweise durch diese deklariert.

Die Klasse ist demnach die Beschreibung der Eigenschaften einer Vielzahl von ähnlichen Objekten. Die Klasse ist der Prototyp dieser Objekte, also der Datentyp. Das Objekt können Sie im Falle von Delphi als Variable vom Typ der entsprechenden Klasse betrachten.

Die Gleichsetzung von Objekt und Variable vom theoretischen Standpunkt der Objektorientierung aus hinkt zwar etwas, aber zum besseren Verständnis können Sie sich dies durchaus anfangs so vorstellen.

Sie können dies mit der Deklaration einer Integer-Variablen vergleichen. Die Klasse wäre in diesem Fall *Integer*, und die entsprechenden Bezeichner, welche links des Doppelpunktes stehen, sind die Objekte.

Datentypen, wie hier beispielsweise *Integer*, können durchaus ebenfalls als Klassen aufgefaßt werden. Moderne Sprachen wie C++ gehen ohnehin davon aus, daß Datentypen grundsätzlich Klassen und deren Variablen Objekte sind. Sehr prägnant tritt dies bei der nicht so bekannten Programmiersprache C+@ (gesprochen wie das englische cat) in Erscheinung.

Aufbau einer Klasse

Die Beispielklasse wollen wir in einer eigenen Unit ablegen. Fügen Sie hierzu eine neue Unit mittels *Datei / Neu* in das Projekt ein.

Zur Erinnerung: Wählen Sie nach dem Klicken auf *Datei / Neu* im Register *Neu* des Dialogfeldes *Neue Einträge* den Eintrag *Unit* durch einen einfachen Klick mit der linken Maustaste aus. Bestätigen Sie danach mit einem Klick auf die Schaltfläche *OK*.

Speichern Sie diese Unit anschließend unter dem Namen *NeueKlassen* ab.

Der Aufbau einer Klasse unterteilt sich in Daten (Attribute, Variablen) und Methoden (Prozeduren und Funktion), welche über den Daten operieren, das heißt diese verarbeiten.

Für die Beispielklasse der Problemstellung von oben bedeutet dies, daß als Datenteil die Textkomponente und als Methode eine Routine zur Berechnung fungiert. Daraus folgt folgende Deklaration der Klasse *TKlasseA*, welche Sie in den Interface-Teil der Unit eingeben:

```
type
  TKlasseA = class
    FAusgabe: TLabel;
    constructor Create(Ausgabe: TLabel);
    procedure Ergebnis(a,b: Integer);
  end;
```

Klassen sind automatisch neue Datentypen und müssen, wie andere Typdeklarationen auch, nach dem Schlüsselwort *type* folgen.

Wie Sie sehen, ist die Klassendeklaration der eines Records sehr ähnlich. Der wesentliche Unterschied zwischen Klassen- und Record-Deklaration besteht jedoch darin, daß Klassen nicht nur Variablen, sondern auch Routinen enthalten dürfen.

Die Elemente der Klasse werden durch die Schlüsselwörter *class* und *end* eingegrenzt. Die Deklaration der Variablen ist hierbei analog zum Record. Die Routinen werden hierbei schlicht durch ihre Prototypen, das heißt ihre Köpfe, deklariert. Diese Angabe der Routinen versteht Delphi wie eine Forward-Anweisung, die Sie bereits kennen. Da jedoch in Klassendeklarationen nur Prototypen von Routinen respektive Forward-Anweisungen zu finden sind, wird auf das folgende *forward* verzichtet. Ebenso entfällt schließlich auch das *var* vor Variablendeklarationen.

FAusgabe ist eine Variable vom Typ *TLabel*. Hinter *TLabel* verbirgt sich nichts anderes als die Klasse, welche die Textkomponenten definiert. Demnach ist *FAusgabe* eine Instanz der Klasse *TLabel*, also ein Objekt.

Diese Variable soll die Textkomponente angeben, durch welche das Ergebnis der Rechenoperationen ausgegeben werden soll. Dies ist das Datum, auf welchem die Routinen der Klasse *TKlasseA* operieren werden.

Hinweis: Wenn Sie neue Typen definieren, sollten Sie zum besseren Verständnis des Quelltextes dem Typbezeichner ein *T* für *Typ* beziehungsweise *type* voranstellen.

Eine ähnliche Quasinorm hat sich in Delphi auch für Variablenbezeichner innerhalb von Klassen eingeschlichen. Diesen wird ein *F* für *feature*, also Merkmal oder Eigenschaft, vorangestellt. Dies fördert wiederum die Lesbarkeit Ihrer Quelltexte, und somit sollten Sie es anwenden.

Dies ist jedoch nur eine Empfehlung, denn, wie gesagt, es ist nur ein Quasistandard und somit nicht bindend.

Die Methode zum Ausführen der Rechenoperationen ist Ergebnis. Als Parameter werden zwei Integer-Zahlen erwartet, die als Operanden für die Division und Modulooperation dienen werden. Diese Routine wird *a* durch *b* dividieren und anschließend *a* mit *b* durch Modulo verbinden. Danach wird diese Routine den so ermittelten Quotienten und den Rest der Division in die durch *FAusgabe* spezifizierte Textkomponente ausgeben.

Konstruktoren und Destruktoren

In der Deklaration der Klasse findet sich unter anderem folgender Eintrag:

```
constructor Create(Ausgabe: TLabel);
```

Hierbei handelt es sich um einen *Konstruktor* der Klasse. Konstruktoren dienen dazu, eine neue Instanz der Klasse zu erzeugen und diese zu initialisieren.

Wird der Konstruktor einer Klasse aufgerufen, gibt dieser ein neues Objekt dieser Klasse zurück. Dieses Objekt kann einer Variablen vom Typ der Klasse zugewiesen werden.

Den Konstruktor können Sie sich demnach als eine spezielle Funktion vorstellen, deren Rückgabewert vom Typ der Klasse ist.

Im Beispiel erwartet der Konstruktor *Create* ein Objekt vom Typ *TLabel*. Dies ist die Textkomponente des Formulars, in welchem die Ausgabe des Ergebnisses erfolgen soll. Dieses als Parameter übergebene Objekt wird, wie Sie später sehen werden, der Variablen *FAusgabe* der Klasse zugewiesen werden und wird somit diese initialisieren.

Kurz: Der Konstruktor kann als Funktion aufgefaßt werden, welche als Rückgabewert eine Instanz der Klasse liefert und diese initialisiert.

Eingeleitet wird die Konstruktordeklaration durch das Schlüsselwort *constructor*. Ein Rückgabewert muß und darf nicht angegeben werden, da durch *constructor* bereits impliziert wurde, daß der Rückgabewert vom Typ der Klasse sein muß.

Die weitere Deklaration des Konstruktorkopfes ist syntaktisch mit dem einer Prozedur identisch.

Das Gegenstück zum Konstruktor ist der *Destruktor*. Der Destruktor dient dazu, eine Instanz zu entfernen und entsprechende Aufräumarbeiten durchzuführen.

Destruktoren können als spezielle Prozeduren aufgefaßt werden und erwarten selten Parameter, obwohl rein formal die Möglichkeit besteht, Parameter zu spezifizieren.

Die Deklaration eines Destruktors ist formal mit der einer Prozedur oder eines Konstruktors vergleichbar. Statt *procedure* oder *constructor* wird jedoch das Schlüsselwort *destructor* verwendet.

Gültige Konstruktor- und Destruktordeklarationen wären beispielsweise:

```
constructor Create;

constructor Initialisieren(a,b: Integer);

constructor m(i: Word);

destructor Free;

destructor Finalisieren;

destructor s(x: String); { ungewöhnlich, aber gültig }
```

Die Bezeichner für Konstruktoren und Destruktoren bleiben Ihrem Einfallsreichtum vorbehalten; allerdings hat sich auch hier eine unverbindliche Richtlinie ergeben.

In Delphi sollte der Konstruktor *Create* und der Destruktor *Free* heißen. Wenn mehrere Konstruktoren und Destruktoren angegeben werden, sollten die allgemeinen und am häufigsten verwendeten Varianten diesem Leitfaden gehorchen.

In diesem Zusammenhang ist auch noch erwähnenswert, daß es durchaus mehrere Konstruktoren geben kann, damit Objekte recht flexibel, das heißt dem jeweiligen Kontext entsprechend, erzeugt werden können. Es ist jedoch sehr unwahrscheinlich, daß es mehr als einen Destruktor innerhalb einer Klasse geben wird. Es soll schließlich das Objekt, die Instanz, entfernt werden, und diese hat immer den selben Aufbau.

Delphi erlaubt es (fast schon leider), daß mehrere Destruktoren deklariert und definiert werden können. In C++ beispielsweise ist es prinzipiell nur möglich, einen Destruktor zu spezifizieren.

Stellen Sie sich vor, Sie müßten bei jedem Objekt, das Sie entfernen wollen, immer überlegen, welchen Destruktor Sie nehmen müßten. Sie müßten den Quelltext durchgehen und nach entsprechenden Anweisungen suchen; beispielsweise mit welchem Konstruktor diese Instanz erzeugt wurde. Dies ist ein unnötiger Mehraufwand! Verwenden Sie deshalb schon in eigenem Interesse immer nur einen Destruktor in einer Klasse.

Hinweis: Im Beispiel ist kein Destruktor angegeben, dennoch besitzt diese Klasse einen Destruktor! Jede Klasse bekommt in Delphi einen sogenannten rudimentären Destruktor zugewiesen. Dieser Destruktor ist eine Standardroutine, durch welche die Instanz entfernt werden kann, auch wenn sie keinen explizit spezifizierten Destruktor enthält. Dieser Destruktor heißt per Standard *Free*.

Eine solche Standardroutine existiert auch für Konstruktoren. Dieser Konstruktor heißt *Create* und erwartet keine Parameter. Im Beispiel existiert dieser Standardkonstruktor jedoch nicht, da der Konstruktor *Create* der Klasse *TKlasseA* diesen überschreibt und somit entfernt.

Wenn Sie also keinen Konstruktor und keinen Destruktor in einer Klasse angeben, so existieren die rudimentären Routinen *Create* und *Free*. Bei einfachen Klassen können Sie durchaus auf diesen Konstruktor und Destruktor vertrauen.

Jedoch spätestens, wenn Sie komplexere Klassen entwerfen, müssen Sie für die Initialisierung und die Finalisierung der Instanzen eigene Konstruktoren und einen Destruktor einplanen.

Die Implementierung der Methoden

Im Implementierungsteil der Unit sind nun die in der Klasse spezifizierten Methoden zu programmieren.

Zuerst der Konstruktor *Create*. Tragen Sie folgenden Code nach dem Schlüsselwort *implementation* in die neue Unit ein:

```
constructor TKlasseA.Create(Ausgabe: TLabel);
begin
  FAusgabe := Ausgabe;
end;
```

Bei der Implementierung der Methoden muß im Unterprogrammkopf der Name der Klasse mit dem obligatorischen Trennungspunkt vorangestellt werden. Damit wird dem Compiler mitgeteilt, zu welcher Klasse die Routine gehört.

Der Parameter ist die Label-Komponente, in die die Ausgabe erfolgen soll. Dieser Parameter wird im Codeteil der Variablen *FAusgabe* dem einzigen Datum der Klasse *TKlasseA* zugewiesen. Damit steht dieses Label-Objekt den Methoden der Klasse zur Verfügung, das heißt, in den Routinen von *TKlasseA* kann das beim Erzeugen der Instanz übergebene Textelement des Formulars durch *FAusgabe* angesprochen werden. (In unserem konkreten Fall wird später zur Laufzeit die Komponente *Label1* durch *FAusgabe* angesprochen werden.)

Damit sind die nötigen Initialisierungsarbeiten abgeschlossen. Mit der Rückgabe oder gar dem Erzeugen der neuen Instanz müssen Sie sich nicht extra befassen, da dies automatisch von Delphi erledigt wird.

```
procedure TKlasseA.Ergebnis(a,b: Integer);
const
  endl = #13+#10;
var
  s: String;
begin
  try
    Str(a DIV b,s);
    FAusgabe.Caption := 'Ergebnis der Division: '+s;
    Str(a MOD b,s);
    FAusgabe.Caption := FAusgabe.Caption + endl +
      'Unteilbarer Rest: '+s;
  except
    on E: EDivByZero do
      FAusgabe.Caption := E.Message;
  end;
end;
```

Vor dem Prozedurnamen *Ergebnis* findet sich ebenfalls die Angabe der Klasse, zu der diese Routine gehört.

Dieses Unterprogramm erwartet zwei Integer-Zahlen als Parameter auf die die Operationen Division und Modulo angewandt werden sollen. Diese Zahlen werden zur Laufzeit aus den Eingabefeldern *Edit1* und *Edit2* herausgefiltert werden.

Im ersten Aufruf der Ihnen bekannten Prozedur *Str* befindet sich, als in einen String zu konvertierende Zahl, eine Operation. Diese Operation dividiert die Inhalte der Variablen *a* durch *b*. Das Ergebnis ist im Falle des Operators *DIV* wieder ein Ganzzahltyp, der als Rückgabe dieser Operation als erster Parameter von *Str* dient. Dies ist ein verkürzter Ausdruck für die folgenden Anweisungen, welche die Hilfsvariable *c* verwenden. Wenn Sie die Variable *c* deklarieren, könnten Sie also auch eingeben:

```
c := a DIV b;
Str(c,s);
```

Zur Erinnerung: *DIV* führt mit zwei Integer-Zahlen als Operanden eine Ganzzahldivision durch, es wird ein ganzzahliges Ergebnis geliefert. 12 DIV 10 ergibt also 1 und nicht 1.2!

In diesem Zusammenhang soll auch an den Umstand erinnert werden, daß Fließkommazahlen mittels / und ganze Zahlen mit Hilfe von *DIV* durch einander zu dividieren sind!

Nach dem Aufruf von *Str* findet sich das Ergebnis dieser Operation im String *s* wieder. Dieser String wird nun in der nächsten Anweisung an *FAusgabe* übergeben.

Anschließend werden dieselben Anweisungen für die Ermittlung des Divisionsrestes mittels *MOD* ausgeführt.

MOD liefert, wie Sie bereits wissen, den ganzzahlig unteilbaren Rest einer Division von Integer-Zahlen. 12 MOD 10 liefert demnach 2.

Nach diesen Anweisungen befinden sich die Ergebnisse formatiert in dem Label-Objekt, welches durch *FAusgabe* angesprochen wird.

Die Exception-Behandlung, die sich um den Anweisungsblock befindet, dient dazu, die Exception *EDivByZero* abzufangen. Diese Exception tritt immer dann auf, wenn versucht wird, eine Zahl durch Null zu teilen. Die Division durch Null ist bekanntlich im reellen Zahlenbereich nicht definiert und muß somit zu einem Fehler führen.

Die Anweisung zur Behandlung von *EDivByZero* im Except-Block besitzt eine Besonderheit. Statt

```
on EDivByZero do ...
```

findet sich hier

```
on E: EDivByZero do ...
```

Dieses *E:* vor dem Exceptionbezeichner bedeutet, daß hier eine Exception-Instanz erzeugt wird. Genauer wird eine Variable erzeugt, durch die das geworfene Exception-Objekt angesprochen werden kann.

Wenn Sie sich den Teil *E: EDivByZero* ansehen, so stellen Sie eine Ähnlichkeit mit einer Variablendeklaration fest, und nichts anderes geschieht hier.

Die Anweisungen der Form

```
on <Exception-Typ> do ...
```

bedeuten ins Umgangssprachliche übersetzt »Beim Auftreten einer Exception vom Typ <Exception-Typ>, mache folgendes .. .« Es wird hier also nach dem Typ der Exception gefragt, und das verwundert nicht, denn Exceptions sind ebenfalls Klassen, also Datentypen.

Von diesen Exceptions können selbstverständlich Instanzen gebildet werden. Durch die Anweisung von oben wird mittels E: die ausgeworfene Instanz der Exception *EDivByZero*, das heißt die aufgetretene Exception, im folgenden unter dem Bezeichner *E* verfügbar.

Durch die auf dieses On-Do-Konstrukt folgende Anweisung

```
FAusgabe.Caption := E.Message;
```

wird beispielsweise die Meldung der Exception an das Label-Objekt *FAusgabe* übergeben. Durch den Bezeichner *E* wird der aufgetretene Fehler, das heißt die aufgetretene Exception, direkt ansprechbar. In diesem Fall wird schließlich der Meldungstext, der bei nicht erfolgender Exceptionbehandlung in einem Meldungsfenster ausgegeben werden würde, schlicht an das zur Ausgabe des Ergebnisses dienende Label-Objekt übergeben. Jede Exception enthält die Eigenschaft *Message*, in der der Fehlertext gespeichert ist.

Hier finden wir auch wieder das objektorientierte Paradigma wieder. *EDivByZero* ist die Klasse und *E* die Instanz, das eigentliche Objekt.

Fassen wir also zusammen. Wenn ein Fehler auftritt, schickt Delphi ein Exception-Objekt auf den Weg. Dieses Objekt kann durch einen Try-Except-Block abgefangen werden. Hier wird durch *On-Do* getestet, zu welcher Exception-Klasse dieses Objekt gehört, also von welchem Typ diese Exception ist. Um nun das Objekt in der oder den auf *do* folgenden Anweisung(en) direkt ansprechen und damit auswerten zu können, kann durch das Voranstellen eines Bezeichners vor den Exception-Typ innerhalb des On-Do-Konstruktes diesem Objekt ein Name gegeben werden.

Hinweis: Hier sehen Sie nun auch, warum das Gleichsetzen einer Instanz mit der Variablen einer Klasse nicht absolut korrekt ist. Das Objekt – die Instanz – der Exception existiert bereits im Speicher, bevor sie dem Bezeichner *E* zugewiesen wird. Demnach kann eine Variable nur der Name zum Ansprechen eines Objektes sein und nicht das Objekt selbst.

Aber mit derartigen Haarspaltereien müssen Sie sich nicht unbedingt herumplagen. Es genügt, wenn Sie mit Objekten und Klassen in der Praxis umgehen können. Definitionen sind zwar wichtig in der Informatik, aber durch endloses Theoretisieren werden Sie kaum praktische Erfahrung sammeln. Kurzum: Wenn es Ihnen hilft, bezeichnen Sie Variablen einer Klasse als deren Instanzen!

Zum Abschluß müssen noch zwei Units eingebunden werden.

Die Klasse *TLabel* ist in der Unit *StdCtrls* definiert. Da jedoch im Interface-Teil unserer Unit, nämlich in der Deklaration der Klasse *TKlasseA*, bereits *TLabel* auftaucht, müssen Sie diese Unit in diesem Teil der Unit einbinden. Tragen Sie also in die Uses-Zeile nach dem Schlüsselwort *interface* ein. Somit ergibt sich folgende Situation:

```
interface
uses StdCtrls;
```

Die zweite Unit ist *SysUtils*, welche die Exceptions zur Verfügung stellt. Da die Exceptions nur in der Implementierung auftauchen, muß diese Unit auch nur hier eingebunden werden. Tragen Sie also die entsprechende Uses-Anweisung nach dem Schlüsselwort *implementation* ein.

```
implementation
uses SysUtils;
```

Vergessen Sie anschließend nicht, die Unit abzuspeichern.

Anwenden der Klasse

Die Klasse soll in Form einer Instanz angewendet werden, wenn ein Klick auf die Schaltfläche *Button1* erfolgt. Um die Ereignisbehandlungsroutine dieser Schaltfläche zu bearbeiten, klicken Sie doppelt auf *Button1*. Daraufhin aktiviert sich der Quelltexteditor und schlägt die Seite auf, welche die Hauptunit enthält.

```
procedure TForm1.Button1Click(Sender: TObject);
var
  Instanz: TKlasseA;
  operand1, operand2, code: Integer;
begin
  Val(Edit1.Text,operand1,code);
  Val(Edit2.Text,operand2,code);
  Instanz := TKlasseA.Create(Label1);
  Instanz.Ergebnis(operand1,operand2);
end;
```

Im Deklarationsteil finden Sie die Variable *Instanz* vom Typ *TKlasseA* unserer neu definierten Klasse. Diese Variable soll die im folgenden Codeteil erzeugte Instanz von *TKlasseA* aufnehmen.

Die beiden Integer-Variablen *operand1* und *operand2* werden die Operanden für den Aufruf der Methode *Ergebnis* von *TKlasseA* aufnehmen. Die dritte Integer-Variable *code* wird zur Aufnahme des Fehlercodes bei den Aufrufen von *Val* im Codeteil benötigt.

Die beiden ersten Anweisungen im Codeteil konvertieren die Angaben in *Edit1* und *Edit2* in Integers und legen die Ergebnisse in *operand1* und *operand2* ab. Der Inhalt der Variablen *code* wird nicht ausgewertet. Das bedeutet, daß im Fehlerfall nur bis zum ungültigen Zeichen konvertiert wird. Wenn also 34b56 eingeben wird, ergibt dies 34; b56 wird in den Wert 0 konvertiert.

Die nun folgenden Anweisungen beinhalten die Instanzenbehandlung, also die Arbeit mit dem Objekt.

Die erste der beiden Anweisungen erzeugt die Instanz. Der Konstruktor *Create* wird wie eine Funktion aufgerufen und der Rückgabewert, das heißt die neue Instanz, wird der Variablen *Instanz* zugewiesen.

Beim Aufruf des Konstruktors ist, vor dem Bezeichner desselben, die Klasse angegeben. Damit wird angegeben, von welcher Klasse die Instanz erzeugt werden soll. Der Aufruf eines Konstruktors ist der einzige Fall, bei dem die Angabe der Klasse vor dem Bezeichner gültig ist. Alle anderen Methoden müssen die Instanz vor dem Namen führen, auf die sie angewendet werden sollen.

Hinweis: In diesem Zusammenhang wird auch wieder einmal deutlich, wie nützlich das *T* vor dem Klassenbezeichner ist. Wenn Sie beim Aufruf einer Routine einen Bezeichner beginnend mit einem T sehen, wissen Sie sofort, daß es sich hierbei um einen Konstruktor- und nicht um einen Methodenaufruf handelt.

Als Parameter wird beim Aufruf des Konstruktors *Label1* übergeben. Dies ist das Label-Objekt, in welches die Ausgabe erfolgen soll. Dieses Objekt wird im Konstruktor der Elementvariablen *FAusabe* von *TKlasseA* zugewiesen.

Nachdem damit die Instanz erzeugt ist, kann in der folgenden Anweisung der Aufruf der Methode *Ergebnis* erfolgen. Hier ist nun, da es sich um einen Methoden- und nicht um einen Konstruktoraufruf handelt, die Instanz vor dem Bezeichner der Prozedur gestellt. Die Methode *Ergebnis* des Objektes *Instanz* soll aufgerufen werden.

Als Parameter werden die beiden Operanden *operand1* und *operand2* übergeben. Daraufhin erfolgt die Ausführung des in *Ergebnis* gekapselten Algorithmus, welcher die Division und die Restfunktion ausführt und das Ergebnis in *Label1* ausgibt.

Testlauf

Bevor Sie die Anwendung starten können, müssen Sie im Implementierungsteil der Hauptunit die Unit *NeueKlassen*, welche unsere neu definierte Klasse enthält, einbinden.

Das Einbinden dieser Unit ist wieder nur im Implementierungsteil notwendig, da die darin enthaltene Klasse nur in diesem verwendet wird.

Tragen Sie also folgende Zeile nach dem Schlüsselwort *implementation* ein:

```
uses NeueKlassen;
```

Speichern Sie danach das gesamte Projekt ab, und starten Sie es.

Geben Sie nun in die beiden Eingabefelder zwei Zahlen ein, zum Beispiel 12 und 10. Klicken Sie danach auf *Rechnen*. Daraufhin erscheint das Ergebnis im unteren Teil des Formulars (Abb. 9.3).

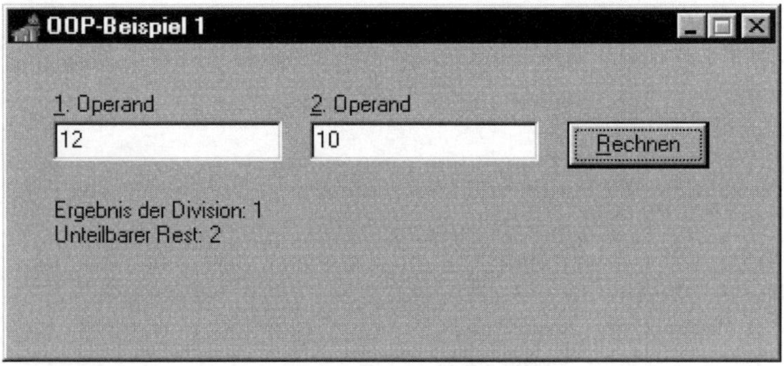

Abb. 9.3: Ein korrekter Rechenvorgang wurde durchgeführt

Ändern Sie nun den Wert im zweiten Eingabefeld in 0, so daß eine Division durch Null erfolgen wird. Klicken Sie anschließend auf *Rechnen*.

Aufgrund dieser Operation aktiviert sich der Debugger und meldet, daß die Exception *EDivByZero* aufgetreten ist. Bestätigen Sie wie gewohnt durch einen Klick auf *OK*, und fahren Sie mit der Ausführung der Applikation fort.

Das Ergebnis, das im Formular angezeigt wird, ist nun Division durch Null, die Meldung der Exception (Abb. 9.4).

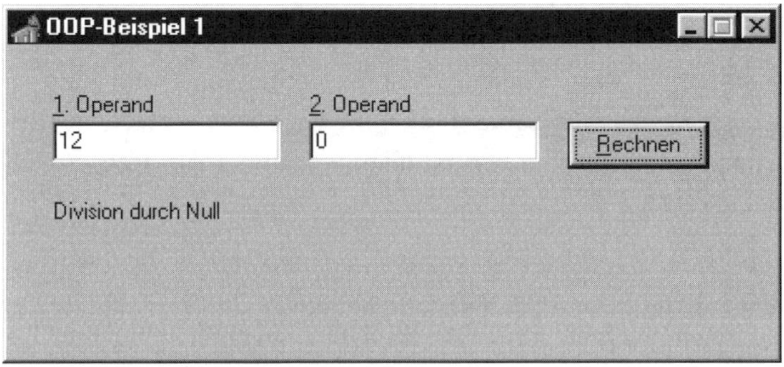

Abb. 9.4: Die Division durch Null ist aufgetreten

9.3 Sichtbarkeit

Einer der Grundgedanken der Objektorientierung ist das *Verbergen der Daten* (= *information hiding*) im Objekt und deren Modifikation nur über öffentlich zugängliche Methoden zu erlauben.

Unter Sichtbarkeit versteht man in der objektorientierten Welt den Status, durch den die Zugriffsmöglichkeiten auf ein Element eines Objektes (Methoden und Attribute respektive Variablen) gesteuert werden. Es ist möglich, eine Eigenschaft öffentlich, also für jeden zugänglich, geschützt, nur für die Instanzen der Klasse und die Instanzen der Kindklassen erreichbar, oder privat, das heißt nur für das Objekt selbst verwendbar, zu deklarieren.

Hinweis: In Delphi existieren weitere Sichtbarkeitsmodi, jedoch sind diese sehr komplex und nur für den fortgeschrittenen Programmierer interessant. Deshalb sollen hier nur die oben genannten Möglichkeiten berücksichtigt werden.

Öffentlich – public

Bislang befinden sich in unserer Klassendeklaration keine Schlüsselwörter, die die Sichtbarkeit der Elemente steuern. Daraus folgt, daß alle enthaltenen Bezeichner öffentlich sind und damit allgemein verwendet werden können. Der Zugriff von außen ist also, wie bei einem Record, auf jedes Element erlaubt.

Die einzigen Elemente von *TKlasseA*, die von außen erreichbar sein müssen, sind der Konstruktor und die Methode *Ergebnis*. Diese Elemente der Klasse sollen also öffentlich sein. Um einen Teil der Klasse explizit als öffentlich zu deklarieren, muß in Delphi das Schlüsselwort *public* verwendet werden.

Dadurch ändert sich die Klassendeklaration wie folgt:

```
type
  TKlasseA = class
    FAusgabe: TLabel;
  public
    constructor Create(Ausgabe: TLabel);
    procedure Ergebnis(a,b: Integer);
  end;
```

Ähnlich wie die Schlüsselwörter *var*, *const* und *type* die Variablen-, Konstanten- beziehungsweise Typdeklaration einleiten, leiten Anweisungen wie *public* die Deklaration mit entsprechenden Sichtbarkeitsattributen ein.

Alles, was auf das Schlüsselwort *public* folgt, ist öffentlich. Dies ändert sich erst, wenn ein anderer Sichtbarkeitsmodus durch entsprechende Anweisungen angegeben wird.

Geschützt – protected

FAusgabe von *TKlasseA* ist ein Attribut, auf das von außen nicht zugegriffen werden muß. Die Initialisierung dieser Variable erfolgt ausschließlich über den Konstruktor. Dadurch wird gewährleistet, daß sich die Instanzen dieser Klasse immer in einem definierten Zustand befinden und nicht plötzlich die Ausgabe über ein anderes Label-Objekt erfolgt.

Im Augenblick ist dies jedoch noch reine Theorie, da *FAusgabe* noch öffentlich zugänglich ist. Eine mögliche Lösung wäre die Deklaration als geschützt. Dies wird durch das Schlüsselwort *protected* möglich.

```
type
  TKlasseA = class
  protected
    FAusgabe: TLabel;
  public
    constructor Create(Ausgabe: TLabel);
    procedure Ergebnis(a,b: Integer);
  end;
```

Wenn ein Element einer Klasse geschützt ist, kann von außen nicht auf dieses zugegriffen werden. Innerhalb der Methoden der Klasse kann dieses jedoch nach wie vor angesprochen werden.

Fügen Sie in die Ereignisbehandlungsroutine *Button1Click* der Schaltfläche *Button1* nach dem Konstruktoraufruf die Zeile ein, die im folgenden durch einen Kommentar gekennzeichnet ist.

```
Instanz := TKlasseA.Create(Label1);
Instanz.FAusgabe := Label2; { einzufügende Zeile }
Instanz.Ergebnis(operand1,operand2);
```

Deklarieren Sie *FAusgabe* in der Klasse noch nicht als *protected*, und starten Sie die Anwendung. Geben Sie zwei Zahlen ein, und klicken Sie auf *Rechnen*. Danach sehen Sie, daß die Ausgabe in *Label2* anstatt *Label1* erfolgt.

Wenn Sie jetzt *FAusgabe* mittels *protected* als geschützt deklarieren und versuchen, die Anwendung zu starten, meldet sich der Compiler von Delphi mit der Fehlermeldung »Undefinierter Bezeichner: 'FAusgabe'«. am unteren Rand des Quelltexteditors. Die Quelle des Fehlers, das heißt die Zeile, in der der Fehler auftrat, wird hierbei hervorgehoben.

Der Bezeichner existiert zwar, aber nur innerhalb der Klasse *TKlasseA*. Im Gegensatz zur öffentlichen Deklaration von vorher ist der Bezeichner *FAusgabe* außerhalb seiner Klasse nicht mehr definiert und kann somit nicht mehr von außen angesprochen und verändert werden.

Nach dem Konstruktoraufruf kann demnach das Label-Objekt, über welchem die Instanz von *TKlasseA* operiert, nicht mehr geändert werden. Dies ist auch nicht möglich und würde ohnehin nur zu Problemen führen.

Löschen Sie diese eingefügte Zeile in *Button1Click* wieder, und starten Sie erneut. Nun funktioniert alles wieder.

Teile einer Klasse, die als geschützt deklariert wurden, stehen auch in Kindklassen, also in Klassen, welche die Eigenschaften von dieser Klasse erben, selbst dann noch zur Verfügung, wenn sich diese Kindklassen nicht in der selben Unit wie die Elternklasse (die Klasse, von der geerbt wird) befinden.

Privat – private

Die private Deklaration ist mit der geschützten zu vergleichen. Die Teile, die durch das Schlüsselwort *private* deklariert wurden, sind innerhalb der Klasse erreichbar, von außen jedoch nicht.

Der einzige Unterschied zwischen geschützt und privat ist der, daß als privat deklarierte Parts nur von Kindklassen genutzt werden können, wenn diese innerhalb der selben Unit deklariert wurden.

Wenn die Klasse, die erbt und die Klasse, von der geerbt wird, in der selben Unit stehen, kann auf private Teile aus der erbenden Klasse zugegriffen werden. Befinden sich jedoch die Klassen in verschiedenen Units, so kann nicht darauf zugegriffen werden.

9.4 Vererbung

Ein weiterer elementarer Gedanke der OOP ist die *Vererbung* (= *inheritance*). Eigenschaften, welche bereits in einer Klasse definiert sind, können als Basis für eine neue Klasse dienen, das heißt, die neue Klasse erbt die Eigenschaften der bereits definierten Klasse und kann diese erweitern. Die Klasse, von welcher geerbt wird, heißt *Elternklasse*, und die Klasse, welche erbt, nennt sich *Kindklasse*.

Hinweis: Statt *Elternklasse* finden sich auch häufig die Begriffe *Super-* oder *Oberklasse*. Synonyme für *Kindklasse* sind *Sub-* oder *Unterklasse*.

Nach dem Vererben finden sich in der Kindklasse nicht nur die neu definierten Methoden und Attribute, sondern auch die der Elternklasse. Diese Elemente der Elternklasse können dann wie Elemente der Kindklasse verwendet werden.

Als Beispiel sollen hier die Eigenschaften der zuvor definierten Klasse *TKlasseA* auf eine neue Klasse *TKlasseB* vererbt werden. Danach soll die

Methode Ergebnis von *TKlasseB* dahingehend erweitert werden, daß die beiden Operanden zusätzlich noch multipliziert werden und das Ergebnis ebenfalls in das Label-Objekt ausgegeben wird.

Vererben der Eigenschaften

Um die Eigenschaften der Elternklasse auf die Kindklasse zu übertragen, sie zu vererben, gibt man bei der Deklaration der Kindklasse nach dem Schlüsselwort *class* in Klammern die Elternklasse an. Danach folgt wie bekannt die Deklaration der Attribute und Methoden bis zum abschließenden *end.*

```
TKlasseB = class(TKlasseA)
public
  procedure Ergebnis(a,b: Integer);
end;
```

Diese neue Klasse stammt demnach nun von *TKlasseA* ab. Da die Methode Ergebnis verändert werden soll, ist sie hier erneut angegeben. Die anderen Elemente, die ebenfalls von *TKlasseA* geerbt wurden, müssen nicht erneut angegeben werden, da sie nicht verändert werden. Sie sind jedoch durch die Vererbung ebenfalls vorhanden.

Delphi erlaubt leider nur die Einfachvererbung, das heißt, eine Kindklasse kann nur von einer Elternklasse erben. Sie können also nicht, wie beispielsweise in C++, einer Kindklasse die Eigenschaften von zwei Elternklassen mit auf den Weg geben, da Sie in den Klammern nur eine Elternklasse angeben dürfen.

Überschreiben von Methoden

Um die neue Rechenoperation in die Methode *Ergebnis* einzubauen, muß diese neu programmiert werden. Die Prozedur *Ergebnis* von *TKlasseB* ersetzt die von *TKlasseA*. In diesem Zusammenhang spricht man von *Überschreiben*. Die Methode *Ergebnis* von *TKlasseB* überschreibt die von *TKlasseA* geerbte.

Nun wäre es allerdings sehr unhandlich, wenn man die beiden Rechenoperationen Division und Modulo erneut programmieren müßte, nur weil man die Multiplikation hinzufügen will. Hier kommt nun wieder ein Vorteil der Vererbung zum Vorschein. Durch das Schlüsselwort *inherited* kann nämlich die Methode der Elternklasse aufgerufen werden. Die Bezeichnung *inherited* leitet sich von inheritance, dem englischen Begriff für Vererbung, ab.

```
procedure TKlasseB.Ergebnis(a,b: Integer);
const
  endl = #13+#10;
var
  s: String;
begin
  inherited;
  Str(a*b,s);
  FAusgabe.Caption := FAusgabe.Caption + endl +
    'Ergebnis der Multiplikation: '+s;
end;
```

Die erste Anweisung *inherited* im Codeteil sorgt also für das Ausführen der Methode der Elternklasse. Hierbei werden die selben Parameter *a* und *b* wie beim Aufruf der Kindmethode übergeben. Danach finden sich in *FAusgabe* die Ergebnisse der DIV- und MOD-Operation.

Im folgenden Aufruf von *Str* wird das Ergebnis der Multiplikation der beiden übergebenen Operanden *a* und *b* berechnet und konvertiert im String *s* abgelegt. Dieses Ergebnis wird anschließend ebenfalls an den in *FAusgabe* enthaltenen Text angehängt.

Damit kann wirklich von einer Erweiterung der Elternmethode gesprochen werden und nicht einfach von einer Neuprogrammierung.

Die Elternmethode wird aufgerufen und führt ihre Funktion wie gewohnt aus und bleibt von den Erweiterungen unberührt. Im Anschluß daran werden in der Kindmethode die Erweiterungen ausgeführt.

Hier erahnen Sie vielleicht schon, welche Vorteile das objektorientierte Paradigma mit sich bringt. Code muß nicht neu implementiert werden, sondern kann vererbt und anschließend erweitert werden. Wenn man nun noch die Klassen intelligent plant, kann man diese immer und immer wieder verwenden. (Das Rad nicht neu erfinden, sondern vererben!)

Anwenden der neuen Klasse

Die Anwendung der Klasse *TKlasseB* besitzt die gleiche Struktur wie die der Klasse *TKlasseA*. Zunächst ist eine Instanz mittels Konstruktoraufruf zu erzeugen und diese einer Variablen vom Typ *TKlasseB* zuzuweisen. Im Anschluß daran kann der Aufruf von Ergebnis erfolgen.

Im folgenden sehen Sie die modifizierte Ereignisbehandlungsroutine *Button1Click*. Über den veränderten Zeilen sehen Sie jeweils die alte Anweisung als Kommentar angegeben:

```
procedure TForm1.Button1Click(Sender: TObject);
var
{ Instanz: TKlasseA;}
  Instanz: TKlasseB;
  operand1, operand2, code: Integer;
begin
  Val(Edit1.Text,operand1,code);
  Val(Edit2.Text,operand2,code);
{ Instanz := TKlasseA.Create(Label1);}
  Instanz := TKlasseB.Create(Label1);
  Instanz.Ergebnis(operand1,operand2);
end;
```

Die einzigen Änderungen, die vorgenommen werden mußten, sind das Ersetzen des Datentyps von Instanz *TKlasseA* durch *TKlasseB* und das Aufrufen des Konstruktors von *TKlasseB* anstatt *TKlasseA*.

Konstruktor von *TKlasseB*? Wenn Sie sich die Klassendeklaration von *TKlasseB* ansehen, werden Sie feststellen, daß kein Konstruktor angegeben wurde. *TKlasseB* erbt den Konstruktor von *TKlasseA*, somit wird nach wie vor der selbe Konstruktor, nämlich der von *TKlasseA*, aufgerufen.

Weshalb kann dann nicht der alte Aufruf bestehen bleiben? Prinzipiell wäre dies möglich, da Kindklassen immer zu ihren Elternklassen kompatibel bleiben. Es ist jedoch kein guter Programmierstil und auch nicht logisch, eine Instanz durch den Konstruktor der Elternklasse zu erzeugen. Wenn Sie die Klassendeklaration der Kindklasse ändern und nun doch noch einen eigens auf diese Klasse ausgerichteten Konstruktor implementieren, würden Teile des Programms nicht mehr korrekt arbeiten, wenn Instanzen der Kindklasse durch den Konstruktor der Elternklasse erzeugt werden würden. Diese Instanzen wären zwar in Variablen des Typs der Kindklasse repräsentiert, im Grunde wären sie jedoch Instanzen der Elternklasse!

Deshalb: Wenn Sie Instanzen einer Klasse erzeugen, rufen Sie den Konstruktor dieser Klasse und nicht irgendwelcher Elternklassen auf; gleichgültig, ob diese Klasse einen eigenen Konstruktor bereitstellt!

Testlauf

Speichern Sie das Projekt, und starten Sie es. Geben Sie danach zwei Zahlen ein, und klicken Sie auf *Rechnen*. Als Ergebnis wird nun zusätzlich zur Division und dem Rest noch das Produkt dieser beiden Zahlen ausgegeben (Abb. 9.5).

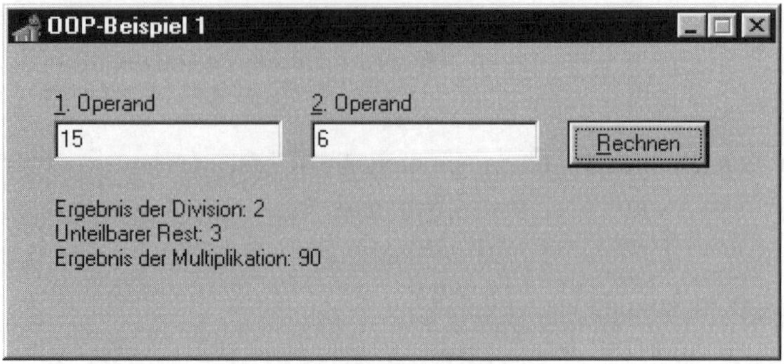

Abb. 9.5: Das Resultat der angewandten Kindklasse

Wenn Sie nun statt des zweiten Operanden eine Null eingeben und auf *Rechnen* klicken, aktiviert sich zunächst aufgrund der Division durch Null der Debugger von Delphi. Fahren Sie mit der Ausführung der Anwendung durch die bekannten Schritte fort.

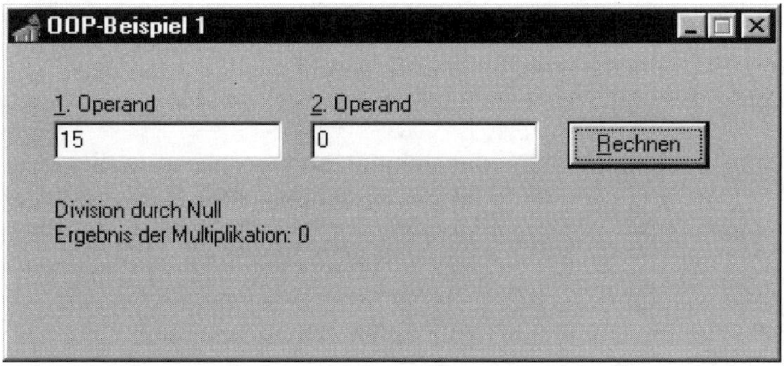

Abb. 9.6: Das Ergebnis beim Teilen durch Null

Als Resultat sehen Sie nun im unteren Teil des Formulars den Hinweis, daß eine Division durch Null aufgetreten ist, aber auch das Produkt der beiden Operanden (Abb. 9.6). Wie ist das zu erklären?

Es ist ein recht einfacher Mechanismus, der zu dieser Ausgabe führte. In der Methode *Ergebnis* der Klasse *TKlasseB* wird zunächst die gleichnamige Methode der Elternklasse aufgerufen. Hier tritt der Fehler auf und wird durch die Exception-Behandlung behoben beziehungsweise abgefangen. Daraufhin findet sich in *FAusgabe* die Meldung der ausgeworfenen Exception, also 'Division durch Null'. Danach wird die Methode, als ob kein Fehler aufgetreten wäre, wieder verlassen und zu *Ergebnis* der Kindklasse zurückgekehrt. Hier werden nun die Anweisungen weiter abgearbeitet, da keine Exception mehr vorliegt, denn diese wurde bereits in der Methode der Elternklasse abgefangen und verarbeitet. Diese Exception bricht nicht mehr die gesamte Ereignisbehandlung ab, da sie schon zuvor durch den Try-Except-Block in der Elternmethode entsprechend behandelt wurde.

Beim Auftreten einer Exception werden alle Anweisungen bis zum ersten Schlüsselwort *except* ignoriert. Wird im anschließend folgenden Anweisungsblock die Exception verarbeitet, wird die Programmausführung nach dem den Except-Block abschließenden *end* wieder aufgenommen.

9.5 Nachrichten und Polymorphismus

Das Aufrufen einer Methode eines Objektes nennt man im objektorientierten Jargon *Senden einer Nachricht an das Objekt*. Der Ausdruck

```
Instanz.Ergebnis(operand1,operand2);
```

bedeutet fachlich korrekt gesprochen: An das Objekt *Instanz* wird eine Nachricht gesendet, die den Aufruf der Methode *Ereignis* bewirkt. Sie können auch sagen, an das Objekt wird die Nachricht *Ergebnis* gesendet.

Es fällt auf, daß sich die Nachricht *Ergebnis*, sowohl wenn die Instanz vom Typ *TKlasseA* als auch wenn sie vom Typ *TKlasseB* ist, nicht ändert. Der Ausdruck ist immer der gleiche wie oben angegeben. Die selbe Botschaft an unterschiedliche Objekte gesendet, bewirkt verschiedene Reaktionen. Dieses Phänomen wird als *Polymorphismus* bezeichnet.

Ein anschauliches Beispiel für Polymorphismus ist der Operator +. Wird die Botschaft + an *Integers* gesendet, bewirkt dies die Addition der Werte.

Im Zusammenhang mit *Strings* erfolgt jedoch bei derselben Botschaft die Verkettung der Zeichenketten.

Hinweis: Das Senden von Nachrichten oder Botschaften an Objekte im objektorientierten System darf nicht mit den Nachrichten, welche Windows beim Auslösen eines Ereignisses sendet, verwechselt werden. Es ist zwar ein ähnliches Verfahren, aber intern ein grundverschiedener Mechanismus!

9.6 Benannte Attribute

Zum Abschluß dieses Kapitels, soll noch etwas in die Tiefe der OOP gegangen werden. Bisher haben wir zwischen Attributen und Methoden unterschieden. Es existiert jedoch noch eine Kombination aus diesen beiden Grundpfeilern der Objekte – die *benannten Attribute*. Diese benannten Attribute stellen sich nach außen wie gewöhnliche Elementvariablen dar, intern können sich allerdings Methoden für den Lese- und Schreibzugriff hinter ihnen verbergen.

Die Deklaration dieser benannten Attribute erfolgt in der Klassendeklaration durch die folgende allgemeine Anweisung:

```
property <Name>: <Typ> read <Lesen> write <Schreiben>;
```

Nach dem Schlüsselwort *property* folgt der Name, unter dem die Eigenschaft angesprochen werden kann. Auf einen Doppelpunkt folgt der Datentyp dieser Eigenschaft. Dies ähnelt sehr einer Variablendeklaration, aber das ist in keiner Weise verwunderlich, da nach außen diese Eigenschaft wie eine Elementvariable angesprochen werden soll.

Auf das Schlüsselwort *read* folgt die Methode oder das Attribut, durch welches der Lesezugriff erfolgen soll. Nach dem *write* wird die Methode oder das Attribut angegeben, über welches der Schreibzugriff abgewikkelt werden soll.

```
type
  TTest = class
  private
    FX, FY, FD: Real;
    procedure SetX(newx: Real);
    procedure SetY(newy: Real);
    property x: Real read FX write SetX;
    property y: Real read FY write SetY;
    property dd: Real read FD;
 end;
 ...
procedure TTest.SetX(newx: Real);
begin
  FX := newx;
  FD := FX - FY;
end;
procedure TTest.SetY(newy: Real);
begin
  FY := newy;
  FD := FX - FY;
end;
```

Das obige Quelltextfragment zeigt Ihnen die Anwendung von benannten Attributen. Die Aufgabe dieser Klasse *TTest* ist recht schlicht. Sie verwaltet zwei Werte *x* und *y*, welche durch *FX* und *FY* repräsentiert werden. In dem Attribut *FX* soll immer die aktuelle Differenz zwischen diesen beiden Werten vorliegen. Wann immer also sich die Inhalte von *FX* und *FY* ändern, muß auch der Inhalt von *FD* entsprechend angepaßt werden.

Laut dem Sichtbarkeitsmodifizierer *private* kann nicht von außen auf die Variablen *FX*, *FY* und *FD* zugegriffen werden.

Die Properties *x* und *y* ermöglichen es jedoch, auf *FX* und *FY* von außen zuzugreifen. Nach außen sind diese Eigenschaften durch die scheinbaren Elementvariablen *x* und *y* verfügbar.

Bei Lesezugriff wird direkt auf die Attribute *FX* und *FY* zugegriffen. Dies ist die einfachste Lösung, da beim Auslesen der Werte aus diesen Variablen keine Anpassung von *FD* nötig ist.

Erfolgt ein Schreibzugriff ähnlich

```
<Instanz>.x := 10.89;
```

so wird diese Nachricht mittels der Methode *SetX* beziehungsweise bei Zugriff auf *y* durch *SetY* verarbeitet.

In dieser Methode wird, wie Sie anhand der Implementierungen sehen können, der Inhalt von *FX* beziehungsweise *FY* entsprechend geändert. Darüber hinaus wird durch die Rechenanweisung der Inhalt von *FD* aktualisiert.

Methoden zum Schreiben von benannten Attributen müssen einen formalen Parameter vom Typ der Eigenschaft besitzen, über den der neue Wert übergeben wird. Methoden zum Lesen dürfen hingegen keine Parameter erwarten, müssen aber einen Wert vom Typ der Eigenschaft zurückliefern.

Das benannte Attribut *dd* nimmt eine Sonderstellung ein. Dieses Attribut gibt die Differenz zwischen *x* und *y* zurück. Wie Sie jedoch sehen, ist lediglich eine Read-, aber keine Write-Anweisung vorhanden. Das bedeutet, daß auf diese Eigenschaft nur lesend zugegriffen werden kann. In diesem Fall ist das auch nur sinnvoll, denn niemand muß den Wert von *FD* ändern, da dieser automatisch die Differenz zwischen *x* und *y* enthält. Würde auch ein Schreibzugriff ermöglicht, würde dies das Objekt in einen falschen Zustand versetzen, da nicht mehr mit Sicherheit gesagt werden könnte, ob der Wert *dd* der Realität entspricht.

Hinweis: Es ist selbstverständlich ebenso möglich, benannte Attribute auf *nur schreiben* zu setzen, indem der Read-Part einfach weggelassen wird.

Sie sehen, daß durch benannte Attribute sehr flexible Mechanismen realisiert werden. Wenn der Wert von *x* geändert wird, muß nicht jedesmal explizit die neue Differenz zwischen *x* und *y* berechnet werden; dies geschieht automatisch.

Hinweis: In diesem Zusammenhang wird auch deutlich, daß durch das Senden einer Nachricht an ein Objekt nicht unbedingt eine gleichnamige Methode oder ein gleichnamiges Attribut angesprochen wird.

Wird *x* an eine Instanz von *TTest* gesendet, bedeutet dies, daß das Objekt mit einem Aufruf von *SetX* oder mit dem Zurückgeben des Inhaltes von *FX* reagiert.

In diesem Zusammenhang soll nicht verschwiegen werden, daß per *property* definierte Attribute nicht als Referenz an eine Routine übergeben werden können. Hier ist der Umweg über eine Hilfsvariable vom gleichen Typ nötig.

Damit ist auch das Rätsel gelöst, warum die Eigenschaft *Text* eines Eingabefeldes nicht an *Str* übergeben werden konnte. *Text* ist ein benanntes Attribut.

Im Beispiel sind die Properties im Abschnitt *private* deklariert. Dies würde unter normalen Umständen bedeuten, daß von außen nicht auf sie zugegriffen werden kann. Benannte Attribute unterliegen jedoch nicht diesen normalen Umständen, das heißt, sie sind grundsätzlich von außen sichtbar, also öffentlich zugänglich.

9.7 Zusammenfassung und Aufgaben

Zusammenfassung

- Eine Klasse ist die Definition einer Menge von Objekten, das heißt, die Klasse ist der Datentyp der Objekte.
- Eine Instanz ist das eigentliche Objekt, stark vereinfacht die Variable vom Typ der Klasse.
- Ein Objekt ist die Kapselung von Daten (Attributen) und den Methoden, die über diesen Daten operieren, das heißt diese modifizieren und verarbeiten.
- In Delphi sind Klassen neue Datentypen und müssen daher in der Typdeklaration, also nach dem Schlüsselwort *type*, vereinbart werden. Eingeleitet wird die Klassendeklaration, ähnlich einer Record-Vereinbarung, mittels *class*. Bis zum abschließenden *end* können nun Methoden und Attribute deklariert werden.
- Falls die Klasse von einer anderen erben soll, muß nach dem Schlüsselwort *class* der Bezeichner der Elternklasse in Klammern angegeben werden.
- Konstruktoren dienen zum Erzeugen einer Instanz, also eines Objektes. In ihnen können verschiedene Teile des Objektes initialisiert werden. Deklariert werden sie wie Prozeduren, lediglich mit dem Unterschied, daß sie mit *constructor* eingeleitet werden.
- Destruktoren bilden das Gegenstück zu Konstruktoren. Sie entfernen eine Instanz. In ihnen können Finalisierungsarbeiten vorgenommen werden. Die Deklaration wird mittels *destructor* eingeleitet und orientiert sich sonst an dem Aufbau einer Prozedur.

- Durch verschiedene Schlüsselwörter erlaubt es Delphi, die Sichtbarkeit von Elementen in Klassen beziehungsweise Objekten zu steuern.

  Sichtbarkeit bedeutet Zugriffsprivilegien festzulegen. Es kann gesteuert werden, welcher Teil auf die einzelnen Elemente zugreifen kann.

- Das Schlüsselwort *public* erlaubt allgemeinen, uneingeschränkten Zugriff auf die folgenden Attribute und Methoden.

- *protected* versteckt die folgenden Elemente. Auf diese Elemente kann nur aus dem Objekt selbst zugegriffen werden, außerhalb des Objektes sind sie nicht definiert. Kindklassen einer solchen Klasse können ebenfalls uneingeschränkt auf diese Eigenschaften zugreifen.

- Mittels *private* können ebenfalls Attribute und Methoden eines Objektes vor der Außenwelt versteckt werden. Es entspricht dem Schlüsselwort *protected* mit dem einzigen Unterschied, daß Kindklassen nur auf diese privaten Eigenschaften zugreifen können, wenn sie im selben Modul (Unit) wie die Elternklasse definiert wurden.

- Wenn eine Klasse von einer anderen Klasse erbt, beinhaltet die Kindklasse alle Eigenschaften der Elternklasse, als ob diese in ihr definiert wären.

- Durch *inherited* kann in einer überschriebenen Methode die Methode der Elternklasse aufgerufen werden.

- Erfolgt der Zugriff auf ein Element eines Objektes, so spricht man davon, daß hier eine Nachricht an das betreffende Objekt gesendet wird. Auf diese Botschaft reagiert das Objekt mit dem Aufruf einer Methode oder dem Zugriff auf ein Attribut.

- ➛ Wird dieselbe Botschaft an verschiedene Objekte gesendet, verursacht dies unterschiedliche Reaktionen. Dieses Phänomen ist als Polymorphismus bekannt.
- ➛ Über benannte Attribute können scheinbare Elementvariablen erzeugt werden, die mit Hilfe von Methoden und/oder Attributen den Schreib- und Lesezugriff eines Attributs steuern.
- ➛ Weiter können Attribute durch Properties beim Zugriff von außen auf nur lesen oder nur schreiben gesetzt werden.
- ➛ Die Deklaration eines benannten Attributes wird durch das Schlüsselwort *property* eingeleitet. Darauf folgt der Bezeichner, unter dem das Attribut von außen angesprochen werden kann. Nach einem Doppelpunkt steht der Datentyp des Attributs. Im Anschluß an das Schlüsselwort *read* kann eine Methode oder ein Attribut angegeben werden, welches den Lesezugriff handhabt. Nach dem folgenden *write* kann die Methode oder das Attribut angegeben werden, das den Schreibzugriff implementiert.

Aufgaben

1. Erläutern Sie die Begriffe *Klasse*, *Instanz* und *Objekt*.
2. Was sind Attribute und Methoden?
3. Geben Sie die Deklaration eines benannten Attributs an, welches *BeispielAttribut* heißt und vom Typ *String* ist. Für den Lesezugriff steht die Methode *GetBspAttr* zur Verfügung und zum Schreiben *SetBspAttr*.
4. Wann kann auf eine private Eigenschaft der Elternklasse aus einer Methode der Kindklasse zugegriffen werden?

5. Wenn eine Klasse namens *TMeinText* existiert und in dieser die Methode *Ausgeben* existiert, ist dann der Aufruf

   ```
   TMeinText.Ausgeben;
   ```

   gültig? Begründen Sie Ihre Antwort.

10 Grafikprogrammierung

In den vorangegangenen Kapiteln konnten Sie sich mit der Delphi-Programmierung im allgemeinen vertraut machen. Dieses und das folgende Kapitel werden Sie in zwei Anwendungsgebiete, nämlich in die Grafik- und die Datenbankprogrammierung, einführen.

10.1 Die erste Grafik

Um Effekte in Delphi zu sehen, benötigen wir Auslöser in Form von Ereignissen. Hierzu verwenden wir schlicht Schaltflächen. Damit Sie das Zeichnen von Grafiken mehrmals zur Laufzeit beobachten können, empfiehlt es sich, zwei Schaltflächen in das Formular einzubauen: eine zum Zeichnen und eine weitere zum Löschen der Grafik.

Fügen Sie daher in das Formular des neuen Projekts eine Schaltfläche ein, und ändern Sie die Eigenschaft *Caption* in *&Zeichne*. Anschließend bauen Sie noch eine weitere Schaltfläche ein und geben ihr den Titel *&Lösche*. Bauen Sie diese Schaltflächen aber möglichst am oberen Rand des Formulars ein, da Sie den übrigen Platz zum Zeichnen der Grafik benötigen werden (Abb. 10.1).

Als erste zu zeichnende Grafik soll hier ein einfaches Objekt der realen Welt dienen: ein Haus. Dieses Haus werden wir lediglich zweidimensional, also in einer Art Kleinkindermalerei, darstellen. Dieser Gegenstand eignet sich sehr gut für die ersten Schritte in puncto Grafikprogrammierung, denn wir haben es hier mit vielerlei Elementen (Rechtecke, Linien, Dreiecke etc.) zu tun, die erklärt sein wollen.

Klicken Sie nun doppelt auf die Zeichne-Schaltfläche, damit wir mit der Programmierung der entsprechenden Ereignisbehandlungsroutine beginnen und uns in die Welt der Computergrafik stürzen können.

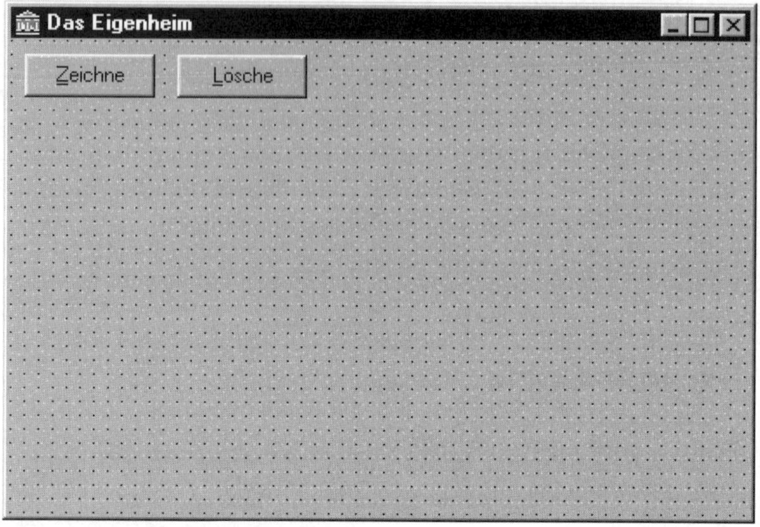

Abb. 10.1: Die Lage der beiden Schaltflächen für das Beispiel

Grundlegendes

In Windows steht normalerweise nicht, wie früher unter DOS üblich, der gesamte Bildschirmbereich für die künstlerischen Ambitionen des Programmierers zur Verfügung. Die grafische Ausgabe hat vielmehr in einem Fenster – einem Formular – zu erfolgen.

Der Bereich, der zum Zeichnen der Grafik dienen kann, wird im Formular durch das Element *Canvas* vom Typ *TCanvas* beschrieben. Um objektorientiert zu sprechen: Die Eigenschaft *Canvas* des Formulars ist eine Instanz der Klasse *TCanvas*.

Canvas und *TCanvas* sind Ihnen bereits bei der Lektüre dieses Buches begegnet, nämlich beim Implementieren der Druckfunktion des Text-Editors. Dort wurde der aktuelle Druckbereich – die Seite – durch *Canvas* beschrieben.

Beim Programmieren der Druckfunktion haben Sie bereits Text grafisch mittels der Methode *TextOut* vom *TCanvas* ausgegeben. Mit dieser Methode könnten Sie beispielsweise auch schon Text in das Formular schreiben. Der Aufruf

```
Canvas.TextOut(50,50,'Hallo Welt!');
```

aus einer Ereignisbehandlungsroutine des Formulars aufgerufen, würde beispielsweise ein kleines, grafisches Hallo Welt!-Programm implementieren; aber wir wollen uns nicht schon wieder mit diesem simplen Beispiel beschäftigen! Statt dessen wollen wir lieber unter die Architekten gehen und Häuser bauen.

Für die Positionsangaben der zu zeichnenden grafischen Elemente verwendet *TCanvas* bekanntlicher Weise ein Koordinatensystem. Sie erinnern sich sicherlich noch, daß beim Aufruf von *TextOut* im ersten Parameter die x- und im zweiten die y-Koordinate angegeben wurde, wobei der x-Wert die horizontale – und der y-Wert die vertikale Lage angibt. Die x-Koordinaten werden nach rechts immer größer, und die y-Werte nehmen nach unten zu. Die minimal möglichen Koordinaten in einem Formular sind für x wie y 0. Somit wird der Punkt links oben direkt unterhalb des Titelbalkens, wo der Zeichenbereich beginnt, mit den Koordinaten $x = 0$ und $y = 0$ beschrieben. Im Folgenden soll die mathematische Schreibweise für Koordinaten verwendet werden: (x,y); für den Koordinatenursprung wäre dies also $(0,0)$.

Der Koordinatenbereich ist rein theoretisch nicht begrenzt. In der Praxis wird es allerdings durch die Größe des Formulars und die Auflösung Ihrer Grafikkarte beziehungsweise Ihres Bildschirmes eingeschränkt. Wenn Sie versuchen, Grafiken außerhalb des Formulars zu zeichnen, werden diese schlicht am Rand desselben abgeschnitten.

Rechtecke und Polygone

Das erste Element des Hauses besteht aus den Mauern, welche im zweidimensionalen Raum (Kleinkindergrafik) leicht durch ein Rechteck beschrieben werden können.

Ein Rechteck besteht aus vier Eckpunkten und je zwei parallelen Kanten. Die Methode *Rectangle* von *TCanvas* benötigt jedoch nur zwei dieser Punkte, nämlich den linken oberen und den rechten unteren.

Der erste Parameter von *Rectangle* ist die x-Koordinate des Punktes oben links und der zweite die y-Koordinate dieses Punktes. Im dritten Parameter wird der x-Wert des Punktes unten rechts und im vierten dessen y-Wert angegeben. Um die Mauern für das Haus zu errichten, ist ein Aufruf ähnlich dem folgenden nötig:

```
Canvas.Rectangle(100,100,300,200);
```

Die obere, linke Ecke des Rechtecks hat demnach die Koordinaten (100,100) und die untere, rechte (300,200).

Das Dach des Hauses kann durch ein Dreieck dargestellt werden. Ein Dreieck ist geometrisch gesehen ein spezielles Vieleck. Da eine Methode *Polygon* in der Klasse *TCanvas* und somit auch in der Instanz *Canvas* existiert und *Polygon* nichts anderes als das griechische Wort für Vieleck ist, liegt nichts näher, als daß sich diese Methode auch zum Zeichnen eines Dreiecks eignet.

Die Methode *Polygon* erwartet als einzigen Parameter ein Feld, in dem die Eckpunkte des Polygons angegeben sind. Die Elemente (die Punkte) dieses Feldes sind vom Typ *TPoint*, welches ein Record-Typ ist, der die Elementvariablen *X* und *Y* zur Aufnahme der Koordinaten des Punktes enthält.

Zum Zeichnen des Daches ist folgende Anweisung nötig:

```
Canvas.Polygon([Point(100,100), Point(300,100),
  Point(200,50)]);
```

Das Array wird hier als Konstante übergeben. Feldkonstanten besitzen in Object-Pascal ein ähnliches Aussehen wie Mengenkonstanten. Der einzige Unterschied besteht darin, daß in einer Feldkonstante gleiche Elemente zwei- oder mehrmals vorkommen dürfen beziehungsweise nicht auf eines reduziert werden.

Hierzu ein Beispiel: Der Ausdruck

```
[1,3,4,5,2,1,1,1,1]
```

würde als Menge übergeben zu

```
[1,3,4,5,2]
```

reduziert, da in Mengen, schon von der mathematischen Definition her, keine Elemente mehrmals vorkommen können. (Im Zahlenbereich existiert auch nur eine 1!)

Als Feld würde jedoch die obige Konstante so betrachtet, wie sie dort steht, da in den Feldern Werte als eine Art Liste oder Tabelle betrachtet werden.

Die Funktion *Point* ist im Beispiel recht nützlich, da sie aus zwei einzelnen x- und y-Werten eine Record-Variable des Typs *TPoint* generiert und diese als Rückgabewert zurückliefert. Der erste Parameter ist wie gewohnt die x- und der zweite die y-Koordinate.

Somit besteht die obige Array-Konstante aus den drei Punkten (100,100), (300,100) und (200,50). Dies sind die Eckpunkte des Dreiecks, wobei (100,100) mit der linken oberen Ecke und (300,100) mit der rechten oberen Ecke des Rechtecks zusammenfällt. Damit liegt das Dreieck – das Dach – auf dem oberen Teil des Rechtecks – den Mauern. Der dritte Punkt liegt 50 Pixels (Bildpunkte) über dem Mittelpunkt der Strecke zwischen den oberen Eckpunkten des Rechtecks und spannt somit den Giebel auf.

Der Aufbau der Grafik wird in Abb. 10.2 durch die Angabe der Koordinaten verdeutlicht.

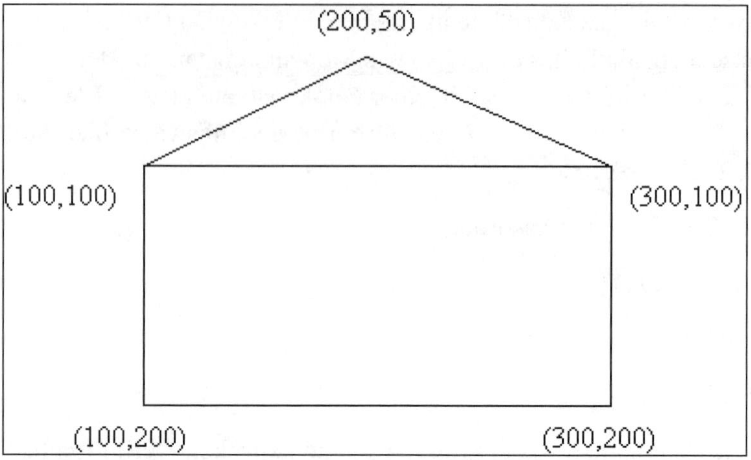

Abb. 10.2: Die Koordinaten der Grafik im Überblick

Damit wäre die grundlegende Version des Hauses fertig. Im folgenden werden wir noch ein Fenster und eine Tür hinzufügen. Da deren Ausgabe ebenfalls mit Methoden von *Canvas* erfolgen wird, wäre es sinnvoll, innerhalb der Ereignisbehandlungsroutine einen With-Ausdruck einzubauen, der den Bezug auf *Canvas* legt. Damit sparen wir uns das ständige Voranstellen von *Canvas* vor den Methodenaufrufen dieses Objektes.

Somit ändert sich die Ereignisbehandlungsroutine wie folgt:

```
procedure TForm1.Button1Click(Sender: TObject);
begin
  With Canvas Do
  begin
    { Haus }
    Rectangle(100,100,300,200);
    { Dach }
    Polygon([Point(100,100),
    Point(300,100),Point(200,50)]);
  end;
end;
```

Löschen der Grafik

Um die Grafik durch einen Klick auf die zweite Schaltfläche im Formular zu entfernen, ist nur ein kleiner Trick notwendig. Der Inhalt des Formulars läßt sich durch die Methode *Refresh* in den ursprünglichen Zustand zurücksetzen, also bevor die Grafik gezeichnet wurde. Diese Methode ist fester Bestandteil aller Formularobjekte.

Damit ergibt sich folgende Routine für die Ereignisbehandlung der Löschen-Schaltfläche:

```
procedure TForm1.Button2Click(Sender: TObject);
begin
  refresh;
end;
```

Testlauf

Geben Sie dem Formular einen besseren Titel als *Form1*, beispielsweise »Das Eigenheim« oder ähnliches, und speichern Sie das Projekt unter einem sinnvollen Namen ab.

Wenn Sie nach dem Start der Anwendung auf die Schaltfläche *Zeichne* klicken, wird das Grundgerüst unseres Hauses ausgegeben. Klicken Sie danach auf *Lösche*, und es verschwindet wieder.

Linien zeichnen

Das Fenster soll links im Hause plaziert werden. Dieses Element läßt sich wiederum leicht durch ein Rechteck implementieren:

```
Canvas.Rectangle(130,130,170,170);
```

Um ein Fenster zu symbolisieren, bietet es sich an, ein Fensterkreuz in die Fläche, welche die Scheibe repräsentiert, einzufügen. Ein Fensterkreuz besteht innerhalb dieser Fläche aus zwei Linien, welche sich senkrecht schneiden.

Zum Zeichnen einer Linie sind zwei Methoden von *TCanvas* aufzurufen. Zuerst muß die Position des (virtuellen Zeichen-)Stiftes auf den Anfangspunkt der Linie gesetzt werden, und anschließend ist die Linie bis zum angegebenen Endpunkt zu zeichnen.

Um den Anfangspunkt der Zeichenoperation zu setzen, ist die Methode *MoveTo* aufzurufen. Diese Methode verschiebt den Stift auf die angegebene Position, ohne eine Linie zu zeichnen. Sie können sich das so vorstellen, als ob Sie einen Bleistift etwas anheben und auf dem Blatt neu positionieren.

Diese Methode benötigt als Parameter zum einen die x- und zum anderen die y-Koordinate des Punktes, an den der Stift verschoben werden soll.

Zum Zeichnen der Linie ist die Methode *LineTo* aufzurufen. Diese Methode zeichnet nun die Linie bis zum angegeben Punkt, beginnend bei der aktuellen Stiftposition. Um bei der Analogie zum manuellen Zeichenvorgang zu bleiben, können Sie sich das so vorstellen, als ob Sie den Bleistift auf das Papier senken und eine Linie bis zu einem bestimmten Punkt ziehen. Wenn Sie mehrere Aufrufe von *LineTo* hintereinander reihen, ohne *MoveTo*, so bewirkt dies einen Streckenzug, als ob Sie mit dem Bleistift auf dem Papier entlangfahren und dabei häufiger die Richtung ändern.

Als ersten Parameter erwartet *LineTo* die x- und als zweiten die y-Koordinate des Endpunktes.

Das Fensterkreuz besteht aus zwei Linien, den Symmetrieachsen des Rechtecks. Die Koordinaten der Punkte dieser Linien ergeben sich aus den Rechteckskoordinaten des Fensters – es sind jeweils die Mittelpunkte der vier Kanten zu bilden und miteinander zu verbinden.

Daraus ergeben sich folgende Anweisungen:

```
{ Linie 1 von (150,130) nach (150,170) (vertikal)}
Canvas.MoveTo(150,130);
Canvas.LineTo(150,170);
{ Linie 2 von (130,150) nach (170,150) (horizontal)}
Canvas.MoveTo(130,150);
Canvas.LineTo(170,150);
```

Damit ergibt sich die durch *with* vereinfachte modifizierte Ereignisbehandlungsroutine:

```
procedure TForm1.Button1Click(Sender: TObject);
begin
  with Canvas do
  begin
    { Haus }
    Rectangle(100,100,300,200);
    { Dach }
    Polygon([Point(100,100),
    Point(300,100),Point(200,50)]);
    { Fenster }
    Rectangle(130,130,170,170);
    { Fensterkreuz}
    MoveTo(150,130);
    LineTo(150,170);
    MoveTo(130,150);
    LineTo(170,150);
  end;
end;
```

Hinweis: Beachten Sie in diesem Zusammenhang die Reihenfolge der Anweisungen. Wenn Sie beispielsweise das Fenster vor dem Haus zeichnen, wird dieses niemals zu sehen sein, da es durch das Haus verdeckt wird. Die Farbattribute der

Rechtecke und Polygone sowie der anderen flächenfüllenden Grafikelemente sind per Standard auf *soliden Stil* (Flächen deckend) eingestellt, dadurch wird alles, was in ihrem Bereich liegt, unter ihnen begraben. Dies ist auch der Grund, weshalb die einzelnen Grafikkomponenten sich weiß gegenüber dem Formularhintergrund abzeichnen – sie überschreiben diesen.

Kreise und Ellipsen

Als nächstes wollen wir noch eine Tür in das Häuschen einbauen. Diese Tür kann wieder durch ein Rechteck symbolisiert werden, ergo ist wiederum die Methode *Rectangle* des Objektes *Canvas* aufzurufen.

Diese Tür soll im rechten Teil des Hauses erscheinen und kann durch folgenden Aufruf erzeugt werden:

```
Canvas.Rectangle(200,130,250,200);
```

Damit hat die obere Kante der Tür dieselbe Höhe wie die Oberkante des Fensters, und auch die Breite der Tür entspricht der Breite des Fensters.

In die Tür kann nun noch ein Türgriff eingebaut werden. Ein Kreis wäre hier sinnvoll.

Zum Zeichnen von Kreisen existiert keine spezielle Routine in der Klasse *TCanvas*. Hier muß man sich der allgemeinen Methode für Ellipsen bedienen. Ein Kreis ist jedoch auch nur eine spezielle Form der Ellipse.

Eine Ellipse kann durch die Methode *Ellipse* von *TCanvas* gezeichnet werden. Diese Routine erwartet vier Parameter, welche das Rechteck beschreiben, das die Ellipse umschreibt (Abb. 10.3). Die Parameterbelegung ist identisch zu *Rectangle*: Erster und zweiter Parameter sind mit der x- beziehungsweise y-Koordinate des linken oberen Eckpunktes belegt. Im dritten und vierten Parameter wird der x- respektive y-Wert der rechten unteren Ecke übergeben.

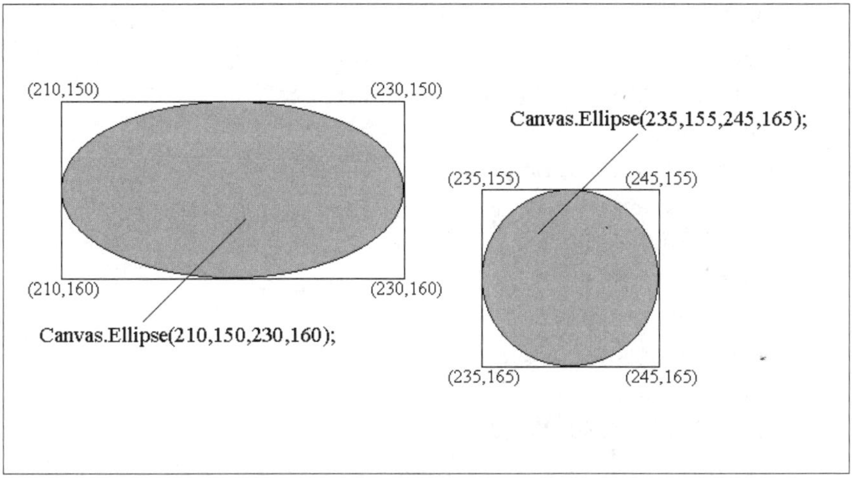

Abb. 10.3: Eine Ellipse wird durch das umschriebene Rechteck definiert

In der Grafik von Abbildung 10.3 sehen Sie die Aufrufe für eine Ellipse und einen Kreis verdeutlicht. Im linken Teil sehen Sie, wie durch ein Rechteck eine Ellipse beschrieben wird. Der Aufruf von Ellipse enthält die Koordinaten des umschriebenen Rechtecks.

Beschreiben Sie hingegen eine Ellipse durch ein Quadrat wie im rechten Teil von Abbildung 10.3 angegeben, erhalten Sie automatisch einen Kreis.

Um nun den Türgriff zu zeichnen, müssen Sie lediglich den Aufruf des rechten Bildteils verwenden, denn dieser enthält schon die richtigen Koordinaten:

```
Canvas.Ellipse(235,155,245,165);
```

Damit ergibt sich wiederum eine modifizierte Ereignisbehandlungsroutine:

```
procedure TForm1.Button1Click(Sender: TObject);
begin
  with Canvas do
  begin
    { Haus }
    Rectangle(100,100,300,200);
```

```
    { Dach }
    Polygon([Point(100,100),
    Point(300,100),Point(200,50)]);
    { Fenster }
    Rectangle(130,130,170,170);
    { Fensterkreuz}
    MoveTo(150,130);
    LineTo(150,170);
    MoveTo(130,150);
    LineTo(170,150);
    { Tür }
    Rectangle(200,130,250,200);
    { Türgriff }
    Ellipse(235,155,245,165);
  end;
end;
```

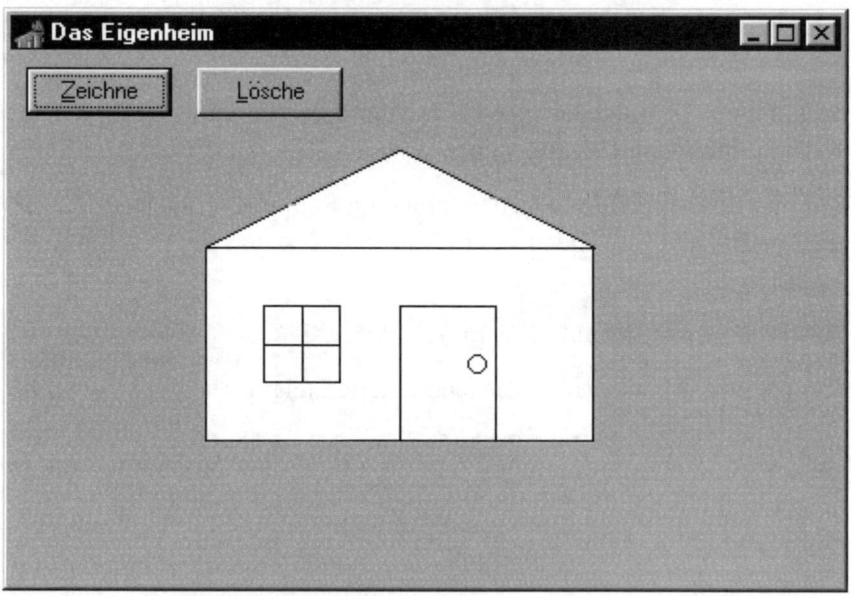

Abb. 10.4: Das Resultat der Änderungen

Nachdem Sie die Änderungen im Quelltext vorgenommen haben, starten Sie die Anwendung. Klicken Sie auf die Schaltfläche *Zeichne*, und es erscheint die erweiterte Grafik (Abb. 10.4).

10.2 Stift und Pinsel

Die Klasse *TCanvas* enthält zwei Objekte *Pen*, eine Instanz der Klasse *TPen*, und *Brush*, eine Instanz von *TBrush*. *Pen* ist ein Stiftobjekt und legt das Aussehen von Linien fest. *Brush* ist ein Pinselobjekt und beschreibt die Darstellung von Flächen.

Im Falle eines Rechtecks wird die umrandende Linie durch die Eigenschaften von *Pen* und die Fläche durch die Einstellungen in *Brush* beschrieben. Mit Hilfe dieser Objekte kann das Aussehen eines Grafikelementes vielfältig beeinflußt werden. Zum einen kann die Farbe und zum anderen der Stil von Linien und Flächen bestimmt werden.

Es ist beispielsweise möglich, Linien als durchgängigen Strich, gepunktet, gestrichelt, strichgepunktet etc. oder Flächen massiv beziehungsweise solid, also mit einer einheitlichen Farbe oder mit einem Muster gefüllt darzustellen.

Farben ändern

Zunächst wollen wir uns nochmals mit dem kleinen Häuschen befassen, dessen Farbgebung nicht gerade üppig ist – schwarze Linien und weiße Flächen.

Zum Ändern der Farbe existiert, sowohl in *Pen* als auch in *Brush*, die Eigenschaft *Color*. Dieser Eigenschaft kann nun eine Farbe aus einer mehr oder weniger üppigen Palette durch den Zuweisungsoperator := übergeben werden. Eine kleine Auswahl der Konstanten der fest definierten Farben finden Sie in der folgenden Tabelle. Delphi definiert zwar noch andere

Farbkonstanten, die aber alle von den Einstellungen der Windows-Oberfläche abhängen und daher im klassischen Bereich der Computergrafik nicht weiter interessieren. (Diese weiteren Farben finden Sie in der Online-Hilfe beschrieben.)

Konstante	**Farbe**
clBlack	Schwarz
clMaroon	Rotbraun
clGreen	Grün
clOlive	Olivgrün
clNavy	Marineblau
clPurple	Violett
clTeal	Petrol
clGray	Grau
clSilver	Silber
clRed	Rot
clLime	Limonengrün
clBlue	Blau
clFuchsia	Pink
clAqua	Karibikblau
clWhite	Weiß

Hinweis: Außerdem können Sie selbstverständlich Ihre eigenen Farben definieren. Die Farbeigenschaft *Color* von *Pen* beziehungsweise *Brush* ist eine Instanz der Klasse *TColor*. Die Beschreibung der hier zu übergebenden Werte würde jedoch den Rahmen dieses Buches sprengen und gehört eindeutig in den Bereich der fortgeschrittenen Programmierung. Falls Sie sich hierfür interessieren, lesen Sie die Beschreibung der Klasse *TColor* in der Online-Hilfe.

Um nun also die Linienfarbe des aktuellen Canvas-Objektes zu ändern, ist der Eigenschaft *Color* von *Pen* schlicht eine der oben genannten Konstanten zuzuweisen.

```
Canvas.Pen.Color := clWhite;
Canvas.Pen.Color := clRed;
```

Die erste Zeile weist dem Stift die Farbe Weiß, die zweite die Farbe Rot zu.

Analog ist mit dem Pinsel zu verfahren:

```
Canvas.Brush.Color := clBlue;
Canvas.Brush.Color := clAqua;
```

Die erste Anweisung setzt die Farbe des Pinsels auf blau, die zweite auf karibikblau.

Unser kleines Haus könnte durch die, wie folgt veränderte, Ereignisbehandlungsroutine etwas in Sachen Farbgebung aufgepäppelt werden:

```
procedure TForm1.Button1Click(Sender: TObject);
begin
  With Canvas Do
  begin
    { Hausmauern }
    Brush.Color := clWhite;
    Rectangle(100,100,300,200);
    { Dach }
    Brush.Color := clRed;
    Polygon([Point(100,100),
    Point(300,100),Point(200,50)]);
    { Fenster }
    Pen.Color := clYellow; { Linienfarbe auf gelb... }
    Brush.Color := clBlue;
    Rectangle(130,130,170,170);
    { Fensterkreuz }
```

```
     MoveTo(150,130);
    LineTo(150,170);
    MoveTo(130,150);
    LineTo(170,150);
    Pen.Color := clBlack; {...zurück auf schwarz }
    { Tür }
    Brush.Color := clMaroon;
    Rectangle(200,130,250,200);
    { Türgriff }
    Brush.Color := clYellow;
    Ellipse(235,155,245,165);
  end;
end;
```

Der Hausmauer wird hierbei die Farbe Weiß zugewiesen. Das Dach wird rot, das Fenster blau, die Tür rotbraun und der Türgriff gelb. Die Linienfarbe dieser Elemente bleibt schwarz.

Der einzige Linienfarbenwechsel findet beim Fenster und Fensterkreuz statt. Hier wird auf gelb umgestellt. Nachdem das Rechteck und die zwei Linien gezeichnet wurden, wird wieder zu schwarzer Linienfarbe zurückgekehrt.

Ihnen ist sicherlich aufgefallen, daß am Anfang der Routine die Flächenfarbe (*Brush.Color*) auf Weiß gesetzt wird. Auf den ersten Blick erscheint dies unsinnig, da die Standardfarbe für *Brush* ohnehin Weiß ist. Dies ist jedoch nur nach dem Start sichergestellt. Wenn die Routine einmal durchlaufen wurde, ist laut der letzten Änderung der Pinselfarbe die Farbe auf *clYellow*, also Gelb, eingestellt. Würde nun bei einem erneuten Aufruf dieser Routine die Farbe für das Rechteck, das die Mauern symbolisiert, nicht auf Weiß umgestellt, würde es gelb ausgegeben.

Nun könnte man selbstverständlich auch die Pinselfarbe am Ende der Routine wieder auf Weiß umstellen, jedoch ist es ein wesentlich sicherer Weg, grundsätzlich vor der Ausgabe einer Fläche die Farbe für diese einzustellen. Damit erhalten Sie zwar keinen optimierten Algorithmus, aber

Sie vermeiden Probleme in der Darstellung Ihrer Grafiken, da infolge einer Unabhängigkeit von Vorgabewerten immer ein definierter Zustand vorliegt. Die Fläche wird immer, egal was zuvor eingestellt wurde, in der gewünschten Farbe ausgegeben.

Prinzipiell ist dieses Verfahren auch für die Linienfarbe zu empfehlen. In unserem Beispiel werden allerdings alle Linien, bis auf die Fensterelemente, immer schwarz ausgegeben, so daß ein oben genanntes Vorgehen nicht nötig erscheint.

Starten Sie nun diese modifizierte Variante, und klicken Sie auf *Zeichne*. Danach werden Sie die farbenprächtige Grafik bestaunen dürfen (Abb. 10.5).

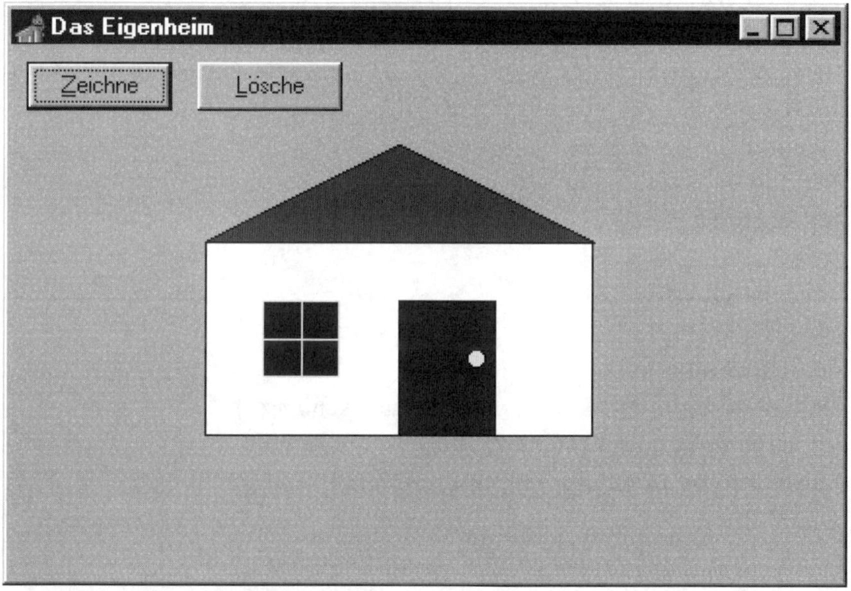

Abb. 10.5: Die erste Farbgrafik

Ändern der Linienbreite

Bisher wurden alle Linien mit der gleichen Strichbreite, nämlich ein Pixel, ausgegeben. Stiftobjekte besitzen jedoch eine Eigenschaft mit dem Bezeichner *Width*, über welche sich die Strichbreite einstellen läßt.

Der Fensterrahmen unseres Hauses könnte beispielsweise etwas breiter ausgegeben werden. Hierzu ist lediglich der Eigenschaft *Width* von *Pen* ein anderer Wert zuzuweisen.

Fügen Sie daher die beiden Zuweisungen vor und nach den Anweisungen zum Zeichnen des Fensters hinzu:

```
...
{ Linienbreite ändern }
Pen.Width := 3;
{ Fenster }
Pen.Color := clYellow; { Linienfarbe auf gelb... }
Brush.Color := clBlue;
Rectangle(130,130,170,170);
{ Fensterkreuz }
MoveTo(150,130);
LineTo(150,170);
MoveTo(130,150);
LineTo(170,150);
Pen.Color := clBlack; {...zurück auf schwarz }
{ Linienbreite zurücksetzen }
Pen.Width := 1;
...
```

Vor dem Ausgeben des Fensters wird die Stiftbreite auf drei Pixels gesetzt. Danach werden die Linie des Rechtecks und die Linien, die das Fensterkreuz bilden, in dieser Breite ausgeben. Anschließend ist es jedoch erforderlich, die Linienbreite auf den Standardwert von einem Pixel zurückzusetzen, damit die folgenden Grafikelemente ihr gewohntes Aussehen behalten.

Nach dem Start der veränderten Anwendung und einem Klick auf *Zeichne* sehen Sie das Resultat wie in Abbildung 10.6 angegeben.

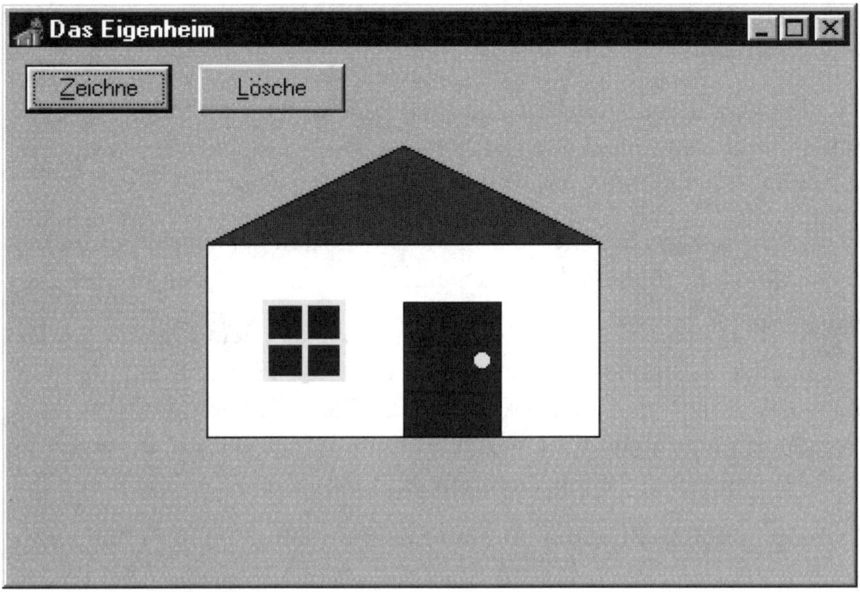

Abb. 10.6: Die veränderte Linienbreite des Fensterkreuzes

Linien- und Flächenstile

An anderer Stelle wurde bereits erwähnt, daß Linien und Flächen in verschiedener Darstellungsweise, das heißt Stilen, ausgegeben werden können. Linien können beispielsweise gestrichelt oder punktiert, Flächen mit Mustern gefüllt ausgegeben werden. Hierfür existiert in den Klassen *TPen* und *TBrush* die Eigenschaft *Style*.

Um Ihnen einen kleinen Überblick über die möglichen Stile zu verschaffen, soll hier nun ein neues Programm geschrieben werden und die Häuschengrafik beiseite gelegt werden.

Die Oberfläche der neuen Anwendung soll recht spartanisch ausfallen. Falls Sie das letzte Beispiel zur Laufzeit minimiert oder auch nur eine andere Anwendung in den Vordergrund geholt und danach wieder die Beispielanwendung aktiviert haben, wird Ihnen nicht entgangen sein, daß die Grafik verschwunden war, so als ob Sie auf *Lösche* geklickt hätten.

Das liegt einfach daran, daß beim Reaktivieren der Anwendung das Formular durch den Aufruf von *Refresh* aufgefrischt wurde, ebenso wie dies die Ereignisbehandlungsroutine von *Lösche* getan hat.

Das nun folgende Beispiel soll in diesem Zusammenhang einen Schritt weiter in die Professionalität machen.

Fügen Sie die Komponente *PaintBox* aus dem Register *System* der Komponentenpalette so in das neue Formular ein, daß sich diese Komponente möglichst weit über die Fläche des Formulars erstreckt. Sie können hierzu ruhig die gesamte Fläche des Formulars benutzen, da diese Komponente die einzige in diesem Formular sein wird.

Die Komponente *PaintBox* ist ein Objekt, welches lediglich aus einem großen Zeichenbereich besteht. Damit können Sie verschiedene Grafikbereiche innerhalb eines Formulars anlegen und verwalten.

Die Ausgabe der Grafikelemente erfolgt hier, wie in jeder anderen grafikfähigen Komponente von Delphi, über eine Instanz der Klasse *TCanvas*, welche auch hier *Canvas* heißt. Das bedeutet, daß Sie alle Grafikmethoden, die Sie bisher kennen, wie gewohnt anwenden können und sich nicht umzustellen brauchen. Sie gehen hier lediglich von einem speziellen Grafikbereich aus, der durch ein Objekt der Komponente *PaintBox* begrenzt wird.

Nun stellt sich die Frage, wie die Ausgabe der Grafik erfolgen soll, wenn kein auslösendes Objekt, wie beispielsweise eine Schaltfläche, vorhanden ist. Das Ereignis, das diesmal die Ausgabe der Grafik veranlassen soll, ist *OnPaint*. *OnPaint* ist ein Ereignis, welches immer dann auftritt, wenn eine Komponente erneut dargestellt werden muß. Dies ist immer dann der Fall, wenn die Komponente (oder besser die Instanz dieser Komponente) erzeugt oder in den Vordergrund geholt wird.

Selektieren Sie also das neue Objekt *PaintBox1* im Formular, und öffnen Sie die Ereignisbehandlungsroutine für das Ereignis *OnPaint* durch den Objekt-Inspektor.

Das Ziel dieser Routine soll sein, die Linien- und Flächenstile gegenübergestellt auszugeben. Es sind also die einzelnen Linienstile nacheinander zu setzen und jeweils eine Linie im entsprechenden Stil auszugeben. Danach ist analog mit den Flächen und deren Stilen zu verfahren.

```
procedure TForm1.PaintBox1Paint(Sender: TObject);
const
  PenStyles: Array [1..7] of TPenStyle = (psSolid,
    psDash,psDot,psDashDot,psDashDotDot,psClear,
    psInsideFrame);
  BrushStyles: Array [1..8] of TBrushStyle = (bsSolid,
    bsCross,bsClear,bsDiagCross,bsBDiagonal,
    bsHorizontal,bsFDiagonal,bsVertical);
var
  n: Integer;
begin
  With PaintBox1.Canvas Do
  begin
    { Titel ausgeben }
    TextOut(40,25,'Linienstile');
    TextOut(220,25,'Flächenstile');
    { Hintergrundrechteck für Linienstile }
    Brush.Color := clWhite;
    Brush.Style := bsSolid;
    Rectangle(40,40,210,140);
    { Linienstile ausgeben }
    For n := 1 to 7 Do
    begin
```

```
      Pen.Style := PenStyles(N);
      MoveTo(50,50+n*10);
      LineTo(200,50+n*10);
    end;
    { Flächenstile ausgeben }
    Pen.Style := psSolid;
    n := 1;
    While n <= 8 Do
    begin
      Brush.Style := BrushStyles(N);
      Rectangle(220,40 + (n DIV 2 * 50),
        270,90 + (n DIV 2 * 50));
      Brush.Style := BrushStyles[n+1];
      Rectangle(270,40 + (n DIV 2 * 50),
        320,90 + (n DIV 2 * 50));
      inc(n,2);
    end;
  end;
end;
```

Das Prinzip der Routine sind zwei Schleifen, die die Linien- und Flächenstile abarbeiten, das heißt jeweils zuweisen und je eine Linie respektive Fläche ausgeben.

Die Linien- und Flächenstile sind hierbei in speziellen Konstanten gespeichert. Diese Konstanten *PenStyles* und *BrushStyles* sind sogenannte *typisierte Konstanten*, das heißt, diesen Konstanten wurde explizit ein Datentyp zugewiesen.

Ihnen ist bereits die einfache Konstantendeklaration mit impliziter, das heißt von Delphi vorgenommener, Typzuweisung bekannt:

```
const
  <Bezeichner> = <Wert>;
```

Bei typisierten Konstanten erweitert sich diese Deklaration wie folgt:

```
const
  <Bezeichner> : <Typ> = <Wert>;
```

Im Beispiel werden die Konstanten *PenStyles* und *BrushStyles* als Felder deklariert, wobei die Elemente jeweils den Datentyp *TPenStyle* für Stift- und *TBrushStyle* für Pinselstil haben. Die einzelnen Elemente, das heißt die von Delphi deklarierten Stilkonstanten, sind hierbei durch Kommata getrennt in Klammern nach dem Gleichheitszeichen angegeben.

Hier ist es nötig, den Typ der Konstanten anzugeben, da sonst nicht einwandfrei geklärt werden könnte, ob es sich bei den Konstanten um *Arrays* oder *Sets* (Mengenelemente) handelt.

Innerhalb des Quelltextes kann nun auf diese Felder wie auf jedes andere Feld lesend zugegriffen werden, lediglich der Schreibzugriff ist durch die Konstantendeklaration nicht möglich.

Die Bedeutung der Stilkonstanten finden Sie in den folgenden Tabellen.

Stiftstil	**Bedeutung**
psSolid	Durchgezogene Linie
psDash	Gestrichelte Linie
psDot	Punktierte Linie
psDashDot	Strichpunktierte Linie (abwechselnd ein Punkt und ein Strich)
psDashDotDot	Linie besteht abwechselnd aus Punkt – Punkt – Strich
psClear	Linie aus unsichtbaren Markierungen
psInsideFrame	Linie innerhalb des Rahmens einer geschlossenen Form, die das einschließende Rechteck festlegt

Pinselstil	Bedeutung
bsSolid	Durchgängig mit festgelegter Farbe füllen
bsClear	Durchsichtig, keine Füllung
bsHorizontal	Fläche wird mit horizontal verlaufenden Linien gefüllt
bsVertical	Fläche wird mit vertikal verlaufenden Linien gefüllt
bsFDiagonal	Fläche wird mit diagonalen Linien gefüllt. Die Linien verlaufen von oben rechts nach unten links.
bsBDiagonal	Wie bsFDiagonal nur, daß die Linien von links oben nach rechts unten verlaufen.
bsCross	Die Fläche wird mit einem Gitter gefüllt (Quadrate) ausgegeben.
bsDiagCross	Die Fläche wird mit einem Gitter gefüllt (Rauten) ausgegeben.

Der Codeteil der Routine ist in ein With-Statement eingefaßt, welches den Bezugsbereich auf das Canvas-Objekt von *PaintBox1* festlegt. Dadurch ersparen wir uns wieder die Eingabe von ellenlangen Anweisungen.

Die ersten beiden Anweisungen im Codeteil geben die Überschriften aus. Dies wird durch die Ihnen bereits bekannte Methode *TextOut* bewerkstelligt.

Im Anschluß daran wird ein durchgängig weißes Rechteck ausgeben, welches als Hintergrund für die Linienstile dient. Durch dieses Rechteck kommen die Linien besser zur Geltung.

In der nun folgenden Schleife werden die Indizes von *PenStyles* einzeln abgearbeitet. Hierzu wird jeweils der Stiftstil gesetzt und die Linie an einer speziell errechneten Position ausgegeben.

Bevor danach die Schleife für die Flächenstile in Angriff genommen werden kann, ist zunächst die Einstellung des Stiftstils zurückzusetzen, damit die Flächen mit einer durchgezogenen Linie (*psSolid*) als Umrandung ausgegeben werden können.

Die folgende Schleife arbeitet bei jedem Durchlauf zwei Flächenstile ab. Diese Stile, oder besser deren Rechtecke, werden jeweils nebeneinander ausgegeben. Deshalb befindet sich am Ende der Schleife die Inkrement-Anweisung, die den Wert von n um den Wert zwei erhöht. Damit wird sichergestellt, daß die Stile nicht doppelt berücksichtigt werden.

Bei den Berechnungen der Positionen der Linien und Flächen wird jeweils ein Abstand zum oberen Rand von *PaintBox1* berücksichtigt (50 und 40 Pixel). Dieser Wert wird zum Ergebnis der Berechnung der Positionen der einzelnen Elemente hinzugezählt, um den Abstand zu gewährleisten. Die Berechnung der relativen Positionen der Linien und Flächen ist ein Produkt aus dem Index und einem festgelegten Abstand (Linien) beziehungsweise der Höhe (Flächen) der Elemente.

Bei der Ausgabe der Flächen ist zusätzlich vor der Multiplikation von Index und Höhe des Rechtecks der Index durch zwei zu teilen. Da jeweils zwei Rechtecke nebeneinander plaziert werden, darf auch nur die Höhe von einem Rechteck berücksichtigt werden. Wenn der Index 1 bearbeitet wird, werden keine vorherigen Rechtecke berücksichtigt (1 DIV 2 = 0), und die Ausgabe erfolgt direkt bei der Position (y-Koordinate) 40. Beim nächsten betrachteten Index 3 wird hingegen eine Rechteckhöhe berücksichtigt (3 DIV 2 = 1), somit erfolgt die Ausgabe bei Position 1*50+40 = 90, und so fort.

Wenn Sie nun diese Anwendung starten, erscheint sofort die Grafik aus Abb. 10.7. Damit haben Sie jetzt einen Überblick über die Stilvarianten.

Hinweis: Die Ausgabe des Musters in den Rechtecken erfolgt in der Farbe, welche durch *Brush.Color* festgelegt wurde. Da diese Eigenschaft nicht geändert wurde, erfolgt die Ausgabe in Weiß.

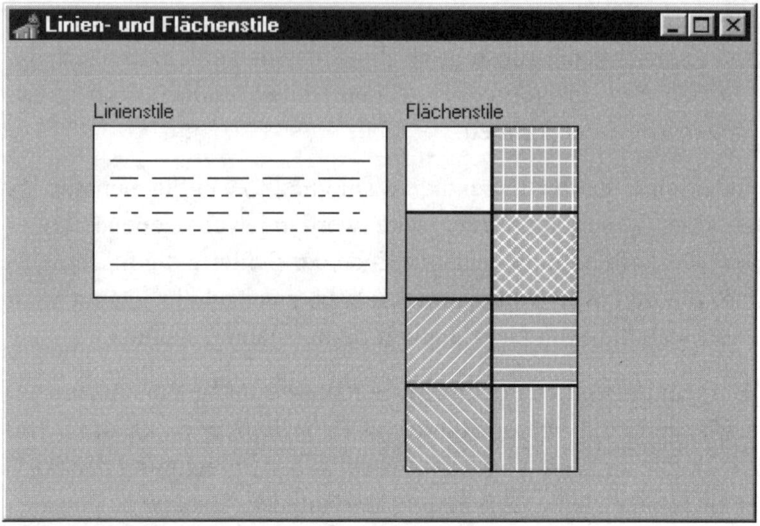

Abb. 10.7: Die verschiedenen Linien- und Flächenstile

Damit sind die Möglichkeiten der Computergrafik in Delphi noch lange nicht ausgereizt – im Gegenteil. Es ist im Rahmen dieses Buches leider nicht möglich, tiefer in diese Materie einzusteigen, aber vielleicht hat Sie dieses Kapitel dazu animiert, sich mit diesem Thema näher zu befassen.

10.3 Zusammenfassung und Aufgaben

Zusammenfassung

- Grafikausgaben erfolgen bei grafikfähigen Komponenten über die Eigenschaft *Canvas*, welche eine Instanz der Klasse *TCanvas* ist.
- Text kann mittels *TextOut* ausgegeben werden.
- Rechtecke werden durch *Rectangle* erzeugt.

- Vielecke können Sie mit Hilfe von *Polygon* zeichnen.
- Bei der Ausgabe von Linien oder Streckenzügen muß zunächst der Anfangspunkt mit *MoveTo* festgelegt werden. Danach kann das Zeichnen der Linie(n) mit *LineTo* erfolgen.
- Das Zeichnen von Kreisen und Ellipsen ermöglicht die Methode *Ellipse*.
- Das Aussehen von Linien wird durch *Pen*, einer Instanz von *TPen*, festgelegt.
- Die grafischen Eigenschaften einer Fläche werden durch *Brush*, einem Objekt des Typs *TBrush*, bestimmt.
- Die Farbe von Linien und Flächen wird durch die Eigenschaft *Color* von *Pen* beziehungsweise *Brush* festgelegt.
- Durch die Eigenschaft *Width* von *Pen* kann die Linienbreite verändert werden.
- Die Eigenschaft *Style* von *Pen* und *Brush* ermöglicht das Festlegen des Stils von Linien respektive Flächen.
- Die Komponente *PaintBox* ermöglicht es Ihnen, einzelne voneinander unabhängige Grafikbereiche in einem Formular anzulegen.
- Das Ereignis *OnPaint* wird für ein Objekt immer dann ausgelöst, wenn dieses neu dargestellt werden muß. Dies ist beispielsweise der Fall, wenn dieses Objekt aus dem Hintergrund in den Vordergrund tritt und es zuvor von einem anderen Element überlagert wurde, oder wenn das Objekt zum ersten Mal erzeugt wird.
- Durch das Typisieren kann einer Konstanten explizit ein Datentyp zugewiesen werden.

➛ Konstante Felder können durch Konstantendeklarationen erfolgen, indem als Wert eine Anzahl von Elementen durch Kommata getrennt, in runde Klammern gefaßt, angegeben wird.

Aufgaben

1. Weshalb müssen Sie vor dem Zeichnen einer Linie *MoveTo* aufrufen?
2. Geben Sie den Code an, der eine Ellipse mit einer Höhe von 50 Pixeln und einer Breite von 200 Pixeln ausgibt. Die linke obere Ecke des umschriebenen Rechtecks ist (80,30). Der Linienstil soll punktiert sein, und die Farbe soll Rot sein. Die Fläche soll von rechts oben nach links unten diagonal schraffiert und Blau sein. Der Bezugsbereich ist hierbei schon auf das Canvas-Objekt festgelegt.
3. Geben Sie die For-Schleife an, die zehn Linien ab der x-Position 60 im Abstand von 10 Pixeln nebeneinander zeichnet. Dabei sollen die y-Werte mit 30 und 300 angegeben werden. Die Variable für die For-Schleife heißt hierbei n und ist als Integer deklariert. Hierbei ist wiederum der Bezugsbereich bereits auf das Canvas-Objekt festgesetzt.

11 Datenbankprogrammierung

Zum Abschluß dieses Buches sollen Sie nun noch etwas mit der Datenbankprogrammierung konfrontiert werden.

Früher war die Datenbankprogrammierung die Domäne von Spezialisten. In Delphi ist es nun, dank des visuellen und leicht verständlichen Konzeptes, auch für Hobby- und Gelegenheitsprogrammierer möglich, professionelle Datenbankapplikationen zu erstellen.

Aber auch der Experte wird die Möglichkeiten der Datenbankkomponenten von Delphi zu schätzen wissen, da er hiermit wesentlich einfacher und schneller zum Ziel gelangt.

Die Datenbankkomponenten von Delphi ermöglichen es, eine Anwendung im Kleinen, das heißt auf dem lokalen Rechner oder im kleinen LAN, zu entwickeln, und diese dann in ein Client/Server-Umfeld zu integrieren. Das ermöglicht Delphi durch die Fähigkeit, mit lokalen dBase-Files und Paradox-Tabellen ebenso wie mit Daten auf SQL-Servern, zu arbeiten.

11.1 Grundlagen

Eine *Datenbank* kann als Sammlung von Daten beziehungsweise Informationen verstanden werden. Die Aufgabe einer Datenbank ist es, diese Daten auf effiziente Art und Weise zu verwalten.

Im Laufe der Computergeschichte haben sich zu diesem Zweck verschiedene Konzepte wie beispielsweise *vernetzte*, *hierarchische* und *relationale Datenbanksysteme* herausgebildet. In den vergangenen Jahren hat sich das relationale Datenbankkonzept als Standard durchgesetzt, wobei mittlerweile *objektorientierte Systeme* im Vormarsch sind. Allerdings wird es noch einige Zeit dauern, bis sich die objektorientierte Datenbank auf breiter Basis durchsetzen wird. (Sie sehen, das Objektkonzept findet sich in allen Bereichen der Computerwelt wieder.)

Auch die Datenbankkomponenten von Delphi sind relational organisiert. Eine relationale Datenbank ermöglicht jeden beliebigen Zugriff auf die Daten durch die logische Verknüpfung der Datensätze. Die Verknüpfungen werden hierbei *als mathematische Relationen* aufgefaßt und auch als solche ausgedrückt.

Der unverkennbare Vorteil des relationalen Datenbankkonzepts liegt in der universellen und flexiblen Zugriffsart, die durch jede denkbare logische Verknüpfung der Datensätze entsprechend ihren Attributen ermöglicht wird, begründet.

Die Daten sind in einer relationalen Datenbank in *Datensätzen* gleichen Formats organisiert, welche wiederum in *Tabellen* zusammengefaßt werden. Zwischen diesen Tabellen können Beziehungen (Relationen) bestehen. Jeder Datensatz innerhalb dieser Tabellen kann durch einen *Index* angesprochen werden.

Die Datensätze werden durch *Felder* in Einzelinformationen unterteilt. In einer Adreßdatenbank finden Sie beispielsweise die Felder *Name*, *Vorname*, *Straße* und *Wohnort*.

Bis zu einem gewissen Grad können Sie sich den Aufbau einer relationalen Datenbank wie einen Aktenschrank vorstellen. In diesem Aktenschrank gibt es verschiedene Schubladen für diverse Karteien wie beispielsweise Kunden-, Personal- und Lieferantenkartei. Diese Karteien sind mit den Tabellen der relationalen Datenbank vergleichbar. Die einzelnen Karteikarten entsprechen den Datensätzen, und der Index der relationalen Datenbank ist die elektronische Form des Registers. Die Felder sind hier schlicht die Einteilungen auf der Karteikarte, in denen sich die einzelnen Informationen finden.

Hinweis: Für Tabelle finden Sie häufig auch die Begriffe *Relation*, *Datei* oder *File*. Der Datensatz wird auch als *Zeile*, *Rekord* oder *Tupel* bezeichnet. Synonyme für Feld sind *Spalte* oder *Attribut*.

Mit den Ausdrücken Zeile und Spalte für Datensatz und Feld wird auch wiederum die Tabellenstruktur deutlich.

11.2 Eine einfache Adreßverwaltung

Ziel dieses Abschnitts soll es sein, eine kleine Adreßverwaltung zu implementieren. Sie werden hierbei überrascht sein, wie einfach ein solches Unterfangen in Delphi mit nur ein paar Dutzend Mausklicks gemeistert werden kann.

Die neuen Komponenten

Um auf die Informationen in Datenbanken zugreifen zu können, werden spezielle Komponenten benötigt. Diese Komponenten finden Sie in dem Register *Datenzugriff* und *Datensteuerung*.

In einer Adreßdatenbank finden sich für gewöhnlich folgende Informationen:

- Nachname
- Vorname
- Straße und Hausnummer
- Postleitzahl
- Ort
- Telefonnummer

Aus diesen Informationen sind die einzelnen Datensätze aufgebaut. Zugleich sind die aufgeführten Punkte die Felder der Datensätze, die Spalten der Tabelle.

Um die Datenbank mit Informationen füttern zu können, benötigen wir eine Benutzeroberfläche, die dies gestattet.

Fügen Sie sechs Komponenten des Typs *DBEdit*, welche Sie im Register *Datensteuerung* der Komponentenpalette finden, wie in Abb. 11.1 angegeben, in das Formular ein.

Hinweis: Diese Eingabefelder repräsentieren die oben genannten Felder. Die Objekte dieser Komponenten sind mit den einfachen Eingabefeldern vergleichbar, nur mit dem Unterschied, daß sie über einer Datenbank, anstatt einem einfachen Textpuffer, operieren.

Fügen Sie für jedes dieser Datenbankeingabefelder ein Label-Objekt hinzu, welches den Namen des Feldes aufnehmen wird (Abb. 11.1).

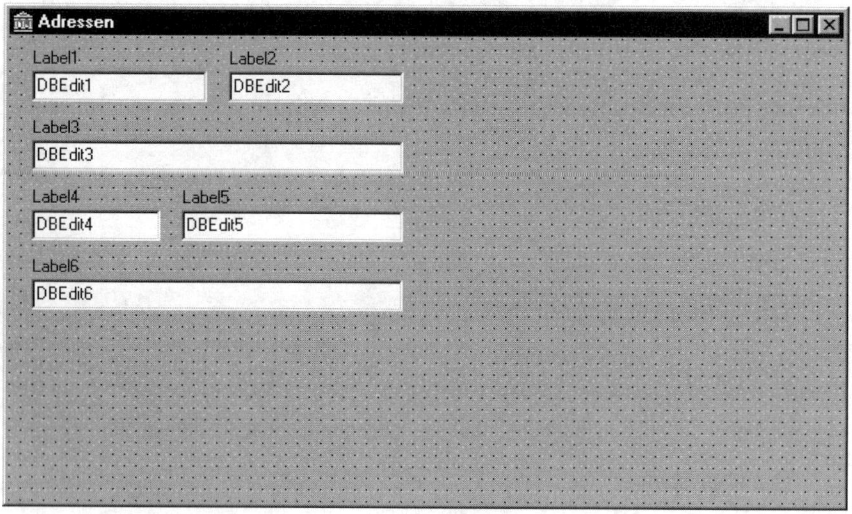

Abb. 11.1: Die Eingabefelder für die Felder der Datenbank respektive Tabelle

Für die Steuerung der Datenbank, das heißt zum Hinzufügen, Löschen, Anwählen und Bearbeiten von Datensätzen, existiert eine komfortable und sehr professionelle Steuerleiste – der *Datenbanknavigator*.

Bauen Sie die Komponente *DBNavigator* aus dem Register *Datensteuerung* der Komponentenpalette, wie in Abb. 11.2 angegeben, in Ihr Formular ein.

Hinweis: Wenn Sie die Größe des Datenbanknavigators ändern, werden die Schaltflächen dazu proportional angepaßt. Sie werden also entsprechend größer oder kleiner.

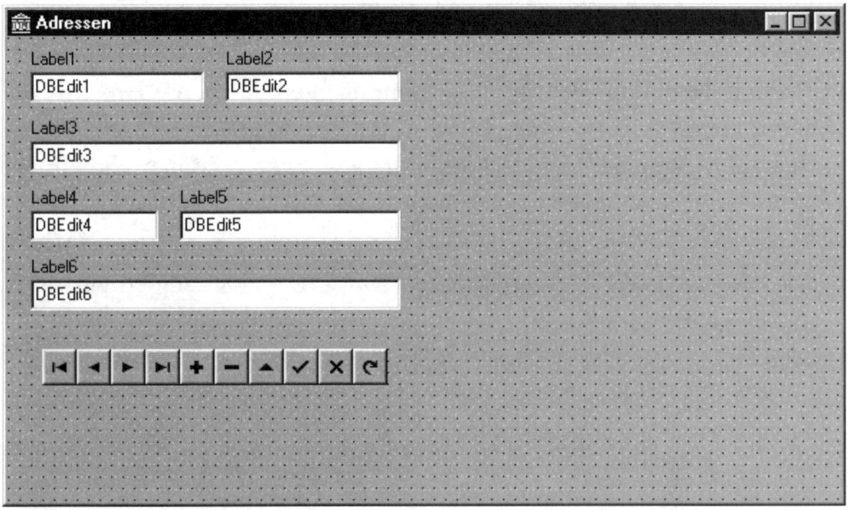

Abb. 11.2: Der Datenbanknavigator

Nun wäre es gerade für ein Grundlagenbeispiel nicht besonders geschickt, wenn der Einblick in die Datenbank nur Datensatz für Datensatz durch die Eingabefelder erfolgen würde. Schließlich kann in einem Eingabefeld immer nur der Wert eines Feldes innerhalb eines Datensatzes angezeigt werden. Hier wäre eine zusätzliche Tabellenansicht der Übersichtlichkeit nicht abträglich.

Bevor Sie jedoch diese Tabellenansicht einfügen, soll noch ein zusätzliches Feature eingebaut werden. Es wäre günstig, wenn im linken Teil des Formulars die Eingabefelder und der Navigator zu finden wären und der gesamte restliche Teil von der Tabellenansicht belegt werden würde. In diesem Fall kann das Formular zur Laufzeit durch den Benutzer beliebig in der Größe verändert werden, ohne daß ungenützte Flächen im Formular entstehen. Kurzum: Der Platz im Formular könnte immer optimal ausgenutzt werden.

Um einen solchen Effekt in dieser Datenbankanwendung zu erzielen, müssen wir zunächst die Eingabefelder und den Navigator ähnlich einer Symbolleiste zusammenfassen. Hierzu kann, wie im Falle der Symbolleiste, die Komponente *Panel* herangezogen werden.

Da jedoch die schon vorhandenen Komponenten in diesem *Panel* liegen sollen, müssen wir uns eines kleinen Tricks bedienen. Wählen Sie zunächst alle Komponenten des Formulars aus. Hierzu können Sie entweder das Gummiband, welches Sie vom Windows-Desktop kennen, einsetzen oder bei gedrückter ⇧-Taste mit der linken Maustaste in jede Komponente einzeln hineinklicken. Wenn alle Komponenten auf diese Weise ausgewählt sind, das heißt mit grauen Quadraten umgeben sind, wählen Sie im Menü den Befehl *Bearbeiten / Ausschneiden* an. Daraufhin werden die Komponenten in die Zwischenablage verschoben.

Fügen Sie nun die Komponente *Panel* aus dem Register *Standard* ein.

Anschließend müssen Sie diese zusammenfassende Panel-Komponente entsprechend am linken Rand des Formulars festheften beziehungsweise im Formular ausrichten.

Zur Erinnerung: Um eine Komponente im Formular an den linken Rand zu heften, setzen Sie die Eigenschaft *Align* der gewünschten Komponente (im Beispiel *Panel1*) auf *alLeft*.

Klicken Sie nun auf *Bearbeiten / Einfügen*, um die Komponenten nun wieder erneut in das Formular, oder besser gesagt in das *Panel*, einzufügen. (Sie sehen, die Zwischenablage von Windows ist ein sehr nützliches Werkzeug.)

Passen Sie nun noch gegebenenfalls die Breite von *Panel1* so an, daß die Eingabefelder und der Navigator sicher in dieser Panel-Komponente liegen. Ändern Sie bei dieser Gelegenheit die Titel der Label-Komponenten entsprechend Abbildung 11.3, und setzen Sie die Fokuskontrolle auf die jeweiligen Eingabefelder. Außerdem sollten Sie die Eigenschaft *Caption* von *Panel1* auf einen Leerstring setzen. Damit ergibt sich eine Palette zum Bearbeiten der Datenbank.

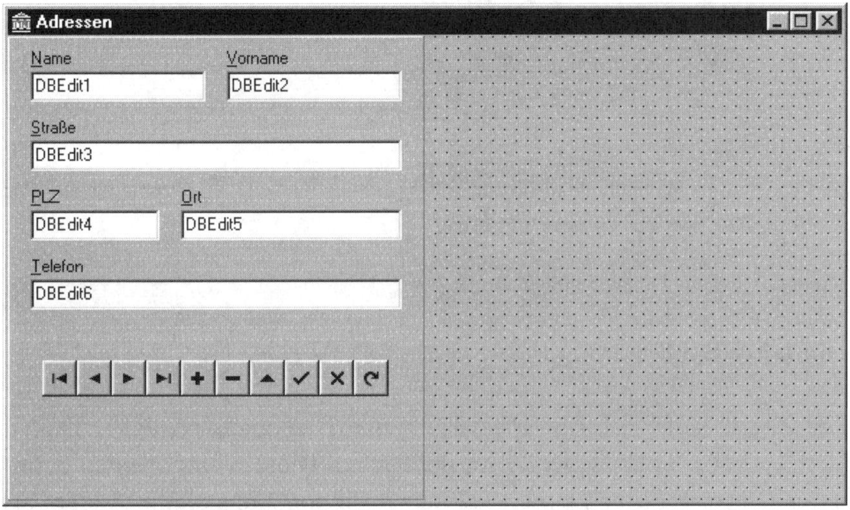

Abb. 11.3: Die Bearbeitungspalette der Datenbank

Nun können Sie die Tabellenansicht einfügen, die einen Überblick über den Inhalt der Datenbank gewährleisten soll.

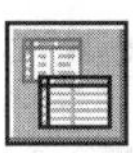

Plazieren Sie die Komponente *DBGrid* in den rechten, noch freien Teil des Formulars, und ändern Sie die Ausrichtung (*Align*) dieses Objektes gleich auf Client-Bereich (*alClient*). Damit wird dieses Objekt zur Laufzeit immer an den noch freien Client-Bereich des Formulars angepaßt.

Damit ergibt sich die Situation von Abb. 11.4.

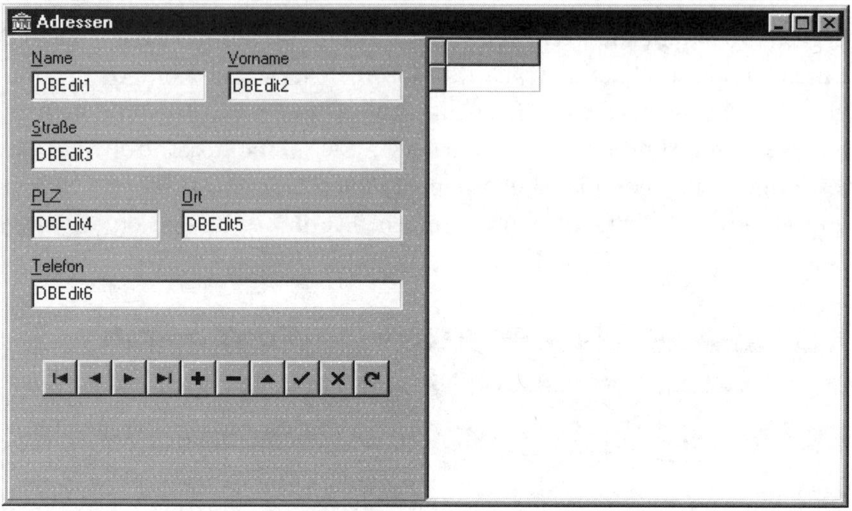

Abb. 11.4: Die Oberfläche der Adreßverwaltung

Der Datenzugriff

Der Zugriff auf die Informationen in einer Datenbank erfolgt in Delphi ebenfalls über entsprechende Komponenten. Diese Komponenten befinden sich im Register *Datenzugriff* der Komponentenpalette. Anders als die Oberflächenkomponenten wie *DBEdit*, *DBNavigator* oder *DBGrid* erscheinen diese Komponenten allerdings nicht im Formular. Sie kapseln einen bestimmten Funktionskomplex, das heißt, sie stellen die Schnittstelle für den Zugriff auf Datenbanken zur Verfügung.

Der Datenbankzugriff läßt sich in Delphi grob in vier Schichten aufteilen:

- Die physikalische Schicht, das heißt die Datenbank auf dem Datenträger
- Die Tabelle

- Die Datenquelle *DataSource*
- Die Zugriffskomponenten wie *DBEdit*

Die Tabelle wird durch die Komponente *Table* repräsentiert. Ein Objekt dieser Komponente stellt die Schnittstelle zur eigentlichen Datenbank, der Datei auf dem Datenträger, her.

Die Komponente *DataSource* dient als Vermittler zwischen dem Tabellenobjekt und den visuellen Zugriffskomponenten wie *DBEdit*, *DBGrid* oder *DBNavigator*. Die schiebt sich quasi zwischen die Datenbank respektive die Tabelle und den Anwender.

Dieses Schichtenmodell sehen Sie in Abbildung 11.5 grafisch veranschaulicht. Die Implementierung des Vorganges sieht zwar wesentlich komplizierter aus, und es finden sich diverse Unterschichten, wie beispielsweise Treiber, die den Zugriff auf die verschiedenen Datenbanktypen (dBase, Paradox, SQL-Server) steuern. Aber als reiner Anwender dieses Modells muß Sie das nicht weiter interessieren. Für unsere Zwecke ist das vereinfachte Modell mehr als ausreichend.

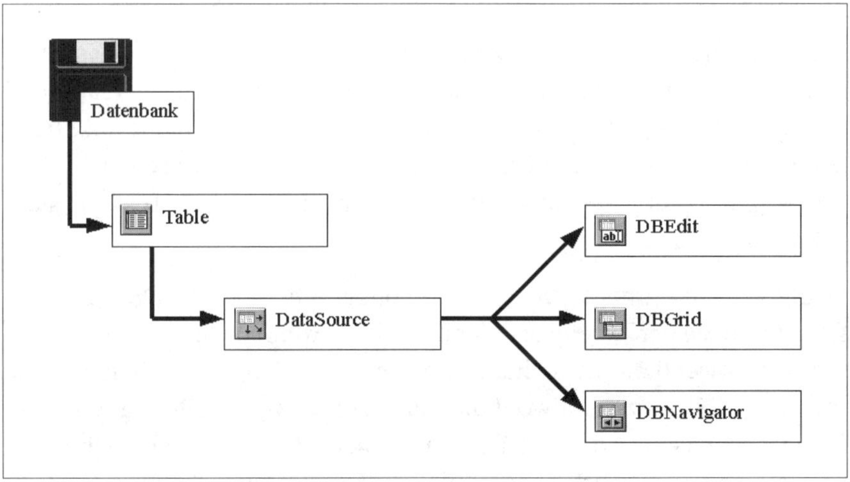

Abb. 11.5: Das Schichtenmodell des Datenbankzugriffs unter Delphi

Um der Adreßverwaltung den Zugriff auf die Datenbank, welche wir etwas später generieren werden, zu ermöglichen, müssen in das Formular die Komponenten des Typs *Table* und *DataSource* hinzugefügt werden.

Fügen Sie die Komponente *Table* irgendwo in das Formular ein. Im Formular erscheint als Resultat ein kleines Quadrat, das die Tabelle symbolisiert.

Nun ist noch ein Objekt des Typs *DataSource* einzufügen. Auch dieses wird durch ein kleines Quadrat im Formular dargestellt.

Bis jetzt sind die einzelnen Komponenten für den Datenbankzugriff nur nutzlose Objekte, da sie noch nicht miteinander verknüpft wurden. Zunächst benötigen wir laut der Grafik in Abbildung 11.5 eine Verbindung zwischen *Table* und *DataSource*. Hierzu ist in der Eigenschaft *DataSet* von *DataSource1* die Tabelle *Table1* einzutragen. Wenn Sie auf den nach unten weisenden Pfeil in der Wertezelle von *DataSet* klicken, erhalten Sie ein Menü, in welchem alle im Formular verfügbaren Tabellen angezeigt werden. Hierdurch können Sie einer Instanz von *DataSource* auf recht komfortable Weise die gewünschte Tabelle zuweisen. Damit ist die erste Verknüpfung zwischen der Tabelle und Datenquelle hergestellt.

Nun sind die Verbindungen zwischen *DataSource1* und den visuellen Zugriffskomponenten, das heißt den Eingabefeldern, dem Navigator und dem DBGrid-Objekt, herzustellen. Die Eigenschaft, die dies ermöglicht, heißt *DataSource*. Tragen Sie deshalb unter dieser Eigenschaft im Objekt-Inspektor für jedes Eingabefeld, den Navigator und die Listenansicht *DataSource1* ein.

Damit sind die grundlegenden Verbindungen hergestellt. Die Verknüpfung zwischen der Tabelle und der Datenbank werden wir später im Codeteil der Anwendung herstellen; also die Verbindung zur Datenbank erfolgt erst zur Laufzeit, obwohl dies auch zur Entwurfszeit möglich wäre. Da jedoch unsere Adressen-Datenbank noch nicht existiert, wäre eine Einstellung zur Entwurfszeit nur mit Schwierigkeiten verbunden. Deshalb verschieben wir die Generierung der Datenbank und die Herstellung der Verbindung zu dieser Datenbank auf die Implementierung des Codes.

Um in den Eingabefeldern die Daten eines Datensatzes bearbeiten zu können, müssen diese Eingabefelder den Feldern der Datenbank zugewiesen werden. Diese Zuweisung erfolgt über die Eigenschaft *DataField*.

Wir wollen diesen Feldern innerhalb der Datenbank dieselben Bezeichnungen wie den Beschriftungen der Label-Objekte geben. Tragen Sie deshalb in die Eigenschaft *DataField* der Eingabefelder im Objekt-Inspektor die Feldbezeichnungen der folgenden Tabelle ein.

Eingabefeld	**Feldbezeichner**
DBEdit1	Name
DBEdit2	Vorname
DBEdit3	Strasse
DBEdit4	PLZ
DBEdit5	Ort
DBEdit6	Telefon

Hinweis: Statt *Strasse* könnten Sie auch *Straße* als Feldbezeichner nehmen, da die Datenbankfunktionen damit zurechtkommen würden. Allerdings wollen wir versuchen, auch zu älteren Datenbanksystemen kompatibel zu bleiben, und einige ältere Vertreter der datenverwaltenden Zunft sträuben sich vehement gegen Umlaute und das ß!

Generieren der Datenbank

Die Daten der Adreßverwaltung werden in einer Datenbank beziehungsweise in einer Tabelle erfaßt. Diese Tabelle wird, sofern sie bereits existiert, beim Start der Anwendung eingelesen. Existiert sie allerdings noch nicht, so muß sie beim Start erzeugt werden. In beiden Fällen muß außerdem das Tabellenobjekt *Table1* initialisiert und aktiviert werden.

Ein geeigneter Platz für diese Operationen ist die Routine zur Behandlung des Ereignisses *OnShow* des Formulars. Dieses Ereignis tritt immer kurz vor dem Darstellen des Formulars auf.

Der Code dieser Routine gliedert sich in drei Teile:

- Initialisieren der Tabelle
- Tabelle generieren, falls sie noch nicht existiert
- Aktivieren der Tabelle

```
procedure TForm1.FormShow(Sender: TObject);

var
  Pfad: String;
begin
  { Tabelle initialisieren }
  GetDir(0,Pfad);
  With Table1 Do
  begin
    DatabaseName := Pfad;
    TableName := 'Adressen.DB';
    TableType := ttParadox;
  end;
  { Tabelle generieren,
  falls sie noch nicht existiert }
  if not FileExists(Pfad+'\Adressen.DB') then
  begin
```

```
    With Table1 Do
    begin
      With FieldDefs Do
      begin
        Clear;
        Add('Nr',ftAutoInc,0,True);
        Add('Name',ftString,30,True);
        Add('Vorname',ftString,30,False);
        Add('Strasse',ftString,40,False);
        Add('PLZ',ftString,5,False);
        Add('Ort',ftString,45,False);
        Add('Telefon',ftString,20,False);
      end;
      CreateTable;
    end;
  end;
  { Tabelle aktivieren }
  Table1.Active := True;
end;
```

Der erste Schritt besteht aus dem Initialisieren der Tabelle *Table1*. In diesem Objekt müssen der Name der Datenbank und der Tabelle sowie der Typ der Tabelle angegeben werden.

Der Name der Datenbank ist in unserem Beispiel schlicht der Pfad beziehungsweise das Verzeichnis, in welchem die Tabelle auf dem Datenträger zu finden ist. Prinzipiell sind hier zwei Arten zum Spezifizieren der Datenbank möglich. Entweder Sie übergeben einen Pfad auf dem Datenträger, wie im Beispiel, oder Sie geben eine spezielle Zeichenfolgenkonstante an, welche den Zugriff auf einen Server, wie beispielsweise IBLOCAL für den lokalen Interbase-Server, bezeichnet. Diese Konstanten hängen jedoch vom Umfeld ab, in welchem Ihr Rechner integriert ist.

Der Aufruf von *GetDir* ermittelt das aktuelle Verzeichnis. Für gewöhnlich ist dieses Verzeichnis nach dem Programmstart der Pfad der Anwendung.

Die Prozedur *GetDir* erwartet zwei Parameter. Der erste Parameter gibt an, von welchem Laufwerk der aktuelle Pfad ermittelt werden soll. Der Wert 0 steht für das aktuelle Laufwerk, 1 für A:, 2 für B: und so weiter. Der zweite Parameter ist eine Referenz auf einen String, in welchem der ermittelte Pfad abgelegt werden soll.

Dieser Pfad wird der Eigenschaft *DatabaseName* zugewiesen und damit der Name der Datenbank spezifiziert. Als Tabellenname wird an *TableName* der Dateiname ADRESSEN.DB übergeben. Die Erweiterung .DB spezifiziert eine Paradox-Tabelle. Aufgrund dessen wird auch der Tabellentyp *TableType* auf das Paradox-Format mittels *ttParadox* eingestellt. Diese drei Eigenschaften *DatabaseName*, *TableName* und *TableType* sind Bestandteil des Tabellenobjekts *Table1* (With-Statement).

Hinweis: Als Tabellentyp können insgesamt drei Formate eingestellt werden – Paradox (*ttParadox*), dBase (*ttDBase*) und ASCII (*ttASCII*), also reiner Text. Eine vierte Möglichkeit besteht durch den Wert *ttDefault*. Ist dieser Wert eingestellt, so ermittelt das Tabellenobjekt selbständig, welches der drei Formate vorliegt.

Erfolgt der Zugriff auf einen SQL-Server oder per ODBC, so ist der hier eingestellte Wert nicht relevant, da er ignoriert wird, weil der Server das Format der Daten vorschreibt.

Achtung: Um das Tabellenformat durch eine Zuweisung an *TableType* zu ändern, muß die Tabelle geschlossen, beziehungsweise deaktiviert sein!

Der folgende Schritt dient zum Erzeugen der Tabelle, falls sie noch nicht existiert. Die Ausführung der Anweisungen ist von der Bedingung im If-Konstrukt abhängig. Der Anweisungsblock des If-Statements wird dann ausgeführt, wenn die Tabelle unter dem angegeben Dateinamen, welcher sich aus dem aktuellen Pfad und dem Dateinamen zusammensetzt, nicht existiert.

Der erste Schritt innerhalb der Anweisungsblöcke ist das Definieren der Felder der Tabelle. Diese Felder werden durch die Eigenschaft *FieldDefs* von *Table1* beschrieben. Diese Eigenschaft ist eine Instanz der Klasse *TFieldDefs*, welche im Prinzip ein Array darstellt. Dieses Array ist jedoch nicht starr und fest durch das Schlüsselwort *array* deklariert worden, sondern stellt ein dynamisch verwaltetes Feld dar. Dynamisch bedeutet in diesem Fall, daß dem Array Elemente hinzugefügt und entfernt werden können, es sich also in der Größe ändern kann. Eine ähnliche Art ist die Klasse *TStrings*, von welcher auch die Eigenschaft *Lines* eines Memofeldes eine Instanz bildet.

Zunächst wird durch den Aufruf der Methode *Clear* der Klasse *TFieldDefs* das Array in *FieldDefs* geleert, das heißt, alle eventuell vorhanden Elemente werden gelöscht.

Hinweis: Der Aufruf von *Clear* ist hier nicht unbedingt nötig, da *Table1* ohnehin noch nicht verwendet wurde und infolgedessen noch nicht mit Beschreibungen einer anderen Tabelle gefüllt wurde. Allerdings sollten Sie diesen Aufruf auf keinen Fall vergessen, wenn Sie später mit mehreren Tabellen arbeiten, da Sie sonst Definitionen einer vorhergehenden Tabelle in eine neue hineinschreiben könnten.

Nachdem nun absolut sichergestellt wurde, daß keine Einträge in *FieldDefs* existieren, können die Felder der Tabelle beschrieben werden. Dies geschieht durch die Methode *Add* der Klasse *TFieldDefs*. *Add* erwartet vier Parameter. Im ersten wird als String die Bezeichnung der Felder übergeben. Der zweite Parameter dient der Spezifikation des Datentyps des Feldes, zum Beispiel *String* oder *Integer*.

Der dritte Parameter ist vom zweiten Parameter abhängig und nur im Zusammenhang mit einigen Datentypen relevant. Durch diesen Parameter wird die maximale Datenlänge des Feldes übergeben. Bestes Beispiel hierfür sind Strings, bei denen angegeben werden muß, wie lang sie maximal sein dürfen, da hier kein Standardwert vorgegeben werden kann.

Bei Zahlen, wie beispielsweise Integers, ist die Datenlänge vorgegeben, da hier ein bestimmter Zahlenbereich innerhalb eines bestimmten Byte-Bereichs gespeichert werden kann. Wenn die Länge durch den Datentyp bereits vorgegeben wird, ist in diesem Parameter der Wert *null* zu übergeben.

Der vierte Parameter ist ein boolescher Wert, der angibt, ob die Daten in diesem Feld unbedingt benötigt werden, also ob in diesem Feld auf jeden Fall Daten angegeben werden müssen. In unserer Adreßverwaltung ist zum Beispiel der Name einer Person unbedingt anzugeben, da dieser den im Datensatz gespeicherten Informationen Sinn gibt. Denn eine gespeicherte Adresse oder Telefonnummer hätte keinen Wert, wenn nicht bekannt wäre, zu welcher Person diese Information gehört. Für den Namen muß demnach der Wert *True* übergeben werden. Die Telefonnummer hingegen ist nicht unbedingt erforderlich, denn wenn Sie nur die Adresse einer Person kennen, aber nicht die Telefonnummer, könnten Sie immerhin diese Adresse speichern. Hier ist also der Wert *False* für nicht unbedingt erforderlich zu übergeben.

Die folgenden Aufrufe von *Add* erzeugen die Felder. Hierbei werden die Felder, die über die Eingabefelder bearbeitet werden sollen, durchweg als Strings definiert. Hierfür existiert die vordefinierte Konstante *ftString*. Die Länge schwankt je nach Information. Das Feld *Nr* nimmt hierbei eine Sonderstellung ein. Dieses Feld kann nicht über die Eingabefelder des Formulars verändert werden und ist vom Typ *ftAutoInc*. Dieser Typ bezeichnet einen numerischen Wert, der automatisch hochgezählt wird; sprich jeder Datensatz erhält eine eigene Nummer. Wenn Sie später einen Datensatz der Tabelle hinzufügen, wird diesem vom Datenbanksystem automatisch eine eindeutige Nummer gegeben. Die Datenlänge wird, da es sich um einen numerischen Wert handelt, auf null gesetzt. Durch den vierten Parameter werden lediglich das Feld *Nr* und *Name* als unbedingt benötigt erklärt. Diese beiden Daten stellen sozusagen das Informationsminimum eines Datensatzes dar.

Hinweis: Delphi definiert noch eine Vielzahl weiterer Datentypen für Felder einer Tabelle. Diese finden Sie in der Online-Hilfe unter dem Stichwort *TFieldType*.

Nachdem auf diese Weise die Felder der Tabelle definiert wurden, kann die Tabelle auf dem Datenträger erstellt werden. Dies geschieht durch den Aufruf der Methode *CreateTable* von *Table1*.

Nun muß nur noch im dritten und letzen Schritt die Tabelle aktiviert und damit für den Zugriff geöffnet werden. Dies geschieht durch die Zuweisung des Wertes *True* an die Eigenschaft *Active* der Tabelle *Table1*.

Hinweis: Wenn Sie einmal eine Tabelle schließen wollen, übergeben Sie einfach den Wert *False* an die Eigenschaft *Active* der entsprechenden Tabelle.

Testlauf

Nach dem Start der Anwendung wird auf dem Datenträger die Datenbank angelegt. Danach können Sie Informationen in die Datenbank eingeben, wobei Sie mit dem Navigator und der Tabellenansicht die Datenbank steuern können. Einen Überblick über den Navigator vermittelt Ihnen dabei Abb. 11.6. Experimentieren Sie mit diesen Schaltflächen und der Tabellenansicht.

Falls Sie einmal versuchen, einen Datensatz einzugeben, der im Feld *Name* keinen Eintrag enthält, so aktiviert sich zuerst der Debugger und meldet, daß eine Exception aufgetreten ist. Wenn Sie danach die Ausführung fortsetzen, erscheint eine Fehlermeldung, daß im Feld *Name* ein Eintrag zu erfolgen hat. Der fehlerhafte Datensatz wird in diesem Fall selbstverständlich nicht in die Datenbank aufgenommen!

Sie sehen, daß es in Delphi mit vergleichsweise wenig Aufwand möglich ist, eine professionelle Datenbankapplikation zu programmieren.

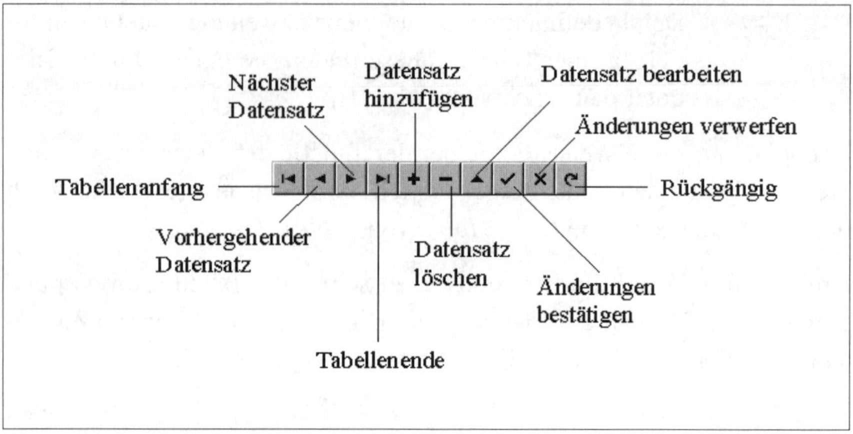

Abb. 11.6: Übersicht über den Navigator

11.3 Suchen von Datensätzen

Zunächst benötigen wir zur Spezifikation der Suchkriterien eine erweiterte Oberfläche. In diesem Beispiel soll es aus Gründen der Überschaubarkeit genügen, lediglich nach dem Namen einer Person in der Datenbank zu suchen. Hierfür wird lediglich ein Eingabefeld benötigt.

Fügen Sie hierzu ein einfaches Eingabefeld aus dem Register *Standard* der Komponentenpalette unterhalb des Datenbanknavigators ein, und setzen Sie darüber ein Label-Objekt. Beachten Sie hierbei unbedingt, daß Sie ein normales Eingabefeld und kein Datenbankeingabefeld verwenden, also die Komponente *Edit* und nicht *DBEdit*! Es soll hier schließlich nur ein Such-String eingegeben werden und kein Feld eines Datensatzes modifiziert werden.

Das Resultat dieser Erweiterung sehen Sie in Abb. 11.7, wobei Sie auch die neuen Elemente laut dieser Abbildung modifizieren sollten. (Vergessen Sie nicht das Setzen von *FocusControl* des Label-Objektes auf *Edit1*.)

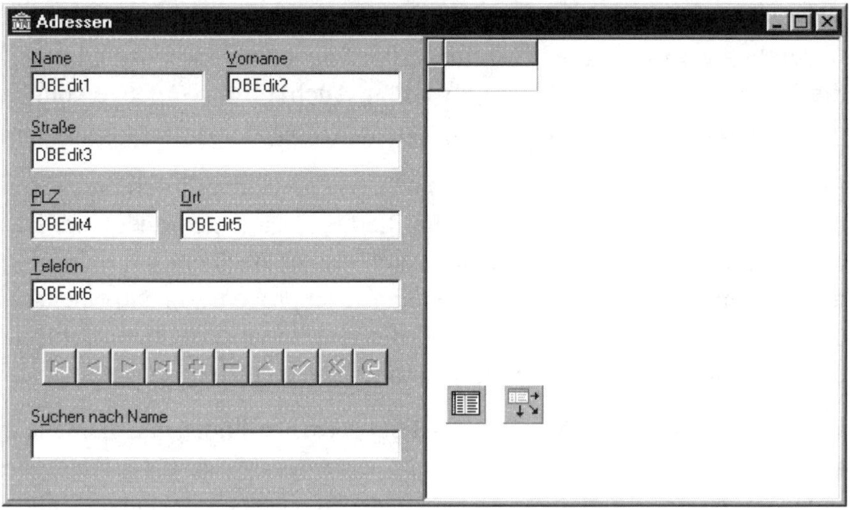

Abb. 11.7: Die erweiterte Oberfläche mit den Elementen der Suchfunktion

Erzeugen von Indizes

Bislang enthält unsere Datenbank lediglich die Tabelle ADRESSEN.DB. Zum Suchen benötigt jedoch diese Datenbank auch entsprechende Indizes. Diese müssen wie die Tabelle, sofern sie nicht schon existieren, beim Start der Applikation erzeugt werden.

Nun stellt sich die Frage: Was ist ein Index und wozu benötigt man einen solchen überhaupt?

Die Datensätze sind für gewöhnlich in einer Tabelle so gespeichert, wie sie vom Benutzer eingegeben wurden. Das Suchen nach einer bestimmten Information aufgrund eines Suchschlüssels, wie zum Beispiel das Suchen nach einer Adresse eines Mitarbeiters aufgrund seines Namens, erfordert das Durchsuchen des gesamten Datenbestandes. Dieses Verfahren erfordert zwangsläufig sehr viel Zeit.

Werden nun bestimmte Spalten der Tabelle indiziert, so können darauf wesentlich effizientere Algorithmen zum Suchen angewandt und damit die Suche erheblich beschleunigt werden. Auch Sortiervorgänge können durch Indizieren der Felder im Zeitverhalten drastisch verbessert werden.

Im wesentlichen beruht diese Eigenschaft darauf, daß durch den Index ein Verzeichnis existiert, in welchem die Datensätze geordnet sind. Dadurch muß nicht mehr der gesamte Datenbestand nach einer Information durchkämmt werden, sondern es genügen Stichproben. Anhand einer solchen Stichprobe wird entschieden, ob die gesuchte Information, wenn sie denn überhaupt existiert, weiter oben oder unten zu finden ist.

Daß das Sortieren beschleunigt wird, liegt darin begründet, daß nicht mehr alle Datensätze beim Sortieren bewegt werden müssen. Es genügt, den Index zu sortieren, und dieser besteht aus weitaus weniger Daten, denn es wird lediglich das Feld und ein Verweis auf den Datensatz gespeichert (Abb. 11.8).

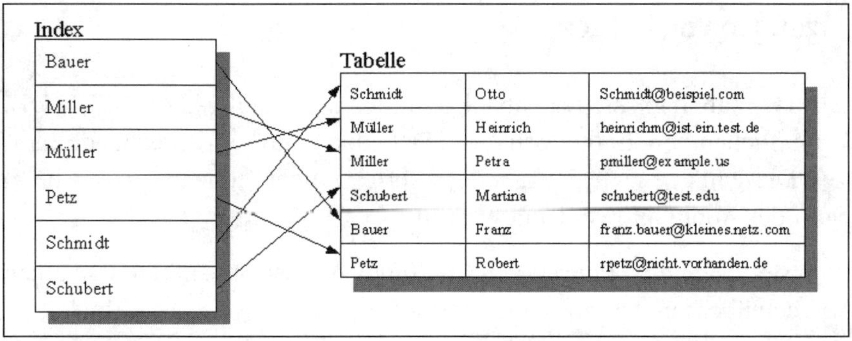

Abb. 11.8: Eine Tabelle und ihr Index

Unsere Datenbank haben wir im Paradox-Format erstellt. Nun unterscheidet Paradox zwei Arten von Indizes – *Primär-* und *Sekundärindizes*.

Jede Paradox-Tabelle kann nur einen Primärindex besitzen. Dieser Primär- oder Hauptindex stellt die Standardsortierordnung dar. Die Werte der Felder, auf die sich dieser Index bezieht, müssen eindeutig sein, das heißt, jeder Wert darf nur einmal vorkommen.

Ein Sekundärindex ist ein zusätzlicher Index. Jede Paradox-Tabelle kann mehrere Sekundärindizes beinhalten. Die Definition dieser Indizes ist sehr flexibel und frei gehalten. Sekundärindizes müssen beispielsweise nicht eindeutig sein. Es können mehrere Felder angegeben werden, die indiziert werden sollen. Diese Indizes mit mehr als einem indizierten Feld nennt man zusammengesetzte Indizes. Ein Beispiel hierfür wäre zum Beispiel der Index mit dem Hauptfeld *Name* und dem Subfeld *Vorname*. Dieser Index ordnet die Datensätze demnach zuerst nach dem Nachnamen und dann nach dem Vornamen.

Nun zurück zur Praxis. Diese Indizes müssen nach der Definition der Felder der Tabelle und vor dem Erzeugen der selben festgelegt werden. In unserem Fall bedeutet dies, daß die Indizes direkt vor dem Aufruf von *CreateTable* in der Ereignisbehandlungsroutine von *OnShow* des Formulars angelegt werden müssen.

Der eingeschobene Teil kann folgendes Aussehen annehmen:

```
With IndexDefs Do
begin
  Clear;
  Add('Nr','Nr',[ixPrimary, ixUnique]);
  Add('Name','Name',[]);
end;
CreateTable;
```

Die Eigenschaft *IndexDefs* von *Table1* ist eine Instanz der Klasse *TIndexDefs* und beinhaltet ein Feld mit den Indizes. Diese Klasse basiert wiederum auf einem ähnlichen Konzept wie *TFieldDefs* oder *TStrings*.

Über den Aufruf von *Clear* werden alle bereits definierten Indizes gelöscht. Dieser Aufruf ist hier wiederum nicht unbedingt nötig, aber Sie sollten sich ihn sicherheitshalber angewöhnen und immer einsetzen.

Durch die Methode *Add* können Indizes zu *IndexDefs* hinzugefügt werden. Im ersten Parameter wird der Name des neuen Index festgelegt. Der zweite gibt das Feld oder die Felder an, das oder die indiziert werden sollen. Der letzte Parameter gibt die Optionen des Index an.

Im Beispiel werden zwei Indizes angelegt und diese jeweils nach den Feldern benannt, auf die indiziert werden soll.

Der Index *Nr* fungiert als Hauptindex der Datenbank und arbeitet über das automatisch hochgezählte Feld *Nr*. Als Optionen werden *ixPrimary* für Hauptindex und *ixUnique* für eindeutige Werte übergeben.

Der Index *Name* ist ein Sekundärindex und bezieht sich auf das gleichnamige Feld. Es sind keine Optionen gesetzt (leere Menge[]).

Hier eine kleine Aufstellung der möglichen Optionen:

Konstante	**Beschreibung**
ixPrimary	Hauptindex
ixUnique	eindeutige Werte, kein doppeltes Vorkommen
ixDescending	absteigende Reihenfolge
ixNonMaintained	nicht unterstützt; bedeutet konkret, daß die Datenbank den Sekundärindex automatisch anpaßt und damit einige Operationen (z. B. Abfragen) beschleunigt.
ixCaseInsensitive	Groß/Kleinschreibung berücksichtigen (wird von dBase-Files nicht unterstützt)

Suchen in der Tabelle

Wenn Sie bereits mit dem Index der Windows-Hilfe gearbeitet haben, werden Sie bemerkt haben, daß simultan zu Ihrer Eingabe der am ehesten zum bisher eingegebenen Suchtext passende Begriff im Listenfeld ausgewählt wurde. Einen ähnlichen Effekt kann man auch in die kleine Adreßverwaltung implementieren; sprich zeitgleich zur Eingabe im Suchtextfeld wird der passende Datensatz in der Tabellenansicht ausgewählt.

Zeitgleich zur Eingabe im Suchtextfeld deutet bereits auf das Ereignis hin, welches ausgewertet werden muß, um den Effekt zu erzielen. Eine Eingabe im Suchtextfeld bedeutet eine Änderung des Eingabefeldes, und das hierfür zuständige Ereignis ist *OnChange*, welches Sie schon beim Texteditor kennengelernt haben.

Sowie eine Änderung in *Edit1* eintritt, soll in der Tabelle der Datensatz ausgewählt werden, dessen Eintrag im Feld *Name* am ehesten auf den Suchtext paßt. Die hierfür nötige Auswertung kann durch die Methode *FindNearest* von *Table1* vorgenommen werden. Hieraus resultiert für das Ereignis *OnChange* des Eingabefeldes *Edit1* folgender Quelltext:

```
procedure TForm1.Edit1Change(Sender: TObject);
begin
  With Table1 Do
  begin
    IndexName := 'Name';
    SetKey;
    FieldByName('Name').AsString := Edit1.Text;
    GotoNearest;
  end;
end;
```

Zunächst muß der Index angegeben werden, der für die Suche verwendet werden soll, denn eine Tabelle kann bekanntlich mehrere Indizes enthalten. Dies geschieht über die Eigenschaft *IndexName* des Tabellenobjektes im Beispiel *Table1*. Da wir nach einem Namen suchen wollen, übergeben wird als Index 'Name'.

Hinweis: Die Zeichenkette 'Name' bezieht sich nicht auf das Feld *Name*, sondern auf den Index, den wir ebenfalls *Name* genannt haben!

Die folgende Methode *SetKey* von *Table1* versetzt die Tabelle in den Suchmodus, wobei sämtliche vorhergehenden Suchdefinitionen verworfen werden.

Der nächste Ausdruck ist etwas komplizierter. Der erste Teil ist der Aufruf der Methode *FieldByName* von *Table1*. Diese Methode erwartet als Parameter einen String mit dem Namen des Feldes, das ermittelt werden soll. Aus dieser Information generiert diese Funktion ein Objekt des Typs *TField*, über welches das entsprechende Feld der Tabelle angesprochen werden kann. An dieses zurückgegebene Objekt können dann die Suchkriterien für das jeweilige Feld übergeben werden.

AsString ist eine Eigenschaft der Klasse *TField* und bedeutet, daß der Inhalt des durch das Objekt angesprochene Feldes als String aufgefaßt werden soll. An diese Eigenschaft wird einfach der Such-String übergeben, der im Falle des Beispiels durch den Inhalt des Eingabefeldes *Edit1* repräsentiert wird.

Durch diesen Ausdruck wird demnach das Suchkriterium angegeben.

Falls eine Variable *Feld* vom Typ *TField* im Deklarationsteil der Ereignisbehandlungsroutine vereinbart worden wäre, könnte man diesen komplexen Ausdruck auch in zwei Einzelanweisungen aufspalten, wodurch der Sachverhalt eventuell etwas klarer dargestellt werden würde.

```
...
Feld := FieldByName('Name');
Feld.AsString := Edit1.Text;
...
```

Hinweis: In *TField* existieren auch Eigenschaften, um in einem Feld nach anderen Datentypen als Strings zu suchen, zum Beispiel *AsInteger,* um nach Integer oder *AsFloat,* um nach

Fließkommazahlen zu suchen. Genauere Hinweise enthält die Online-Hilfe von Delphi 3 unter dem Stichwort *TField*.

Hinweis: Sie können als Suchkriterien lediglich Felder verwenden, die Sie im zur Suche angegeben Index indiziert haben. Sie können also nicht den Index Name verwenden, um nach einer bestimmten Information im Feld *Vorname* zu suchen!

Nachdem hiermit festgelegt wurde, daß nach dem Suchtext im Feld *Name* gesucht werden soll, kann nun die Suche als solche erfolgen. *GotoNearest* ist eine Methode von *Table1*, welche nach den spezifizierten Kriterien die Tabelle durchsucht und im Falle einer Fundstelle den Satzzeiger auf den gefunden Datensatz positioniert.

Der Satzzeiger zeigt immer auf den aktuell ausgewählten Datensatz. In der Adreßverwaltung ist dies der Datensatz, der durch die Datenbankeingabefelder bearbeitet werden kann und in diesen angezeigt wird.

Sobald der Text in *Edit1* geändert wird, wird die obige Routine ausgeführt. Diese Routine sucht den zum Suchtext am ehesten passenden Datensatz und positioniert im Falle eines gefundenen Datensatzes den Satzzeiger auf diesen Datensatz. Das heißt, dieser Datensatz wird in den Eingabefeldern zur Bearbeitung zur Verfügung gestellt und in der Tabellenansicht markiert.

Hinweis: Zur Suche in Tabellen stellt Delphi eine Reihe von Methoden und Objekten zur Verfügung. Lesen Sie hierzu beispielsweise die Beschreibung zu *TTable* und deren Methoden *EditKey*, *FindKey*, *FindNearest* und *GotoKey* in der Online-Hilfe.

Achtung: Bevor Sie die Anwendung starten, müssen Sie die Dateien ADRESSEN.DB und ADRESSEN.VAL mit Hilfe des Explorers löschen. Diese Dateien stellen die Datenbank ohne Indizes aus dem letzten Abschnitt dar.

Wenn Sie diese Dateien nicht löschen, würde beim Start der Applikation unsere Adreßverwaltung feststellen, daß die Tabelle respektive Datenbank in Form von ADRESSEN.DB schon existiert und diese nicht erzeugen. Dadurch würde zwar die Tabelle, jedoch nicht die Indizes existieren. Somit würde es beim Starten des Suchvorganges aufgrund des nicht existierenden Index zu einem Laufzeitfehler kommen. Deshalb ist es unbedingt erforderlich, daß die Datenbank beim Start der Anwendung noch nicht existiert und somit von dieser generiert wird.

11.4 Sortieren einer Tabelle

Wird eine Tabelle geöffnet, so werden die Datensätze in der Reihenfolge belassen, in der sie gespeichert wurden. Die einzige Ausnahme ist, wenn ein Primärindex definiert ist. In diesem Fall werden die Datensätze nach diesem geordnet.

Nun ist es nicht immer sinnvoll, beispielsweise in einer Tabellenansicht, die Sortierfolge immer in dieser Standardeinstellung zu belassen. Je nachdem, welche Informationen benötigt werden, ist es notwendig (oder zumindest komfortabel), die Sortierordnung zu ändern.

Hierzu muß schlicht ein anderer Index angegeben werden, nach welchem die Sortierung ab sofort erfolgen soll. Dieser Index muß allerdings existieren. Sie können aber jederzeit neue Indizes definieren.

Doch zuerst zur Änderung des Index. Normalerweise liegen Tabellen als Objekte der Klasse *TTable* vor. In diesen Tabellenobjekten existiert die Eigenschaft *IndexName*, die Sie schon bei der Suche kennengelernt haben. Über diese Eigenschaft kann durch einfache Zuweisung eines Strings der Index, nach welchem sortiert werden soll, geändert werden.

Um beispielsweise in der Adreßverwaltung nach dem Namen zu sortieren, müssen Sie lediglich

```
Table1.IndexName := 'Name';
```

schreiben.

Wenn Sie zu einer bereits bestehenden Tabelle einen neuen Index hinzufügen wollen, können Sie hierfür die Methode *AddIndex* des Tabellenobjektes verwenden. Die Parameter sind identisch mit denen der Routine *Add* von *IndexDefs* des Tabellenobjektes.

Um beispielsweise einen zusammengesetzen Index zu generieren, welcher zuerst nach dem Namen und anschließend nach dem Vornamen sortiert, müßten Sie lediglich

```
Table1.AddIndex('NameVor','Name;Vorname',[]);
```

angeben. Die Felder werden im zweiten Parameter durch Semikola getrennt. Diese Möglichkeit ist auch in der Routine *Add* von *IndexDefs* des Tabellenobjektes gegeben.

Hinweis: Einen sehr komfortablen Zugriff auf Datenbanken erhalten Sie durch die Abfragesprache SQL, welche in Delphi nicht nur für die speziellen SQL-Server, sondern auch für dBase und Paradox verfügbar ist. Da es sich hierbei jedoch um eine eigene Programmiersprache handelt, die zwar nur wenige Anweisungen enthält, soll und kann an dieser Stelle nicht weiter darauf eingegangen werden.

11.5 Zusammenfassung und Aufgaben

Zusammenfassung

- Datenbanken bestehen aus Datensätzen, welche in Tabellen zusammengefaßt werden. Diese Datensätze können durch Indizes geordnet werden. Die einzelnen Datensätze werden wiederum durch Felder unterteilt.
- Delphi stellt zum Zugriff auf die Informationen in den Datensätzen spezielle Komponenten zur Oberflächengestaltung bereit.
- Der Datenbankzugriff in Delphi besteht aus drei Schichten:
  - Tabelle in Form einer Instanz von *TTable*
  - Datenquelle repräsentiert durch eine Instanz von *TDataSource*
  - Die visuellen Komponenten zum Zugriff auf die Daten
- Durch die Komponente *DBNavigator* kann durch geringen Aufwand die Steuerung der Datenbank implementiert werden.
- Eine Datenbank kann durch die Eigenschaft *FieldDefs* des Tabellenobjektes und deren Methode *Add* definiert werden.
- Die Indizes einer Datenbank können durch die Eigenschaft *IndexDefs* des Tabellenobjektes und deren Methode *Add* definiert werden.
- Durch den Aufruf von *CreateTable* des Tabellenobjektes wird die Tabelle erzeugt.
- Nachträglich können Indizes durch die Methode *AddIndex* des Tabellenobjektes erzeugt werden.

- ➛ Durch die Methode *SetKey* wird das Tabellenobjekt in den Suchmodus versetzt.
- ➛ Durch *FieldByName* und die diversen Methoden der Klasse *TField* können die Suchkriterien festgelegt werden.
- ➛ Methoden wie *GotoKey*, *GotoNearest*, *FindKey* und *FindNearest* starten den Suchvorgang.
- ➛ Vor dem Suchgang muß der Index angegeben werden, durch welchen die Suche erfolgen soll. Dieser Index wird durch einfache Zuweisung eines Strings an die Eigenschaft *IndexName* des Tabellenobjektes festgelegt.
- ➛ Durch die Zuweisung eines Strings mit dem Namen eines Index an die Eigenschaft *IndexName* des Tabellenobjektes kann auch die Sortierordnung geändert werden.

Aufgaben

1. Geben Sie den Quelltext an, welcher die folgende Tabelle erzeugt:

   a) Name mit 40 Zeichen

   b) Vorname mit 40 Zeichen

   c) EMail mit 45 Zeichen

   Name und EMail sollen hierbei unbedingt erforderlich, also mit Daten gefüllt sein.

   Das Tabellenobjekt heißt *Table2*, und die Datei, in welcher die Tabelle gespeichert werden soll, nennt sich 'E-MAIL-ADRESSEN.DB' und ist im Paradox-Format anzulegen.

Das Verzeichnis beziehungsweise der Datenbankname ist C:\E-MAIL-ADMINISTRATION.

2. Geben Sie den Aufruf von *AddIndex* für *Table2* an, der einen Index namens *NameVornameEMail* generiert, welcher zunächst nach Name, dann nach Vorname und zuletzt nach der E-Mail-Adresse ordnet. Der Index ist hierbei sekundär und besitzt keine weiteren Optionen.

3. Erklären Sie den folgenden Code:

```
Table3.IndexName := 'Artikel';
Table3.SetKey;
Table3.FieldByName('Artikel').AsString :=
   'FX 505';
Table3.GotoKey;
```

Falls Sie noch nicht wissen sollten, was *GotoKey* bewirkt, konsultieren Sie die Online-Hilfe.

Lösungen

Lösungen zu Kapitel 1

1. Die Tastenkombination [Alt]+[F4] beendet eine Windows-Anwendung.
2. Um das Zubehörprogramm *Rechner* zu starten, sind folgende Schritte auszuführen:
   - ➛ Klicken Sie auf die *Start*-Schaltfläche.
   - ➛ Zeigen Sie auf *Programme*.
   - ➛ Zeigen Sie auf *Zubehör*.
   - ➛ Klicken Sie auf *Rechner*.
3. Es gibt vier Wege, dieses Programm zu beenden:
   - ➛ Die Schließen-Schaltfläche
   - ➛ Die Tastenkombination [Alt]+[F4]
   - ➛ Der Befehl *Schließen* des Kontextmenüs des Titelbalkens
   - ➛ Den Eintrag *Schließen* im Systemmenü

Lösungen zu Kapitel 2

1. Der eine Weg führt über *Datei / Öffnen* und anschließender Spezifikation der Projektdatei im Dialogfeld. Ein weiterer Weg führt über den Schalter *Projekt öffnen* in der Symbolleiste und der Angabe der Projektdatei im sich öffnenden Dialogfeld. Der letzte Weg geht über *Datei / Neu*.

2. Position ändern: Klicken Sie mit der linken Maustaste in das Element, welches Sie verschieben wollen, und halten Sie die Taste gedrückt. Verschieben Sie das Element in die gewünschte Lage, und lassen Sie die Maustaste los.

   Größe verändern: Klicken Sie mit der linken Maustaste in die gewünschte Komponente. Gehen Sie mit dem Mauszeiger auf den jeweiligen schwarzen Würfel, klicken Sie mit der linken Maustaste, halten Sie diese gedrückt, und ziehen Sie das Element auf die gewünschte Größe.

3. Speichern Sie das Projekt durch *Datei / Alles speichern* oder durch den entsprechenden Schalter der Symbolleiste. Verwenden Sie *Start / Start* der Menüleiste oder das Äquivalent der Symbolleiste, um das Programm auszuführen.

4. Starten Sie den Explorer über die Start-Schaltfläche (*Start / Programme / Windows-Explorer*). Wechseln Sie im linken Listenfeld in das Verzeichnis, in dem Sie die Beispielanwendung abgespeichert haben. Suchen Sie die Anwendung *HalloWelt*, und starten Sie diese durch Doppelklick.

5. Die Lösungen sind:

   a) [A-ZÄÜÖ][a-zäöü]+
   b) [0-9][0-9][0-9]
   c) [A-Z][A-Z][A-Z]-[a-dX]\..

Lösungen zu Kapitel 3

1. Zur Erweiterung von *RadioGroup1* sind folgende Schritte nötig:

   ➤ Wählen Sie *RadioGroup1* aus.

   ➤ Öffnen Sie für die Eigenschaft *Items* im Objektinspektor den Stringlisten-Editor.

➛ Fügen Sie die Zeilen für die neuen Radioschaltflächen an, so daß sich im Stringlisten-Editor folgende Situation ergibt:

... &gut

... &schlecht

... &mittelmäßig

... &hervorragend

➛ Klicken Sie auf *OK*.

➛ Vergrößern Sie das Formular und *RadioGroup1*, um die Radioschaltflächen zu entzerren.

2. Für die neuen Schalter vergibt Delphi die Indexwerte 2 und 3. Diese werden durch das folgende verschachtelte if-Konstrukt abgefragt.

```
If RadioGroup1.ItemIndex = 0 Then
  GrussText := GrussText+
    'Das freut mich, daß es Ihnen gut geht!'
Else If RadioGroup1.ItemIndex = 1 Then
  GrussText := GrussText+
    'Tut mir leid, daß es Ihnen schlecht geht!'
Else If RadioGroup1.ItemIndex = 2 Then
  GrussText := GrussText+
    'Das klingt aber bedrückend...'
Else
  GrussText := GrussText+
    'Lassen Sie sich Ihre hervoragende Stimmung nicht
vermiesen!';
```

Ihr Code kann etwas anders aussehen, doch wenn er unter Delphi funktioniert, ist alles in Ordnung. Hier wird *else* mit dem *ItemIndex* 3 gleichgesetzt, allerdings ist auch jeder andere Wert hierfür denkbar!

3. Die Bezeichner *s1* und *s2* werden als String-Variablen deklariert.

4. Die Anweisung lautet:

```
   MessageDlg('Die Datei wurde geändert. Wollen Sie sie
speichern?', mtConfirmation, [mbYes, mbNo, mbCancel],0);
```

   Als Meldungsart ist *mtConfirmation* zu setzen, da es sich bei dieser Art der Meldung eindeutig um eine Bestätigung respektive Frage handelt.

5. Deklaration der Variable für den Rückgabewert:

```
Var
  Rueckgabe: Word;
```

   Der Algorithmus:

```
Rueckgabe := MessageDlg('Die Datei wurde geändert. Wollen
Sie sie speichern?', mtConfirmation, [mbYes, mbNo,
mbCancel],0);
If Rueckgabe = mrYes Then Speichern
Else If Rueckgabe = mrCancel Then Abbruch;
```

Lösungen zu Kapitel 4

1. Durch die Tabulatorreihenfolge wird angegeben, in welcher Reihenfolge die Komponenten durch die Taste [Tab] fokussiert werden können. Das Element, welches als erstes in dieser Folge angegeben ist, ist zudem das voreingestelle beim Öffnen des Formulars zur Laufzeit.

2. Die letzte Statusleistentafel der Statuszeile erhält grundsätzlich den gesamten verbleibenden Platz. Jedoch sollte die Statusleistentafel mit der Angabe des Änderungsstatus klar abgegrenzt sein. Infolgedessen muß ein weiteres Bedienfeld definiert werden, das nun den gesamten

Rest der Statuszeile belegen soll. Die Abgrenzung ist somit gegeben, da nun das erste Bedienfeld nicht mehr das letzte ist.

3. Sie bewirkt, daß der in *Hint* definierte Hilfetext über ein gelbes Schildchen (= Tool-Tip) ausgeben wird, sobald der Mauszeiger eine gewisse Weile auf der Komponente ruht.

4. Nein, es ist nicht sinnvoll, denn wenn ein Wortumbruch am Ende des sichtbaren Bereichs erfolgt, ist der horizontale Rollbalken nur Dekoration. Durch diesen Rollbalken würde nie ein Bereich gerollt werden, da niemals der Text den sichtbaren Bereich verlassen würde, da vorher ein Umbruch erfolgt.

Lösungen zu Kapitel 5

1. Der Block muß wie folgt aufgebaut sein:

```
try
  TesteMich;
except
  on EAbort do
    MessageDlg('Die Operation wurde abgeborchen!',
      mtInformation, [mbOK],0);
end;
```

2. Das Schlüsselwort *interface* leitet die Schnittstellendefinition ein. Hier werden alle Elemente (Routinen, Variablen, Objekte etc.) der Unit angegeben, auf die von »außen« zugegriffen werden kann. Diese Elemente sind in einer anderen Unit verfügbar, wenn diese die Unit per *uses* einbindet.

   Das Schlüsselwort *implementation* zeigt den Beginn der Implementierung an. Hier werden die in der Schnittstelle angegebenen Teile programmiert. Des weiteren können hier auch Unit-interne Routinen,

Variablen und Objekte definiert werden, die nur innerhalb der Unit (lokal) zur Verfügung stehen.

3. Der Inhalt der Datei C:\AUTOEXEC.BAT wird in den Textpuffer des Memofeldes *Memo1* geladen. *Lines* ist ein Objekt innerhalb von *Memo1*, welches die Zeilen innerhalb des Memofeldes verwaltet. Über die Routine *LoadFromFile* dieses Objektes kann der Inhalt einer Datei in die Strings der Zeilen übertragen werden.

4. Die Eigenschaft *Caption* liegt im Gültigkeitsbereich des Objektes *Form1*. Da eine Ereignisbehandlungsroutine von *Form1* bereits in diesem Gültigkeitsbereich liegt, müssen die Elemente von *Form1* hier nicht explizit als solche ausgewiesen werden.

5. Die case-Anweisung lautet:

```
case n of
  0: begin
    MessageDlg('Division durch Null!',mtError,
      [mbOK],0);
    Abort;
  end;
  1: begin
    MessageDlg('Ein Wert von 1 ist unzulässig!',
      mtError,[mbOK],0);
    Abort;
  end;
  else Errechne(n);
end;
```

Lösungen zu Kapitel 6

1. Der Quellcode lautet:

```
procedure TForm1.FilePrint(Sender: TObject);
```

```
var
  n, m, maxText: word;
begin
  If PrintDialog1.Execute Then
  begin
    Printer.Title := FFileName;
    Printer.BeginDoc;
    { Beginn der Druckanweisungen }
    n := 0;
    Printer.NewPage;
    for m := 0 to Memo1.Lines.Count-1 do
    begin
      Printer.Canvas.TextOut(50,50+n,
        Memo1.Lines[m]);
      maxText :=
      Printer.Canvas.TextHeight(Memo1.Lines[m]);
      inc(n,maxText);
      If n >= Printer.PageHeight - 100 Then
      begin
        Printer.NewPage;
        n := 0;
      end;
    end;
    { Ende der Druckanweisungen }
    Printer.EndDoc;
  end;
end;
```

Die Initialisierung von m entfällt. Der Endwert muß (!) *Memo1.Lines .Count – 1* lauten, da *Memo1.Lines[Memo1.Lines.Count]* nicht existiert und daher die Schleife für diesen Index nicht durchlaufen werden darf! Außderdem entfällt die Inkrementanweisung am Ende der Schleife.

2. Der Code mit Repeat-Until-Schleife:

```
procedure TForm1.FilePrint(Sender: TObject);
var
  n, m, maxText: word;
begin
  If PrintDialog1.Execute Then
  begin
    Printer.Title := FFileName;
    Printer.BeginDoc;
    { Beginn der Druckanweisungen }
    m := 0;
    n := 0;
    Printer.NewPage;
    If Memo1.Lines.Count <> 0 Then
    Repeat
      Printer.Canvas.TextOut(50,50+n,
        Memo1.Lines[m]);
      maxText :=
      Printer.Canvas.TextHeight(Memo1.Lines[m]);
      inc(n,maxText);
      If n >= Printer.PageHeight - 100 Then
      begin
        Printer.NewPage;
        n := 0;
      end;
      inc(m);
    Until m = Memo1.Lines.Count;
    { Ende der Druckanweisungen }
    Printer.EndDoc;
  end;
end;
```

Der gesamte Repeat-Until-Block ist nun von der Bedingung in der If-Anweisung abhänging. Nur wenn die Anzahl der Zeilen nicht Null ist, darf in die Schleife eingetreten werden. Die Schleife ist beendet, wenn m den Wert *Memo1.Lines.Count* besitzt. Da die Zeile mit der Nummer *Memo1.Lines.Count* nicht existiert, muß die Schleife hier beendet werden.

3. Der abgeänderte Quelltext:

```
procedure TForm1.Button1Click(Sender: TObject);
var
  n: Integer;
begin
  For n := 200 downto 0 Do
    Caption := IntToStr(n);
end;
```

Die Start- und Endwerte müssen vertauscht und das Schlüsselwort *to* in *downto* geändert werden.

Lösungen zu Kapitel 7

1. Sie unterscheiden sich in den Bereichen, in welchen die gespeicherten Werte liegen können.

2. Die Funktion sollte wie folgt oder ähnlich aussehen:

```
funktion XUpCase(c: Char): Char;
begin
  case c of
    'a'..'z': Result := UpCase(c);
    'ä': Result := 'Ä';
    'ö': Result := 'Ö';
    'ü': Result := 'Ü';
    else Result := c;
   end;
end;
```

Ist das übergebene Zeichen *c* ein Zeichen zwischen a und z, so wird *UpCase* für dieses Zeichen aufgerufen. Für die deutschen Umlaute wird der jeweilige Großbuchstabe zurückgeliefert. Bei jedem anderen Zeichen bleibt der Wert von c erhalten.

3. Die Definition lautet:

```
type
  TDatum = Record
    Tag, Monat, Jahr: ShortInt;
  end;
```

4. Der Typ zur Speicherung von Personaldaten lautet:

```
type
  TPerson = Record
    Name, Vorname: String;
    Alter: Cardinal;
    Geburtstag: TDatum;
  end;
```

5. Über folgenden Ausdruck kann auf das Geburtsjahr zugegriffen werden:

```
Huber.Geburtstag.Jahr
```

Lösungen zu Kapitel 8

1. *Feld1* wird als eindimensionales Feld deklariert, dessen Elemente vom Typ Byte sind. Der Indexbereich umfaßt die Werte 7 bis 19.

   Feld2 ist ein zweidimensionales Feld. Die Elementvariablen sind vom Typ Integer. Der 1. Indexbereich ist von 8 bis 10 und der 2. von 0 bis 5 deklariert.

Feld3 ist dreidimensional. Die Elementvariablen sind Fließkommazahlen des Typs Real. Der 1. Indexbereich ist von 1 bis 10, der 2. von 2 bis 11 und der 3. von 3 bis 12 definiert.

2. Der Indexbereich gibt an, welche Indizes beim Zugriff auf eine Elementvariable gültig sind. Ist ein Feld beispielsweise mit einem Indexbereich von 7 bis 19 deklariert, so können nur diese Indizes beim Zugriff übergeben werden. Indizes wie 8, 10 oder 15 wären zulässig; 0, 2 oder 25 hingegen nicht.

   Der Zugriff auf diese Elementvariable erfolgt durch Feld3[7,8,9].

3. *BlockRead* kann nicht auf eine Textdatei angewandt werden, da *BlockRead* als ersten Parameter eine untypisierte Datei erwartet. *BlockRead* ist demnach nur im Zusammenhang mit untypisierten Dateien zulässig.

   Read kann nur auf Textdateien oder typisierte Dateien angewandt werden. Für untypisierte Dateien ist BlockRead zu verwenden.

   WriteLn ist im Zusammenhang mit einer Textdatei nicht nur gültig, sondern das bevorzugte Mittel zum Lesen von Daten aus Textdateien.

4. Die Routine:

```
procedure LeseInFeld(Dateiname: String);
var
  n: Integer;
  Datei: file of TPerson;
begin
  AssignFile(Datei,Dateiname);
  Reset(Datei);
  for n := 0 to 1000 do
    read(Datei,Personen[n]);
  CloseFile(Datei);
end;
```

Zunächst wird der Dateiname, welcher im Parameter Dateiname vorliegt, der Variablen Datei zugewiesen. Danach wird diese für den Lesezugriff geöffnet. In der folgenden Schleife werden nun die einzelnen Elemente eingelesen. Zum Abschluß wird die Datei wieder geschlossen.

5. Die Deklarationen:

```
type
  TPerson = record
    Name, Vorname: String[30];
    Alter: Integer;
  end;
var
  Personen: Array [0..1000] of TPerson;
```

6. Der Aufruf lautet:

```
Str(Zahl:10:5,Zeichenkette);
```

7. Die Routine zum Einlesen der Wechselkurse muß im Ereignis *OnCreate* des Formulars eingetragen werden. Deshalb müssen Sie doppelt auf die Wertezelle dieses Ereignisses des Formulars *Form1* klicken.

```
procedure TForm1.FormCreate(Sender: TObject);
var
  Datei: File of TWaehrung;
  Waehrungen: Array[1..4] of TWaehrung;
  s: String;
  n: Integer;
begin
  If FileExists('Kurse.DAT') Then
  begin
    AssignFile(Datei,'Kurse.DAT');
    Reset(Datei);
    For n := 1 to 4 Do
```

```
    read(Datei,Waehrungen[n]);
  CloseFile(Datei);
  Edit1.Text := Waehrungen[1].Name;
  Str(Waehrungen[1].Preisbezug:0:4,s);
  Edit2.Text := s;
  Str(Waehrungen[1].Preis:0:4,s);
  Edit3.Text := s;
  Edit4.Text := Waehrungen[2].Name;
  Str(Waehrungen[2].Preisbezug:0:4,s);
  Edit5.Text := s;
  Str(Waehrungen[2].Preis:0:4,s);
  Edit6.Text := s;
  Edit7.Text := Waehrungen[3].Name;
  Str(Waehrungen[3].Preisbezug:0:4,s);
  Edit8.Text := s;
  Str(Waehrungen[3].Preis:0:4,s);
  Edit9.Text := s;
  Edit10.Text := Waehrungen[4].Name;
  Str(Waehrungen[4].Preisbezug:0:4,s);
  Edit11.Text := s;
  Str(Waehrungen[4].Preis:0:4,s);
  Edit12.Text := s;
 end;
end;
```

Zuerst wird geprüft, ob die Datei KURSE.DAT auch exisitiert. Ist dies der Fall, beginnt das Einlesen der Daten. Nach dem Zuweisen und Öffnen werden in der folgenden Schleife die einzelnen Elementvariablen des Feldes *Waehrungen* mit den Datensätzen der Datei gefüllt. Anschließend wird die Datei geschlossen.

Die Bezeichnung der Währung ist als String deklariert und kann somit direkt an das entsprechende Eingabefeld übergeben werden. *Preisbezug* und *Preis* müssen allerdings mittels *Str* konvertiert werden. Die Konvertierung erfolgt auf vier Stellen nach dem Komma. Hierzu ist eine Stringvariable als Zwischenspeicher zu gebrauchen, da die Eigenschaft *Text* eines Eingabefeldes nicht als Referenz an *Str* übergeben werden kann.

Diese Konvertierungsoperationen werden für alle vier Datensätze des Feldes *Waehrungen* durchgeführt.

Lösungen zu Kapitel 9

1. Die Klasse ist der Datentyp, die Definition einer Menge von Objekten. Eine Instanz ist ein Objekt vom Typ der Klasse, also ein Datenbereich, mit dem operiert werden kann. Stark vereinfacht kann die Variable vom Typ der Klasse als Instanz angesehen werden. Ein Objekt ist eine Instanz.

2. Attribute sind die Elementvariablen des Objektes. Methoden sind die in der Klasse definierten Prozeduren und Funktionen.

3. Die Deklaration lautet:

   ```
   property BeispielAttribut: String
     read GetBspAttr write SetBspAttr;
   ```

4. Auf eine private Eigenschaft der Elternklasse kann aus einer Methode der Kindklasse nur dann zugegriffen werden, wenn sich Eltern- und Kindklasse in der selben Unit befinden.

5. Nein, der Aufruf ist nicht gültig. Methoden können nur für Instanzen, nicht aber für Klassen aufgerufen werden. Anders ausgedrückt können Nachrichten nur an Instanzen, nicht aber an Klassen gesendet werden.

   Der einzige Aufruf dieser Art ist nur im Zusammenhang mit einem Konstruktor gültig. Vor den Aufruf eines Konstruktors muß der Klassenbezeichner mittels Punkt vorangestellt werden.

Lösungen zu Kapitel 10

1. Mit *MoveTo* wird der Anfangspunkt der Linie festgelegt. Würde dieser Aufruf entfallen, so hätte die Linie keinen definierten Ausgangspunkt.

2. Der Code lautet:

```
Pen.Style := psDot;
Pen.Color := clRed;
Brush.Style := bsFDiagonal;
Brush.Color := clBlue;
Ellipse(80,30,280,80);
```

3. Die For-Schleife:

```
For n := 0 to 9 Do
begin
  MoveTo(60+n*10,30);
  LineTo(60+n*10,300);
end;
```

Da die Linien ab der x-Position 60 ausgegeben werden sollen, muß die erste auch an dieser Position erscheinen. Daher muß die erste Multiplikation 0 ergeben, damit der Wert von 60 unverändert bleibt. Deshalb startet der Zählvorgang bei 0 und endet bei 9. (Ergibt ja auch 10 Linien!)

Alternativ wäre auch denkbar:

```
For n := 1 to 10 Do
begin
  MoveTo(50+n*10,30);
  LineTo(50+n*10,300);
end;
```

Hier startet der Zählvorgang bei 1 und endet bei 10. Dadurch muß allerdings der feste Positionswert auf 50 gesetzt werden, damit sich im ersten Schleifendurchlauf wiederum der gewünschte Wert von 60 ergibt (50+1*10=60).

Lösungen zu Kapitel 11

1. Der Code könnte wie folgt aussehen:

```
With Table2 Do
begin
  DatabaseName := 'C:\E-Mail-Administration';
  TableName := 'E-Mail-Adressen.DB';
  TableType := ttParadox;
  With FieldDefs Do
  begin
    Clear;
    Add('Name',ftString,40,True);
    Add('Vorname',ftString,40,False);
    Add('EMail',ftString,45,True);
  end;
  CreateTable;
end;
```

2. Der Aufruf lautet:

```
Table2.AddIndex('NameVornameEMail',
'Name;Vorname;EMail',[]);
```

3. Dieser Code veranlaßt die Suche nach dem Artikel, beschrieben durch den String 'FX 505' im Feld Artikel der Tabelle *Table3*. Als Index dient hierbei Artikel.

Glossar

Algorithmus

Ein Algorithmus ist ein allgemeingültiger Weg ein Problem zu lösen. Dabei gliedert er sich in einzelne Arbeitsanweisungen, die, wenn sie in eine Programmiersprache übersetzt werden, ein Programm ergeben.

ANSI-Zeichensatz

Der ANSI-Zeichensatz ist der Zeichensatz, der unter Windows eingesetzt wird. Dieser Zeichensatz wurde vom American National Standards Institute (Normungsinstitut der USA), kurz ANSI, genormt. Dieser Zeichensatz unterscheidet sich in einigen Sonderzeichen (darunter auch das ß und die Umlaute) von dem unter DOS üblichen ASCII-Zeichensatz.

API, Application Programming Interface

Ein API ist in einem Betriebssystem die Schnittstelle zum Aufruf von Systemroutinen. Durch das API wird es erst möglich, Anwendungen für ein Betriebssystem zu programmieren, denn es stellt beispielsweise die grundlegenden Routinen zum Zugriff auf Dateien und den Arbeitsspeicher, sowie die Bildschirmausgabe bereit. Diese Routinen stellen die unterste Ebene für die Anwendungsprogrammierung dar. Das API von Windows 95 ist jedoch schon allein wegen des Multitaskings und der Fenster- und Ereignisverwaltung sehr komplex und deshalb nicht sehr einfach zu handhaben. Deshalb werden diese Routinen in moderen Programmentwicklungssystemen durch einfacher zu benutzende Unterprogramme gekapselt. Hinter jeder Komponente von Delphi beispielsweise verbergen sich unzählige API-Aufrufe.

Array

Siehe Feld (Array).

ASCII

ASCII ist die Abkürzung für American Standard Code for Information Interchange (Amerikanischer Standard-Code für Informationsaustausch) und ist der unter DOS gebräuchliche Zeichensatz.

Attribut

Attribute sind die Daten, welche in einem Objekt gekapselt sind, und über denen die Methoden operieren. Vereinfacht gesagt sind dies die Elementvariablen der Klasse.

Bedingte Verzweigung

Unter Bedingte Verzweigung versteht man die Verzweigung innerhalb des Programmcodes aufgrund des Zutreffens oder Nichtzutreffens einer Bedingung. In Delphi kann dies beispielsweise durch die If-Anweisung erfolgen.

Bezugsbereich

Der Bezugsbereich ist der Bereich, auf den sich die folgenden Bezeichner beziehen. Dieser Bereich ist der Bezeichner des Elements, in dem sie definiert sind (Gültigkeitsbereich). Dieser Bereich kann sich auf eine Variable, ein Objekt oder ein ähnliches Konstrukt beziehen. Der Bezugsbereich läßt sich in Delphi durch die With-Anweisung ändern.

Bitweise Verknüpfung

Wenn zwei Werte bitweise verknüpft werden, wird jeweils ein Bit des ersten mit einem Bit des zweiten Wertes durch einen bestimmten Operator verbunden. Es existieren drei Verknüpfungsarten in der booleschen Algebra: Und (AND), Oder (OR) und Exklusives Oder (XOR).

Boolescher Wert

Ein boolescher Wert kann nur zwei logische Werte annehmen, entweder ja (logisch 1) oder nein (logisch 0).

Bug

Ein Bug ist ein (schwerer) Programmfehler.

Compiler

Der Compiler erzeugt aus dem Quelltext den Objektcode. Dieser Objektcode stellt das Programm in maschinenlesbarer Form (Maschinencode) dar, also durch den Prozessor ausführbar.

Compiler-Befehl

In Delphi kann die Kompilierung (Übersetzung in Maschinencode) durch Compiler-Befehle beeinflußt werden. Hierdurch können einige Optionen gesetzt oder anderer Code eingebunden werden. Compiler-Befehle werden wie Kommentare in geschweiften Klammern angegeben und beginnen immer mit einem

Dollarsymbol, gefolgt von einem den Befehl identifizierenden Buchstaben.

Datenabstraktion

Unter Datenabstraktion versteht man das Verbergen der Daten durch strikte Trennung zwischen Schnittstelle (Spezifikation) und Implementierung (Konstruktion). Die Daten können nur noch durch die spezifizierten Routinen der Schnittstelle, jedoch nicht mehr direkt geändert werden.

Datenbank

Eine Datenbank ist eine Sammlung von Informationen respektive Daten mit dem Ziel, diese auf effiziente Weise zu verwalten.

Datensatz

Eine Informationseinheit innerhalb einer Datenbank. Eine Datenbank besteht aus Tabellen, welche sich in Datensätze untergliedern. Diese Datensätze unterteilen sich wiederum in Felder.

dBase

dBase ist ein sehr verbreitetes relationales Datenbanksystem. Es wurde von Ashton Tate entwickelt und erstmals 1981 unter der Bezeichnung dBase II in den Markt eingeführt. Das Format, in welchem dBase seine Daten ablegt, ist deshalb ein gewisser Standard im Datenbankbereich und wird deshalb auch von Delphi unterstützt.

Debugger

Der Debugger ist ein Hilfsprogramm, das das Auffinden von Programmfehlern, sogenannten Bugs, erleichtert. Das Prinzip beruht auf der Einzelschrittausführung und dem Überprüfen des Speicherinhalts durch den Programmierer. Das heißt, die einzelnen Anweisungen werden schrittweise ausgeführt und nach einer solchen Ausführung überprüft der Programmierer den Inhalt der Variablen.

Deklaration

Unter der Deklaration versteht man das Vereinbaren von Variablen, Konstanten und Datentypen, sowie das Festlegen von Schnittstellen, wie beispielsweise Unterprogrammköpfen.

Destruktor

Spezielle Methode eines Objektes, welche zum Entfernen des selben dient und dabei bestimmte Finalisierungsarbeiten ausführt. Der

Destruktor ist das Gegenstück zum Konstruktor, der zum Aufbau des Objektes dient.

Ereignis

Ein Ereignis ist der Auslöser für einen bestimmten Zustand beziehungsweise eine Reaktion der Anwendung oder des Systems. Tritt ein bestimmtes Ereignis auf, so reagiert das Programm mit der Ausführung eines bestimmten Unterprogramms. Das englische Wort für Ereignis ist *event* und ist in der EDV sehr gebräuchlich.

Ereignisbehandlungsroutine

Eine Ereignisbehandlungsroutine ist ein Unterprogramm, das ein Ereignis verarbeitet, das heißt auf dieses reagiert.

EVA-Prinzip

Jedes DV-System und jedes Programm arbeitetet nach dem EVA-Prinzip, welches für Eingabe, Verarbeitung und Ausgabe steht. Eingabedaten erzeugen durch einen Verarbeitungsprozeß (Algorithmus) entsprechende Ausgabedaten.

Exception

Eine Exception (Ausnahme) bewirkt, meist durch einen Laufzeitfehler ausgelöst, die Unterbrechung des Programmlaufs und die Verzweigung in einen Bereich für die Exception-Behandlung bzw. Fehlerbehandlung.

Exklusives Oder (XOR)

Das Exklusive Oder ist ein Operator der Booleschen Algebra und wird dort als Antivalenz bezeichnet. Der XOR-Operator arbeitet hierbei binär, also bitweise. Ein Wert 0 resultiert, wenn beide Werte den Wert 1 oder beide Werte den Wert 0 haben (1 XOR 1 = 0; 0 XOR 0 = 1). Als Ergebnis ergibt sich 1, wenn einer der Werte 1 und einer der Werte 0 ist (0 XOR 1 = 1; 1 XOR 0 = 1).

Feld (Array)

Ein Array dient zur Aufnahme einer Reihe von gleichartigen Daten, also Daten vom selben Typ. Die einzelnen Elemente werden hierbei über entsprechende Indizes angesprochen. Je nachdem, wie viele Indizes zum Ansprechen eines Element benötigt werden, unterscheidet man ein- und mehrdimensionale Arrays.

Feld (Datenbank)
Das Feld in der Datenbank beziehungsweise Tabelle dient zur Unterteilung der Informationen innerhalb der Datensätze.

Finalisierung
Unter Finalisierung versteht man Aufräumarbeiten, die beim Beenden eines Programm(abschnitt)s beziehungsweise beim Entfernen eines Datenbereichs (z. B. Objekt) ausgeführt werden müssen.

Fließkommazahl
Eine Fließkommazahl ist eine Zahl, die nicht nur ganze Zahlen, sondern auch Brüche, also Nachkommastellen, enthalten kann.

Funktion
Eine Funktion ist ein Unterprogramm, das einen Rückgabewert liefert, das heißt einen Wert zurückgibt.

Ganze Zahl
Eine Ganze Zahl (Integer) kann keine Brüche, also keine Nachkommastellen, enthalten.

Gültigkeitsbereich
Bezeichner sind in einem bestimmten Bereich gültig. Dieser Gültigkeitsbereich kann global sein, also der Bezeichner ist im ganzen Programm gültig, oder lokal sein, zum Beispiel nur innerhalb eines bestimmten Moduls, Objekts oder Unterprogramms. Gültig bedeutet in diesem Fall, daß der Bezeichner in diesem Bereich verwendet werden kann.

Hierarchische Datenbank
In einer hierarchischen Datenbank erfolgt der Zugriff auf die einzelnen Datensätze durch einen sogenannten Anker, der als eine Art Eintrittspunkt aufgefaßt werden kann. Über Ketten kann dann auf die weiteren Sätze zugegriffen werden. Deshalb ist diese Form der Datenbank nicht für beliebigen Zugriff geeignet, sondern nur für bestimmte Anwendungen, in denen immer auf die gleiche Weise auf die Daten zugegriffen wird.

Implementierung
Im allgemeinen Sinn ist die Implementierung die Umsetzung eines Plans in die Realität bis zum Test des fehlerfreien Funktionierens. In der Programmierung kann dieser Begriff als die Entwicklung, das Programmieren und der Einbau einer bestimmten Funktion in ein

Programm oder auch des Programmes selbst verstanden werden.

Initialisierung

Die Initialisierung ist die Schaffung bestimmter Voraussetzung beziehungsweise eines definierten Zustandes eines Programmabschnitts. Wenn eine Variable initialisiert wird, heißt dies, sie wird mit einem bestimmten Wert vorbelegt und damit in einen definierten Zustand versetzt. Die Initialisierung ist das Gegenstück zur Finalisierung.

Instanz

Eine Instanz ist ein von einer Klasse abgeleitetes Objekt, also ein Datum vom Typ der Klasse.

Interface

Siehe Schnittstelle.

Klasse

Die Klasse ist die Definition, der Prototyp einer Menge von gleichartigen Objekten, also deren Datentyp. Innerhalb der Klasse werden die Methoden und Attribute dieser Objekte deklariert.

Konstante

Eine Konstante ist ein unveränderlicher, festgelegter Wert. Die Konstante ist das Gegenstück zur Variablen.

Konstruktion

Unter Konstruktion versteht man in der Datenabstraktion die Implementierung der in der Spezifikation festgelegten Routinen. In der Konstruktion finden sich allerdings nicht nur diese spezifizierten (öffentlichen) Routinen, sondern auch private (Hilfs-)Routinen, die bei der Verarbeitung der gekapselten Daten als Unterstützung dienen. Die Konstruktion, also die Realisierung der Routinen und der Daten, ist von außen nicht einsehbar. (Siehe auch Datenabstraktion)

Konstruktor

Eine spezielle Methode des Objekts, das zur Erzeugung und zur Initialisierung des selben dient. Im Konstruktor werden beispielsweise die abstrahierten (gekapselten) Daten initialisiert, also mit Standardwerten vorbelegt. Der Konstruktor ist das Gegenstück zum Destruktor.

Konventionelle Programmierung

Die Technik der konventionellen Programmierung besteht darin, bestimmte Einzelbefehle und

-anweisungen so aneinanderzureihen, daß sich die Programmstruktur ergibt. Diese Programme sind im allgemeinen schwer zu lesen und erfordern von seiten des Programmierers erheblich mehr Aufwand, als dies bei modernen Techniken der Fall ist. Heute gilt die konventionelle Programmierung als überholt.

Konvertierung

Als Konvertierung wird in der Programmierung die Umwandlung von Daten eines Datentyps in einen anderen verstanden.

Linker

Der Linker fügt die vom Compiler erstellten Einzelkomponenten zu einem kompletten Programm zusammen. Er bindet den Objektcode und die entsprechenden vordefinierten Bibliotheken zum Programm.

Logische Verknüpfung

Unter der logischen Verknüpfung versteht man das Verbinden der Wahrheitswerte von Aussagen mittels entsprechender Operatoren. Hierbei können die Operatoren Und (AND) und Oder (OR) angewandt werden.

Methode

Die Methoden eines Objektes sind die darin enthaltenen Unterprogramme, die zur Verarbeitung der gekapselten Daten dienen. Dies sind die in der Klasse deklarierten Routinen.

Modul

Ein Modul ist ein Baustein eines Programms. In einem Modul wird ein bestimmter Programmpart gekapselt, also Unterprogramme, Objekte und Daten eines bestimmten Funktionskomplexes der Anwendung. Hierbei wird zwischen der Spezifikation (Schnittstelle) und der Konstruktion (Implementierung) unterschieden. Die Daten werden abstrahiert und sind nur noch über die spezifizierten Routinen der Schnittstelle modifizierbar. (Siehe auch Datenabstraktion.)

Modularisierung

Die Technik der Modularisierung besteht darin, ein Problem durch Aufspalten in Teilprobleme (Module) zu lösen. Ein Programm untergliedert sich demnach in mehrere Bausteine, sogenannte Module.

Multitasking

Beim Multitasking können mehrere Programme gleichzeitig, das heißt parallel, auf einem System ablaufen.

Nachrichten an Objekte senden

Vergleichbar mit dem Aufruf von Unterprogrammen in algorithmenorientierten Systemen, erfolgt die Ausführung von Methoden eines Objektes über das Senden von Nachrichten. Sobald ein Objekt eine Nachricht erhält, reagiert es mit der Ausführung des entsprechenden Unterprogramms.

Nicht (NOT)

Der Nicht- oder NOT-Operator ist eine Grundoperation der Booleschen Algebra und wird in dieser als Negation bezeichnet. Wird ein Wert negiert, so werden alle Bits mit dem Wert 1 zu 0 und umgekehrt. Die binäre Zahl 101 würde demnach zu 010. Wird NOT auf logische Werte angewandt, also auf Wahrheitswerte, so wird der Wahrheitswert umgekehrt, aus wahr (true) wird falsch (false) und umgekehrt.

Nullterminierter String

Eine in der Sprache C gebräuchliche Darstellung von Zeichenketten. Die Zeichen stehen dabei nacheinander in einer Reihe im Speicher, wobei das Ende des Strings durch ein Nullbyte markiert wird.

Object-Pascal

Object-Pascal ist eine Programmiersprache, die ursprünglich von Apple Computers entwickelt wurde. Sie basiert hierbei auf der Sprache Pascal, die Anfang der 70er von Prof. Wirth an der ETH Zürich entwickelt wurde, erweitert diese jedoch um objektorientierte Techniken. In Delphi dient eine modifizierte Version dieser Sprache zur Programmierung der Anweisungen, also zum Schreiben der Units.

Objekt

Unter einem Objekt versteht man die Kapselung von Daten und die Methoden, die über diesen Daten operieren, in einem eigenständigen Bereich. Die Modifikation der Daten kann hierbei ähnlich wie bei einem Modul lediglich über öffentliche (spezifizierte) Methoden erfolgen. Siehe auch Instanz und Klasse.

Objektorientierte Datenbank

Der Begriff der objektorientierten Datenbank ist noch nicht klar abgegrenzt. Im wesentlichen muß man zwischen Datenbanken unterscheiden, die eine objektorientierte Architektur aufweisen (strukturell objektorientiert), also die Daten als Objekte verwalten, und solchen, die auf eine relationale Datenbank aufsetzen und die darin enthaltenen Daten mehr oder weniger in Objekte abbilden (konzeptionell objektorientiert).

Objektorientierte Programmierung

Der Kerngedanke der objektorientierten Programmierung (OOP) ist die Aufspaltung eines Problems in Objekte. Diese Objekte beinhalten die Lösung für einen speziellen Funktionskomplex und kommunizieren über Nachrichten. Da hier keine direkte Modifikation der Daten innerhalb der Objekte erfolgt, sondern nur durch das Senden von Nachrichten geschieht, sind die Objekte auswechsel- und erweiterbar, ohne daß die Gesamtfunktion des Programms in Frage gestellt wird. Diese Objekte können auch in anderen Programmen wiederverwendet werden und reduzieren dadurch den Entwicklungsaufwand.

Oder (OR)

Das Oder ist ein Operator der Booleschen Algebra und wird dort als Disjunktion bezeichnet. Werden zwei Werte bitweise durch Oder verknüpft, resultiert aus der Verbindung zweier Bits nur dann 1, wenn mindestens eines der beiden Operanden-Bits eine 1 war, sonst ergibt sich 0. (1 OR 0 = 1; 0 OR 1 = 1; 1 OR 1 = 1; 0 OR 0 = 0.) Werden die Wahrheitswerte zweier Aussagen durch OR verknüpft, ist der resultierende Wahrheitswert nur dann wahr, wenn mindestens eine der Aussagen wahr war.

OOP

Siehe Objektorientierte Programmierung.

ParadigmaPar

Paradigma heißt schlicht Verfahren. In der Programmierung versteht man im allgemeinen unter Paradigma ein Programmierverfahren.

Paradox

Paradox ist ein Datenbanksystem von Borland. Es ist nicht überraschend, daß angesichts der Tatsache, daß Borland auch der Hersteller von Delphi ist, Delphi das Paradox-Format unterstützt.

Pascal-String

Ein Pascal-String ist eine Möglichkeit, eine Zeichenkette zu speichern. Die einzelnen Zeichen stehen hierbei nacheinander in einer Reihe im Speicher, wobei sich jedoch vor dem ersten Zeichen ein Datum findet, in welchem die Länge der Zeichenkette gespeichert ist. In Delphi wird aus Kompatibilität zum nullterminierten String am Ende der Zeichenkette noch eine Null angehängt, die jedoch für einen Pascal-String eher untypisch ist.

Polymorphismus

Objekte reagieren auf Nachrichten mit dem Ausführen entsprechender Methoden. Das Phänomen, daß Objekte auf ein und die selbe Nachricht unterschiedlich reagieren, nennt sich Polymorphismus.

Prozedur

Die Prozedur ist ein Unterprogramm, das keinen Wert zurückliefert.

Quelltext

Der Quelltext ist das Programm, abgefaßt in einer Programmiersprache. Das Programm ist in dieser Form nicht ausführbar und ist vom Standpunkt des Betriebssystems lediglich eine (Text-)Datei. Dieser Quelltext wird vom Compiler und Linker in ein maschinenausführbares Programm übersetzt.

Record

Ein Record ist eine Strukturvariable, die zusammengehörige Daten in Form von Elementvariablen zusammenfaßt.

Referenz

Eine Referenz ist ein Bezug auf eine Variable, ähnlich einem Zeiger. Über die Referenz kann eine Variable über einen anderen Bezeichner angesprochen werden, als ob dies der wirkliche Bezeichner dieser Variable ist. Durch Referenzen wird es möglich, in Unterprogrammen

Variablen, die als Parameter übergeben wurden, direkt zu modifizieren.

Regulärer Ausdruck
Durch reguläre Ausdrücke können Suchmuster spezifiziert werden. Anstatt eine absolute Zeichenkette für den Suchvorgang zu übergeben, kann durch einen regulären Ausdruck ein grobes Suchmuster spezifiziert werden, was sehr flexibles Suchen ermöglicht.

Rekursion
Unter Rekursion versteht man den Aufruf eines Unterprogramms durch sich selbst.

Relationale Datenbank
Der Zugriff auf die Datensätze in einer relationalen Datenbank ist über jede beliebige Verknüpfung möglich. Die gewünschte Verknüpfung wird hierbei als mathematische Relation betrachtet. Durch diese Art der Verknüpfung der Daten beim Zugriff ist es möglich, sehr flexibel und universell auf die Informationen zuzugreifen.

Routine
Siehe Unterprogramm.

Rückgabewert
Der Rückgabewert ist der Wert, den eine Funktion nach dem Aufruf zurückliefert.

Schleife
Als Schleife bezeichnet man einen Teil eines Programms, der mehrfach hintereinander durchlaufen werden kann. Der Eintritt in oder der Austritt aus der Schleife wird dabei durch eine Abbruchbedingung gesteuert. Innerhalb der Schleife findet sich eine Reihung verschiedener Anweisungen, die die jeweilige Programmfunktion beziehungsweise den Körper der Schleife bilden.

Schlüsselwort
Ein Schlüsselwort ist ein in der Programmiersprache reserviertes Wort, das nicht für Bezeichner verwendet werden darf. Durch solche Schlüsselwörter wird die Ordnung innerhalb des Quelltextes festgelegt. Die Schlüsselwörter erlauben es erst,

bestimmte Strukturen wie Schleifen oder Unterprogramme aufzubauen.

Schnittstelle

In der Programmierung ist eine Schnittstelle eine Definition, die den Zugriff auf bestimmte Elemente steuert. So werden beispielsweise über Schnittstellen der Zugriff auf Elemente eines Moduls oder Objekts und die Aufrufkonventionen von Unterprogrammen gesteuert.

Sichtbarkeit

Mit Sichtbarkeit bezeichnet man in der OOP die Art der Zugriffsmöglichkeit auf Elemente eines Objekts. Gewisse Methoden und Attribute eines Objekts sind nur innerhalb des Objekts sichtbar, das heißt sie sind nur darin gültig (siehe Gültigkeitsbereich). Andere sind nach außen sichtbar und damit öffentlich. Der Zugriff auf sie kann also von überall erfolgen.

Spezifikation

Unter der Spezifikation versteht man in der Datenabstraktion die Schnittstelle, durch die auf die verborgenen Daten zugegriffen werden kann. Die in der Spezifikation festgelegten Routinen sind öffentlich, also von überall erreichbar, im Gegensatz zur Konstruktion. (Siehe auch Konstruktion.)

Sprung

Unter einem Sprung versteht man die Fortsetzung der Programmausführung an einer anderen Stelle im Programm.

SQL

Die Structured Query Language, kurz SQL, ist eine leistungsfähige Programmiersprache für Datenbankabfragen. Diese strukturierte Abfragesprache wurde von IBM für die Abfrage von relationalen Datenbanksystemen entwickelt.

String

String ist eine andere Bezeichnung für Zeichenkette oder -folge. Es ist die Folge von Zeichen, die als Einheit gespeichert wird. Strings werden meist benutzt, um Text zu speichern, wobei auch komplexe Datenblöcke, die keinen Text enthalten, häufiger als Strings bezeichnet werden.

Strukturierte Programmierung

Die strukturierte Programmierung faßt die Anweisungen in einem

Programm in funktionalen Blöcken und Unterprogrammen zusammen. Die Unterprogramme verfügen hierbei über eine klar definierte Schnittstelle zur Außenwelt.

Tabelle

Eine Datenbank besteht aus einzelnen Tabellen, in denen die Datensätze organisiert sind. Diese Tabellen unterteilen die Datensätze hierbei in Felder. Durch diese Datensätze, welche auch Zeilen genannt werden, und diese Felder, die auch als Spalten bezeichnet werden, resultiert der Name Tabelle.

Tastaturkürzel

Eine Tastenkombination, durch die eine bestimmte Funktion ausgeführt werden kann.

Textdatei

Eine Datei, deren Daten in Strings organisiert sind.

Typisierte Datei

Wenn den Daten in einer Datei ein bestimmter Datentyp zugewiesen wird, spricht man von einer typisierten Datei.

Und (AND)

Das Und ist ein Operator der Booleschen Algebra und wird dort als Konjunktion bezeichnet. Werden zwei Werte bitweise durch Und miteinander verbunden, so resultiert aus der Verknüpfung zweier Bits nur dann 1, wenn beide Operanden-Bits eine 1 waren, sonst ergibt sich 0. (1 AND 1 = 1; 1 AND 0 = 0; 0 AND 1 = 0; 0 AND 0 = 0.) Werden die Wahrheitswerte zweier Aussagen durch AND verknüpft, ist der resultierende Wahrheitswert nur dann wahr, wenn beide Aussagen wahr waren.

Unit

Eine Unit ist eine andere Bezeichnung für Modul. (Siehe Modul.)

Unterprogramm

Ein Unterprogramm ist ein Teil des Gesamtprogramms und beinhaltet eine bestimmte Operation. Diese Operation verarbeitet Daten auf eine bestimmte Weise, die durch eventuelle Parameter beeinflußt werden kann. Gibt das Unterprogramm an das Hauptprogramm einen Wert zurück, so spricht man von einer Funktion, sonst von einer Prozedur.

Untypisierte Datei

Wird den Daten in einer Datei kein Datentyp zugewiesen, spricht man von einer untypisierten Datei. Die Daten können aus einer solchen Datei in Blöcken variabler Größe gelesen werden.

Variable

Eine Variable ist mathematisch gesehen ein veränderlicher Wert und steht dadurch im Gegensatz zur Konstanten. In der Programmierung kann man sich die Variable auch als Speicherbereich vorstellen, der durch einen bestimmten Bezeichner angesprochen wird. In diesen Speicherbereich können Daten geschrieben und ausgelesen werden.

Vererbung

Unter Vererbung versteht man in der OOP das Übertragen von Eigenschaften einer Elternklasse auf eine Kindklasse. Die Methoden und Attribute der Elternklasse dienen hierbei als Basis für die Kindklasse und können in ihr erweitert werden.

Vernetzte Datenbank

Als vernetzte Datenbank bezeichnet man ein Datenbanksystem, in dem die Datensätze in beliebiger Beziehung zueinander stehen, so daß ausgehend von jedem beliebigen Datensatz auf einen anderen zugegriffen werden kann. Dadurch ergibt sich eine logische Netzstruktur, die diesem Datenbanksystem seinen Namen gibt.

Zeiger

Ein Zeiger ist ein Verweis, ähnlich einer Referenz, auf eine Variable. Eine Zeigervariable stellt jedoch nicht wie eine Referenz den Zugriff auf eine Variable unter anderem Namen dar, sondern in der Zeigervariablen wird die Adresse des Speicherbereichs der Variablen gespeichert, auf die sie verweist.

Zuweisung

Eine Zuweisung ist die Übergabe eines Wertes an eine Variable, also die Speicherung des Wertes in der Variablen.

Index

D

L

M

N

O

S

T

U

V

W

X

Z